Bernard Champigneulle

VERSAILLES UND FONTAINEBLEAU

Bernard Champigneulle

VERSAILLES UND FONTAINEBLEAU

Prestel-Verlag München

Nach den beiden vom Verfasser
für die einbändige deutsche Fassung bearbeiteten
französischen Originalausgaben

Übersetzung des Vorworts von Helmut Domke,
des Textes von Thurid Pieler

ISBN 3 7913 0309 0

Passavia Druckerei AG Passau 1971

INHALT

FONTAINEBLEAU

ANHANG

Vorrede

Frankreich ist die Heimat einer alten ländlichen Lebenskultur; daher finden sich hier ungewöhnlich viele Schlösser. Man könnte mehr als zwanzigtausend aufzählen, müßte freilich sodann eine Anzahl Bauten von geringerem architektonischen Wert aufnehmen. Vornehmlich im Kaiserreich Napoleons III. sind Anlagen entstanden, deren Weitläufigkeit nur ihrer Mittelmäßigkeit die Waage hält. Adel und vermögendes Bürgertum, die Wert darauf legten, zumindest ein Schloß samt umliegenden Ländereien von mehr oder weniger großer Ausdehnung ihr eigen zu nennen, zögerten keineswegs mit Renovierungen nach ihrem Geschmack, sofern sich der Bau in schlechtem Zustand befand. Oder aber man überließ sich rücksichtslosen Erweiterungen und einschneidenden Erneuerungen zum Zweck der Modernisierung. Andere endlich – dies blieb noch ein Glücksfall – gaben sich damit zufrieden, die Erhaltung zu sichern, ohne das Aussehen zu verändern. Trotz allem schätzen die Historiker, die sich wissenschaftlich mit einschlägigen Untersuchungen befassen, daß die Zahl der Schlösser von wirklich künstlerischem oder historischem Rang ungefähr viertausend beträgt.

Im besonderen soll hier freilich von zwei in jeder Hinsicht ungewöhnlichen Königsschlössern die Rede gehn.

So oft der Herrscher Paris verließ, um sich auf einen seiner Landsitze oder ›Maisons de Campagne‹ zu begeben, fand die Reise in großem Gepränge samt seinem Hof statt. Das waren hohe Chargen der Krone sowie Staatsbeamte, der Kanzler, die Minister und eine Menge von Hofleuten, Soldaten oder Bedienten. Im 16. Jahrhundert wurden daher im Bereich der Loire mehrere prachtvolle Schlösser aus verschiedenen Gründen entweder vergrößert oder überhaupt erst gebaut. Des kürzeren

Zuweges halber errichtete man sie während aller Epochen der Monarchie übrigens auch in der Nähe von Paris. Darunter Fontainebleau und Versailles.

Ihnen mußte eine ganz besondere Bedeutung zukommen, als Ludwig XIV. den Louvre und zugleich auch Saint-Germain-en-Laye, auf dem er geboren war und gelegentlich residiert hatte, verließ und jene nunmehr zum Regierungssitz und Verwaltungszentrum von Frankreich machte.

Versailles. Fontainebleau. Zwei strahlende Glanzpunkte französischer Geschichte. Zwei Schlösser, die sich in nichts gleichen. Versailles ist das Werk eines genialen Souveräns, der in ihm ein Gleichnis seines Geistes und Ruhmes schaffen wollte und sich mit den besten Künstlern seiner Epoche zu umgeben verstand. Es stellt eine Art Apotheose einer wiedergefundenen Einheit der französischen Monarchie dar. Die Pläne des Schlosses, der Parkanlagen, der Stadt sind in jeder Einzelheit im Hinwirken auf die neue und siegreiche Idee konzipiert; sie entsprechen einem Zusammenklang ihrer Werte, der sich in Gestalt des klassischen französischen Stiles ausdrückt. Diesem wiederum sollte, wie bekannt, europäische Ausstrahlung zukommen.

Im Gegensatz dazu verkörpert sich in Fontainebleau das Werk einer Abfolge von Monarchen während sieben ganzer Jahrhunderte. Jedes davon hat einen Anteil des Geistes und der Einwirkungen seiner Epoche eingebracht: es stellt gleichsam eine Anthologie dar. Wenn Versailles, trotz seiner Ausdehnung, mit einem einzigen Blick umfaßt werden kann, offenbart sich Fontainebleau erst Stück nach Stück; man muß es schon gut kennen, um sich überhaupt zurechtzufinden. Versailles ist das Ebenmaß, Fontainebleau Mannigfalt und Unregelmäßigkeit.

Das vorliegende Werk entstand aus der Verschmelzung zweier Bücher, die in Frankreich erschienen. Der Autor trug Sorge, nichts Wesentliches fortzulassen. Er hat lediglich die Darstellung von Beiläufigem gekürzt, dessen Besuch keinem normalen Zeitmaß entspricht, das selbst einem sehr eingehenden Betrachter zur Verfügung steht. Beispielsweise der Wald im Umkreis von Fontainebleau, der sich über sechsunddreißigtausend Hektar erstreckt, sowie die benachbarten Dörfer. Man müßte Tage um Tage wandern, um seine Naturschönheiten kennenzulernen.

Schneiden wir endlich eine wichtige Frage der Terminologie an. Der Leser wird in dieser Arbeit oft die Worte ›klassisch‹ und ›barock‹ antreffen. Unglücklicherweise besagen sie für den deutschen Leser nicht immer das gleiche wie für den französischen. Sie können sogar in so verschiedenem, in so gegensätzlichem Sinn verwendet werden, daß man erstaunt ist, in einer an internationalen Kongressen so reichen Zeit über die Anwendung präziser, für alle gültiger Definitionen noch nicht einig geworden zu sein.

1888 ließ Wölfflin sein berühmtes Werk ›Renaissance und Barock‹ erscheinen, in dem er dartat, daß der Barockstil das Ergebnis einer Reaktion auf und eines Widerstandes gegen die Renaissance war. Seither haben die deutschen Historiker und mit ihnen andere das Wort zur Kennzeichnung der Kunst benutzt, die sich auf den größten Teil dessen, das nach der Renaissance konzipiert wurde, bezieht.

In Frankreich sind die Dinge nicht so verlaufen. Das Wort ›klassisch‹ – anfangs zur Bestimmung dessen benutzt, was man in den Klassen unterrichtete – wurde künftig verwandt, um das zu bezeichnen, was pädagogischen, mustergültigen Wert besaß und die einzig unbestrittene Autorität darstellte: die griechisch-römische Kunst.

Die Kunst von Versailles wurzelt in einem unumschränkten Zusammenhang mit ihr und damit einer Tradition, die sich in Europa bis ins 18. Jahrhundert fortsetzte, um sogar eine neoklassische Auferstehung zu feiern. Die Nachahmung der Antike galt als Dogma, und für Künstler jeder Fasson blieb die Romreise eine Notwendigkeit.

Daß es querfeldein durch diesen doktrinären Klassizismus

Versuche einer Auflehnung mit dem Ziel der Änderung, einer Belebung der Phantasiekraft, einer Ablehnung der graden Linie und des Regelmaßes der Form gegeben hat, bleibt unleugbar. Niemals aber fand sich jener Überschwang an Dekoration, den wir so oft in Italien oder selbst Spanien feststellen. Vollends die Explosion des Barock, die sich in Deutschland mit einer stürmischen Vitalität vollzog, kennt in Frankreich nichts Vergleichbares.

All das entzieht sich der Kürze einer Definition: es handelt sich um ein Aufwallen des Empfindens. Ein beispielhafter Vergleich wird uns dennoch gestatten, den Tatbestand zu umreißen: das Petit Trianon im Park von Versailles, durch Gabriel in ausgewogenen Verhältnissen, ruhiger Linienführung und gezirkelten Formen aufgebaut, und dem gegenüber die Wieskirche bei Steingaden, deren Inneres von überquellender Fülle und so phantastischer Bewegung ist, daß dem Auge sozusagen kein Ruhepunkt bleibt. Ist es wirklich möglich, die stilistischen Mittel der beiden Architektur-Denkmäler mit dem gleichen Namen zu belegen, die uns, eins wie das andere, als Meisterwerke erscheinen, während sie doch, wiewohl beinahe gleichzeitig entstanden, keine schrofferen Gegensätze bilden könnten?

Wir begreifen durchaus, daß der Begriff ›Rokoko‹ Fuß fassen konnte. Aber er hat die Frage nach einer internationalen Begriffsregelung keineswegs vorangetrieben. Der Titel der 1958 durch den Europarat in München veranstalteten, unvergeßlichen Ausstellung ›Das Jahrhundert des Rokoko‹ impliziert doch, daß der Name Rokoko in einem umfassenden chronologischen Sinn verstanden wurde, der das gesamte 18. Jahrhundert mit Beschlag belegt. Gleichzeitig erscheinen Bücher über die französische Kunst der Epoche, ohne daß das Wort ein einziges Mal auftauchte. Man spricht hier von Laune, Unregelmäßigkeit, barockem Muschelwerk, als handle es sich um Nebensächlichkeiten, deren Anmut oder auch Bedeutsamkeit man keineswegs leugnet, die aber dennoch als flüchtige und ungewöhnliche Blüten auf dem alten Mutterboden des ›Klassischen‹ gelten. Das Wort Rokoko selbst erscheint ungewöhnlich und aufrührerisch in der französischen Sprache – zweifellos weil es seit Anbeginn einen abschätzigen Sinn in sich trug. Man bediente sich seiner, um unvernünftig anmutende Formen einer an sich erprobten Kunst als lächerlich abzutun, weil sie sich den großen Gesetzen einer Ästhetik entzogen, deren Quellen nirgend anders als in der Antike entspringen konnten. Das berühmte »Zurück zur Antike«, das sich unter Ludwig XVI. in so bewundernswerter Anmut im Mobiliar der Epoche manifestierte – überdies in meisterlichem Wettbwerb mit derzeit in Paris arbeitenden Ebenisten aus Deutschland – ist eine Probe dieser Anhänglichkeit der Franzosen an den Klassizismus in einem vollkommen barock gewordenen Europa ...

Trotz meines Verlangens, mich zu einer weiteren Darlegung dieser begrifflichen Streitfragen hinreißen zu lassen, die so große Horizonte in der Geschichte menschlicher Gesittung eröffnen, will ich doch nicht vergessen, daß diese Gedankengänge nur eine Vorrede zu einem Buch und keineswegs sein Hauptthema darstellen. Der Besuch der Schlösser, den der Leser in meiner Begleitung anhand der folgenden Seiten unternehmen mag – dieser Schlösser, die ich liebe, bewundere und so oft besucht habe – wird ihn, davon bin ich überzeugt, stärker in Bann schlagen als jede Rhetorik!

VERSAILLES

Das Schloß

Die Gesamtanlage

Treffen wir uns oben auf der ›Place d'Armes‹. Das Gittertor ist geöffnet, das Schloß heißt uns willkommen. Doch widerstehen wird der Versuchung und wenden wir uns zuerst einmal um. Auch die Stadt scheint sich uns zu öffnen durch ihre drei riesigen, sternförmig auf uns zuführenden Straßen, die hier auf der ›Place d'Armes‹ zusammenlaufen.

Ungefähr auf dem höchsten Punkt eines heute fast völlig eingeebneten Hügels ließ Ludwig XIII. ein kleines Jagdhaus von 24 auf 6 Meter errichten; damit begann die Geschichte von Versailles.

Im Süden lagen am Fuße des Hügels das kleine Dorf Versailles und das halb verfallene Feudalschloß der Gondi. Oben drehten sich die Flügel einer Windmühle.

Der ganz nach Paris ausgerichtete Komplex des Schlosses mit seinen Auffahrten, seinen vor- und zurückspringenden Fassaden aus rosafarbenen Ziegeln, seinen blauen Dächern und Vergoldungen liegt vor uns – ein Kunstwerk, das im Laufe der Zeit ständig erweitert, verändert, vervollkommnet wurde.

Versailles zeigt auf seiner Hofseite und seiner Gartenseite jeweils zwei völlig verschiedene, einander sich ergänzende Gesichter. Hier auf der dem Hof zugewandten Seite herrschte die Politik, das Leben der Beamten, der Hofleute, der Schreiber, der Schweizergarden und der französischen Militärs. Die andere, nach Westen gerichtete Seite, die wir später kennenlernen werden, ist einheitlich, hell, wie aus einer anderen Welt, einer Welt, in der die Natur herrscht, deren Laubwerk, Wasserbassins und blühende Beete von Nymphen und Waldgöttern bevölkert scheinen.

Wir befinden uns auf der Hauptachse des Schlosses, die sich auf der einen Seite durch die Stadt, auf der anderen mitten durch den Park hinzieht. In einer Länge von 13,5 Kilometern reicht sie im Osten bis zum Wald von Viroflay und bis Vélizy (leider von der Vorstadt Porchefontaine unterbrochen) und im Westen bis Villepreux. Diese Achse führt also über die ›Avenue de Paris‹, durch das Eingangstor, wo wir uns befinden, dann durch die ›Cour de Marbre‹, das Schlafzimmer des Königs, das ›Apollo-Becken‹ und schließlich entlang dem ›Großen Kanal‹. Behalten wir sie gut im Auge, denn auf sie ist in vollkommener Symmetrie der Gesamtkomplex von Versailles ausgerichtet.

Diese meisterhafte Anlage sollte weitgehende Rückwirkungen haben auf die von Menschenhand geschaffene Landschaft sowie die Regeln, in denen das Leben des Hofes sich darin abspielte. Von nun an betrachtet man für lange Zeit – und das gilt für ganz Europa – ein Bauwerk nicht mehr für sich allein, sondern im Zusammenhang mit seiner Umgebung. Die Architektur wird integrierender Bestandteil der Landschaft. Und die Landschaft wird neu geschaffen, um die Bauten wirkungsvoll hervorzuheben. Es ist eine Kunst der Perspektiven. In Versailles reichen sie bis ins Unendliche. In diesen schnurgeraden Avenuen, schachbrettartig angelegten Straßenzügen, Plätzen, Terrassen, viereckigen, achteckigen oder kreisrunden Wasserspiegeln, in den ebenso geraden, mit Statuen oder Vasen gesäumten Alleen, die von einem zentralen Punkt auf bestimmte Ausblicke ausstrahlen, verbindet sich die Geometrie mit dem Geist raffinierter Eleganz. Descartes ist da hindurchgegangen; man vermeint die Geigen Lullys und die zarten Verse Racines zu hören.

Die ›Place d'Armes‹

Die ›Place d'Armes‹, ursprünglich ein halb geschlossener Vorhof, bildet den feierlichen Auftakt zum Eingang des Schlosses. Dieser Platz war, wie bereits sein Name sagt, für Paraden und militärische Aufmärsche bestimmt.

Heute sehen wir von der ursprünglichen, im 19. Jahrhundert zerstörten Raumanlage nichts mehr als ihre Abmessungen. An Stelle der unharmonischen Gebäude, die sie heute umge-

1 PIERRE-DENIS MARTIN
Schloß Versailles im Jahre 1722
Musée de Versailles

ben, befanden sich früher kleine, für die Würdenträger der Monarchie bestimmte Pavillons. Sie waren niedrig gehalten und zur gleichen Zeit, im gleichen Stil und aus demselben Material – Ziegel, Naturstein, Schiefer – wie das Schloß erbaut.

Mansart vervollständigte schließlich diese Anlage durch die Marstallgebäude der ›Grandes Écuries‹ und der ›Petites Écuries‹. Für viele ist es eine Überraschung, daß diese majestätischen Bauten nichts anderes als Stallungen waren. Sie waren es indes wirklich. Dem königlichen Marstall kam in der damaligen Zeit nicht nur aus praktischen Gründen eine sehr große Bedeutung zu, sie gehörten einfach zur notwendigen Ausstattung und zum üblichen Prunk. Seit langem schon sind sie in Kasernen umgewandelt. Beschränken wir uns im Augenblick darauf, Plan und Aufbau dieser Schöpfungen Mansarts, die vielleicht seine größten Meisterwerke sind, nur zu erwähnen; durch diese elegante und beschwingte Komposition erscheint der bei Einmündung der drei Avenuen auf die ›Place d'Armes‹ entstandene Winkel weniger spitz.

Die ›Place d'Armes‹ isolierte durch ihre Weiträumigkeit die zu beiden Seiten des Schlosses entstandenen Stadtviertel. Heute ist sie Parkplatz geworden. Früher erhielt sie ihr Leben durch Pferde und Karossen, Pagen und Garden – aber auch damals schon diente sie jahrelang für Remisen und als Abstellplatz für Kutschen.

Sie war auch Schauplatz denkwürdiger Ereignisse. Am 19. September 1783 leitete Étienne Montgolfier in Anwesenheit Ludwigs XVI., der sich für alle wissenschaftlichen Experimente interessierte, einen Versuch, zum ersten Mal Lebewesen – eine Ente, einen Hahn und ein Schaf – in die Luft zu befördern. Der mit Heißluft gefüllte Ballon stieg empor und ging in Vaucresson nieder; zur allgemeinen Verwunderung war seine lebende Fracht gesund und munter.

Ein Jahr später fand der berühmte Flug von Pilâtre de Rozier in einem prächtig geschmückten Ballon statt, der den Namen ›Marie-Antoinette‹ trug. Vor den Augen des ganzen Hofstaates, des Königs von Schweden und zahlreicher Zuschauer, die zum Teil von sehr weit herbeigeeilt waren, erhob sich die ›Montgolfière‹ unter Musikklängen und Beifall in die Lüfte und ging nach einem dreiviertelstündigen Flug in Chantilly nieder: der erste Schritt zur Eroberung des Luftraums war getan.

Die Ehrenhöfe

Das Gittertor des Vorhofs, Nachbildung eines früheren, stellt eine ausgezeichnete Arbeit aus der Zeit der Restauration dar. Ganz oben glänzt das Wappen Frankreichs. Die zu beiden Seiten stehenden, für die Wachen bestimmten Häuschen dienen als Sockel für zwei ziemlich komplexe, stark verfallene Figurengruppen von Gaspard Marsy und Girardon. Sie symbolisieren die Niederlagen, die der französische König seinen mächtigen Feinden beigebracht hat. Die Siegesgötter sitzen strahlend, in ungezwungener, triumphierender Haltung rechts auf dem bärtigen, auf allen Vieren kriechenden Österreicher und auf einem zornigen Adler, links auf dem spanischen Löwen, der sichtlich verärgert darüber ist, nun die Rolle eines Bettvorlegers spielen zu müssen.

Die Besucher, die sich auf dem dicken, buckligen Steinpflaster sichtlich etwas mühsam fortbewegen, werden von der eigenartigen Atmosphäre gefangengenommen; vielleicht haben sie das Gefühl, eine Pilgerfahrt zu unternehmen. Der Vorhof, die sogenannte ›Cour des Ministres‹, erstreckt sich bis zu den Kolonnaden an der Stirnsteite der beiden nach vorne gerückten Flügel. In früheren Zeiten war die ›Cour des Ministres‹ durch ein Gitter abgeschlossen.

Man muß sagen, daß diese uneinheitliche Schaufront mit ihren Vorbauten etwas ziemlich Verwirrendes hat, was wir nirgendwo sonst in Versailles antreffen werden. Trotz der Anmut der Gebäude, trotz des geheimnisvollen quadratischen, aus Ziegel- und Haustein errichteten ›Petit Château‹ Ludwigs XIII. im Hintergrund, aus dem sich wie aus einer Samenzelle das spätere Versailles entwickelte, indem es in grandiosen Ausmaßen erweitert, umgestaltet, ausgeschmückt, verziert und vergoldet wurde, und trotz der inneren Erregung, die wir bei dieser Begegnung mit der Geschichte Frankreichs empfinden mögen, kann man sich des Eindrucks nicht erwehren, daß diese Bauten nicht miteinander harmonieren.

Die ersten Umgestaltungen durch Le Vau unter Ludwig XIV., die 1668 vollendet waren, haben aus Versailles ein richtiges Schmuckstück gemacht und eine vollkommene Harmonie geschaffen. Das Schloß war mit breiten, von Balustraden gesäumten Gräben umgeben, Arkaden schlossen die ›Cour de Marbre‹ ab. Zu beiden Seiten wurden dann Wirtschaftsgebäude, Stallungen und Wagenremisen errichtet; überall dominierte der Ziegel. Es war nun etwas mehr geworden als nur ein Jagdhaus, es war eine Residenz des Königs und seines Hofstaates für vorübergehenden Aufenthalt.

Aber Ludwig XIV. hatte höhere Ambitionen. Er wollte das erste Schloß im Geist der Renaissance erhalten und nur die Neubauten ›modern‹ gestalten; eine nicht ganz einfach zu lösende Aufgabe. Unter zahlreichen Entwürfen war es abermals ein Projekt von Le Vau, das den Sieg davontrug. Mit Hilfe des bescheidenen, aber unersetzlichen, oft verkannten d'Orbay gelang es Le Vau scheinbar Unzuvereinbarendes miteinander zu verbinden. Sein Werk hat zwei Gesichter. Auf der Gartenfront verbarg der Architekt mit viel Geschick das alte Gebäude hinter einer vorgeblendeten neuen Fassade, während er auf der Stadtseite den alten Stil beibehielt, ja sogar noch betonte. Die Gräben wurden zugeschüttet, die Arkaden verschwanden. Die ehemaligen Wirtschaftsgebäude wurden mit dem Schloß verbunden, um eine Etage aufgestockt und mit Vasen, Statuen und Verzierungen gekrönt; sie wurden so zu den ›Ailes des Ministres‹ und dienen auch heute noch der Verwaltung. Das Haus aus Ziegelstein blieb dabei pietätvoll erhalten zum Andenken an Ludwig XIII., wurde jedoch gänzlich ummantelt von einem ungeheuer großen Palast in Haustein. Doch die Zeitgenossen, die sich vor allem für Harmonie und Einheitlichkeit begeisterten, waren schockiert. Wie Saint-Simon war man der Meinung, daß hier Weite und Enge zusammengekleistert seien. Man verstand nicht, warum der König das väterliche Schloß so eigensinnig erhalten wollte.

Die Idee Ludwigs XIV., in dieser kargen Landschaft ein Lustschloß erbauen zu wollen, hielt man für unsinnig. Der um die französische Wirtschaft besorgte weise Colbert entrüstete sich über die Ausgaben, die mit dem Ausbau von Versailles verbunden waren, und warf dem König vor, seine andere Residenz, den Louvre, völlig vernachlässigt zu haben. In seinem 1663 an den König gerichteten Schreiben vermögen die üblichen Respektsbezeugungen kaum über einen strengen Verweis hinwegzutäuschen.

Euer Majestät kehren von Versailles zurück. Verzeihen Majestät mir meinen Eifer, wenn ich in wenigen Worten dazu meine Gedanken äußere. Jene Residenz ist gewiß mehr zu Euer Majestät Freude und Vergnügen geschaffen denn zu Dero Ruhm... Es ist nicht mehr als billig, daß Euer Majestät – die sich unter den bewundernden Blicken der ganzen Welt mit soviel Eifer und Hingabe den Staatsgeschäften widmen, auch etwas zu Dero Lust und Ergötzen besitzen; dennoch wollen Euer Majestät bedenken, ob dies nicht Dero Ruhm abträglich sei. Euer Majestät werden die Vergnügungen, wofür man innerhalb von zween Jahren mehr denn fünfmalhunderttausend Taler aufgewendet hat, wohl schwerlich finden eingedenk der Tatsache, daß förderhin auf ewige Zeiten in den Rechnungsbüchern festgehalten ist, wie Euer Majestät den Louvre – den ohne Zweifel prächtigsten und Euer Majestät Größe wohl angemessenen Palast – vernachlässigt haben, während für jenes Haus gewaltige Summen ausgegeben worden sind... Euer Majestät wissen, daß außer Kriegsruhm nichts so sehr Geist und Größe eines Herrschers offenbart wie dessen Bauten, und daß die Nachwelt ihn nach den herrlichen Werken beurteilen wird, die er sich bei Lebzeiten errichtet hat. Wie schmerzlich, daß der größte und tugendreichste aller Könige in dieser wahren Herrschertugend dereinst an Versailles wird gemessen werden. Und Grund zu glauben, daß dem so geschehen wird, ist vorhanden.

Es handelte sich indessen damals nur um ziemlich bescheidene Bauten im Vergleich zu den Gebäuden, die später entstehen sollten.

Die Architekten Ludwigs XV. wollten die »veraltete« Fassade völlig verändern. Aus Geldmangel konnten sie jedoch nur an der auf der rechten Seite liegenden ›Aile Gabriel‹ arbeiten, die in einen Portikus ausläuft und einen ziemlich unglücklichen Kontrast zu den belebten, farbigen Fassaden der ›Cour de Marbre‹ bildet. Um die Symmetrie wieder herzustellen, ließ man 1820 von dem Architekten Dufour vor der ›Vieille Aile‹ einen gleichartigen Pavillon als Gegenstück errichten.

Nicht zum ersten Mal fehlte es an Geld; so konnte man zum Beispiel das Giebelfeld Gabriels noch ausschmücken, für das des Architekten Dufour jedoch blieb nichts mehr übrig. Das ist der Grund, warum das Schloß Ludwigs XIII. und Ludwigs XIV. einen Pavillon aus dem 18. Jahrhundert aufweist, der erst im 19. Jahrhundert ausgeschmückt wurde, während das Giebelfeld aus dem 19. Jahrhundert leer geblieben ist. Zu erwähnen wäre noch, daß Louis-Philippe, der dem französischen Volk ungehinderten Zutritt zu dem von ihm »zu Ehren Frankreichs« eingerichteten Schloß gewähren wollte, das Bodenniveau der ›Cour de Marbre‹ erhöhte und damit die wohlausgewogenen Proportionen einer dadurch völlig veränderten Fassade zerstörte.

Stellen wir uns am Eingang der ›Cour Royale‹ neben das Reiterstandbild Ludwigs XIV., ein Werk von Petitot und Cartellier aus dem Jahre 1837, und versuchen wir, das, was von dem Jagdschlößchen Ludwigs XIII. noch sichtbar ist, zu erkennen: Wenn wir uns der Stadt zuwenden, sehen wir rechts die ›Vieille Aile‹, in der die Stallungen untergebracht waren; das Erdgeschoß datiert von 1624, die erste Etage von 1678. Von dem gegenüberliegenden Flügel ist nur noch ein kleiner, kaum wahrnehmbarer Teil vorhanden; hinzu kommen alle Fassaden der ›Cour de Marbre‹, die in die zurückgesetzten Eckpavillons übergehen. Die alten Fassaden waren schlicht und ohne Schmuck, erst später wurden sie mit Säulenhallen, Balkonen, Gittern, Büsten und Konsolen, mit Balustraden und skulptierten Lukarnen, mit Ochsenaugen und Firstgittern aus vergoldetem Blei versehen.

Ursprünglich betonte man diesen beschwingten, anmutigen Stil. In der Mitte des mit großen schwarzen und weißen, rotumrandeten viereckigen Fliesen belegten Hofes erhob sich eine Fontäne; von den Ecken im Hintergrund erklang aus den vergoldeten Vogelhäusern das Zwitschern von tropischen Vögeln.

Außer den zwischen 1679 und 1682 in kurzer Zeit errichteten und zur Unterbringung der Ministerien und des Hofstaates bestimmten Bauten, der ›Aile du Midi‹ und der ›Aile du Nord‹, schuf Mansart eine Verbindung zwischen den ehemaligen Wirtschaftsgebäuden und dem Schloß und ersetzte die ursprünglichen Dächer durch solche ›à la Mansart‹, die mit Mansardenfenstern versehen und mit vergoldetem Blei verziert waren. Damals wurden der Herkules von Girardon und ein Mars von Marsy – Skulpturen, die mehr als bloße Verzierungen sind – zu beiden Seiten der Uhr aufgestellt; auf der Balustrade mit ihren Flammenvasen sitzen allegorische Frauengestalten, unter ihnen die ›Gerechtigkeit‹ und die ›Stärke‹ von Coysevox, die ›Weisheit‹ von Girardon, die ›Freigebigkeit‹ und der ›Überfluß‹ von Marsy, ›Amerika‹ von Regnaudin, ›Afrika‹ von Le Hongre und der ›Sieg‹ von Lespingola. Sie sind eigentlich nur von den gegenüberliegenden Fenstern aus gut zu erkennen. Delobel schuf die schmiedeeisernen Dekors vor den Fenstern und die großen, vergoldeten Gitter, die die tonnengewölbten Säulenhallen zur ›Escalier des Ambassadeurs‹ und zur ›Escalier de la Reine‹ hin abschließen. Sie sind erst vor kurzem in der ursprünglichen Eleganz wiederhergestellt worden.

Am 1. September 1715 öffnete sich das mittlere Balkonfenster, ein Mann mit schwarzem Federbusch erschien und verkündete: »Der König ist tot!«, einen Augenblick später tauchte ein anderer mit weißem Federbusch auf und rief: »Es lebe der König!«

Andere, dramatischere Hochrufe auf den König sollten an der gleichen Stelle am 6. Oktober 1789 ertönen.

Die Gartenfront

Wenn wir unter den nördlichen Arkaden hindurchgehen, gelangen wir ins Gartenparterre. Wenden wir uns dann vorerst gleich zur Terrasse und bleiben wir in der Mitte vor der breiten, die große Hauptallee und den ›Grand Canal‹ im Hintergrund beherrschenden Treppe stehen. Wenn wir uns umdrehen, breitet sich die Fassade des Schlosses in ihren ganzen Ausmaßen von 580 Metern vor uns aus, die immense Theaterkulisse Seiner Majestät, in der sich ein prunkvolles, bis ins kleinste geregeltes Schauspiel vollzog, bei dem Frankreich und Europa zu Gast waren: das ›Lever‹ des Königs, die Messe des Königs, der ›Grand Couvert‹ des Königs, der Thron des Königs, die Jagden des Königs, die Konzerte des Königs, die Feste des Königs, das ›Coucher‹ des Königs. Nichts erinnert indes an die wichtigste Rolle des Königs als Politiker, Diplomat und Verwalter seines Reiches, von der uns kein Bild überliefert ist. Die Maler hielten dies sicherlich für eine undankbare Aufgabe, und dabei ist es doch die politische Aktivität, die dem Schloß von Versailles seine Bedeutung gab.

In tausend Fenstern – und auf drei Ebenen, wie dies die heutigen Architekten nennen – spiegelt sich die untergehende Sonne: in den Fenstern des ziemlich schmucklosen, als Sockelzone gestalteten Erdgeschosses, in den tiefgezogenen, kräftig umrahmten Rundfenstern der ›Grande Galerie‹ und der ›Grands Appartements‹, sowie in den Rechteckfenstern der Attikazone. Die streng horizontale Linienführung wird kaum unterbrochen durch die von Balustraden gekrönten Risaliten, auf denen die Allegorien der zwölf Monate stehen. Den Abschluß des ganzen Baukörpers bildet wiederum eine Balustrade, über der Trophäen und Flammenvasen Wache halten.

Die Fassade von Jules Hardouin-Mansart paßt sich derjenigen von Le Vau an und setzt sie weiter fort. Sein Plan einer völligen Umgestaltung wurde abgelehnt. An Stelle der › Grande Galerie‹ befand sich damals eine Terrasse im italienischen Stil. Mansart verlängerte die Pavillons der Seitenflügel, verwandelte

1 *Jean-Baptiste Martin: Ludwig XIV. besichtigt das Reservoir von Montbauron (Ausschnitt)*

VERSAILLES

2 *Blick vom Marmorhof auf die Seitenflügel und Marställe*
Gemälde von Jean-Baptiste Martin

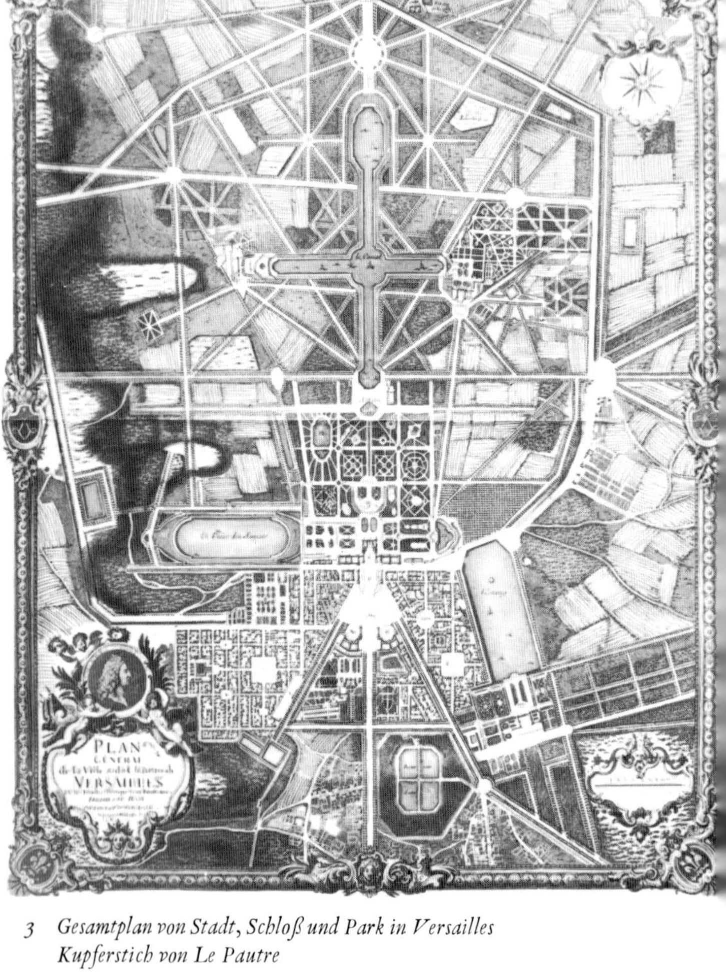

3 *Gesamtplan von Stadt, Schloß und Park in Versailles*
Kupferstich von Le Pautre

die ehemals rechteckigen Fenster in Bogenfenster und errichtete in der Mitte der Gartenfront einen auf Säulen ruhenden Vorbau.

1682 ist das wichtigste Jahr in der Geschichte von Versailles. Das alte Dorf verschwand, der Name Versailles blieb und bezeichnete von nun an den Sitz der Regierung Frankreichs. Der König hatte diese Idee bereits seit langem gehabt, behielt sie jedoch für sich, da er vor allem die Gegnerschaft des von ihm hoch geschätzten Kanzlers Séguier (gestorben 1672) fürchtete.

Die meisten baulichen Veränderungen waren durchaus berechtigt, doch war von den Zeitgenossen keinerlei Verständnis für deren Umfang und die dafür erforderlichen finanziellen Aufwendungen zu erwarten. Der größte Teil des beachtlichen Hofes sowie die gesamte Verwaltung des zentralistischen Staatsapparates mußten untergebracht werden, und die aus dieser Zeit stammenden beiden Flügel, die ›Aile du Midi‹ und die ›Aile du Nord‹, entsprachen lediglich dem unbedingt notwendigen Bedarf.

Versailles zeigt uns tatsächlich nur ein sehr äußerliches Bild der Monarchie; es ist prunkvoll, anmutig und würdevoll, doch über seine wirkliche Bedeutung erfahren wir wenig. Alles wurde aufgeboten, um den Glanz der Monarchie zu entfalten, die Höflinge zu blenden und zu faszinieren und die Botschafter in Erstaunen zu versetzen, und nichts erinnert an die Geduld der gestrengen Finanz- und Verwaltungsbeamten.

Der 1681 vollendete Südflügel, ›Aile du Midi‹ oder ›Aile des Princes‹, wurde innerhalb von drei Jahren erbaut. Er besteht aus zwei Gebäudekomplexen, von denen der eine zum Südparterre, der andere zur ›Cour de la Surintendance‹ blickt. Die Monotonie der Fassade, eine Weiterentwicklung des Hauptbaus, wird ebenso wie dort durch Vorbauten, die mit Statuen gekrönt sind, unterbrochen.

Hier wohnten Fürsten und Persönlichkeiten von Rang, darunter die Prinzen, die Herzöge von Maine und Orléans mit ihren Familien. Die Gemächer von ›Monsieur‹, des Herzogs von Orléans, in der Nähe des Zentrums waren fast genauso prunkvoll ausgestattet wie die königlichen ›Grands Appartements‹, obwohl sie viel kleiner waren. Zuerst befanden sich zehn Appartements im Erdgeschoß und in der herrschaftlichen Etage, verbunden durch eine sogenannte ›Galerie de Pierre‹, die sich zu den Innenhöfen hin öffnete. Das Attikageschoß wurde unaufhörlich unterteilt, um alle, die ein Anrecht darauf hatten, aufnehmen zu können.

Mit dem Bau des Nordflügels wurde 1684 begonnen. Er wäre ein exaktes Gegenstück zum Südflügel, wenn nicht seine Dächer durch die zu Ende der Regierungszeit errichtete Kapelle ungewöhnliche Ausmaße angenommen hätten. Auch hier verband eine ›Steingalerie‹ die Gemächer, die für den Hofstaat vorgesehen waren, jedoch bald nicht mehr ausreichten. Das Schloß litt trotz seiner Größe an Raumnot, und die »übertrieben großen« Flügel erwiesen sich bald als zu klein. Sie verwandelten sich allmählich in ein Labyrinth aus Treppen und Korridoren; Zwischenstöcke wurden eingezogen, die Zimmer unterteilt. Kurz vor Ausbruch der Revolution zählte das Schloß 1862 Zimmer, von denen 600 jedoch ohne Kamin und nicht heizbar waren, dazu kamen noch 152 Zimmer der königlichen und fürstlichen Gemächer.

Seit Louis-Philippe befindet sich im ersten Stock des Südflügels die ›Galerie des Batailles‹. Der Nordflügel wurde in ein Museum umgestaltet; an seinem äußersten Ende spiegelt sich in einem weiten Wasserbassin die schöne, kaum sichtbare Fassade der Oper Ludwigs XV.; von unserem Standpunkt aus können wir nur ihre Dächer wahrnehmen.

Die Gärten

Im Anschluß an die Besichtigung des Außenbaus zeigen die Führungen für gewöhnlich gleich das Innere. Wir halten es dagegen für günstiger, sich nun den Gärten zuzuwenden. Versailles war ja schon ein Garten, noch bevor hier überhaupt ein Schloß stand. Und selbst bevor Ludwig XIV. mit dem Bau seines Schlosses begann, hatte Le Nôtre die wichtigsten Grundlinien für den Park bereits festgelegt, indem er die großartigen, nach italienischem Vorbild gestalteten und in Parterres eingeteilten gärtnerischen Anlagen von Jacques Boyceau, dem Gärtner Ludwigs XIII., weiterentwickelte, aber dabei teilweise auch umgestaltete. Wie schon betont, werden Architektur und Natur hier ja nicht als selbständige, voneinander unabhängige Einheiten betrachtet, sondern als integrierende Bestandteile der Gesamtanlage angesehen. Deshalb kann man sogar die von uns soeben bewunderte Fassade als Hintergrundkulisse betrachten, vor der sich die kostbar geschmückten aufeinanderfolgenden Terrassen, die Wasserbassins und die so harmonischen und mit soviel Feingefühl angeordneten Grünanlagen abheben. Ja man könnte behaupten, daß das Werk von Le Nôtre das von Mansart an Qualität und Größe sogar noch übertrifft.

Die Gärten bildeten den Schauplatz wundervoller Feste, von denen uns die Zeitgenossen oft und in allen Einzelheiten berichten. Zu Beginn der Regierungszeit war der Italiener Vigarani mit deren Inszenierung beauftragt.

Ludwig XIV. hatte, aus seiner Verehrung für Mademoiselle de La Vallière, die er für sich zu gewinnen trachtete, Versailles mit seinem Park seit 1664 zu einem Schloß der Feste gemacht.

Die ›Plaisirs de l'isle enchantée‹ dauerten etwa drei Abende lang. 1668 fand ein so glanzvolles und kostspieliges Fest statt, daß der weise Colbert, entsetzt über die großen Ausgaben – fast hunderttausend Livres – vorschlug, die Rechnung »bar zubezahlen, um sie so vor der Nachwelt zu verbergen«.

Wir folgen, von ganz kleinen Abweichungen abgesehen, dem von Ludwig XIV. selbst vorgeschlagenen Rundgang. Der König maß seinen Gärten große Bedeutung zu, jedem Gast von Rang wollte er sie höchstpersönlich zeigen. Eine von ihm selbst verfaßte Schrift über die ›Manière de montrer les jardins de Versailles‹ wird noch in der Bibliothèque Nationale aufbewahrt.

Er war mit Recht stolz darauf, denn er selbst hatte die entsprechenden Anordnungen erlassen, und nicht die geringste Kleinigkeit ist ihm bei der Ausführung seiner Pläne entgangen. Das Einvernehmen zwischen König und Le Nôtre war so vollkommen, daß nicht der leiseste Schatten auf ihre Freundschaft fiel. Lesen wir den Anfang seines ›Führers‹:

Wenn man durch das Vestibül der ›Cour de Marbre‹ aus dem Schloß heraustritt, gelangt man auf die Terrasse; hier sollte man stehenbleiben und die Anordnung des Parterres, der Bassins und der Fontänen betrachten.

Von der gleichen Stelle aus, die Ludwig XIV. als Ausgangspunkt gewählt hat, haben wir mit dem nötigen Abstand die Westfassade betrachtet. Von hier aus können wir auch die ganze Gartenanlage überblicken.

Sie hat nichts gemeinsam mit dem, was wir ›Landschaftsgarten‹ nennen. Dies hier ist ein Kunstwerk. Was für einen glücklichen Zufall gehalten werden könnte, ist in Wirklichkeit das Ergebnis berechnenden Verstandes und kunstvoller Überlegung, wobei dennoch dem Spiel der Phantasie noch genügend Raum gelassen wurde. Stein und Bronze halten die wuchernde Natur in Bann, und an der genau richtigen Stelle spiegelt sich das Sonnenlicht im Gewässer eines Bassins.

Parterre d'Eau

Vor der Gartenfassade des Schlosses, also uns zu Füßen, erstreckt sich das sogenannte ›Parterre d'Eau‹. Dieses weite, fast kahle, über das Bodenniveau wie eine Bühne erhobene Parterre ohne Baum oder Strauch, hat Saint-Simon verschmäht: er fürchtete die unbarmherzige Sonneneinstrahlung. Der König machte sich lustig darüber. Nichts sollte den Blick versperren, ungehindert sollte er bis in endlose Ferne schweifen können, das war das Wichtigste.

Die Anlage, so wie wir sie heute sehen, ist nicht von Anfang an so geplant gewesen. Ursprünglich waren die Blumenbeete und Wasserspiele nicht so klar geordnet. Mehr als einmal wurden Statuen aufgestellt und dann wieder entfernt. Das Wasserbecken wurde in fünf Jahren zweimal umgestaltet, ehe man zur wohldurchdachten Schlichtheit fand, welche die beiden großen Bassins – die so angelegt wurden, daß man sie von den Fenstern des Schlosses aus sehen kann – kennzeichnet. Klassische Kunst ist ja die Kunst des Weglassens.

An den beiden äußeren Ecken der Terrasse, über der sich das Schloß wie auf einem Sockel erhebt, stehen zwei außergewöhnlich reich verzierte Vasen: die ›Vase de la Guerre‹ und ›Vase de la Paix‹. Sie entsprechen den im ersten Stock liegenden Salons gleichen Namens. Erstere ist ein Werk von Coysevox; sie verherrlicht die Vorherrschaft des Landes nach dem Sieg über die Türken 1664 und die Huldigung Spaniens an Frankreich. Die andere Vase wurde von dem Italofranzosen Tuby geschaffen, einem Meister der Gartenplastik; sie ist eine Erinnerung an die Friedensschlüsse von Aachen (1664) und Nymwegen (1678/79).

Was den Besucher unserer Tage – gewöhnt, in Ausstellungen die unterschiedlichsten ›Handschriften‹ anzutreffen, in denen sich die persönliche Eigenart und der Formwille einzelner Künstler offenbaren – erstaunen mag, ist der einheitliche Stil dieser von den verschiedensten Künstlern stammenden Statuen. Das erklärt sich einmal aus dem damaligen Zeitgeschmack, aber auch aus der Tatsache, daß sich jeder Künstler den Anordnungen von Lebrun zu fügen hatte: Er bestimmte das Thema und die exakten Ausmaße, oder lieferte sogar selbst einen genauen Entwurf. So zieren überall halb liegende Figuren, Urnen, kleine Genien und naturalistisches Ornament das

Wasserparterre. Dennoch gaben die großen Meister nichts von ihrer Eigenständigkeit preis. Coysevox schuf am nördlichen Becken die wunderbaren Bronzebildwerke der Flußgöttin ›Dordogne‹ mit dem zarten Körper und dem heiteren, strahlenden Gesicht; dazu seine ›Garonne‹ als bärtige, heitere Wassergottheit. Le Hongre setzte ihnen seine schlicht geformten ›Seine‹ und ›Marne‹ entgegen. Das andere Bassin im Süden wird von den mächtigen Figuren der ›Loire‹ und des ›Loiret‹ von Regnaudin belebt, sowie von einer kraftvollen ›Rhône‹ und einer sich dieser lächelnd zuwendenden ›Saône‹, beide aus der Hand von Tuby. Alles ist symbolträchtige, majestätische und lebendige Stilisierung aus der Blütezeit der Kunst in Versailles.

Die Putten, die an den Ecken der Brunnenränder miteinander schäkern, verkörpern weniger kleine Nymphen oder Wassergeister, wie beabsichtigt, als wirklich spielende Kinder.

Wir betrachten nun die drei großen Achsen, die sich zu Beginn mannigfaltig darbieten. Da ist zunächst die den Besucher immer wieder fesselnde, unvergleichliche Perspektive des ›Grand Canal‹. Zu beiden Seiten der weit ausladenden Treppen, die zum Latona-Brunnen hinunterführen, bilden die ›Cabinets des Animaux‹ zwischen dem Laubwerk der ersten Bosketts richtige belebte Landschaften: Bronzegruppen, Wasserflächen und Grünanlagen vereinigen sich zu einer etwas düsteren Jagdszenerie. Seitlich zwei sehr schöne Statuen: im Norden die ›Diana‹ von Desjardins, die zugleich den ›Abend‹ versinnbildlicht, Bogen und Arme zu subtiler Arabeske stilisiert, und im Süden der ›Point du jour‹ – ›Der anbrechende Tag‹ von Gaspard Marsy, eine anmutige Frauengestalt, den Morgenstern auf der Stirn, eben mit dem ersten Licht des Tages erwachend.

Diese Skulpturen gehören zu einem Zyklus von vierundzwanzig Marmorstatuen, die Colbert 1674 bei den besten Künstlern seiner Zeit, darunter mehreren Ausländern, in Auftrag gegeben hat. Sie sollten eigentlich im Wasserparterre aufgestellt werden, doch wiesen ihnen Mansart und Le Nôtre entlang den Laubengängen sicherlich einen günstigeren Platz zu, wobei sie jedoch nicht auf die Zusammengehörigkeit der verschiedenen aufeinander bezogenen Allegorien achteten. ›L'Air‹, die Allegorie der Luft von Le Hongre, hat wohl zu Recht Berühmtheit erlangt: eine nackte Mädchengestalt, von wehenden Schleiern nur zart verhüllt und vom Sonnenstrahl liebkost.

Parterre du Midi

Linker Hand – vom Schloß aus gesehen – erstreckt sich das mit Teppichbeeten verzierte ›Parterre du Midi‹ auf den 1684-86 bei der Errichtung der ›Orangerie‹ angelegten Substruktionen. Es beherrscht das tiefer liegende Parterre der Orangerie bis hin zum Schweizersee, den ›Lac des Suisses‹ oder ›Pièce d'Eau des Suisses‹, auf den wir später noch eingehen werden. Auf der Balustrade steht ein höchst interessantes Werk: ›Les Enfants aux Sphinx‹ von Sarrazin, der hauptsächlich unter Ludwig XIII. arbeitete, 1660 modelliert und von Lerambert nach dessen Tod in weißem Marmor ausgeführt. Sie sind die ältesten Skulpturen des Gartens von Versailles. Die zarten, feinen Vasen und Urnen aus Bronze stammen von Ballin. Erwähnenswert ist noch die an der großen Treppe zur Orangerie stehende, von van Cleve geschaffene Nachbildung der ›Schlafenden Ariadne‹ in den Vatikanischen Museen.

Parterre du Nord

Wir überqueren nun noch einmal das ›Parterre d'Eau‹ und gelangen zum ›Parterre du Nord‹, das immer mit geschmackvollen Blumenarrangements verziert ist; zwischen dem berühmten ›Arrotino‹ der Brüder Keller, der Nachbildung einer antiken Statue, und der ›Vénus pudique‹ – ›Keuschen Venus‹ von Coysevox, gehen wir in das hier – im Gegensatz zum Süden und Westen – sanfter abfallende Parterre hinunter. Bemerken wir nebenbei, wie gut die nach antiken Vorbildern geschaffenen Statuen mit den ›modernen‹ Skulpturen aus der

Zeit Ludwigs XIV. harmonieren. Die Künstler haben ja in Rom gelernt, wo der König außerdem eine ›Académie de France‹ gegründet hatte, mit dem Auftrag, möglichst viele Antiken mitzubringen oder zumindest Kopien davon anzufertigen. Unten links, am Ende der ›Allée des Trois Fontaines‹, sehen wir in einem Halbkreis die feierliche ›Garde des Termes‹ vor dem grünen Hintergrund einer Hecke. Unter den zahlreichen hier aufgestellten Statuen, die zu dem bereits erwähnten, von Colbert 1674 in Auftrag gegebenen Ensemble gehören, sollte man sich vor allem die so lebendige ›Venus‹ von Marsy und den erstaunlichen ›Winter‹ von Girardon, einen sich in seinen knappen Mantel hüllenden und dennoch frierenden Greis, ansehen.

Dieser bewundernswerte Künstler schmückte einen großen Teil der zwischen dem ›Parterre du Nord‹ und der ›Allée d'Eau‹ – oder auch ›Allée des Marmousets‹ geheißen – liegenden Anlagen. Seine ›Fontaine de la Pyramide‹ kann man allerdings wohl nicht als sein gelungenstes Werk betrachten mit all ihren übereinandergelagerten Tritonen, Delphinen und Krabben, doch einzelne Details sind wertvoll; im ganzen besehen ähnelt sie weniger einer Fontäne als einem großen Tafelaufsatz. Die Anregung dazu stammte von Lebrun, der sich ja sehr für Goldschmiedearbeiten begeisterte. Da bevorzugen wir bei weitem das von dem gleichen Girardon geschaffene, reizende Flachrelief des ›Bain des Nymphes‹ an jenem rechteckigen Wasserbecken zu Beginn der ›Allée d'Eau‹. Es strahlt Fröhlichkeit und jugendlichen Charme aus. Die seitlichen Reliefs, auf denen im Schilfrohr spielende Kinder zu sehen sind, stammen von Le Hongre und Le Gros.

Parterre de Latone

Suchen wir in diesem heiteren Dekor vor allem die alles leitende ›Vernunft‹, welche das 17. Jahrhundert zum Rang einer ›Königin der Wissenschaften‹ erhoben hat! Vor dem Schloß und seinem Parterre, einem Standort, der den Blick unvermeidlich in die Ferne schweifen läßt, öffnet sich eine grüne Schneise bis an die Grenzen des Horizonts. Wie in jeder klassischen Dichtung mußten auch hier Zäsuren, Ruhepausen eingelegt werden. Daraus ergab sich die Notwendigkeit, diese großartige Perspektive irgendwie zu gliedern, ohne sie jedoch zu unterbrechen. So wurden jeweils am Ende der durch die ›Allée Royale‹ gebildeten Achse die bedeutendsten Wasserbassins von Versailles, das ›Bassin de Latone‹ und das ›Bassin d'Apollon‹, angelegt. Das ›Latona-Becken‹ ist vom Schloß aus nicht zu sehen. Man entdeckt es, wenn man die Treppe vom ›Parterre d'Eau‹ hinabsteigt, in der Mitte eines weiteren Parterres. Welch eine Kostbarkeit! Die Laubengänge, sanft abfallenden Böschungen und blühenden Blumenrabatten vereinigen sich mit der mächtigen ›Garde des Termes‹ und den vor den beschnittenen Hecken der Rampen stehenden mythologischen, antiken Vorbildern nachempfundenen oder zumeist nachgebildeten, jedoch ganz vom Geist von Versailles beseelten Statuen. Erwähnen wir wenigstens die ›Nymphe à la Coquille‹, – ›Die Nymphe mit der Muschel‹ auf der Nordseite, eine halb liegende Figur von Coysevox, Kopie einer antiken Skulptur, die ihr Vorbild bei weitem übertrifft.

Über vier konzentrischen Bassins erhebt sich, zur ›Allée Royale‹ gewendet, Latona mit ihren Kindern Apollo und Diana über einem Volk von Fröschen, Eidechsen und Schildkröten, die an die durch Jupiter, dem antiken Mythos nach, in Tiere verwandelten Bauern von Lykien erinnern.

Allée Royale

Sanft abfallend entrollt die ›Allée Royale‹ ihren ›Tapis vert‹, den ›Grünen Teppich‹, zwischen den auf beiden Seiten stehenden Gartenplastiken, abwechselnd Statuen und monumentale Vasen. Die Verbindung von Großartigkeit und Zurückhaltung mag vielleicht erstaunen. Hier tritt die Skulptur in den Hintergrund, kein Werk dämpft die Wirkung des anderen ab, da keines den Blick ausschließlich auf sich lenken soll: der Blick gleitet deshalb immer weiter der Allee entlang. Die bedeutenderen und lebensvolleren Gruppen stehen etwas abseits am Anfang und am Ende der Allee. Dort, wo sich ›Gaulois et Gauloises‹ – › Gallier und Gallierinnen‹ von Lespingola und die Nachbildung des ›Laokoon‹ von Tuby befinden, standen einst der ›Milon von Kroton‹ sowie ›Perseus und Andromeda‹ von Puget, die heute im Louvre zu sehen sind.

Die Skulpturen von Versailles sind von sehr unterschiedlicher Qualität; manchen hätte man sicherlich die Aufnahme in ein Museum verweigert. Man konnte natürlich unter so vielen von den verschiedensten Künstlern stammenden Figuren nicht nur Meisterwerke erwarten. Manches ist ausgesprochen banal. Lebrun erteilte dazu seine Anweisungen, ließ Korrekturen vornehmen. Alle Skulpturen jedoch erfüllen eine ganz bestimmte ornamentale Aufgabe.

Man muß schließlich auch in Betracht ziehen, daß die im Laufe der Zeit verwitterten Statuen, besonders die der entlegeneren, verlasseneren Gegenden der Gartenanlage, meist ausgebessert, ja manchmal sogar völlig restauriert worden sind. Das fällt einem besonders an den im Halbkreis aufgestellten Figuren beim ›Bassin d'Apollon‹ auf.

Bassin d'Apollon

›Apoll in seinem Sonnenwagen‹, eine plastische Gruppe, in der der feurige, aus den Fluten emporsteigende Gott kraftvoll seine Quadriga lenkt, während Tritonen dazu mächtig in ihr Horn blasen, erfüllt ganz Versailles wie ein Gesang voller Heiterkeit. Mit diesem Werk ist Tuby eine großartige Verherrlichung des Sonnengottes gelungen; überall von der Mittelachse des Parks aus ist Apollo zu sehen, obwohl er kaum aus dem Wasser herausragt. Dieses Kunstwerk ist als eines der ersten 1670 aufgestellt worden. Damals war der Monarch zweiunddreißig Jahre alt; seine Herrschaft und sein Leben hatten nichts als Erfolge gekannt, wundern wir uns also nicht über diese überschwengliche Lebensfreude!

›Allée d'Eau‹ und ›Bassin de Neptune‹

Kehren wir wieder zurück in das Parterre du Nord. Von dem bereits besprochenen ›Bain des Nymphes‹ aus gehen wir die ›Allée d'Eau‹ entlang, welche zweiundzwanzig Kindergruppen von Lespingola flankieren. Diese spielenden und posierenden Kinder erheben sich über roten Marmorschalen, aus denen sich Wasser in ein rundes, weißes Marmorbassin ergießt. Hier erfüllt sich am besten der berühmte Ausspruch Ludwigs XIV.: »Ich will überall Kinder sehen.«

Diese Kinder wurden auch ›Marmousets‹ – ›Kleine Schelme‹ genannt, und die richtigen Versailleskenner sprechen deshalb auch nicht von der ›Allée d'Eau‹ sondern von der ›Allée des Marmousets‹. Die Bezeichnung ›Kleine Schelme‹ trifft indes genau zu. Für den oberflächlichen Betrachter mögen diese Gestalten als einander gleichende, rein dekorative Elemente oder als aus einer einzigen Form gegossene, gleichförmige Versatzstücke erscheinen, indes sind sie jede für sich ganz eigenständige Werke, von denen je zwei eine zusammengehörige Gruppe bilden. So lassen sich beispielsweise Jungen und Mädchen leicht unterscheiden, obwohl die Geschlechtsmerkmale verborgen sind. Es sind spielende, lachende Gestalten, von unbekümmerter Lebensfreude, kleine Liebesgötter, kleine Tritonen, kleine Faune, kleine Winzer, Jäger, Vogelfänger und Fischer; sie haben nichts Gemeinsames außer dem kindlichen Übermut. Ihrem Schöpfer ist es gelungen, sie mit Leben zu erfüllen, selbst die in Tritonen verwandelten Träger von Wasserschalen – nirgends entsteht der Eindruck von Monotonie, den diese Aneinanderreihung gleichgestalteter Fontänen hätte hervorrufen können. Die einst das Ende der Allee zierende Gruppe ›Dragon et Dauphin‹ – ›Drache und Delphin‹ von Marsy, aus vergoldetem Blei, ist nicht mehr vorhanden. Seit 1889 steht an ihrer Stelle eine Nachbildung als einziges Beispiel neuerer Bildhauerkunst – ihre Mittelmäßigkeit zeigt sehr deutlich, wie wenig nach zwei Jahrhunderten von der einstigen Versailler Bildhauerkunst übriggeblieben ist.

Das in Form eines antiken Theaters angelegte ›Bassin de Neptune‹ bildet zusammen mit der ›Allée d'Eau‹ als sich perspektivisch in den Hintergrund erstreckende Kulisse ein einheitliches szenisches Ensemble, zu dessen Gestaltung zwei Könige beigetragen haben. Etwas abseits gelegen, von der großen Gesamtkomposition des Parks gewissermaßen isoliert, bietet das ›Neptun-Becken‹ einen eindrucksvollen, ja überwältigenden Anblick. Seine mächtigen Wasserspiele, die nur durch eine beachtliche technische Vorrichtung verwirklicht werden konnten, verleihen ihm durch ihre überschäumende Lebendigkeit etwas Erhabenes, das jedoch erst dann völlig zur Geltung kommt, wenn sich das Wasser aus allen hundert Rohren ergießt.

Der ›Triomphe de Neptune‹ scheint die auf den Meeren errungenen Siege Ludwigs XIV. zu verherrlichen. Der König wollte daraus eine Art Apotheose machen; das Unternehmen war indes so gewaltig, daß er seine Vollendung nicht mehr erlebte. Aus seiner Regierungszeit stammen lediglich die auf dem oberen Rand des Beckens stehenden zwei Reihen von je elf Bleivasen. Ludwig XV. nahm sechzig Jahre später das Projekt wieder auf; er beauftragte Jacques Gabriel mit der weiteren Durchführung, der sie 1740 zu einem guten Ende brachte. Die besten Bildhauer dieser Zeit wurden zur Mitarbeit aufgeboten: Lambert-Sigisbert Adam und seine Brüder schufen die Mittelgruppe, von Jean-Baptiste Lemoyne stammt die linke Gruppe, ein mit Schuppen bedeckter und von Schilfrohr umgebener ›Okeanos‹, Bouchardon gestaltete einen gewaltigen, auf einer Muschel ruhenden ›Proteus‹ sowie zwei auf Drachen reitende Amoretten.

Man bemerkt auf den ersten Blick, wie sehr sich der Stil seit dem 17. Jahrhundert gewandelt hat, barocke Züge lassen sich erkennen, alles ist in Bewegung aufgelöst. Dieses laute Treiben bildet einen starken Kontrast zu den anderen Bassins, die Anmut und Ruhe ausstrahlen.

Die Bosketts der Nordseite

Selbst wenn unsere Zeit bemessen ist, sollten wir doch den Besuch der Bosketts nicht versäumen: ein jedes ist ein Salon im Freien, zum Träumen geschaffen und um sich verzaubern zu lassen. Streng symmetrisch aufgebaut, lassen sie doch der Phantasie freien Lauf und zeigen ständig ein anderes Gesicht. Hier zeigt sich Versailles von seiner erstaunlichsten Seite; in einheitlichem Stil, der doch Kontraste kennt, beschwören diese Bosketts – einer Tanzsuite oder Ballettoper gleich – die ungezwungene Heiterkeit und phantasievolle Abwechslung jener Zeit. Le Nôtres Einfallsreichtum und seine Neigung für Überraschungseffekte konnten sich hier frei entfalten. Die zwischen den Bäumen versteckten, verschwiegenen Plätzchen stören keineswegs die Harmonie der Gärten.

Alle Bosketts – sie erstrecken sich zwischem dem Schloß und dem ›Bassin d'Apollon‹ – sind unter Ludwig XIV. angelegt worden. Einige sind jedoch in der Zwischenzeit umgestaltet worden, manche haben bereits zu Lebzeiten des Königs ihren ursprünglichen Charakter völlig verloren, und zwei sind fast gänzlich verfallen. Wir beginnen mit diesen beiden, die in der Nähe des ›Bassin de Neptune‹ liegen.

Sie flankieren die ›Allée d'Eau‹. Der ›Bosquet de l'Arc de Triomphe‹, vom Schloß aus gesehen rechts, unterschied sich von den anderen durch sein feierliches Aussehen. Es war eine architektonische und bildhauerische Komposition mit politischer Tendenz, dazu bestimmt, den Frieden von Nymwegen 1678 zu verherrlichen. Über Vasen, Bögen und Pyramiden erhob sich auf einer Tribüne eine siegreiche ›France‹ in Waffen, den gallischen Hahn auf dem Helm. Davon sind nur noch einzelne, dazu stark restaurierte Teile erhalten. Vom ›Bosquet des Trois-Fontaines‹ links ist noch weniger zu sehen, Gras und Sträucher überwuchern die Skulpturen der Bassins.

In dem einem Amphitheater ähnlichen, auf der Nordseite des Parks gelegenen, ›Théâtre d'Eau‹ mit seiner Muschelornamentik von Vigarani und seinen erstaunlichen Wassereffekten gibt es nicht mehr viel Wasser. Die Bleifiguren sind verfallen oder an anderen Plätzen wieder aufgestellt worden. Heute ist es als ›Bosquet Le Rond Vert‹ bekannt. Die reizende ›Île des Enfants‹, gleich südlich davon, die Hardy zugeschrieben wird, ist noch vorhanden. Wir finden hier Flachreliefs, ähnlich denen auf dem Fries des ›Salon de l'Oeil-de-Boeuf‹ im Hauptschloß.

Der östlich davon gelegene ›Bosquet des Bains d'Apollon‹ ist als einziger unter Ludwig XVI. völlig wiederhergestellt worden. Der die Romantik ankündigende Apollo-Hain wurde von Hubert Robert 1778 als Rahmen der hundert Jahre früher für die ›Grotte de Thétis‹ entstandenen, herrlichen Skulpturen geschaffen.

Die Gruppe ›Apollon servi par les Nymphes‹ – ›Apollo von den Nymphen bedient‹, von Girardon und Regnaudin, wirkt in dieser Landschaft aus Felsen, Wasserfällen und Ruinen ganz verloren. Die Pferde des Sonnengottes könnten die Apokalyptischen Reiter tragen. Mit ihren vor Schrecken aufgerissenen Augen und Nüstern, ihrer struppigen Mähne, ihren in der Anstrengung bis auf das Äußerste angespannten Körpern bilden sie, genau wie die Tritonen, die sie zu bändigen versuchen, ein Musterbeispiel höchst bewegten Barockstils unter Ludwig XIV. und passen keineswegs in diese sentimentale Landschaft. Der ursprünglich für dieses Werk geschaffene Platz war eine ganz streng gehaltene Muschelgrotte (an der Stelle des jetzigen nördlichen Schloßflügels) mit grotesken Masken, die den scheinbaren Widerstreit der Linearität der Komposition und der Kurvatur der Muschel mit höhnischem Grinsen quittierten. Wir sehen an diesem Beispiel, daß die ursprüngliche Gestaltung beibehalten werden muß; die geringste Veränderung führt zu einem heillosen Durcheinander.

An der Kreuzung der großen, jeweils parallel zum ›Tapis vert‹ verlaufenden Alleen mit den Querschneisen liegen vier wunderbare Bassins; sie symbolisieren die Jahreszeiten. Als erstem begegnen wir gleich an der Südwestecke des ›Bains d'Apollon‹ dem ›Bassin de Cérès‹, dem ›Sommer‹, einer zwischen Ähren ruhenden Erntegottheit von Regnaudin.

Die ›Quinconces‹, zu beiden Seiten der ›Allée Royale‹ gelegene Kastanienhaine, ersetzen seit der Neuanpflanzung des Parks im Jahre 1775 die ehemaligen ›Bosquet du Dauphin‹ und ›Bosquet de la Girandole‹. Die Hermen im ›Bosquet du Dauphin‹ sind wahrscheinlich nach einem Entwurf von Poussin gearbeitet worden. Sie standen ursprünglich im Schloß von Vaux-le-Vicomte und wurden nach der Verhaftung Fouquets von dessen Erben an Ludwig XIV. verkauft. Auch das ungeübteste Auge wird ihre geringe Qualität bemerken. Vergleicht man sie mit anderen an den verschiedensten Orten aufgestellten Hermen, so wird deutlich, welche Ansprüche Versailles an seine Bildhauer stellte.

Der ›Bosquet de l'Étoile‹ am Nordrand des Parks besteht lediglich aus einer Anlage von Laubengängen; in früheren Zeiten befand sich hier der ›Montagne d'Eau‹. Anschließend gelangen wir zum ›Bassin de Flore‹ auf der Kreuzung der ›Allée de Printemps‹ mit der ›Allée de Cérès et de Flore‹. Hier begegnen wir der zweiten allegorischen Jahreszeitendarstellung: ›Flora‹ als ›Frühling‹. Die anderen beiden befinden sich in der Südhälfte des Parks.

Weiter führt unser Weg zu den tiefer gelegenen Bosketts. Die mit den hydraulischen Arbeiten betrauten Ingenieure haben den Wasserdruck gut auszunutzen verstanden: hier erreichen die Springbrunnen ihre größte Höhe. Mit dem Ausbau der ehemaligen ›Salle des Festins‹ waren große Erdbewegungen verbunden. Um das Mittelparterre, das man über kleine Drehbrücken erreichte, zogen sich kleine Wasserrinnen und Kanäle mit zahllosen Fontänen. Dieses Parterre diente als Rahmen für Soupers, so etwa während des berühmten Nachtfestes von 1674. Die Anlage war jedoch so kompliziert und ihr Unterhalt so kostspielig, daß sie der König 1706 vereinfachen ließ. Die Wasserspiele wurden dabei in der Mitte in Form eines Obelisken zusammengefaßt, der dem Ganzen dann seinen heutigen Namen gab: ›Fontaine de l'Obélisque‹.

Der ›Bosquet des Dômes‹, südlich davon, bot einst zahlreiche Überraschungen. Er verdankt seinen Namen zwei mit Statuen und vergoldetem Blei verzierten Marmorpavillons, von denen nur noch die Grundmauern vorhanden sind. Mansart und Le Nôtre haben daran mitgearbeitet. Das Mittelbassin war von zwei Balustraden aus rotem und weißem Marmor umgeben, deren äußerst reiche Reliefs unter Anleitung Girardons entstanden sind. Dieses Boskett ist häufig umgestaltet worden, bis es dann im Laufe des 19. Jahrhunderts endgültig verwilderte. Was wir heute sehen ist – mit Ausnahme von einigen unter Bäumen versteckten Statuen – nichts als Kopie; nur mit Hilfe zeitgenössischer Bilder können wir uns eine Vorstellung von der einstmals prunkvollen Anlage machen.

Ganz in der Nähe, in der Richtung zum Trianon, beeindruckt vor allem die ›Fontaine de l'Encelade‹. Diese kolossale Schöpfung von Gaspard Marsy hat die Sage von jenem Riesen zum Vorwurf, der die drei höchsten Berge des antiken Griechenlands – Pelion, Ossa und Olymp – aufeinandertürmte, um den Himmel zu ersteigen, dann aber unter ihnen begraben wird. Der Realismus der in den Stein verkrallten Hände und des vom Schmerz verzerrten Mundes, aus dem sich ein mächtiger Wasserstrahl ergießt, bildet einen starken Kontrast zu den feinen Kompositionen, die wir kurz vorher betrachtet haben.

Die Bosketts der Südseite

Um zu den südlichen Bosketts zu gelangen, passieren wir das ›Bassin d'Apollon‹ in der Achse der ›Allée Royale‹: als triumphaler Zielpunkt erhebt sich in der Ferne das Schloß.

Wenden wir uns nun dem geheimnisvollsten und berühmtesten Boskett zu, dem ›Bosquet de la Colonnade‹, das unvermittelt zwischen den Laubengängen auftaucht. Diese von Mansart geschaffene Anlage war die letzte dieser Art aus der Zeit Ludwigs XIV. und kündet bereits von den anmutigen gärtnerischen Schöpfungen des 18. Jahrhunderts. Mit seinem ›Enlèvement de Proserpine‹ – ›Raub der Proserpina‹ – im Mittelpunkt hat Girardon sicher nicht an den unterweltlichen Pluto erinnern wollen: es handelt sich um eine gewundene Ballettfigur,

II JEAN-BAPTISTE MARTIN (zugeschrieben)
Orangerie und Schweizer See in Versailles
um das Jahr 1700
Musée de Versailles

umgeben von einem Ring aus zweiunddreißig Arkaden aus feinen, rot und rosa geäderten, malvenfarbenen und türkischblauen Marmorsäulen und Pilastern. Ein Fries musizierender Putten in den Arkaden, darunter Wasserschalen und Springbrunnen, die sich von den im Sommer mit blühenden Rosen geschmückten Laubengängen abheben. Coysevox, Tuby, Le Hongre, Regnaudin, van Cleve, die besten Bildhauer der Epoche, haben diesen zauberhaften Dekor geschaffen.

In unmittelbarer Nachbarschaft befand sich einst die langgestreckte ›Salle des Antiques‹. Sie verdankte ihren Namen den vierundzwanzig antiken Statuen und Büsten, die zwischen geschnitzten Kästen aus Eibenholz und munteren Springbrunnen auf dem rot und weiß gemusterten, von Wasserrinnen und Balustern eingefaßten Marmorboden aufgereiht standen. Zwanzig Jahre später wurden Marmor und Wasserspiele dieses ungewöhnlich feinen Dekors entfernt, es entstand die heutige ›Salle des Marronniers‹, von der selbst wieder nur noch Spuren zu erkennen sind.

Wenn wir über die Kreuzung mit dem ›Bassin de Saturne‹ und der von Girardon geschaffenen Allegorie des ›Winters‹ gehen, kommen wir zu dem in Form eines Amphitheaters angelegten ›Bassin du Miroir‹, von dem nach allen Seiten Laubengänge ausstrahlen. Ursprünglich bildete diese Anlage den Teil eines größeren Ganzen, nämlich der sogenannten ›Île Royale‹ oder ›Île d'Amour‹, wobei sich das Wasser aus dem jetzt noch vorhandenen Bassin, in ein tiefer gelegenes, fünfmal größeres Becken ergoß. Dieses wurde jedoch später zugeschüttet und 1817, unter der Restauration, entstand hier der ›Jardin du Roi‹, ein englischer Garten im Stil jener Zeit. Das schlichte ›Bassin du Miroir‹ jedoch ist nun das größte Wasserbecken der Bosketts.

Auf der Höhe des ›Bassin de Bacchus‹, mit der Herbst-Allegorie des Bacchus, dessen rätselhaftes Lächeln Pierre de Nolhac mit jenem des Bacchus des Leonardo da Vinci verglich, treten wir in das ›Bosquet de la Reine‹ ein, in dem sich unter herrlichen Bäumen schattige Alleen dahinschlängeln. Nichts erinnert mehr an seine ursprüngliche Gestaltung als Labyrinth. Wir wissen, wie beliebt in der damaligen Zeit Irrgärten waren. Nur wenige Tiere aus farbig gefaßtem Blei, die die Fabeln Äsops erzählen, sind unbeschädigt geblieben. Einige dieser Figuren hat man am Fuß der ›Escalier de la Reine‹ im Schloß wieder aufgestellt.

Die äußerst anmutige ›Salle de Bal‹, heute ›Bosquet des Rocailles‹ genannt, hat einen barocken Anstrich. Es ist eine Art Amphitheater, dessen ›Szenerie‹ große Wände mit Muscheln aus Madagaskar bilden. Sie kommt erst durch das Wasser, das über die Muscheln rieselt, voll zur Geltung. Die Vasen und Leuchter aus vergoldetem Blei verleihen ihr etwas Kostbares. In früheren Zeiten befand sich in der Mitte eine Bühne für Ballettaufführungen, daher die alte Bezeichnung ›Salle de Bal‹.

Das Schicksal der Gärten

Wir haben nun den herrlichsten, mit den reichsten Verzierungen versehenen Teil der Gärten von Versailles kennengelernt; er wird von Mauern und Gittern eingeschlossen. Ist es nicht verwunderlich, daß diese so häufig verwüsteten und umgestalteten lieblichen Bosketts trotz allem so gut erhalten sind? Tatsächlich haben sie viel gelitten, und ihre Pflege war und ist immer noch sehr kostspielig. Das Wesentliche ist jedoch erhalten, und keine Gartenanlage der Welt kann sich mit jener von Versailles vergleichen.

Stets waren die Gärten von Versailles ungeheuer großen Gefahren verschiedenster Art ausgesetzt. Da waren zum Beispiel die Spaziergänger, die sich oft wie kleine Vandalen gebärdeten. Entgegen einer weit verbreiteten Ansicht war nämlich Versailles fast immer der Öffentlichkeit zugänglich. Als Besitzer verspürte der König eine Art Genugtuung, seine Gärten, die ja auch zu einem nicht geringen Teil sein Werk waren, vom Volk bewundern zu lassen, und für die Pariser wurden sie, selbst als sie noch nicht vollendet waren, zu einem Ziel sonntäglicher Ausflüge.

Zu Ende des 18. Jahrhunderts hätte die Vorliebe für englisch-chinesische Gärten beinahe zu einer grundlegenden Umgestaltung geführt. In ihrer Begeisterung für die ›neue Kunst‹ wollte Marie Antoinette die ›natürlichen‹ Landschaften mit Alleen und Bächen versehen. Zum Glück war ihr Gemahl konservativ gesinnt. In seiner Regierungszeit beschränkte man sich auf relativ wenig Veränderungen: Hubert Robert schuf den ›Bosquet des Bains d'Apollon‹ und auf den Ruinen des Labyrinths den ›Bosquet de la Reine‹. Doch verdanken wir Ludwig XVI. die völlige Neuanpflanzung des Parks, die natürlich große Veränderungen mit sich brachte. Mit diesen Arbeiten wurde 1774 begonnen, sie nahmen zehn Jahre in Anspruch. Diese zum Teil spürbaren Eingriffe wurden oft bedauert. Doch waren damit einige gärtnerische Anlagen Ludwigs XIV. für die Zukunft wenigstens gerettet. Die kommenden Generationen lernten ein ganz neues, seinen Schöpfern unbekanntes Versailles kennen.

Warum hat die Revolution, die so viele Idole vernichtete, nicht dieses Zeugnis der Verschwendung und Vergeudung, dieses Symbol abgöttischer Verehrung mit allen Mitteln bekämpft? Es waren die Anhänglichkeit der Bürger von Versailles und die List der Gärtner, die in den Parterres Gemüse und Obstbäume anpflanzten, welche die Gärten retteten. Das Schloß, so sagte man, diene der Ernährung des Volkes!

Napoleon, der aus Versailles einen Ort der Erholung machen wollte, ließ seine Architekten Pläne zu einer umfassenden Wiederherstellung ausarbeiten, die aus Zeit- und Geldmangel jedoch nicht verwirklicht werden konnten. Vor diesen Umgestaltungen sind wir zum Glück verschont worden. Aus dem ›Mémorial de Sainte-Hélène‹ erfahren wir, was Napoleon von den Bosketts hielt und wie er sie veränden wollte:

Ich würde aus diesen schönen Gärten alle diese kitschigen Nymphen und Ornamente ›à la Turcaret‹ verbannen und an ihrer Stelle steinerne Panoramen all der Hauptstädte errichten, in die wir siegreich eingezogen sind, sowie Darstellungen aller großen Schlachten, die unsere Waffen geschlagen haben. So hätten wir wenigstens unseren Triumphen und dem Ruhm unserer Nation vor den Toren der Hauptstadt Europas, die von allen Menschen besichtigt werden wird, ewige Denkmäler gesetzt.

Schließlich haben auch das 19. und das beginnende 20. Jahrhundert mit ihrer romantischen Ruinenliebhaberei und ihrer poetischen Melancholie zu einer Vernachlässigung der Gärten beigetragen. Zersprungene Vasen, beschädigte Statuen, Moos auf den Brunnenrändern und herbstliches Laub tragen zu einer Art von Folklore bei: das war genau das Gegenteil von dem, was sich Ludwig XIV. und Le Nôtre vorgestellt hatten.

Erst Pierre de Nolhac, gebildeter Humanist und Dichter, zugleich Konservator des Schlosses, vermochte die Aufmerksamkeit auf den wahren Charakter Versailles' zu lenken. Und erst die Stiftungen von Rockefeller (1925 bis 1928) ermöglichten es, die Bosketts mit ihren verfallenen Bronze- und Marmorstatuen teilweise wieder in Ordnung zu bringen, Bäume, Hecken, Alleen und Kanäle zu pflegen, Laubengänge anzulegen und die bereits vorhandenen zu schneiden. Das Volk, endlich eingeschüchtert, zeigte nun mehr Respekt. Man klärte die Besucher auf, auch darüber, daß die ›Allée Royale‹ nicht dazu geschaffen worden war, um sich, wie es damals in den Führern hieß, einem Spiel zu widmen, das darin bestand, mit verbundenen Augen von einem Ende des ›Tapis vert‹ zum anderen zu laufen, ohne von ihm abzukommen.

Die ›Orangerie‹ und ›Pièce d'Eau des Suisses‹

Bei unserer Besichtigung des ›Parterre du Midi‹ haben wir bereits erwähnt, daß wir uns damit praktisch auf dem Dach der Orangerie befinden, die ursprünglich schon Le Vau angelegt hatte. Als jedoch der Südflügel des Schlosses emporwuchs, mußte diese erste Anlage den veränderten Dimensionen des Schlosses angepaßt werden, was in einer Gemeinschaftsarbeit von Mansart und Le Nôtre erfolgte. Das Innere der Orangerie bildet eine Galerie von hundertfünfundfünfzig Meter Länge und dreizehn Meter Breite; die ›Galeries en retour‹, die durch einen abgerundeten Vorsprung mit der Hauptgalerie verbunden sind, weisen eine Länge von hundertfünfzehn Metern auf. Betrachtet man dazu in der Ferne den ›Lac des Suisses‹ und die zu beiden Seiten der Orangerie liegenden Rampen, die sogenannten ›Grands Degrés‹ oder ›Cent Marches‹, dann kann man sich vorstellen, welch große Erdbewegungen für diese weiträumige Anlage erforderlich waren.

Das Innere der Orangerie, deren bewußte Schlichtheit einen vollkommenen Kontrast zu den übrigen Gebäuden des Schlosses darstellt, berührt ganz eigenartig. Einige Zeitgenossen, die sich für einfache Formen und die Baukunst der Zisterzienser begeistern, halten die Orangerie für das bedeutendste architektonische Werk von Versailles. Die Proportionen der Fenster, die klaren Formen der Rundbogen, die Konstruktion der Gewölbe fügen sich zu einem Ganzen von makelloser Strenge.

Die Glastüren – die drei in der Mitte werden von toskanischen Säulen eingerahmt – öffnen sich auf ein sehr einfaches Parterre, das sich im Sommer mit beinahe neuntausend Pflanzen in Kästen und fast zweitausend Orangenbäumchen schmückte. Die allerseits bewunderten Orangenbäume veranlaßten den Botschafter von Siam zu der Annahme, daß Ludwig XIV. über einen ungeheuren Reichtum verfügen müsse, wenn er eigens für sie ein solches Haus erbauen ließ.

Wenn wir trotz des Autofahrens noch gut zu Fuß sind, dann sollten wir bis ans Ende der ›Pièce d'Eau des Suisses‹ gehen, die in Wirklichkeit viel länger ist, als sie aussieht: nämlich sechshundertzweiunddreißig Meter! Seinen Namen verdankt dieses Wasserbecken einem Schweizer Garde-Regiment, das der König 1681 mit der Aushebung beauftragt hatte. Das einstmals schrecklich sumpfige Gebiet mit seinen faulenden Gewässern, besonders dem ›Étang puant‹, dem ›Stinkenden Weiher‹, wurde weitgehend trockengelegt. Jetzt erst konnte sich hier eine Stadt entwickeln: Der Sinn für Schönheit und Hygiene hatte den Sieg davongetragen. Von dem nördlichen Teil des Schlosses und von der Terrasse der Orangerie gleitet der Blick bis hinüber zu den bewaldeten Hügeln von Satory.

Am Ende des Schweizer Sees stoßen wir auf ein etwas ungewöhnliches Denkmal, eine Reiterstatue Ludwigs XIV., die Bernini während seines Frankreichaufenthaltes 1665 in Auftrag gegeben worden war. Von Dangeau wissen wir, wie empört der König war, als man ihm diese Skulptur an dem für sie bestimmten Platz vor der Orangerie zeigte: *Er beschloß, sie zu entfernen, ja sogar zerstören zu lassen.* Sie wurde zwar nicht zerstört, dafür aber in etwas veränderter Form mit der neuen Bezeichnung ›Marcus Curtius‹ an das äußerste Ende des Sees verbannt, wo sie kaum in Erscheinung tritt. Dieses barocke Werk des berühmten italienischen Bildhauers wäre vor der Orangerie tatsächlich völlig fehl am Platze gewesen.

Doch weniger wegen dieser Sehenswürdigkeit – so interessant sie auch für die Kunsthistoriker und Liebhaber des römischen Barocks sein mag – haben wir letztlich diesen weiten Weg unternommen, sondern um uns an dem Anblick von Versailles aus dieser ungewohnten Perspektive zu erfreuen. Von hier aus sieht man – besser vielleicht als von irgendeinem anderen Ort –, wie sehr Gebäude und Gärten in der ausgewogenen horizontalen Linienführung aufgehen.

Der ›Petit Parc‹

Lassen wir uns durch diese Bezeichnung nicht irreführen: Der ›Petit Parc‹ ist sehr groß, sogar größer als die eigentliche Gartenanlage zwischen Schloß und Apollo-Becken. Er liegt außerhalb der Gitter und wird vom ›Grand Canal‹ durchschnitten. Er eignet sich ausgezeichnet für weite Waldspaziergänge auf herrlichen, aber höchst einsamen Alleen.

Der einschließlich ›Grand Trianon‹, ›Petit Trianon‹ und ›Pièce d'Eau des Suisses‹ 1700 Hektar umfassende ›Petit Parc‹ geht in den ›Grand Parc‹ über, ein Jagdrevier von weiteren 600 Hektar, das sich zwischen der Hochebene von Satory und dem Wald von Marly erstreckt. Der während der Revolution zum Verkauf angebotene ›Grand Parc‹ war von Mauern umgeben, die heute verschwunden sind. Mehrere auf dem Lande verstreute Eingangstore erinnern heute noch an diese Umfriedung.

Als mit dem Ausbau der gärtnerischen Anlagen begonnen wurde, hatte man bereits die Idee, in einer auf das Schloß ausgerichteten Achse einen Kanal auszuheben. Und 1667 schon, als sich an der Stelle des ›Bassin d'Apollon‹ nur der ›Rondeau des Cygnes‹ befand, lag ein Entwurf vor. Man wollte diese Perspektive so weit wie möglich verlängern, bis ins Endlose, bis dorthin, wo die Sonne untergeht. Das war ein Sieg von Le Nôtre und zugleich ein Beweis für die Fähigkeit des Menschen, die Natur zu bezwingen und ein Kunstwerk zu schaffen.

Der Entwurf dieser dreiundzwanzig Hektar umfassenden Kanalfläche ist geometrisch: ein lateinisches Kreuz, dessen beide Arme allerdings nicht ganz symmetrisch sind.

Neben der Anlegestelle und den kleinen Booten, mit denen man Spazierfahrten unternehmen kann, finden wir rechts von der ›Allée des Matelots‹ noch einige Spuren von ›Petit Venise‹, von ›Klein-Venedig‹, das an das frühere Leben und Treiben auf dem ›Grand Canal‹ erinnert. Die Dogen der Republik Venedig hatten Ludwig XIV. nicht nur Gondeln, sondern auch die Gondolieri dazu gesandt. Diese ließen sich in eigens für sie zwischen Bäumen errichteten Häusern nieder. Es entstand so eine richtige kleine venezianische Kolonie mit ihren eigenen Lebensgewohnheiten; später gesellten sich noch provenzalische Matrosen hinzu. Eine kleine Seeflotte wurde gebaut: Boote, Schaluppen und Fregatten, ja sogar eine Miniaturgaleere mit einem Takelwerk aus purpurroter Seide. Herrliche Seefeste fanden auf dem Kanal statt, auf einem Floß spielte ein Orchester Symphonien von Delalande oder Lully, und Illuminationen wie großartige Feuerwerke erfreuten das Auge.

Wie würden diese Feste früherer Zeiten auf uns wirken, die wir so sehr an die moderne Beleuchtungstechnik und an die ›Son et lumière‹-Schauspiele gewöhnt sind? Der ›Grand Canal‹ selbst hat jedenfalls seinen Reiz bewahrt. Und der Anblick des Schlosses und der Parkanlagen vom ›Bassin d'Apollon‹ aus ist auch heute noch unübertrefflich.

Eine mächtige Steinumrandung begrenzt den ›Grand Canal‹, an dem wir auf einem schmalen Fahrweg entlanggehen können.

Während sich die Hauptachse ins Unendliche zu verlieren scheint – dieser Eindruck wird noch verstärkt durch die in ihrer Verlängerung stehenden Pappeln im ›Grand Parc‹ –, enden die beiden Seitenarme in Zieranlagen. Der rechte Arm ist am meisten befahren, denn er führt zum ›Trianon‹. Es war ein besonderes Vergnügen, die zu einem Imbiß geladenen Damen mit dem Boot zum ›Trianon‹ zu bringen. Le Vau errichtete einen monumentalen Anlegeplatz mit einer Hufeisentreppe, deren mit Eiszapfen verzierte Rampen zu einer Terrasse mit Balustrade führten. Wir können das nur leicht aus der Achse des Kanalarms versetzt liegende ›Petit Trianon‹ in der Ferne erkennen.

Der andere Arm endete an einem Gebäude, das eine besondere Anziehungskraft ausübte: die ›Ménagerie‹, eine der ersten Bauten Ludwigs XIV. in Versailles. In dem an der Straße nach Saint-Cyr gelegenen, achteckigen Pavillon, dessen zwei Etagen von einer Kuppel mit vergoldeten Bleiverzierungen gekrönt werden, waren exotische Tiere untergebracht. Von einem auf die sternförmig angelegten Höfe hinausgehenden und um den ersten Stock herumgeführten Balkon konnte man die Tiere beobachten. Vor allem vom Nashorn waren die Besucher entzückt.

Mansart erneuerte auf Wunsch der kleinen Herzogin von Burgund diesen Tiergarten. Und Ludwig XIV. meinte zu seinem Architekten: *Es scheint mir, daß die Untertanen zu ernst sind, und daß alles, was man macht, von Jugend erfüllt sein sollte.* Jugend belebt überall den Dekor von Versailles.

Von der ›Ménagerie‹ sind nur noch einige umgestaltete Zweckbauten erhalten. Bis 1935 gehörte das Gebiet zu einem Pionierübungsplatz. Danach wurden das Wasserfeld und die Grünanlagen wiederhergestellt.

Das äußerste westliche Ende des ›Grand Canal‹ wurde in einen Anlegeplatz umgestaltet. Dahinter liegt ein großer runder Platz, von dem aus zehn herrliche Avenuen in den Park hineinführen. Dieser ist zwar von Mauern umgeben, doch sind – den Blick nicht zu behindern – in den Achsen der Alleen Wolfsgruben, die man ›Ha! Ha!‹ nannte, angelegt worden. Diese fast militärisch erscheinenden Einrichtungen haben hier jedoch einen rein ästhetischen Sinn.

Von hier aus und in dieser zauberhaften Perspektive betrachtet gewinnt das Schloß, obwohl es uns ganz klein erscheint, noch mehr an Erhabenheit.

Die Wasserspiele

Das 17. Jahrhundert war ein Jahrhundert der hydraulischen Erfindungen: Das Wasser wurde zu einem wesentlichen Bestandteil der Gartenanlagen. Seit der Regierungszeit Heinrichs IV. bilden die Bassins und Grotten mit ihren Fontänen und Wasserspielen die Attraktion der Gärten. Salomon de Caus veröffentlichte ein mit Illustrationen versehenes Werk über die ›Raisons des forces mouvantes‹, in dem er wertvolle Hinweise gibt; uns mutet dies vielleicht wie eine Art physikalische Spielerei an, damals jedoch stellten diese Anleitungen zum Bau von Wasserbassins, die dann eine ganze Gesellschaft entzückten, etwas ganz Neues dar.

Auf den Terrassen von Château-Neuf de Saint-Germain, in Fontainebleau und in Vaux-le-Vicomte hat man mit Hilfe des Wassers meisterhafte Gartenanlagen geschaffen; und die Wasserspiele von Versailles sind unübertroffen. Natürlich können die heutigen Tiefbauer und Ingenieure im Zeitalter der großen Talsperren diese Wasserspiele für unwesentlich erachten. In der damaligen Zeit jedoch hatten sie eine große Bedeutung. Die überwältigenden Leistungen des Menschen auf allen Gebieten führten, freilich unter ungeheuren Kosten, zu diesen zugleich nützlichen Ergebnissen und ließen Kunstwerke entstehen, die auch heute noch Bewunderung hervorrufen.

Während auf dem sumpfigen Gelände bereits die Gärten Gestalt annahmen, ließ Ludwig XIV. im Umkreis von fünfzig Kilometern nach Wasser suchen, um es dann da, wo es ihm beliebte, verströmen zu lassen. Ganze Wasserfelder erstreckten sich dann später über das riesige Gelände: Kanäle, Bassins, Teiche, Wasserfälle und vierzehnhundert Fontänen! All das erforderte eine komplizierte Kanalisation. Die ›Cité des Eaux‹ sollte an einem Ort angelegt werden, wo es überhaupt kein Wasser gab.

Die Wasserspeicher, die von einer Pumpe am Weiher von Clagny gespeist wurden, reichten bald nicht mehr aus. (Wenn die Spaziergänger an den Parterres vor der Westfassade des Schlosses entlanggehen, ahnen sie nicht die darunter liegenden unterirdischen Reservoirs, die aus den Wassern der Hochebene von Satory gespeist werden.) Kundschafter wurden in die Umgebung geschickt, um alles Wasser ausfindig zu machen, das dann zu den Teichen, so etwa zum Weiher der Trappisten, geleitet wurde. Arbeiten wurden sogar an der Bièvre und Yvette unternommen. Von der Hochebene von Saclay her strömt das Wasser in einem Aquädukt von Buc über die Bièvre. 1685 entstanden die großen, zwischen den Straßen nach Paris und Saint Cloud gelegenen Reservoirs von Montbauron, in die sich das in Marly aus der Seine gepumpte und dorthin geleitete Wasser ergießt. Diese Pumpe, die sogenannte ›Machine de Marly‹, ist eine Erfindung von zwei Männern aus Lüttich, des Chevalier de Ville und des Zimmermanns Rennequin Sualem. Die beiden schufen auch den gewaltigen Aquädukt, den wir auf den Hängen von Louveciennes erkennen können.

Der König jedoch hatte bereits Pläne von ganz anderen Ausmaßen. Riquet, der Erbauer des Languedoc-Kanals, hatte ihm damals bereits die Idee unterbreitet, Wasser aus dem Tal der Loire abzuleiten. Zunächst wandte man sich aber näherliegenden Projekten zu, die nicht weniger gigantisch waren: der Abzweigung eines Teils des Eure nach Versailles durch einen Kanal, der übrigens schiffbar gemacht werden sollte. Die fähigsten Wissenschaftler der Zeit studierten diesen Plan nach allen Gesichtspunkten: der Geograph La Hire, der Hydrauliker Gobert und der berühmte Festungsbaumeister Vauban.

Diese kühne Idee war keineswegs so abwegig, wie viele damals glaubten. Das Unternehmen erinnert an die Römer, für die es, wenn sie den Bau irgendeines Werkes einmal beschlossen hatten, keine Schwierigkeiten mehr zu geben schien.

Man weiß, welchen Arbeitsaufwand die Verwirklichung dieses Planes erforderte; außer den Fachkräften wurden noch sechsunddreißig Bataillone Infanterie und sechs Dragonerschwadronen aufgeboten; schreckliche Krankheiten traten auf (sicherlich übertrieben in den subjektiven Berichten von Saint-Simon), Täler mußten mit dreibogigen Brücken überwunden werden, deren einzelne Pfeiler manchmal fast doppelt so hoch waren wie die Türme von Notre-Dame. Gewaltige Summen wurden so für fast nichts ausgegeben, denn was in einer Zeit des Friedens und des Wohlstandes möglich schien, warf in einer Zeit des Kriegs und der finanziellen Krisen unlösbare Probleme auf. Nichts als einige unvollendete Teile des Aquädukts von Maintenon ist von diesem abenteuerlichen Unternehmen übriggeblieben.

Ludwig XIV. wünschte, daß die Fontänen von Versailles, wie die von Rom oder Tivoli, ständig in Betrieb sein sollten, was hier jedoch mit außergewöhnlichen Schwierigkeiten verbunden war. Doch welche Pracht! Die an eine Fülle von technischen Erfindungen auf den verschiedensten Gebieten gewöhnten Menschen von heute werden nicht müde, diese alten Erfindungen, die bereits vor ihrer Vollendung von La Fontaine besungen wurden, stets aufs neue zu bewundern.

Die Räume

Man kann bei der Innenausstattung des Schlosses nach historischer, topographischer oder chronologischer Reihenfolge vorgehen, vielleicht auch danach, was einem am besten gefällt oder wofür man sich am meisten interessiert.

Ich glaube, dem Leser einen Dienst zu erweisen, wenn ich mich zunächst ganz einfach an die öffentlichen Führungen halte. Das ist sicherlich nicht der beste Weg, aber er hilft einem, sich in diesem Labyrinth zurecht zu finden, denn man muß schon über eine langjährige Erfahrung verfügen, um sich hier nicht zu verlaufen. Wie schön wäre es, wenn man hier völlig ungezwungen spazierengehen könnte, wenn es dem eigenen Willen überlassen bliebe, sich hier länger aufzuhalten oder dort einfach nur vorüberzugehen. Doch wie sollte das möglich sein angesichts der Menge, die sich ungeduldig vor den Toren drängt und die Versailles auf ihr Programm gesetzt hat? In Gruppen eingeteilt, vom Führer zur Eile angetrieben, hat diese armselige Herde alle Mühe, ihrem Hirten zu folgen. Wer ein bißchen neugierig ist, wird, so möchte ich meinen, sicher manches auf eigene Faust auskundschaften. Wer es sich einrichten kann, der sollte das Schloß auf jeden Fall an Werktagen, und dann am besten vormittags, besichtigen.

Als erstes betreten wir den unter Ludwig XV. von seinem Architekten Jacques-Ange Gabriel umgestalteten Flügel: wir befinden uns in dem kleinen Vestibül der Kapelle, deren große, vergoldete Türen im allgemeinen geöffnet sind. Mit einem Blick umfassen wir das Langhaus und den Chor, in Ausmaßen und Eleganz wohl das vollkommenste Beispiel sakraler Baukunst des 17. Jahrhunderts. Die Kapelle steht nicht auf dem offiziellen Besichtigungsprogramm; wir werden später noch auf sie eingehen, ebenso auf das hohe Vestibül, das aus der gleichen Zeit stammt wie die Kirche und durch seinen Dekor zu ihr gehört. In diesem Raum versammelt sich das Publikum zur Besichtigung der großen Appartements Ludwigs XIV.

Grands Appartements du Roi

Die fast gänzlich unversehrten ›Großen Appartements‹ des Königs vermitteln uns in Stil und Ausmaßen das beste Beispiel der Kunst von Versailles, die nach dem Willen Ludwigs XIV. eine ganz besondere Manifestation der französischen Kunst werden sollte. Dies gelang ihm ohne Zweifel; der Geist von Versailles drückte seiner Zeit den Stempel auf und wirkte noch lange Zeit nach seiner Regierung in allen Ländern fort, die man damals zu den Domänen der alten europäischen Kultur zählte.

Hier entfaltete sich der ganze Prunk des Hofes. Überall entdeckt man hinter dem allegorischen, heroischen Dekor Anspielungen auf die Taten Seiner Majestät. Es ist ein Dekor, nicht geeignet für ein Privatleben, sondern für Feste und Empfänge, die dreimal in der Woche die Gäste zerstreuen und erfreuen sollten. Kostbare Möbel und Menschen in feierlicher, mit Edelsteinen bestickter Kleidung gehörten zu diesem Bild.

Von den Räumlichkeiten übertrug sich der Name auf diese Empfänge. »Mit ›Appartement‹«, berichtet Saint-Simon, »bezeichnete man die Zusammenkunft des ganzen Hofes in den Salons der großen Galerie bis zur Tribüne der Kapelle von 7 Uhr abends bis 10 Uhr, wenn sich der König zu Tisch begab.«

Die Anlage stammt von Le Vau und d'Orbay; alle Direktiven für die Ausschmückung gingen von Lebrun aus; er lieferte einen Gesamtentwurf, in vielen Fällen zeichnete er sogar die Einzelheiten. Der erste Hofmaler herrschte über eine Gruppe von Mitarbeitern, unter denen sich manchmal große Talente befanden. Lebrun, als schöpferischer Leiter des Ateliers, gab Ratschläge, erteilte Anweisungen und brachte Verbesserungen an. Sein Verfahren war stets das gleiche: zunächst unterbreitete er dem König seine Vorschläge – sie konnten Themen für die Malereien ebenso wie Marmorvertäfelungen oder auch ein

Schlüsselloch betreffen. Der König nahm diese Vorschläge an, versah sie mit Anmerkungen, oder aber er verwarf sie und forderte neue Entwürfe. Dann begann die Arbeit der Spezialisten: die Bildhauer fertigten zunächst Modelle aus Wachs an, die Maler, deren Entwürfe bereits sehr ausgearbeitet waren, traten in Aktion, dann kamen die Dekorateure, verschiedene Dekorationsmaler, Gießer, Ziseleure, Marmorarbeiter, Stukkateure und so weiter.

Nichts ist zu prächtig für die königlichen Gemächer. Für die Verkleidung der Wände wird der schönste Marmor ausgewählt – ausschließlich französischer Marmor auf Anordnung von Colbert –, mit unvergleichlicher Präzision geschnitten und zusammengefügt. Die vergoldeten Bronzen der ornamentalen Verzierungen sind höchst fein wie Goldschmiedearbeiten ziseliert.

Zwölf Maler arbeiteten gemeinsam an den Decken, die übrigens von sehr unterschiedlicher Qualität sind. Doch dies ist nicht sehr schwerwiegend, denn diese Arbeit hat für uns nur einen rein dekorativen Wert, zudem ist eine nähere Betrachtung sowieso nicht möglich. Wenn man jedoch die Beschreibungen aus jener Zeit liest, wird man feststellen, daß die Zeitgenossen, die solch komplizierte Szenen detailliert schildern, anders urteilten. Bei diesen Malereien handelt es sich übrigens um Tafelbilder, die in die Gewölbe eingelassen und von schweren Rahmen umgeben waren. Das ist das Prinzip der italienischen Renaissancedecken, die in Felder eingeteilt und in verschwenderischer Fülle ausgeschmückt sind.

Vergessen wir nicht, daß diese heute so kahlen Säle früher großartig eingerichtet waren. Die Chronisten jener Zeit wie Félibien und Piganiol de La Force vermitteln uns ein Bild von der reichen Innenausstattung: Kabinette, mit Silber und Schildpatt verziert; Konsolen aus vergoldetem Holz, mit Onyx und Lapislazuli versehen; Vasen aus Achat; Lüster aus Bergkristall; Leuchter, Girandolen, Räucherpfannen, Postamente, Kandelaber, silberne Kübel mit Orangenbäumen; Skulpturen aus Silber, Onyx und Marmor.

VERSAILLES

Raumfolge im Obergeschoß

Die Bezifferung folgt der amtlichen Raumnumerierung

Grundriß des Erdgeschosses: Seite 120-121

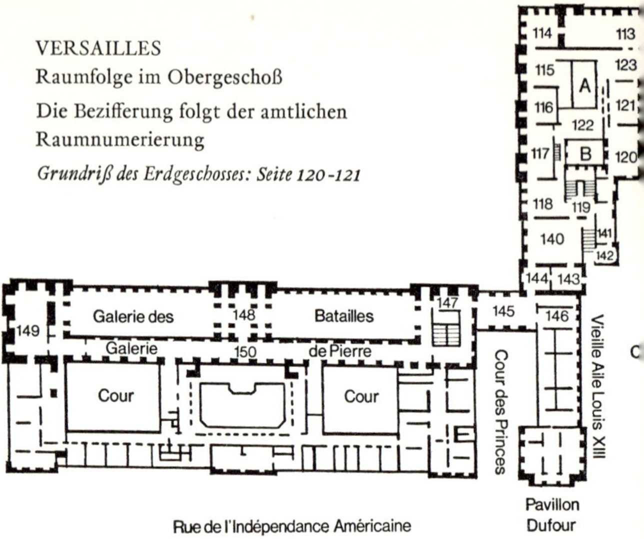

83 *Vestibule de la Chapelle*
84-93 *Salles de l'Histoire de France au* XIXe *siècle, Salles des campagnes de l'Empire à 1830*
96 *Galerie de Pierre ou de Sculpture*
97 *Escalier des Salles d'Afrique*
98-101 *Tableaux de la Révolution et du Second Empire*
102 *Salle de Crimée et d'Italie*
103 *Salle d'Afrique (Salle de Constantine)*
104 *Salle d'Afrique (Salle de la Smalah)*
105 *Salon d'Hercule*

GRANDS APPARTEMENTS DU ROI

106 *Salon de l'Abondance*
107 *Salon de Vénus*
108 *Salon de Diane*
109 *Salon de Mars*
110 *Salon de Mercure (Chambre du Lit)*
111 *Salon d'Apollon (Chambre du Trône)*
112 *Salon de la Guerre*
113 *Grande Galerie des Glaces*
114 *Salon de la Paix*

GRANDS APPARTEMENTS DE LA REINE

115 *Chambre de la Reine*
116 *Grand Cabinet (Salon) de la Reine*
117 *Antichambre de la Reine*
118 *Salle des Gardes de la Reine (Salon de Marbre)*
119 *Escalier de Marbre de la Reine*

PETITS APPARTEMENTS DU ROI

120 *Salle des Gardes du Roi*
121 *(Première) Antichambre du Roi*

122 PETITS APPARTEMENTS OU CABINETS INTÉRIEURS DE LA REINE
an den beiden Binnenhöfen: Antichambre, Chambre des Bains Salle des Bains, Salon Bibliothèques verte et blanche

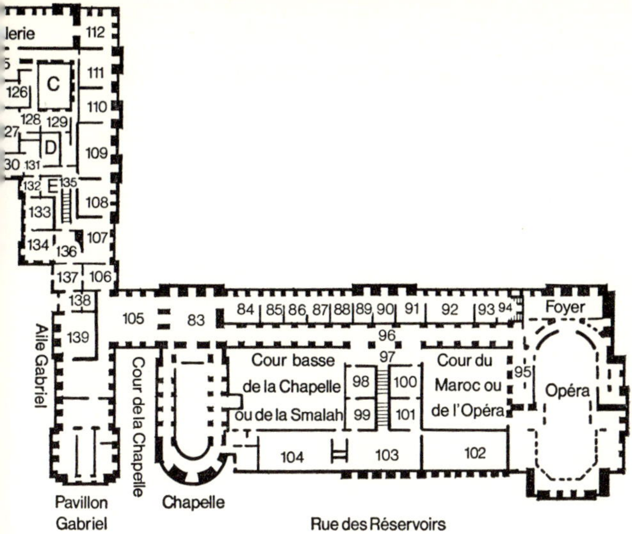

Cabinet de la Méridienne
Première Antichambre
Deuxième Antichambre
Cabinet Intérieur ou doré
Escalier, Escalier à vis

123 *Salon de l'Oeil-de-Bœuf*
124 *Chambre du Roi (Louis* XIV*)*
125 *Chambre du Conseil ou Cabinet du Roi*

CABINETS DE LOUIS XV

126 *Chambre de Louis* XV, *daran anschließend um die Cour des Cerfs:*
Cabinet de Bains
Escalier des Petits Cabinets
Cabinet des Perruques
Cabinet de Louis XVI
127 *Cabinet de la Pendule*
128 *Antichambre des Chiens*
129 *Salle à manger Louis* XV
130 *Cabinet d'Angle (Louis* XV*)*
131 *Arrière-Cabinet de Louis* XV
132 *Cabinet de Madame Adélaïde (Salon de Musique)*
133 *Bibliothèque de Louis* XVI
134 *Salle à manger aux Salles Neuves (Salon des Porcelaines)*
135 *Escalier Louis-Philippe*
136 *Salle de Billard de Louis* XVI
137 *Salon des Jeux de Louis* XVI
138 *Salle des Gouaches*
139 *Salle des États généraux*
140 *Salle du Sacre (Grande Salle des Gardes)*
141-144 *Salles de tableaux du règne de Louis* XIV *(141-143 Ancien Appartement de Madame de Maintenon)*
145 *Vestibule (Salle de 1792)*
146 *Musée de l'Histoire du Château*
147 *Escalier des Princes*
148 *Galerie des Batailles*
149 *Salle de 1830*
150 *Galerie de Pierre ou de Sculpture*
A *Cour de la Reine*
B *Cour de Monsieur*
C *Cour des Cerfs*
D *Cour du Roi*
E *Cabinet des Bains (Louis* XV*)*

Den Boden zierten persische oder einheimische Teppiche und die Wände Behänge mit goldener und silberner Reliefstickerei, vielfarbiger Brokat, purpurrote Seide, grüner Samt mit goldenen Troddeln und Tapeten mit goldenem oder silbernem Grund. Alle Behänge wurden im Sommer und Winter ausgewechselt, immer war es eine Symphonie von leuchtenden Farben. Nachts glitzerten Silber und Gold im Licht der tausendflammigen Wandleuchter und Lüster.

Von all diesem Mobiliar ist fast nichts erhalten. Schuld daran war zunächst Ludwig XIV., der, als die Staatsgeschäfte schlecht gingen, alles, was aus Gold oder Silder bestand, ausnahmslos einschmelzen ließ. Und in der Revolution wurde Versailles dann seines restlichen Mobiliars beraubt.

Hinzuzufügen wäre, daß die von Ludwig XIV. gesammelten Kunstwerke – Gemälde, Zeichnungen, Skulpturen, ›Raritäten‹ – zahlreich und mit sehr sicherem Geschmack ausgewählt waren. Sie sind heute die Zierde der ›Grande Galerie‹ und der ›Galerie d'Apollon‹ im Louvre.

Die ›Grands Appartements‹ erreichte man ehemals über den ›Escalier des Ambassadeurs‹, die herrlichste Treppe von Versailles; leider ist sie beim Ausbau des Gabrielflügels verschwunden. Sie war ein idealer Auftakt zu diesen Sälen, die einen so prunkvollen Rahmen für Zeremonien und Empfänge der Fürsten und ausländischen Botschafter bildeten.

Dreimal in der Woche drängten sich die Geladenen um Billard- und Spieltische, wo man mit großen Einsätzen spielte, und um Büffets, auf denen in Pyramidenform Früchte und Delikatessen aufgebaut waren. Von Zeit zu Zeit verließ der König seinen Arbeitstisch und ließ sich hier sehen, wobei er für jeden ein passendes Wort fand.

Der erste Saal, den wir betreten, stammt als einziger nicht aus der Zeit Ludwigs XIV., sondern aus der seines Nachfolgers. Wenn der ›Salon d'Hercule‹ auch nach den Plänen von Robert de Cotte und unter der Leitung von Gabriel in der Regierungszeit Ludwigs XV. ausgeführt wurde, so entsprach er doch den Vorstellungen Ludwigs XIV. aus der Zeit, als er die Kapelle erbauen ließ. (Dieser Salon befindet sich tatsächlich an der Stelle der ehemaligen Kapelle auf der Etage der Tribünen.) Der Stil ›Louis-quatorze‹ wurde also hier respektiert. Es ist eine Einleitung zu den ›Grands Appartements‹ und hat nichts Anachronistisches. Die ›Grands Appartements‹ wirken genauso strahlend, kostbar und ein wenig schwerfällig. Man findet hier im ›Salon d'Hercule‹ den gleichen vielfarbigen Marmor, zwanzig Pilaster mit Sockeln und Kapitellen aus Bronze und vergoldetem Zinn: das letzte Beispiel der Dekorationskunst des ›Grand Siècle‹ in Versailles. Die großzügigen Ausmaße verleihen diesem Raum etwas Prunkvolles.

Der gewaltige Marmorkamin ist mit vergoldeter Bronze und unvergleichlichen Ziselierungen von dem Bildhauer Vassé dekoriert. Ursprünglich wurde der Saal geschaffen, um zwei Bilder von Veronese zur Geltung zu bringen: auf dem Kamin ›Éliézer et Rebecca‹ und auf der gegenüberliegenden Seite der monumentale ›Repas chez Simon‹, der erst vor kurzem glücklicherweise aus dem Louvre wieder an diese für ihn bestimmte Stelle zurückgebracht wurde. Durch die halbkreisförmige Kolonnade auf dem Hintergrund des Bildes von Veronese wird der Salon perspektivisch verlängert.

Doch auch die größten Ausmaße sind wirkungslos, wenn sie nicht äußerst phantasievoll ausgestaltet sind. François Lemoyne hat hier mit seinem Deckengemälde ›Apothéose d'Hercule‹ – mit 314 auf 314 Meter das größte der Welt – und den heiter beschwingten hundertzweiundvierzig Figuren eine doppelte Glanzleistung vollbracht. Mehrere Jahre widmete er dieser Arbeit, tausend Schwierigkeiten zehrten an seinen Kräften, so daß er schließlich, wie Luynes behauptet, daran starb.

Den Besuchern bleibt ziemlich wenig Zeit, um die Decke näher zu betrachten, zudem wäre dies auch höchst unbequem. Das Werk Lemoynes strahlt Fröhlichkeit aus und hat den Charakter einer Apotheose, genau das Richtige für einen Festsaal. In dem blauen Himmel schart sich der ganze Olymp um Jupiter, Herkules und die heitere Hebe. Es ist eine äußerst sinnliche Malerei – Lebrun ist nicht mehr da, ebenso die Maintenon ... Göttinnen in hellen, zartroten Farben gleiten unverhüllt auf leicht perlmuttschimmernden Wolken durch die Lüfte. Liebesgötter, Kinder oder jugendliche Zwittergestalten halten einen im Winde flatternden Schleier; dazwischen mischt sich ein leuchtendes Gelb, das an Vermeer erinnert.

Nun kommen wir in die eigentlichen ›Grands Appartements. Der ›Salon de l'Abondance‹ war den Büffets vorbehalten. Die naheliegenden ›Cabinet des Curiosités‹ und ›Cabinet des Raretés‹, auch ›Cabinet des Médailles‹ genannt – der Name findet sich heute noch in der Bibliothèque Nationale, die 1741 die Schätze dieser Kabinette aufnahm – haben die Dekoration dieses Saals beinflußt. Auf einem Bogen im Hintergrund sehen wir eine Grisaille in Medaillonform, auf der die ›Raritäten‹, die wir heute im Louvre bewundern können, dargestellt sind. Das von Houasse stammende Gemälde in Form einer Medaille in der Mitte der Decke symbolisiert die ›Freigebigkeit des Königs‹; die allegorische Figur ist auf ein Füllhorn gestützt, aus dem sich ein Strom von Medaillen ergießt. Vergessen wir nicht, daß seit der Regierungszeit Ludwigs XIII. die Medaillenkunst ihren Höhepunkt erreicht hatte.

Die vier folgenden, immer prunkvoller ausgestatteten Säle stehen im Zeichen der Planeten, die um die Sonne kreisen. Und der Sonne ist dann auch logischerweise der fünfte Saal, der ›Salon d'Apollon‹, der ehemalige Thronsaal, gewidmet.

Wieder ist es der Maler Houasse, einer ber besten Schüler von Lebrun, der die Decke des ersten Planetensalons, des ›Salon de Vénus‹, dekorierte. Die Farben kommen in dieser ›Herrschaft der Venus‹ umsomehr zur Geltung, als sie sich von den einfarbigen Szenen und den ›falschen‹ Statuen – ein Meisterwerk der Illusionsmalerei von Jacques Rousseau – abheben. In einer Nische aus Muscheln ist eine Statue des jugendlichen Ludwig XIV. von Jean Warin aufgestellt, die früher in der ›Escalier des Ambassadeurs‹ gestanden hatte.

Wenn wir den ›Salon de Diane‹ betreten, werden unsere Blicke als erstes von der triumphalen, äußerst lebendigen weißen Marmorbüste Ludwigs XIV. von Bernini angezogen;

aber beachten wir auch die Gemälde von Blanchard, La Fosse und Claude III Audran.

In dem größten Salon, dem ›Salon de Mars‹, hingen früher Gemälde von Veronese und sechs Porträts von Tizian. Dieser Raum ist ganz mit militärischen Allegorien ausgeschmückt. Die Trophäen und die von den besten Malern von Versailles, vor allem von Jouvenet, geschaffenen Bilder erinnern an die ursprüngliche Bestimmung dieses Saals. Dieser militärische Dekor bildete den Rahmen für Empfänge mit Spiel, Musik und Tanz. Zu Seiten des Kamins befanden sich Musiktribünen.

Der ›Salon de Mercure‹ wurde auch ›Chambre du Lit‹ genannt, weil darin ein großes Paradebett stand, das mit purpurrotem, goldbesticktem Samt bedeckt und dessen Himmel mit weißen Federbüschen geschmückt war. Das Bett ist in Wirklichkeit nie benutzt worden. Der Leichnam des Königs wurde hier, in einem Sarg ruhend, acht Tage lang aufgebahrt.

Der ›Salon d'Apollon‹ dagegen wurde zur ›Chambre du Trône‹, zum Thronsaal. Seine herrliche Dekoration und die prächtigen Möbel übertrafen alles andere. Im Hintergrund erhob sich auf einem kleinen Podest ein mit Silber verkleideter Thron, den, zwischen den Statuen der ›Macht‹ und ›Gerechtigkeit‹, eine geflügelte Siegesgöttin krönte. Das Deckengemälde von La Fosse stellt den im Lichterglanz strahlenden ›Phöbus Apoll, umgeben von den Jahreszeiten‹ dar. Hier empfing der König die Botschafter. Das berühmte, von Rigaud geschaffene Bildnis hängt heute im Louvre. Die Wände zieren äußerst dekorative Gobelins; sie gehören zu einer Bilderfolge, die der Geschichte von Jason und Medea gewidmet ist. An Stelle der beiden allegorischen Malereien von Blanchard über den Türen befanden sich einst Gemälde von van Dyck.

Die Spiegelgalerie

Als außergewöhnlichstes Wunderwerk von Versailles gilt die ›Grande Galerie‹, die sogenannte ›Galerie des Glaces‹. Ihre Ausmaße (73 auf 10,5 Meter) und die kostbare Ausgestaltung haben bei den Gästen stets Bewunderung, bei den Fürsten Europas hingegen Neid hervorgerufen. Viele von ihnen wollten daraufhin auch ihre Galerie besitzen, soweit dies ihre finanziellen Möglichkeiten und die Fähigkeiten ihrer Künstler gestatteten. Noch zu Ende des 19. Jahrhunderts hatte Ludwig II. von Bayern die Idee, in seinem Schloß Herrenchiemsee eine Spiegelgalerie nach dem Versailler Vorbild errichten zu lassen: eine schwerfällige Kopie aus wertlosem Material.

Die Galerie entstand aus Umbauten, die Mansart an der Gartenfassade vornahm. Sie trat an die Stelle der von Le Vau erbauten, zwischen den beiden Vorbauten liegenden Terrasse der ersten Etage.

Alle diese einförmigen, langgestreckten Galerien, auch die im Louvre, laufen Gefahr, langweilig zu wirken. In Versailles jedoch wurde alles aufgeboten, um diesen Eindruck nicht entstehen zu lassen. Die äußere bauliche Konzeption von siebzehn Rundbogenfenstern gibt ihr den Rhythmus, dem die in den schmalen Wandfeldern in Nischen aufgestellten Statuen eine kaum wahrnehmbare, aber köstliche Unregelmäßigkeit verleihen. Die Wandverkleidungen aus grünem und mauvefarbenem Marmor auf weißem Hintergrund sowie die Pilaster und die vergoldeten Bronzeverzierungen erinnern an den Prunk der ›Grands Appartements‹. Die siebzehn Spiegelarkaden gegenüber den Fenstern reflektieren die Gartenanlagen, und abends spiegelt sich in ihnen die untergehende Sonne. Spiegel von dieser Größenordnung in Bronzerahmen waren bis dahin noch nie in Frankreich hergestellt worden. Man hatte damit den Beweis erbringen wollen, daß die neue Manufaktur von Saint-Gobain durchaus mit Venedig konkurrieren könne.

Das herrliche Mobiliar der ›Galerie des Glaces‹ hatte nicht seinesgleichen. Die größten Bildhauer der Zeit, wie Coysevox, waren an ihrer Ausschmückung beteiligt, ja sogar die Details, die in dieser üppigen Pracht unterzugehen scheinen, wurden von Meisterhand geschaffen. Ludwig XIV. bestand darauf, daß die acht kostbarsten antiken Statuen seiner Sammlung – vor allem die ›Vénus d'Arles‹ und die ›Diane chasseresse‹ – hier aufgestellt wurden. Der König zeigte für alles Interesse, und der unermüdliche Lebrun zeichnete Entwürfe für Konsolen, Schlösser, Fensterriegel, Girandolen und für vierzig Lüster aus Silber und Bergkristall. Die Fenster waren von weißem Damast gerahmt, auf dem in Gold das königliche Monogramm eingestickt war. Der höchste Luxus war das Mobiliar von Claude Ballin aus massivem Silber: Kandelaber, Vasen, Leuchter, Schemel und Kübel für die Orangenbäume. Doch diese außergewöhnliche Verschwendung sollte nicht sehr lange anhalten; während des Pfälzischen Krieges wurden alle Möbel aus Silber eingeschmolzen, um die leere Staatskasse wieder aufzufüllen.

Die nach dem Frieden von Nymwegen begonnene Spiegelgalerie ist als Verherrlichung der französischen Monarchie zu verstehen. Trotz allgemeiner Bewunderung für die Antike schuf man in dem Wunsche, die Größe Frankreichs zu manifestieren, mit einiger Vermessenheit eine eigene ›Ordre Français‹. Betrachten wir die Kapitelle: sie sind französisiert durch zwei gallische Hähne, die sich in der Nachbarschaft eines strahlenden Apollokopfs befinden. Aber vor allem an der Decke manifestiert sich die Verherrlichung des Königtums. Von Lebrun und den Künstlern seines Ateliers stammen die ›Actions de Sa Majesté‹ (von 1661-1678), ein in der Tat überwältigendes Werk; Lebrun hat diese Aufgabe mit viel Phantasie gelöst. Er malte nicht nur die acht großen Gemälde zu beiden Seiten der großen Komposition in der Mitte (›Le Roi gouverne lui-même‹ und ›Le Faste des Puissances voisines de la France‹), sondern auch nach zahlreichen Entwürfen die achtzehn zwischen sie geschobenen Medaillons sowie den gesamten illusionistischen Dekor, der die Gemälde einrahmt und eine Verbindung zur Architektur herstellt.

Es war eine glänzende Idee, die ›Grande Galerie‹ an beiden Enden offenzuhalten; die beiden anschließenden Ecksäle, der ›Salon de la Guerre‹ und der ›Salon de la Paix‹, bilden so ihre Verlängerung und behalten dennoch ihre Selbständigkeit. Daß sie in Anlage und Ausmaßen eine so völlige Harmonie erreichen und die Dekoration so meisterhaft gelungen ist, erklärt sich sicherlich aus der Tatsache, daß diese beiden Räume gleich im Anschluß an die Errichtung der ›Grande Galerie‹ geschaffen wurden.

Eine Beschreibung der Marmorvertäfelung im ›Salon de la Guerre‹ wäre eine Wiederholung. Unerreicht ist das von Coysevox geschaffene große, gut erhaltene Flachrelief aus Stuck: der wie ein Römer gekleidete, Energie und Würde ausstrahlende König sprengt im Galopp durch ein Schlachtgetümmel. Die nach Entwürfen von Buirette und Lespingola gegossenen und ziselierten Waffen und Trophäen aus vergoldeter Bronze an den Wänden sind, was dekorative Inspiration und Ausführung anbetrifft, Meisterwerke des Versailler Stils. Die zürnende Kriegsgöttin Bellona, die Porphyrbüsten römischer Kaiser und zum Kampf blasenden Posaunen verbinden sich zu einem Ensemble von dramatischer Eindringlichkeit.

Das Deckengewölbe, das in seiner Mitte die von Licht erfüllte Gestalt Frankreichs zeigt, ist sicherlich das überwältigendste Werk von Lebrun. Es bestätigt indessen, daß das ›Grand Siècle‹ nicht das Jahrhundert der Maler, sondern der Bildhauer und Stukkateure gewesen ist.

Der ›Salon de la Paix‹ weist die gleiche Struktur auf. Doch hier schwebt Frankreich friedvoll in den Lüften zwischen Liebesgöttern, Tauben und Blumengirlanden. Friedensgötter, Hymen, Völker, die glücklich über ihre Eroberung sind – alles strahlt Glück und Fröhlichkeit aus. Der ›Salon de la Paix‹ diente oft als Konzertsaal, vor allem für die Königin Marie-Thérèse, was sehr gut zu ihm paßte.

Die Spiegelgalerie und ihre Salons wurden nur bei außergewöhnlichen Anlässen benutzt: bei Empfängen von Botschaftern – am malerischsten war der Empfang des Botschafters von Siam durch Ludwig XIV. –, bei Festen und Bällen, deren Zauber durch diesen märchenhaften Dekor mit seiner Lichterfülle und seinen Spiegeln verhundertfacht wurde. Geladene und nichtgeladene Gäste drängten sich in Scharen. Besonders während der Regierungszeit Ludwigs XV. vollzogen sich diese

4 *Die Schloßanlage Ludwigs XIII. mit der unter Ludwig XIV. entstandenen ersten Orangerie von Le Vau, 1664*
Kupferstich von Israël Silvestre

5 *Die Gartenseite des Schlosses mit der Fassade von Le Vau, 1674*
Kupferstich von Israël Silvestre

6 *Das Jagdschloß Ludwigs XIII. im Jahre 1668*
vor Beginn der großen Umbauten durch Le Vau
Gemälde von Pierre Patel

7 *Die Gartenseite mit den neuen Seitenflügeln und der geschlossenen Hauptfront von Jules Hardouin Mansart, 1689*

8 *Die Stadtseite mit den beiden Höfen ›Cour de Marbre‹ und ›Cour Royale‹,*

Federzeichnung von Israël Silvestre

Kupferstich von Israël Silvestre

9 *Blick vom Großen Kanal über das Gartenparterre zum Schloß*
Kupferstich von Pierre Aveline

10 *Vorhof und Schloßkapelle. Kupferstich von Jean Rigaud*

11
›Escalier
de la Reine‹

12
Spiegelgalerie
→

Feste, die so außergewöhnlich waren, daß sie mit Ungeduld erwartet wurden, in fröhlicher Ungezwungenheit.

Wegen ihres feierlichen Pomps war die Spiegelgalerie auch nach dem Untergang der Monarchie dazu ausersehen, eine Rolle bei den bedeutendsten und dramatischsten politischen Ereignissen der Nation zu spielen. Hier fand 1871 die deutsche Kaiserproklamation statt. Und 1919 wurde hier der Friedensvertrag zwischen den Verbündeten und Deutschland unterzeichnet.

Petit Appartement du Roi

Das ›Appartement des Königs‹ wird meist genauer ›Petit Appartement‹ genannt im Unterschied zu den ›Grands-Appartements‹, die wir gerade besichtigten. Wir möchten es nicht so bezeichnen, denn es ist sehr weiträumig, zudem besitzt es jene königliche Erhabenheit, die von Ludwig XIV. auf seine ganze nähere Umgebung auszustrahlen schien.

Die ›Grands Appartements‹ bestanden, wie wir gesehen haben, aus Empfangsräumen, in denen der König keineswegs lebte. Er betrat diese Räumlichkeiten nur anläßlich von Zeremonien, deren es viele gab, und allmorgendlich auf dem Weg von und zur Messe. Das waren die Augenblicke, in denen man sich ihm nähern und ihn sprechen konnte. Anschließend begab sich der Monarch in sein Arbeitszimmer, die ›Chambre du Conseil‹, und verbrachte den Morgen in Anwesenheit seiner Minister mit Regelung von Staatsgeschäften der Justiz, der Finanzen, des Handels und der Erledigung von Depeschen, je nachdem, um welchen Wochentag es sich handelte. An den abendlichen ›Appartements‹ nahm er anfänglich noch teil, erschien dann aber immer weniger häufig. Er kehrte in sein Appartement zurück und arbeitete dort allein – später am Abend begab er sich dann in die Gemächer der Madame de Maintenon.

Das königliche Appartement liegt an der ›Cour de Marbre‹. Im Laufe der Regierungszeit Ludwigs XIV. ist es oftmals umgestaltet worden, seine heutige Anlage datiert aus dem Jahre

1682. Der Teil, der sich im Nordflügel der ›Cour de Marbre‹ befindet, ist unter Ludwig XV. völlig verändert worden.

Der übliche Eingang zum Appartement war paradoxerweise der ›Escalier de la Reine‹, auf den wir später noch eingehen werden, die belebteste und feierlichste Treppe nach dem ›Escalier des Ambassadeurs‹.

Durch die Loggia gelangt man in die ›Salle des Gardes du Roi‹, deren Karniese mit militärischen Symbolen geschmückt sind. Die herrlichen Gobelins an den Wänden zeigen die ›Geschichte des Königs‹. Weiter führt unser Weg in das erste Vorzimmer, die ›Première Antichambre‹. Die Malereien der Boiserien aus dem letzten Jahrhundert haben den Charakter dieses Saales völlig verändert. Doch findet man noch Schlachtenszenen von Parrocel. In diesem Raum wurde die Zeremonie des für uns heute so verwunderlichen ›Grand Couvert‹ abgehalten. Die Haltung des Königs bei Tisch, seine Ungezwungenheit, seine Würde, sein Appetit scheinen die Menge der Zuschauer stets aufs neue mit Wohlgefallen und Bewunderung erfüllt zu haben.

Das zweite Vorzimmer, oder ›Salon de l'Oeil-de-Boeuf‹, verdankt seinen Namen der großen ovalen Öffnung in dem Fries über dem Kamin, durch die der Raum erhellt wird. Wir sehen diesen Salon noch in dem Zustand, wie ihn Ludwig XIV. 1701 hatte errichten lassen: ein Vorzimmer war mit dem Raum, der bis dahin das Schlafzimmer des Königs gewesen war, verbunden worden. Diese Vergrößerung erforderte auch eine Erhöhung des Raumes, der wir den großen, gewölbten Fries aus vergoldetem Stuck zwischen zwei Kranzgesimsen verdanken. Vor einem Gitterwerk sehen wir spielende Kinder; diese anmutige und lebendige Darstellung ist Beweis einer neuen Blüte der Dekorationskunst unter Leitung von Mansart in der Zeit nach dem Tode von Lebrun. Das Werk wurde ausgeführt von Flamen, Hardy, Poulletier, van Cleve, Hurtrelle und Poirier. Diese hervorragenden Künstler verdienen es erwähnt zu werden.

Der ›Oeil-de-Boeuf‹ wurde ein Zentrum der Höflinge, ein Sammelbecken der Eitelkeiten, der Mißgunst und Oberflächlichkeit, ein Ort für Plaudereien, Klatsch und Tratsch, Hauptbeschäftigung dieser Müßiggänger. Hier drängten sie sich zusammen, um den Zeremonien des ›Lever‹ und ›Coucher‹ beizuwohnen. Diejenigen, die Zutritt hatten, betraten den Raum nach einer peinlich genau geregelten Reihenfolge; dazu gesellte sich die Menge, die Wert darauf legte, dabei zu sein und vor allem von Seiner Majestät gesehen zu werden. Im Prinzip konnte sich jeder, wer wollte, Zutritt verschaffen, trotzdem ging alles schön geordnet vor sich, was nicht ohne Schwierigkeiten für die Türhüter abging.

Bedeutende oder gänzlich unwichtige, wahre und falsche Neuigkeiten fanden im ›Oeil-de-Boeuf‹ eine Art Resonanzboden.

Wir gelangen nun in das Allerheiligste, in die ›Chambre du Roi‹, das Schlafzimmer des Königs (bis 1701 war dies der königliche Salon). Das Mobiliar hat sich im Laufe der Jahre verändert; doch dank der Großzügigkeit eines Mäzens konnte es sein ursprüngliches Aussehen fast völlig zurückgewinnen. So ist vor allem das Bett mit seinen prächtigen Vergoldungen völlig wiederhergestellt worden.

Die Beschaffenheit der Boiserien und Pilaster, die Größe des Zimmers mit seinem Alkoven, über ihm eine vergoldete Skulptur von Coustou: ›La France veillant sur le sommeil du Roi‹; die beiden gegenüberliegenden Kamine; der Fries mit den eingefügten Bildern; die Medaillons von van Dyck über den mit ›ornements légers‹, wie der König es nannte, versehenen Türen, all das vereinigte sich, um diesen Raum zu einem würdigen Rahmen zu machen für den, dessen Leben von morgens bis abends, von den Zeremonien des ›Lever‹ bis zu denen des ›Coucher‹, ein immerwährendes Schauspiel bieten sollte.

Der König verstand es, die nichtigsten Handlungen bei dieser Zeremonie zu einer Auszeichnung für diejenigen werden zu lassen, die er mit ihrer Ausübung betraute. Jeden Abend wiederholte sich die gleiche Geschichte mit dem Leuchter. Der König bestimmte denjenigen, der für einige Sekunden den Leuchter aus den Händen des Ersten Kammerdieners entgegennehmen durfte. »Das war eine Auszeichnung und eine Gunst, die zählte«, berichtet Saint-Simon, »so sehr beherrschte der König die Kunst, Nichtigkeiten eine Bedeutung zu verleihen.«

Hier fanden um 1 Uhr mittags die Diners ›au petit Couvert‹ statt und ebenso Audienzen bedeutender Vertreter des Königreichs.

Das Leben ganz Frankreichs schien aufs engste mit diesem Zimmer verbunden zu sein, das nach Ludwigs XIV. Willen wie der Altar in der Kirche mitten im Herzen von Versailles lag.

Mit unvergleichlicher Beherrschung ertrug der König diese ständigen Repräsentationspflichten. Seine Nachfolger konnten sich dieser unmenschlichen Disziplin nicht mehr beugen. In der ›Chambre du Roi‹ spielte sich zwar auch weiterhin das ›Lever‹ und ›Coucher‹ ab, nun nach einer weniger strengen Etikette. Nach Beendigung dieser Zeremonie begab sich Ludwig XV. jedoch in sein wirkliches Schlafzimmer, das er sich in einiger Entfernung in der Nähe des sogenannten ›Appartement des Maîtresses‹ hatte einrichten lassen.

Nach dem ›Coucher‹ schien das Leben in Versailles still zu stehen. Offiziere und Hofleute hatten ihre Pflichten erfüllt, alles zog sich diskret zurück. Es ist kaum zu übersehen, daß rechts neben dem königlichen Schlafzimmer die Gemächer der Königin lagen, in die man über den ›Salon de l'Oeil-de-Boeuf‹ gelangte, und zur Linken die Gemächer der Madame de Montespan, wenigstens als diese sich auf dem Höhepunkt ihrer Karriere befand und natürlich bevor sich auf der anderen Seite Madame de Maintenon niederließ.

In diesem allerheiligsten Zimmer verbrachte Ludwig XIV. die sechzehn letzten Jahre seines Lebens; Jahre voller Widerwärtigkeiten und Mißgeschick, die er mit Erhabenheit ertrug. Hier spielte sich bis zum Ende wie auf einer Theaterbühne dieses Zeremoniell ab, an dem er aus politischen Motiven die Öffentlichkeit teilhaben lassen wollte; und hier starb er in würdevoller Haltung.

Als er sein Ende herannahen fühlte, regelte er, nachdem er sein Gewissen mit Gott ins Reine gebracht hatte, die Angelegenheiten des Königreichs, fügte seinem Testament Nachträge hinzu – es wurde, wie man weiß, vom Parlament für ungültig erklärt –, ließ dann den damals sechs Jahre alten zukünftigen Ludwig XV. an sein Bett treten, segnete ihn und richtete an ihn die folgenden Worte, die im Widerspruch stehen zu den im Schloß so zahlreichen Bildern, auf denen der Kriegsgott Mars und seine Schlachten verherrlicht werden: »Mignon, Sie werden ein großer König sein; doch all Ihr Glück wird davon abhängen, ob Sie sich Gott unterordnen und die Sorgen Ihrer Völker erleichtern werden. Sie müssen deshalb Kriege soweit wie möglich vermeiden; sie sind der Untergang der Völker. Folgen Sie hierin nicht dem schlechten Beispiel, das ich Ihnen gegeben habe ... Seien Sie ein friedliebender Fürst.«

Anschließend empfing er die wichtigsten Persönlichkeiten des Hofes und entschuldigte sich bei ihnen für das schlechte Beispiel, das er ihnen gegeben habe. »Ich erbitte von Ihnen für meinen Enkel den gleichen Eifer und die gleiche Treue, die Sie mir entgegengebracht haben. Es ist ein Kind, das in mancherlei Schwierigkeiten geraten könnte ... Ich fühle, daß mich Rührung überkommt und daß ich Sie rühre; ich bitte Sie um Vergebung. Adieu, Messieurs, ich hoffe, daß Sie sich manchmal meiner erinnern werden.«

Die ›Chambre du Roi‹ war also auf der einen Seite mit dem ›Salon de l'Oeil-de-Boeuf‹ verbunden, der für die Ehrendienste des Hofes und kleine schändliche Speichelleckereien bestimmt war, auf der anderen Seite mit dem ›Cabinet du Roi‹ oder ›Chambre du Conseil‹, das länger als ein Jahrhundert der eigentliche Sitz der französischen Regierung gewesen ist. Die ›Chambre du Roi‹ war das Zimmer geradezu ritueller Zeremonien, die uns fesseln aber zugleich auch befremden. Die ›Chambre du Conseil‹ war das Zimmer der Arbeit, einer bestimmten, gewissenhaften, regelmäßigen Arbeit, der sich Ludwig XIV. niemals entzog. Die Leichtfertigkeiten des Hofes haben oft unsere Aufmerksamkeit abgelenkt von dem, was es in Versailles an Wichtigem und Ernsthaftem gab.

Gleich nach dem ›Lever‹ begab sich der Monarch in sein Kabinett, um Anweisungen zu erlassen, das heißt das Tagesprogramm festzusetzen. So »wußte man auf die Viertelstunde genau über alles Bescheid, was der König tat«. Er gewährte einige Audienzen, begab sich in die Messe und beriet sich dann mit seinen Staatssekretären. Am Nachmittag beschäftigte er sich dann wieder mit der Erledigung der laufenden Geschäfte, »ohne die Zeit zu rechnen«, schreibt er in seinen ›Mémoires‹, »wo ich mich außergewöhnlichen Dingen widmete, wenn sie dringend waren; es gab keinen Augenblick, wo es nicht gestattet war, mich zu sprechen, mit Ausnahme der ausländischen Minister, die manchmal in der Vertrautheit, die man ihnen gestattete, eine zu günstige Gelegenheit fanden, sei es um etwas zu erlangen, sei es um etwas zu durchschauen, und die man nur selten anhören sollte ohne vorbereitet zu sein«.

Spät nach dem Diner kehrte er in sein Kabinett zurück, um allein zu arbeiten, nachdem er sich einige Augenblicke lang mit denen, die ihn zu sprechen wünschten, auf der Türschwelle unterhalten hatte.

In diesem Zimmer defilierte auch der Hof an dem König vorbei, um ihm seine ›Reverenz‹ zu erweisen; hier nahm er Beileidsbezeigungen und Glückwünsche entgegen; hier fanden die Audienzen für die Kardinäle, Fürsten und die Kapitel der ›Chevaliers du Saint-Esprit‹ statt; hier empfing er die Damen der Gesellschaft, sie umarmend, bis er sich »zu alt« dafür hielt; hier empfing er Schriftsteller und Künstler: Racine las ihm vor, als der Monarch an einer Fistel erkrankt zu Bett lag; als Musikliebhaber hatte er ein Cembalo für die Musiker aufstellen lassen, besonders für Delalande und Couperin, die er bat, ihn mit ihren neuen Kompositionen bekannt zu machen; und hier nahm er schließlich Bittschriften entgegen und verhalf denen zu ihrem Recht, die auf eine Entscheidung drängten.

Die Funktion dieses ›Chambre du Conseil‹ könnte auf eine administrative Kälte schließen lassen, doch war das Gegenteil der Fall. Die Wände zierten Gemmen, Spiegel und Gemälde von Poussin. 1755 wurde der Raum unter Ludwig XV. mit einem kleinen Zimmer, dem sogenannten ›Cabinet des Termes‹, auch ›Cabinet des Perruques‹ genannt, vereinigt und dadurch vergrößert. Dort waren bisher die zahlreichen Perücken, die der König zu den verschiedensten Anlässen trug, in Schränken aufbewahrt worden.

Der Dekor des ›Chambre du Conseil‹ ist höchst interessant. Der Raum befindet sich noch in dem Zustand, in dem ihn Ludwig XV. nach den Umgestaltungen hinterlassen hat. Er ist das Verbindungsglied zwischen den großen Zimmern, durch die wir gerade gegangen sind, mit ihrem noch teilweise erhaltenen Dekor aus der Zeit Ludwigs XIV. und den von seinem Nachfolger in einem wahrhaft revolutionären Geist renovierten Räumen.

Ausnahmsweise, und das ist sicher Absicht, begegnen und verbinden sich die beiden Stile. Die von Gabriel entworfene Wanddekoration – von zarten Rocaille-Ornamenten eingefaßte Spiegel und Panneaux – ist von Antoine Rousseau in einem neuen, sehr kostbaren, aber nicht zu ›modernen‹ Stil ausgeführt worden, um keine Disharmonie mit den ein halbes Jahrhundert älteren Dekorationen aufkommen zu lassen. Die ganz im Stil Louis-quatorze gehaltenen Türen mit ihren wohlausgewogenen Schnitzereien sind noch erhalten. Man hat, so scheint es, zeigen wollen, daß zwischen den beiden Stilen – dem der Symmetrie und dem der Phantasie – eine Harmonie möglich ist, ja daß sie einander sogar ergänzen und erst richtig zur Geltung bringen konnten. Auf dem Kamin steht indessen eine Pendeluhr aus vergoldeter Bronze in reinstem ›rocaille‹. Auch in der Ausschmückung anderer Räume der Suite des Appartements finden wir diese geschickte Vereinigung verschiedener Elemente.

Seidenvorhänge, Lüster und ein länglicher, mit einer Brokatdecke bedeckter Tisch sind erst in jüngster Zeit hinzugekommen; offenbar um daran zu erinnern, daß es sich hier um einen Arbeitsraum handelte.

Bevor wir uns in die folgenden Zimmer begeben, die bei den Besuchern stets Bewunderung hervorrufen, sind noch einige Erklärungen notwendig. Sie sind vielleicht die Meisterwerke des Louis-quinze-Stils, dessen Sensibilität und Raffinement so berühmt wurde, daß er zum Symbol höchster Eleganz und Ausdruck einer ganz bestimmten, für immer verlorenen Lebensart geworden ist. Wir möchten als erstes daran erinnern, daß dieses Appartement Ludwigs XV. dasjenige Ludwigs XIV. gewesen ist, dessen Räume zum Teil von Madame de Montespan bewohnt wurden. Wir sehen also zwar einige Köstlichkeiten, doch sind sie nichts anderes als eine Umgestaltung der ursprünglichen Kabinette.

Das 18. Jahrhundert war ein zerstörerisches Jahrhundert. Die Revolution zerstörte um der Zerstörung willen, die Alten hingegen, um skrupellos Werke der Vergangenheit durch Modernes ersetzen zu können. Die Künste fördern, bedeutete für sie nicht nur Neues zu schaffen, sondern auch, die Zeugnisse vergangener Zeiten dem jeweiligen Zeitgeschmack anzupassen. Das war Ludwigs XV. Einstellung zur Kunst, die nicht nur von Madame de Pompadour, sondern von der gesamten Elite dieser Zeit geteilt wurde.

So werden wir in Versailles, mit Ausnahme der Kapelle und der fast gänzlich unveränderten Appartements, die wir gerade besichtigt haben, kaum eine Erinnerung an Ludwig XIV. finden. Zauberhafte Ensembles, wie das ›Appartement du Dauphin‹ und das ›Appartement des Bains‹, sind völlig verschwunden und in dem Teil, den wir nun besichtigen, das ›Cabinet des Médailles‹, die ›Petite Galerie‹ Ludwigs XIV. und schließlich dieses Juwel aller Juwelen, der ›Escalier des Ambassadeurs‹.

Die ›Cabinets de Louis-XV‹ wurden allmählich zu den Privatgemächern, dem ›Appartement Intérieur‹, dessen Zugang sorgfältig bewacht wurde, und wo der König in einer vertrauten, gemütlichen Umgebung dem allgemeinen Zwang des Hofs entrinnen, und, zum Teil wenigstens, frei sein konnte.

Er gab seinen Architekten und Dekorateuren den Auftrag für eine Ausschmückung und Einrichtung, deren Raffinement mit der klaren Schlichtheit der früheren kontrastierte. Die verkleinerten Räume mit ihren Alkoven, Durchgängen, ihren vor- und zurückgeschwungenen Linien weisen nicht nur auf eine gewisse individuelle Note hin, sondern auch auf eine Veränderung im Leben der Gesellschaft. Man will nicht mehr repräsentieren, man möchte sich zurückziehen in eine warme Stube, um sich dort an einem Gespräch mit Freunden zu erfreuen. Man beschäftigt sich nun mit dem Heizungsproblem – die Kaminfeuer werden durch Fayence-Kachelöfen ersetzt –, mit der Beleuchtung, der Hygiene, dem Komfort. Es wird sogar eine von dem Maschinisten Arnout erfundene ›chaise volante‹, ein Aufzug, neben der ›Cour des Cerfs‹ installiert.

Diese zweckmäßigen Einrichtungen beeinträchtigen in keinster Weise die Dekoration. Ganz im Gegenteil, die Appartements Ludwigs XV. sind kostbar und luxuriös. Sogar die in englischem Stil errichteten ›Cabinets de Chaise‹ – welche Neuerung! –, diese stillen Örtchen, sind genauso reich dekoriert wie die übrigen Räumlichkeiten.

Ludwig XV. ließ sich sein Zimmer in dem ehemaligen Billardsaal seines Urgroßvaters einrichten. Er vergrößerte den Raum, indem er die Wand zum Innenhof durchbrechen ließ, um einen Alkoven anbauen zu können. Den Kamin hat Gouthière mit Bronze verziert. Die Boiserien von Verberkt sind bemerkenswert, übertreffen aber keineswegs die Boiserien des erst 1788 angelegten Ankleidezimmers; diese von den Brüdern Rousseau geschaffenen Boiserien sind von einem Raffinement, das typisch ist für die Werke des ausgehenden Ancien Régime.

In diesem heiteren und festlichen Rocaille-Dekor, den fröhlichsten Einfällen der französischen Kunst, schleppte Ludwig der Vielgeliebte seine unheilbare Langeweile mit sich herum. Mit diesen Glücksverheißungen blieb der Name dieses griesgrämigen Königs untrennbar verbunden.

Das ›Cabinet de la Pendule‹, das Uhrenkabinett, wurde ebenfalls von Verberkt dekoriert. Die Spiegel reflektieren die zarten, zauberhaften vergoldeten Rocaillen. Seinen Namen verdankt dieser Raum der berühmten astronomischen Uhr von Passemant und Caffieri, Symbol einer Zeit, in der die Erfindungen der Technik mit denen der Kunst zusammengingen; nach dieser Uhr wurden alle anderen Uhren des Schlosses gestellt. Früher befand sich hier das ›Cabinet des Agates‹, der Achate, in dem sich vor allem Gegenstände aus hartem Stein, antike und moderne Bronzen befanden.

Dieser Teil des Schlosses war mit meisterhaften Werken ausgestattet. Man sah hier die Mona Lisa und andere Werke von Leonardo da Vinci, Raffael, Tizian, Correggio und Poussin. Wenn auch die ›Petite Galerie‹, wo mehrere dieser Werke hingen, verschwunden ist, so haben wir doch wenigstens den Trost, daß der reine, in seiner Virtuosität unvergleichliche Dekor, in seiner Art ebenfalls ein Meisterwerk, erhalten ist.

Dahinter befindet sich die sogenannte ›Antichambre des Chiens‹, in der die Schoßhündchen untergebracht waren. Ihre Boiserien stammen aus dem Billardsaal Ludwigs XIV., ein Teil davon wurde von Mansart entworfen. Daneben befindet sich eine mit einem Eisengeländer und den Initialen des Königs versehene Treppe; sie führte zu einem über der ›Cour Royale‹ liegenden Saal für die Wachen. Am 5. Januar 1757 verübte hier Damiens ein Attentat auf Ludwig XV., das den König beinahe das Leben gekostet hätte.

Die ›Salle à manger de Louis-XV‹ mußte viele Wandlungen und Strukturveränderungen über sich ergehen lassen. Heute sehen wir hier Porzellanmalereien aus Sèvres nach Jagdmotiven von Oudry, die Ludwig XVI. aufstellen ließ. Man hat viel über die Soupers Ludwigs XV. gesprochen und sie dabei manchmal mit den viel intimeren ›Petits-Soupers‹ verwechselt, die einen Stock höher stattfanden, in den für das Privatleben eingerichteten, niedrigen, kleinen Räumlichkeiten, die vor allem von Madame de Mailly benutzt wurden. Die Soupers im königlichen Gemach hingegen unterlagen einem äußerst strengen Protokoll. Sie wurden einmal in der Woche an den Jagdtagen abgehalten. Es galt als eine ganz besondere Auszeichnung, wenn man dazu eingeladen war. Die Bittsteller warteten an der Türe zu den Kabinetten, der König erschien für einige Augenblicke, um sie sich anzusehen, und stellte eine Liste der Geladenen auf, die dann von dem Türhüter verlesen wurde.

Die letztgenannten Zimmer gehen auf einen Hof hinaus, der, wie die meisten Innenhöfe, nicht freundlich wirkt trotz seines schmiedeeisernen Balkons, der die erste Etage umzieht. Dieser Hof, die ›Cour des Cerfs‹, war ständigen Umgestaltungen und Eingriffen unterworfen. Ludwig XV. ließ an den Mauern Hirschköpfe aus bemaltem Stuck mit Geweihen aus den königlichen Jagdrevieren anbringen, ferner Blumenkästen und Vogelhäuser mit exotischen Vögeln, außerdem eine Sonnenuhr aus vergoldetem Metall.

In der Ost-Ecke der ›Cour de Marbre‹ installierte Ludwig XV. in der zweiten Hälfte seiner Regierungszeit sein Arbeitszimmer, das ›Cabinet d'Angle‹. Dort hielt er sich gern und lange auf. Es liegt auf der Südseite, von den Fenstern aus sieht man einmal auf den Eingang des Schlosses, dann auch die Stadt; offensichtlich ein höchst angenehmer Raum.

Die Boiserien sind wunderbar. Das Mobiliar entsprach dem, was ein kunstliebender Fürst von dem Ort, an dem er sich am liebsten aufhielt, erwarten konnte: ein kostbarer Rollschreibtisch, Eckschränkchen und Münzschränke; einige in verschiedene Museen verstreut gewesene Sessel sind an ihren ursprünglichen Platz wieder zurückgekehrt.

Hinter dem Arbeitszimmer liegt ein kleineres Kabinett, dessen sich der König oft bediente. Hier arbeitete er allein, nahm Depeschen entgegen, ordnete seine Akten; seine Korrespondenz verschloß er in diesem Raum, der ein wenig einem Geheimkabinett ähnelte und sicherlich im politischen Leben des Königreichs einige Bedeutung hatte. Pierre de Nolhac sah darin »den geheimnisvollen Sitz des ›Geheimnisses des Königs‹ und einer Arbeit, der er, ohne Wissen des Hofes und der Minister, zusammen mit dem Prinzen von Conti und dem Grafen von Broglie, viele Jahre lang nachging«.

Am Ende der Appartements Ludwigs XIV. befanden sich der ›Salon Ovale‹, die ›Petite Galerie‹ und der ›Escalier des Ambassadeurs‹, dieses meisterhafte Werk von Orbay und Lebrun, das uns nur aus zeitgenössischen Schilderungen und Stichen von Surugue bekannt ist. Auf dieser riesigen Treppe wurde Theater gespielt, auf einer Bühne, die für diesen Zweck dort aufgebaut wurde.

Von dem Wunsche erfüllt, seine geliebte Tochter, Madame Adélaïde, in seiner Nähe zu wissen, ließ Ludwig XV. für sie das Appartement umgestalten, das die Marquise de Montespan bewohnt hatte, bevor sie in Ungnade gefallen war. Es handelte sich dabei um die letzten Zimmer des königlichen Appartements, die mit ihrem Blick auf die Eingangshöfe und die ›Place d'Armes‹ eine prachtvolle Lage hatten.

Natürlich wurde alles auf den Zeitgeschmack abgestimmt. Die ständigen Umgestaltungen vermitteln uns kein einheitliches Bild, aber man findet hier ganz besonders gut ausgeprägt in seiner ersten Frische den Zauber dieser Kunst des 18. Jahrhunderts, die in der Folgezeit so sehr zum Allgemeingut wurde.

Madame Adélaïde, deren köstliches Porträt von Nattier in einem anderen Teil des Schlosses zu bewundern ist, mit einer Partitur in der einen Hand, ihrer Geige in der anderen, scheint diese musikalische Dekoration angeregt zu haben. Ihr Kabinett ruft eine kostbare Erinnerung in das Gedächtnis zurück: hier spielte Mozart anläßlich seiner ersten Parisreise der entzückten Prinzessin vor. Für sie komponierte er seine ersten niedergeschriebenen Werke, Sonaten, die Madame Adélaïde gewidmet sind. Angesichts der delikat gearbeiteten, die Musik verherrlichenden Trophäen auf den Paneelen glaubt man unwillkürlich die Gestalt des kleinen siebenjährigen Komponisten zu sehen.

Welch ein Kontrast in dem folgenden Zimmer! Und dabei sind diese geraden harmonischen Linien und diese exakt gezogenen Winkel von den hin- und herschwingenden Kurven, den Girlanden und Voluten, von denen wir uns gerade bezaubern ließen, nur durch eine kurze Zeit getrennt. Bevor Ludwig XVI. den Wunsch verspürte, eine Bibliothek in der von ihm bewohnten Etage einrichten zu lassen, war dies hier das Schlafzimmer der Madame Adélaïde und später der mit Kostbarkeiten überfüllte ›Salon des Jeux‹ Ludwigs XV. Hier herrscht der Geist Gabriels, eines in die Antike verliebten Architekten, der die Kunst der Proportionen beherrschte, die verschiedenen Goldtöne anzuwenden verstand und der der Ornamentik den ihr bestimmten Platz zuzuordnen wußte und sie voll zur Geltung brachte. Abgerundete Paneele verherrlichen auf ihre Weise die Verdienste des Denkens, der Philosophie, der Geschichte, der Wissenschaften und der Scharfsinnigkeit des Menschen. Der Geist der ›Enzyklopädie‹ hatte in den Tempel des Monarchen Eingang gefunden. Die Möbel stammen aus der gleichen Epoche (sie erinnern keineswegs an das kleine Arbeitszimmer, in dem Ludwig XVI. in der Fensternische zu arbeiten pflegte).

Die anderen Kabinette sind so häufig umgestaltet und verändert worden, daß es langweilig wäre, auf die verschiedenen Verwendungen einzugehen. Erwähnen wir nur, daß der letzte Raum des Appartements, der heutige ›Salon des Jeux‹, den Platz des ehemaligen Medaillen- oder Raritätenkabinetts einnimmt, in dem Ludwig XIV. nicht nur Medaillen, sondern alle Arten kostbarer Gegenstände aufbewahrt hatte. Die von den besten Künstlern geschaffene Kuppeldecke mit den zahlreichen eingelassenen Spiegeln stellte ebenfalls eine Seltenheit dar. Als Madame Adélaïde hierher zog, büßte dieses Kabinett seine Decke, sowie seine achteckige Form ein. Es wurde ein Vorzimmer daraus und unter Ludwig XVI. der ›Salon des Jeux‹; eine etwas eigenartige Verwendung bei diesem Monarchen, der sich so sehr für die Jagd und so wenig für das Spiel begeisterte.

Cabinets du Roi

Von der ›Cour de Marbre‹ aus haben wir rechts oben in der Dachregion die reich verzierten Mansardenfenster gesehen. Durch sie dringt Licht in die kleinen Appartements, die in der oberen Etage für Ludwig XV. eingerichtet und später von Ludwig XVI. bewohnt wurden; sie wurden ständig umgestaltet, je nach den persönlichen Wünschen der beiden Monarchen und, was ersteren anbetrifft, nach den Bedürfnissen seiner Mätressen. Nach rückwärts erstrecken sie sich um die ›Cour des Cerfs‹, vorne reichen sie bis zur Fassade und erhalten ihr Licht durch einen kleinen Hof, die sogenannte ›Cour des Mesdames‹.

Sie sind erst vor nicht zu langer Zeit wiederhergestellt worden. Louis-Philippe ließ sie verkommen, obwohl er ein eifriger Restaurator war. Diese Gemächer dienten nur noch als Speicher, bestenfalls als Unterkunft für Bedienstete. Die feinen Verzierungen der Boiserien waren unter dicker Tünche kaum zu erkennen. Die Spiegel waren zerbrochen oder entfernt worden. Die Architekten Napoleons III. hatten, nach ihrer Angabe aus ästhetischen Gründen, den Hof zur Hälfte abgerissen und eine aufgestockte Etage demoliert.

Erst M.H. Racinais, einem passionierten Forscher, der die Pläne, Entwürfe, die Bestandsbücher und Aufzeichnungen der Lieferanten genau und sorgfältig überprüfte, gelang es, eine Restauration einzuleiten, die zu einer Offenbarung wurde. Gleichzeitig studierte man das Privatleben der beiden Souveräne, versuchte zu erforschen, womit sie sich die Zeit vertrieben; dadurch wurde auch ein Teil der um die Monarchen gesponnenen Legenden und Anekdoten, die mit der Zeit immer mehr entstellt worden waren, als unwahr erkannt.

Diese Räumlichkeiten, Zimmer mit niedrigen Decken und manchmal von winzig kleinen Ausmaßen, waren als Stätten der Zuflucht gedacht; dorthin floh man vor dem Zwang des Hofes und vor den Machenschaften der Höflinge. Die großen Appartements standen allen offen. In die kleinen Appartements Eingang zu finden, war indes ziemlich schwierig. Es galt als eine seltene und begehrte Gunst, zu den Soupers, die dort nach der Jagd stattfanden, geladen zu sein. Tatsächlich war es fast immer der gleiche Kreis Bevorzugter, der an ihnen teilnehmen durfte. Die Nichtgeladenen reagierten eifersüchtig oder verärgert; sie nannten die kleinen Appartements verächtlich

›Rattenlöcher‹. Vielleicht hat dieses Wort das Schicksal dieser Gemächer später belastet und diese ganz oben gelegenen Appartements, in deren Erdferne und phantasievoller Dekoration sich die Blüte des französischen Geistes am reinsten entfaltet, in Verruf gebracht.

Den gewöhnlichen Zugang bildete der ›Degré du Roi‹ oder ›Escalier de Damiens‹. Der König konnte diese Gemächer jedoch auch unauffälliger über eine kleine Außentreppe erreichen, die an dem die ›Cour des Cerfs‹ umgebenden Balkon lag.

Bei den ständig sich verändernden Verwendungen, die sie innehatten, ist es unmöglich, jedes einzelne Zimmer näher bestimmen zu wollen. So diente das erste Zimmer – wir wissen heute genau darüber Bescheid – zunächst als Bibliothek für Ludwig XV., wurde dann Eßzimmer, Vorzimmer eines neuen Eßzimmers, später Kabinett des Königs, Zimmer des Königs, Zimmer von Maria Josepha von Sachsen, Eßzimmer von Madame du Barry, bis es schließlich von Ludwig XVI. unterteilt wurde, um für seinen ersten Kammerdiener eine Unterkunft zu schaffen.

Verweilen wir mit unseren Gedanken, wenn wir wollen, bei all diesen Erinnerungen, aber betrachten wir vor allem die erstaunlichen Boiserien, die in ihrem ursprünglichen Dekor wiederhergestellt worden sind. Man hat Farben wiedergefunden, die noch genauso leuchtend und frisch sind wie am ersten Tag. Wie konnte man so lange Zeit glauben, daß die Wandverkleidungen des 18. Jahrhunderts ganz einförmig in diesem langweiligen Grau, das ›Gris Trianon‹ genannt wurde, gehalten waren? Hier sind die Farben wieder aufgefrischt, und die Schnitzereien und Zierleisten heben sich smaragdgrün von einem weißen Grund ab; nicht weit davon entfernt blühen Ornamente in Preußischblau oder Lila auf gelbem oder wasserblauem Grund. Das waren die Farbtöne eines guten Geschmacks.

Diese Entdeckungen erwiesen sich als um so reizvoller, als man nebenbei auch dem Geheimnis von Martin, des Erfinders des porzellanähnlichen ›vernis copal‹, zu dessen Herstellung nicht weniger als siebzehn komplizierte Arbeitsgänge erforderlich waren, auf die Spur gekommen ist. Der skulptierte Kamin, die Pfeilerspiegel, alles ordnet sich dieser Überfülle mit jener Zurückhaltung ein, die das Erbe einer Zeit ist, in der sich die Anmut der Dekoration mit außergewöhnlicher Subtilität entfaltete.

Auch Ludwig XV. hatte seine ›Petite Galerie‹, und zwar in dem Geschoß, das wir nun betreten. Die Decken sind niedrig, doch welche Reinheit der Proportionen! Der vergoldete Dekor und die geschnitzten Vertäfelungen verleihen auch diesen Mansarden königlichen Prunk.

Verweilen wir ein wenig in der Bibliothek von Madame Adélaïde – später Bibliothek der Madame du Barry –, sie ist ganz in Weiß und Gold gehalten und ist mit ihren Spiegelscheiben über dem Alkoven und ihren leichten Glastüren ein kostbares Schmuckkästchen. Die Wände des Badezimmers sind über Bleidichtungen mit weißem und verde antico Marmor verkleidet. Von den beiden Badewannen sehen wir nur noch die Abflußlöcher: in einer Badewanne wusch man sich, in der anderen spülte man sich ab. Ein Ruhebett befindet sich in dem benachbarten Zimmer. Der Luxus dieser Bäder – und auch die eigenartigen Raffinements der ›Lieux à l'Anglaise‹, auf die wir uns nicht erlauben näher einzugehen – sind ein Beweis für die beachtliche Aufmerksamkeit, die man damals schon der Hygiene schenkte.

Was jedoch das 18. Jahrhundert von unserem Jahrhundert unterscheidet, ist die Tatsache, daß damals Komfort nie Selbstzweck war. Man gestand zwar dem Körper seinen Teil zu, doch der Geist behielt seine Vorrechte. Die Badezimmer wurden gleichzeitig den Technikern und den Dekorateuren anvertraut, die sich dann den Kopf darüber zerbrachen, wie diese Räumlichkeiten am besten mit kleinen mythologischen Fruchtbarkeitsszenen auszuschmücken wären.

Wenn man den Touristen von diesen gewissermaßen geheimen ›kleinen Appartements‹ erzählt und sie erfahren, daß da hintereinander Madame de Mailly, Madame de Châteauroux, Madame de Pompadour und Madame du Barry wohnten, dann malen sich viele, deren Schädel von gewissenlosen Historikern mit Geschichten vollgestopft wurden, wer weiß welche Orgien aus. Dabei war es doch viel weniger provozierend, die Mätresse in diesen versteckten Dachzimmern unterzubringen, als in den für Madame de Montespan bestimmten protzigen Appartements.

Tatsache war, daß diese kleinen Appartements, in denen ursprünglich der König seinen Leidenschaften nachging, vor allem ein Ort waren, an den sich Ludwig XV. und Ludwig XVI. von Zeit zu Zeit zurückziehen konnten, um hier ein ihnen gefälliges ›bürgerliches‹ Leben zu führen. Sie besaßen beide weder die Energie noch die physische und psychische Widerstandskraft ihres Vorfahren. Sich den ganzen Tag in der Öffentlichkeit zu bewegen, war ihnen unerträglich.

Alle Einzelheiten der verschiedenen Einrichtungen geben uns eine Vorstellung von dem, womit sich die Monarchen beschäftigten. Ludwig XV., ein großer Feinschmecker – aus seiner Zeit stammen die große Küche und die wichtigen Kochrezepte, die noch in unserer Zeit Gültigkeit haben –, liebte es, hier Gebäck und ausgezeichnete Schokolade selbst herzustellen und Liköre zu destillieren; aber er verfügte auch über eine Bibliothek von fünftausend Bänden, in die er sich oft zurückzog, und von der Piganiol de La Force sagte, daß sie »die bestgeschriebenen Bücher unserer Sprache enthält«. Von Bedeutung war noch das Kabinett der Mechanik und Physik. Wie alle ›Enfants de France‹ hatte der König eine handwerkliche Ausbildung erfahren und sein Arbeitsraum war voller Maschinen und neuer Werkzeuge.

Diese Appartements waren so gelegen, daß der König mühelos mit seinen Töchtern Verbindung aufnehmen konnte. Seiner Frau schnell überdrüssig geworden, fesselten ihn seine Geliebten immer nur für kurze Zeit. Der lang andauernde Einfluß von Madame de Pompadour war der einer geistreichen Frau, der es gelang eine gewisse Anziehungskraft auf den König auszuüben, indem sie ihm vernünftige Ratschläge erteilte und ihn von seiner ewigen Langeweile zu befreien suchte;

vergeblich »erschöpfte sie sich in immer neuen Vergnügungen für diese verdrossene Majestät«. Nur in Begleitung seiner Töchter schien sich der König wirklich freuen zu können; dies ist der Grund, warum er sie so häufig besuchte.

Madame Elisabeth, die älteste, hatte mit zwölf Jahren den Infanten Don Philippe geheiratet. Die zweite, Madame Henriette, zart und zerbrechlich, wurde nach einer weißen Hochzeit mit dem Herzog von Chartres wie eine Lilie vom Tode niedergemäht. Dann folgten die intelligente, eigensinnige Madame Adélaïde, die immer einen Einfluß auf ihren Vater hatte, die Mesdames Victoire und Sophie, und dann die feine, spritzige Louise, die zur allgemeinen Verwunderung in den Carmel eintreten sollte.

Ludwig XVI. besaß ebenfalls ein ›Handwerkszimmer‹, eingerichtet für Tischlereiarbeiten, ein Kabinett für Physik und Chemie, und in der oberen Etage eine Schmiede, wo er sich technischen Präzisionsarbeiten widmete. Aber dieser Mann, dessen Gedächtnis, vor allem sein geographisches Gedächtnis, ans Wunderbare grenzte, begeisterte sich am meisten für seine geographische Galerie, die mit Weltkugeln und Landkarten, von denen er eine ganze Anzahl selbst gezeichnet hatte, angefüllt war. Diese Galerie wurde später zur ›Galerie de l'Électricité‹. Die Zusammensetzung der ›modernen‹ Bibliothek Ludwigs XVI. weist ihn als einen Menschen aus, der an allen Neuigkeiten interessiert war. In dieser Galerie sammelte der König die ersten elektrischen Maschinen und Modelle, die mit Erfindungen in Beziehung standen, die ein Jahrhundert später die Weltwirtschaft völlig verwandeln sollten. Bemerkenswert ist noch, daß die erste elektrische Maschine das Motiv eines der Reliefs von Rousseau ist, die das herrliche Arbeitskabinett Ludwigs XVI. in der unteren Etage zieren.

Das einzige, was man bei einem Besuch der kleinen Appartements des Königs vielleicht bedauern kann, ist, daß sie fast leer sind, da doch die zarte, anmutige Dekoration ganz eng mit dem Mobiliar, für das sie eigens geschaffen worden war, in Zusammenhang stand.

Der ›Escalier de la Reine‹ war immer der belebteste Ort des Schlosses mit seinen breiten, sanft abfallenden Stufen, auf denen zehn Personen nebeneinander Platz haben, darüber ein Tonnengewölbe, das durch die Farbigkeit des Marmors noch besser zur Geltung kommt. Der dem Louis-treize noch ziemlich nahestehende Dekor wirkt, verglichen mit der großzügigen architektonischen Anlage, ein wenig schwerfällig. Der gewaltigen Loggia, die sich zum Hof hin öffnet, entspricht eine illusionistische, die nach italienischem Geschmack verziert ist: eine Landschaft mit einer unendlich weiten Perspektive und eine Gestalt im Vordergrund, die die Besucher zu beobachten scheint. Eine Gruppe von Putten aus vergoldetem Zinn trägt das Monogramm Ludwigs XIV.

Die ›Grands Appartements de la Reine‹ wurden 1671 begonnen, zur gleichen Zeit also wie die ›Grands Appartements du Roi‹, zu denen sie in gewisser Weise eine Entsprechung zum Südflügel hin bilden. Die drei Versailler Königinnen haben aber wirklich in diesen Appartements gewohnt, es waren keine reinen Paradezimmer wie die königlichen Appartements, obwohl ihre Ausmaße uns daran erinnern, daß die äußeren Zeichen königlicher Funktion von Wichtigkeit waren, selbst für die Frauen. Die fünf großen nebeneinanderliegenden Säle werden durch die um die ›Cour du Dauphin‹ verteilten ›Cabinets intérieurs‹, in denen die Königinnen ein intimeres, zurückgezogeneres Leben führen konnten, verdoppelt.

Die ›Grands Appartements de la Reine‹ wurden von Marie-Thérèse eingeweiht, sie bewohnte sie bis zu ihrem Tode 1683, also zehn Jahre lang. Die Gemahlin des französischen Thronfolgers, Maria Christina von Bayern, lebte dort sieben Jahre, die Herzogin von Burgund zweiundzwanzig Jahre. Die arme kleine mit Ludwig XV. verlobte Infantin von Spanien hatte das Gemach inne, bis man sie im Jahre 1725 zurückschickte. Maria Leszczynska trat an ihre Stelle, die ebenfalls bis zu ihrem Tode, nämlich dreiundvierzig Jahre lang, hier lebte. Marie

Antoinette schließlich, Gattin des französischen Thronfolgers und später Königin, bewohnte das Appartement bis zum Sturm auf die Bastille am 6. Oktober 1789.

Jede Regierungszeit brachte räumliche Umgestaltungen mit sich, nur die ›Salle des Gardes de la Reine‹ wurde in ihrer Gesamtheit respektiert. Die sanfte, schüchterne und zugleich bescheidene Maria Leszczynska hätte sich sicher mit der Ausstattung, wie sie sie vorfand, begnügt; nach der Geburt des Thronfolgers jedoch ließ Ludwig XV. vor lauter Freude die ganze Dekoration des Schlafzimmers erneuern. Was aber Marie Antoinette angeht, die so gerne das ganze Schloß nach dem Geschmack der Zeit, nach ihrem Geschmack, umgestaltet hätte, so ließ sie durch ihren Architekten und Dekorateur bedeutende Arbeiten durchführen.

So weisen die ›Grands Appartements de la Reine‹ verschiedenartige Aspekte auf, aber die Veränderungen sind mit so viel Geschick und Feingefühl ausgeführt worden, daß sie untereinander eine äußerst glückliche Verbindung eingehen. Die Schwierigkeiten, die sich heute aus einer Kombination von modernen und alten Dingen ergeben, existierten in früheren Zeiten nicht – vor allem dann nicht, wenn bedeutende Künstler am Werke waren.

Die ›Salle des Gardes de la Reine‹ öffnet sich zur großen Treppe hin. Hier sei vermerkt, daß an dieser Stelle die Besichtigung der Appartements der Königin, üblicherweise im Anschluß an die Führung durch die Appartements des Königs, eigentlich endet. Sie geht also den umgekehrten Weg. Wir möchten uns indessen an die natürliche Reihenfolge halten und als erstes mit diesem Saal beginnen, in dem sich die Garde der Königin aufhielt.

Die prunkvollen Wandverkleidungen aus Marmor, in denen tiefrote Languedocs geometrische Figuren in mächtigen Rahmen aus antikem Schwarz bilden – im gleichen Stil wie die Treppe – rechtfertigen die frühere Bezeichnung ›Salon de Marbre‹. Gemälde von Noël Coypel beleben diesen kühlen, imposanten Dekor. Die achteckige Decke und die großen Gemälde zu beiden Seiten verherrlichen den olympischen Jupiter. Achten wir besonders auch auf die lebendigen Gestalten in den Deckenzwickeln, die von einer Scheinbalustrade unsere Ankunft in diesem Saal mitzuerleben scheinen.

Die hier aufgestellten Vasen aus Porphyr und die antike mit Bronze verzierte Büste von Girardon passen gut zum Ganzen.

Die ›Antichambre de la Reine‹ ist das geräumigste Zimmer dieser Appartements. Die Bilder stammen zum größten Teil von Vignon, er schuf auch die Deckenmalereien, deren Mittelteil durch die Kopie eines Gemäldes von Lebrun ersetzt wurde. Die Gobelins an den Wänden sind nicht nur wegen ihrer Schönheit und ihrer Verarbeitung bemerkenswert, sie besitzen zudem einen dokumentarischen Wert und zeigen ›Die Belagerung von Tournai‹ (1667), ›Ludwig XIV. empfängt die spanischen Botschafter‹ (1662), ›Die Belagerung von Cille‹ (1667) sowie ›Die Besichtigung der Gobelinmanufaktur durch den König‹. Dieser zuletzt genannte Teppich ist einer der erstaunlichsten: wir sehen darauf Handwerker, die alle möglichen in der Manufaktur hergestellten Dinge, darunter solche, die heute noch in Versailles zu sehen sind, darbieten, sowie Lebrun, der den König einführt.

Drei große Büsten zeigen uns die Könige, die in Versailles residierten: das bewundernswerte, heitere Porträt Ludwigs XIV. von Coysevox, das des sechzigjährigen Ludwig XV. von Gois, und das Ludwigs XVI. mit dem Gesicht eines adligen ›Honnête homme‹, der er wohl kaum gewesen ist, von Houdon.

In diesem geräumigen Vorzimmer wurde der ›Grand Couvert de la Reine‹ abgehalten: es handelte sich hierbei um in der Öffentlichkeit vollzogene Mahlzeiten. Zu gewissen Anlässen erschien Ludwig XIV., Ludwig XV. war öfter zu sehen, und Ludwig XVI. kam jeden Sonn- und Feiertag. Eine Vorstellung von diesen Feierlichkeiten, die prunkvoll und zugleich ungezwungen verliefen, bekommen wir aus dem Bericht des Vaters Mozart, der, von kindlichem Stolz überfließend, seinen Sohn dem französischen Hof präsentierte; die Königin Maria Leszczynska fungierte dabei als Dolmetscherin:

Man bot uns allen nicht nur einen Platz neben dem königlichen Tisch an, sondern der gnädige Herr Wolfgangus (er war damals sieben Jahre alt) *durfte sich die ganze Zeit über neben der Königin aufhalten, er sprach ständig mit ihr, küßte ihr des öfteren die Hände und aß neben ihr von den Speisen, die sie geruhte ihm servieren zu lassen. Die Königin spricht deutsch wie wir. Da der König kein Wort deutsch versteht, übersetzte ihm die Königin alles, was unser Held Wolfgang sagte. Ich hielt mich neben ihm auf. An der anderen Seite des Königs, wo der Herr Dauphin und Mme Adelaïde Platz genommen hatten, saßen meine Frau und meine Tochter.*

Auch die Königinnen waren dem Zeremoniell unterworfen, das – wenn auch nicht so bedeutend wie das des Königs –, so doch nicht minder schwer zu ertragen war. Fast jeden Tag gab es Empfänge, Vorstellungen, Audienzen. Einen großen Teil ihres Lebens verbrachten die Königinnen in der Öffentlichkeit, oder zumindest in Begleitung ihrer Ehrendamen.

Marie Antoinette ertrug die Etikette des ›Grand Couvert‹ noch schlechter als die anderen. Natürlich konnte einem der Appetit vergehen, wenn man in Anwesenheit von Herzoginnen und Fürstinnen essen mußte, die zehn Fuß vom Tisch der Königin auf kleinen Stühlchen saßen, hinter denen sich wiederum ein Teil des Hofstaats tummelte und selbst die kleinsten Gesten der Königin genau beobachtete. Häufig warf man der Königin vor, daß sie sich so verhalte, als ob sie ihre Handschuhe anhätte, und daß sie noch nicht einmal eine Serviette auseinandergefaltet hätte, während ihr Gatte bereits seinen Hunger stillte.

Der ›Salon de la Reine‹ war, wie schon sein Name andeutet, Thron- und Audienzsaal. Sicherlich wirkte der Marmor in diesem Saal anachronistisch und eiskalt, deshalb beauftragte Marie Antoinette Richard Mique, ihn zu entfernen und durch geschnitzte Holzvertäfelungen und Seidenvorhänge, die jetzt wiederhergestellt worden sind, zu ersetzen. Die alte Decke von Michel Corneille ist noch erhalten, auch die Supraporten von Jean-Baptiste Regnault sind wieder zum Vorschein gekommen. Das berühmte Porträt Marie Antoinettes von Vigée-

Lebrun, das die Königin inmitten ihrer Kinder zeigt, strahlt Sanftmut und Weiblichkeit aus. Nicht weit davon steht die von Pajou geschaffene Büste ihres Gatten.

Die ›Chambre de la Reine‹ wurde, wie bereits erwähnt, von Maria Leszczynska 1731-1735 neu dekoriert. Von dem ursprünglichen Dekor ist kaum mehr erhalten als die beiden Supraporten über der Tür, die ein eigenwilliger Pflanzendekor umgibt: ›La Jeunesse et la Vertu présentant les deux Princesses à la France‹ – ›Jugend und Tugend führen zwei Prinzessinnen zur Gestalt Frankreichs hin‹ von Natoire und ›La Gloire s'emparant des Enfants de France‹ – ›Der Ruhm versichert sich der Kinder Frankreichs‹ von Jean-François de Troy, auf dem der siebenjährige Dauphin und seine beiden Schwestern dargestellt sind. Die Gemälde, mit denen Gilbert de Sève die Decke ausgeschmückt hatte, wurden durch ein großes Netz von Rocaille-Ornamenten nach Entwürfen von Vater und Sohn Gabriel ersetzt; dieses Gebilde hält man, trotz seiner profanen Motive, eher für eine Kirchenkuppel als für die Decke eines Schlafzimmers. Grisaille-Allegorien von Boucher in geschweiften Rahmen betonen diesen Eindruck noch.

Als Marie Antoinette von dem Zimmer Besitz ergriff, wurde seine Dekoration geändert. Antoine Rousseau ließ abwechselnd neben dem Wappen Frankreichs den habsburgischen Doppeladler erscheinen. Ein Kamin aus rot geädertem Marmor und mit Bronzeziselierungen ersetzte seinen Vorgänger. Neben dem polnischen Bett hängen Porträts der österreichischen Verwandten. Die Seidenbespannung der Wände beeindruckt durch die Frische und die Eleganz ihrer Muster; Rosen- und Fliederbuketts, Bandornamente und Straußenfedern gehen ineinander über. Wir sehen heute eine getreue Wiedergabe der sommerlichen Wandbehänge, die sich hier bis zur Revolution befanden. Sie sind eine Stiftung, die Lyoneser Seidenfabrikanten dem Schloß Versailles im Jahre 1949 gemacht haben. Die Boiserien hat man wiedergefunden, die Teppiche und der Kaminschirm wurden wiederhergestellt, die Lüster, Girandolen und die Stutzuhr mit dem Glockenschlag stellen die ursprüngliche

Atmosphäre wieder her; die Möbel sind herrlich, besonders das Schmuckkästchen, das dem Korb ähnelt, in dem sich die Morgengabe von Marie Antoinette befand; der Akazienuntergrund verschwindet fast hinter den blauen und weißen Sèvreskameen, hinter den Arabesken auf Goldgrund, den Bronzekaryatiden und Grisaillen.

Von allen Zimmern in Versailles gibt uns das Zimmer von Marie Antoinette den besten Einblick in die Innenausstattungen des Schlosses vor 1789.

Vergessen wir nicht, daß neunzehn Prinzen und Prinzessinnen hier das Licht der Welt erblickten, unter ihnen der Herzog von Anjou, der spätere Philipp V. von Spanien, der erste Bourbone auf spanischem Thron, sowie Ludwig XV.

Madame Campan hat uns eine lebendige Schilderung von den Vorgängen im Zimmer Marie Antoinettes gegeben, als diese Marie-Thérèse, spätere Herzogin von Angoulême, gebar:

Die Etikette, jedem, der bei der Niederkunft der Königin dabei sein wollte, ohne Unterschied Eintritt zu gewähren, wurde in so übertriebenem Maße beobachtet, daß in dem Augenblick, da der Geburtshelfer Vermond mit lauter Stimme rief: »Die Königin kommt nieder!«, die in das Zimmer strömenden Neugierigen so zahlreich und so laut waren, daß dieser Lärm die Königin fast umgebracht hätte. Der König war in der Nacht so vorsichtig gewesen, die gewaltigen Wandschirme rings um das Bett Ihrer Majestät mit Schnüren zu befestigen; ohne diese Vorsichtsmaßnahme wären sie ganz sicher auf die Königin gefallen. Sich in dem Zimmer zu bewegen, war unmöglich, es waren so verschiedenartige Menschen da, daß man sich auf einem öffentlichen Platz glaubte. Zwei Savoyer stiegen auf Möbel, um so die Königin besser sehen zu können; diese lag in einem gegenüber dem Kamin eigens für die Niederkunft aufgestellten Bett. Der Lärm und das Zeichen des Geburtshelfers, wodurch die Königin das Geschlecht des Kindes erfahren hatte, störten sofort den weiteren natürlichen Verlauf der Geburt. Das Blut stieg ihr in den Kopf, ihr Mund verzerrte sich, der Geburtshelfer rief: »Luft, warmes Wasser, wir müssen einen Aderlaß am Fuß vornehmen.« Die Fenster waren fest verschlossen, der König riß sie auf; nur die Zärtlichkeit, die er für die Königin empfand, ließ ihm diese Kräfte erwachsen, denn sie waren überall mit Papierbändern zugeklebt worden. Da die Schale mit warmem Wasser nicht schnell genug herbeigeschafft wurde, empfahl der Geburtshelfer dem ersten Chirurgen der Königin, sie trotzdem zur Ader zu lassen. Dieser tat es, kräftig spritzte das Blut, und die Königin schlug die Augen auf. Nur mit Mühe konnten die Menschen nach diesen Augenblicken schlimmster Befürchtungen die Freude zurückhalten. Die ohnmächtige Princesse de Lamballe hatte man hinausgebracht. Die Kammerdiener und Portiers packten die indiskreten Neugierigen, die nicht schnell genug hinausgingen, beim Kragen.

Diese grausame Etikette wurde daraufhin für immer abgeschafft. Die Prinzen der Familie, hohe Adelige, der Kanzler und die Minister genügten wohl, um die Legitimität eines Erbprinzen zu bezeugen. Die Königin kehrte von der Schwelle des Todes zurück, sie hatte überhaupt nicht gemerkt, daß sie blutete, und fragte, nachdem sie wieder in ihr Bett zurückgebracht worden war, nach der Bedeutung des Leinenbandes an ihrem Bein. Das Glück, das auf diesen Schreckensaugenblick folgte, war ebenso groß wie ehrlich. Die Menschen umarmten sich und weinten vor Freude.

Marie Antoinette hatte in dem am Ende ihrer Appartements gelegenen ›Salon de la Paix‹ einen Spielsalon einrichten lassen. Glücklicherweise wurde der Raum dadurch in keiner Weise beeinträchtigt. Eine Schiebewand, die zur ›Galerie des Glaces‹ hin abschirmte, wurde je nach Bedarf vor- oder zurückgezogen. In diesem Saal wurde 1778 der schwerfällige Benjamin Franklin mit den klugen Augen, der Außerordentliche Botschafter der amerikanischen Freistaaten, zu einer Soirée empfangen, nachdem er den Bündnisvertrag mit Frankreich im Arbeitszimmer von Vergennes unterzeichnet hatte. Sein Aufzug in braunem Samt rief allgemeine Verwunderung hervor, man amüsierte sich darüber, war aber schließlich von ihm bezaubert.

Petits Appartements (Cabinets intérieurs) de la Reine

Diese etwas versteckten Zimmer liegen an den beiden Binnenhöfen, hinter den ›Grands Appartements de la Reine‹, mit denen sie fast unsichtbare Türen hinter Wandbehängen verbinden. Marie-Thérèse hatte dort einen kleinen Salon und eine Hauskapelle, Maria Leszczynska stattete diese Räumlichkeiten mit sicherem Geschmack aus; hier widmete sie sich der von ihr geliebten Malerei und vor allem – mit der Zeit immer mehr – frommen, mildtätigen Werken; in vollkommener christlicher Demut ertrug sie ihr Leben mit Würde, während ihr königlicher Gatte ostentativ eine Untreue nach der anderen beging. Diese Appartements, die etwas so Geheimnisvolles an sich haben und die in ihrer räumlichen Beschränkung auf so eigenartige Weise mit der feierlichen, großzügigen Anlage des Schlosses kontrastieren, üben auf sensible Menschen einen ganz besonderen Reiz aus. Nicht ohne Grund heißen sie auch ›Petits Appartements de Marie Antoinette‹. Die junge Königin berief Richard Mique trotz des Grolls des Hofes, um nach ihren Wünschen und Vorstellungen diese wenig wohnlichen Räume für sie auszugestalten. Die Brüder Rousseau schufen den enzückenden, anmutigen Dekor, damals einzigartig in Versailles. Dann erfolgte eine Reihe von Veränderungen: die erste datiert aus dem Jahre 1775, die wichtigste wurde 1783 begonnen. Man sollte sich diese Daten merken: sie bedeuten eine Stilwende, ein Ereignis in der Geschichte der Dekorationskunst.

Marie Antoinette ist überall zugegen in diesen manchmal so winzigen Zimmern, die heute noch so aussehen, wie die Königin sie verlassen hat. Noch heute finden sich darin Spuren ihres launenhaften, spöttischen Geistes und ihrer Lebensfreude, die in plötzlichen Einfällen, Streichen und Spielereien ausarten konnte, deren Folgen sie nicht voraussah.

Zu beiden Seiten ihres Bettes befanden sich in den Wandverkleidungen zwei Türen. (Die eine führte zur ›Passage du Roi‹, einem langen, engen, finsteren, vollgestopften und verwinkelten Gang, der sich zwischen den Salons und Galerien dahinschlängelte; er war für Ludwig XVI. angelegt worden, um seine Gattin aufsuchen zu können, ohne unter den Augen aller die ›Grande Galerie‹ oder die Salonfluchten benutzen zu müssen. Die andere Tür ging zur Zeit Maria Leszczynkas auf eine Treppe hinaus, die zu dem im Erdgeschoß liegenden ›Appartement du Dauphin‹ hinabführte.) Es gab da einen kleinen achteckigen Salon, geschmückt mit Boiserien von Verberkt und Tafelmalereien von Coypel, ›Cabinet de la Méridienne‹ genannt. Marie Antoinette ließ ihn in seiner ursprünglichen Gestalt wiederherstellen und von den Rousseau dekorieren. Sie schufen die zarten Arabesken, die sich in ziselierter Bronze auf den in die Türen eingelassenen Spiegeln wiederholen. Das wichtigste Emblem ist der Delphin, umgeben von Lilien, Rosenbuketts und von Herzen, die von Pfeilen durchbohrt werden. Diese Symbole erinnern uns daran, daß zum Zeitpunkt der Dekoration des Salons die königliche Familie die Geburt des Thronfolgers erwartete. Die Konsole, auf der eine von einem Liebesgott gehaltene Krone des Dauphin steht, ist ein Meisterwerk der Kunsttischlerei. Großzügige Spenden aus dem Ausland ermöglichten eine Wiederherstellung der Seidengewebe, Vorhänge und Posamentierarbeiten, die diesem Zimmer sein kostbares Aussehen im Stil Marie Antoinettes, die soviel für schöne Stoffe und Tapisserien übrig hatte, verleihen.

Über einen kleinen Durchgang konnte sich die Königin von ihrem Zimmer aus direkt in ihre Bibliothek begeben, die über eine neuartige Vorrichtung verfügte: die Regale waren geschickt mit Stahlhaken befestigt. Marie-Thérèse hatte dort ein Oratorium, Maria Leszczynska ein Atelier, in dem sie von Oudry im Malen unterwiesen wurde.

Das ›Cabinet intérieur‹ mit seinen relativ großen Ausmaßen wurde auch ›Cabinet doré‹ – ›Goldenes Kabinett‹ – genannt; die Vergoldungen sind in der Tat ganz besonders sorgfältig ausgeführt worden. Wir haben bereits in den Appartements Ludwigs XV. herrliche Ornamente in den verschiedensten Goldtönen gesehen, bräunliche, rötliche, grünliche, matte und glänzende Goldtöne; auch hier sind sie zu finden, aber die Motive haben sich geändert. Sphinxe, Leiern, zarte Palmetten, rauchende Dreifüße und Räucherpfannen künden von einem neuen ornamentalen Vokabular, das dann vom Directoire wiederaufgenommen werden wird. Das Erste Kaiserreich fügte diesem leichten, beschwingten Dekor dann viel Schwerfälliges hinzu.

Ein Vergleich zwischen dieser feinen, ausgewogenen pompejanischen Dekoration und der Dekoration der Appartements Ludwigs XV. und Madame Adélaïdes ist äußerst lehrreich. Nach einer Zeit, in der sich Asymmetrie und Phantasie frei entfalten konnten, kam man in Frankreich im Zuge einer Gegenbewegung wieder auf die klassische Ornamentik zurück, während das übrige Europa sich in die letzte Phase eines überschwenglichen, züngelnden Rokoko hineinsteigerte. Dieses harmonische und geschickte ›Zurück zur Antike‹ beweist, wie sehr man Maß zu halten verstand in einem Land, in dem kühne Ideen geboren wurden, das sich aber nicht von den in Griechenland und Rom geborenen Grundideen freimachen zu können scheint.

Man hat hier Möbel aus den verschiedensten Schlössern, die zerstört worden waren, aufgestellt, darunter Sessel, die 1783 in Auftrag gegeben wurden; dies war der letzte Auftrag von Marie Antoinette für die Tuilerien, bevor strenge Maßnahmen gegen diese ›Verschwendungssucht‹ ergriffen wurden. Der Kamin aus rotem Marmor, verziert mit Blättern und Karyatiden aus vergoldeter Bronze, der runde Tisch, die Konsole und die von Bizot geschaffene wohlbekannte Büste aus Sèvres-Biskuitporzellan erzählen uns von dem Privatleben der Königin mit ihren Kindern, ihren Freundinnen, ihren Freunden. Unwillkürlich vermißt man eine Harfe oder ein Cembalo, die einem die Musik – ihre ganze Leidenschaft – in Erinnerung bringen könnten, ihre Freundschaft zu Gluck, ihre Beziehungen zu Grétry und den bedeutendsten Komponisten ihrer Zeit, denen sie so oft im Trianon begegnete.

Im Laufe des 18. Jahrhunderts wurden die Zimmer, um dem jeweils neuen Lebensstil Rechnung zu tragen, unaufhörlich umgestaltet, indem man sie längs und quer teilte. Eine neue Bibliothek wurde angelegt unter Einbeziehung eines Teiles des früheren Badezimmers, das zu einem Ruhezimmer geworden war mit Gemälden von Oudry, die die ›Fünf Sinne‹ darstellen und heute noch in ihrer ursprünglichen Frische erstrahlen.

Die Ausmaße der ›Kleinen Appartements der Königin‹ wurden aufeinander abgestimmt, indem man einen Zwischenstock einzog. Das obere Geschoß, das eine Wohnung für die Zimmermädchen und die Erzieherin der ›Enfants de France‹ enthielt, ist bei der Einrichtung des Museums durch Louis-Philippe völlig entstellt worden.

Ebensowenig wie man an die riesigen Appartements Ludwigs XIV., des absolutistischen Herrschers von Versailles, rührte, wagte man es, wenigstens in diesem Punkt, an diese liebenswürdigen Erinnerungen der auf dem Schafott Hingerichteten Hand anzulegen.

Der Rundgang durch das Schloß, dem wir bis hierher gefolgt sind, ist noch nicht beendet; was wir bisher, und sei es auch nur oberflächlich, gesehen haben, umfaßt nur einen Bruchteil des Schlosses. Doch was jetzt noch übrigbleibt, sind mit Ausnahme der Kapelle und der Oper, die wunderbar erhalten oder restauriert worden sind und auf die wir später noch eingehen werden, nur noch Säle, deren Aussehen völlig verändert wurde, so daß sie in nichts mehr an ihre frühere Bestimmung erinnern. Die lebendige Atmosphäre ist dumpfer Museumsluft gewichen.

Natürlich ist das, was erhalten ist, immer noch sehenswert und stellt ganz sicher auch mit den bedeutendsten Teil des Schlosses dar. Wir dürfen glücklich sein, daß Versailles in diesem Zustand gerettet wurde, wenn wir bedenken, daß von vielen Schlössern der Umgebung, wie Marly, Château-Neuf de Saint-Germain, Saint-Cloud, Meudon, Bellevue, Choisy und Sceaux nur noch die Parks oder Terrassenanlagen erhalten sind. Und Versailles war die Sonne, die anderen Schlösser dagegen nur herrliche Planeten. Wie hat diese königliche Sonne die Revolution überleben können? Ein Wunder ist hier geschehen. Dieser Tempel der Monarchie, dieses Symbol einer Zeit und einer Politik, deren Spuren man überall zu vernichten trachtete, hat die Stürme der Revolution fast unversehrt überlebt!

Doch kehren wir in die Vergangenheit zurück: mit Hilfe der Geschichte und unserer Vorstellungskraft wollen wir versuchen, diese zerstörten Appartements in ihrem ursprünglichen Zustand wiedererstehen zu lassen.

Neben den ›Appartements de la Reine‹ lebte Madame de Maintenon, die, wie man weiß, nicht den Titel einer Königin trug, in einer Wohnung, die – Ironie des Schicksals! – fast genau gegenüber den ehemaligen Appartements der Mätresse Madame de Montespan lag. Die morganatische Gattin wußte, daß sie sich hier endgültig niederlassen konnte, während die Mätresse, mochte sie auch mit noch so viel Aufmerksamkeiten und Prunk umgeben sein, immer damit rechnen mußte, ihre gewohnte Umgebung eines schönen Tages wieder verlassen zu müssen. Dies ist übrigens auch eingetreten – ohne daß sie es indessen vorhergesehen hätte. Relativ bescheiden – so wie auch die Bewohnerin, wenigstens nach außen hin, bescheiden war – spielte das Appartement der Madame de Maintenon zu Ende der Regierungszeit Ludwigs XIV. eine weitaus bedeutendere Rolle als die Appartements der Königin. Jeden Abend erschien dort der König mit seinen Akten, dorthin rief er seine Minister zusammen. Von dem Eckzimmer, von dem man die Eingänge zum Schloß und selbst die königlichen Appartements überblicken kann, gingen die wichtigsten Direktiven aus. Der Hof, der nicht dazu geladen war, wußte das sehr wohl.

Man erreichte das ›Appartement de Madame de Maintenon‹ über den ›Escalier de la Reine‹. Die Tür des ehemaligen Vorzimmers geht auf die Loggia hinaus. Nichts, noch nicht einmal die Gestaltung der Zimmer, erinnert heute jedoch an die Witwe des Dichters Scarron, die einzige Frau sicherlich, die einen gewissen Einfluß auf den alternden König hatte. Ihn selber aber sehen wir hier, erstaunlich lebendig, keineswegs geschmeichelt, mit einer Perücke aus echten Haaren, in einem Flachrelief aus koloriertem Wachs von Antoine Benoît.

Der Monarch begab sich häufig zu Madame de Maintenon; er hatte es sich zur Gewohnheit gemacht, abends in ihrem Zimmer zu arbeiten, oft in Begleitung eines Staatssekretärs.

Sie saßen jeder in seinem Sessel, berichtet Saint-Simon, *vor sich einen Tisch*, *an den beiden Ecken des Kamins*, *sie neben dem Bett*, *der*

König mit dem Rücken zur Wand neben der Tür zum Vorzimmer, zwei Schemel vor seinem Tisch, einen für den Minister, der zum Arbeiten kam, der andere für seine Tasche ... Während sie arbeiteten las Madame de Maintenon oder stickte an einem Wandbehang. Sie hörte zu, was sich zwischen dem König und dem Minister, der laut sprach, abspielte. Selten warf sie ein Wort dazwischen, und noch seltener war dieses Wort von Bedeutung.

Hier auch rief der geistliche Beistand des Hofes, Abt Hébert, seine ›Assemblée de Charité‹ zusammen. Er war ein gestrenger Mann, der gewissenhaft seinen moralischen Prinzipien folgte und fromme Werke tat. Als die Mädchen von Saint-Cyr, die Racines ›Esther‹ uraufgeführt hatten, dieses Schauspiel vor ihrer Gönnerin wiederholten, konnte er seine Mißbilligung nicht unterdrücken: Das Theater, ja selbst das religiöse Theater sei für eine Frau eine Aufforderung zur Sünde, auch wenn es sich dabei um keusche Reime handelte.

Das ehemalige ›Appartement du Dauphin‹

Im Hauptgebäude des Schlosses haben die Zimmer im Erdgeschoß am meisten unter den späteren Umbauten gelitten: mit der Errichtung des Museums durch Louis-Philippe ist fast alles zerstört worden.

Der Teil, der auf gleicher Ebene mit dem Südparterre liegt, unterhalb der ›Appartements de la Reine‹, wurde um 1683 für den Grand Dauphin, den Sohn Ludwigs XIV., eingerichtet. Man nannte diese Räume ›Appartement du Dauphin‹ oder ›Appartement de Monseigneur‹.

Diese Zimmer waren Monseigneur bereits bekannt. Er hatte einige Jahre dort gewohnt, bevor sein Vater beschloß, seinen Kindern das Erdgeschoß über den Gärten des von Mansart gerade fertiggestellten Südflügels zuzuteilen. Die ersten Ausstattungen waren einfach: Schreinerarbeiten und bemalte Decken; später jedoch konnten der Dauphin und seine Gattin, Maria Christina von Bayern, über eine ihrem Rang entsprechende Einrichtung verfügen.

Dieser Prinz, den uns Saint-Simon als richtigen Trottel schildert, hatte allerdings Sinn für Künste (was man von Saint-Simon nicht behaupten kann). Er war wie sein Vater ein begeisterter Jäger und hatte zudem einen Hang zur Malerei und zum Sammeln von Raritäten. Als er sich der väterlichen Herrschaft und den zahlreichen offiziellen, ihm jedoch lästigen Aufgaben entzogen hatte, widmete er sich seinen Sammlungen und der Innendekoration.

Durch ein Vestibül neben der ›Escalier de la Reine‹, einen Saal für die Garden, ein Vorzimmer und ein Zimmer gelangte man zum ›Grand Cabinet‹, einem Eckzimmer, das zugleich auf das Südparterre und das ›Parterre d'Eau‹ hinausging. Auf den von Boulle geschaffenen Möbeln und Konsolen standen kostbare Dinge, vor allem alte und zeitgenössische Keramik, damals ›Porcelaines‹ genannt. Indische Stoffe und gestickter Taft brachten die Sommer- und Winterausstattung noch besser zur Geltung; und immer war Blau vorherrschend, die Lieblingsfarbe des Prinzen. Die Wandverkleidungen stammen von Lemoyne, die Deckenbemalung von Mignard. Im folgenden ›Cabinet doré‹ waren nach dem Beispiel des ›Cabinet du Roi‹ äußerst verschwenderisch ›Raritäten‹ aufgehäuft: Bronze, Achate, Lapislazuli, alte Vasen, Juwelen, es galt als ein Wunderwerk. Das letzte, an die untere Galerie angrenzende Kabinett wurde ›Cabinet des glaces‹ – ›Spiegelkabinett‹ – genannt. Boulle arbeitete an den Wandbekleidungen, die mit Bronze und Zinn belegt waren, an der Kassettendecke und an den Fußboden-Intarsien, die sehr geschätzt gewesen zu sein scheinen.

Mit zunehmendem Alter lernte der Dauphin immer mehr Unabhängigkeit kennen, seine Appartements wurden berühmter und erhielten immer zahlreicheren Besuch. Da auch er den Wunsch verspürte, eine richtige Privatwohnung zu besitzen, ließ er sich ein eigenes Appartement mit Zwischengeschoß einrichten, dessen Fenster auf den hinteren Hof hinausgingen. In diesen dunklen Winkeln verbrachte er einen Teil seines Lebens, nur seinen Vertrauten gewährte er hier Zutritt. Er nannte es seine ›Gruft‹. Aber wenn auch diese Zimmer finster und ohne

Ausblick waren, so besaßen sie darum eine nicht weniger luxuriöse Einrichtung als die der Repräsentation dienenden Räumlichkeiten. Von all dem ist fast nichts erhalten. Heute auftauchende Spuren stammen vor allem von dem Thronfolger Louis de France, dem Sohn Ludwigs XV.

Wir befinden uns im Jahre 1747: Höhepunkt des Louis-Quinze-Stils. Die Wände hat Verberkt mit vergoldetem Holz verkleidet; diese Wandvertäfelungen wurden wie auch die Möbel mit einem Lack, der den chinesischen Lacken ziemlich ähnlich ist und von Martin erfunden wurde, überzogen und erstrahlen in glänzenden Farben.

Allenthalben finden wir in den Appartements des Dauphin und in denen seiner Gattin Maria Josepha von Sachsen noch einige verstreute Elemente ehemaliger Pracht: Türrahmen, Fensterleibungen und Kranzgesimse. Das Schlafzimmer des Dauphin mit seinem Kamin, den Caffieri unnachahmlich mit ziselierter Bronze verziert hat, konnte teilweise wiederhergestellt werden.

Um den Hof der ›Gruft‹ herum, den man mit Hilfe einer perspektivischen Wandmalerei in ein größeres Gärtchen zu verwandeln versucht hatte, wurden die Kabinette, auch die in den entlegensten Winkeln, mit einem Feingefühl, das überall spürbar ist, umgestaltet.

Der Dauphin empfing häufig seine Schwestern zu Besuch; er scheint in diesen Räumen mit seiner jungen Frau ein häusliches, eintöniges Leben geführt zu haben. Als er zwanzig Jahre später starb, verließ Maria Josepha das Appartement, da ihr Schwiegervater, der die Liebe zu seinem Sohn auf sie übertrug, ihr einige Zimmer seiner kleinen Privatappartements an der ›Cour des Cerfs‹ einrichten ließ.

Nur ein Jahr allerdings sollte sie diese neuen Gemächer bewohnen: die Geschichte von Versailles ist gekennzeichnet durch den frühen Tod so mancher Persönlichkeit.

Hinter den ›Appartements du Dauphin‹ wurden solche für den Herzog von Burgund eingerichtet. Zu jener Zeit wurde in Versailles nur noch gebaut, wenn familiäre Umstände dies erforderten. Die Hochzeit dieses Herzogs von Burgund fand 1697 statt, seine Gattin zählte erst zwölf Jahre, er selbst fünfzehn. Man hielt es aus diesem Grunde für angemessen, die beiden in getrennten Appartements unterzubringen. Die kleine Herzogin bewohnte die Appartements der Königin, der Herzog wohnte an der ›Cour des Princes‹. Als zwei Jahre später beschlossen wurde, die Verheirateten zu vereinigen, ließ Ludwig XIV. für seinen Enkel die Appartements über der ›Cour du Dauphin‹ einrichten und von bekannten Künstlern ausgestalten und dekorieren.

Mansart errichtete damals Einbauten, die den Hof in der Hälfte zerschnitten. Von Dangeau erfahren wir hierzu:

In der kleinen ›Cour du Monseigneur‹ richtete man ein Appartement ein, in dem sich Monseigneur morgens ankleiden wird, wenn er die Herzogin von Burgund verläßt; man gedenkt die beiden nach der Rückkehr von Fontainebleau zusammenzubringen.

Diese Ausdrucksweise Dangeaus erinnert eigentlich eher an die Begriffswelt der Kaninchenzucht. Die ›Mise au lit‹ war aber in der Tat eine bedeutende Zeremonie: die Gatten wurden dabei feierlich zu ihrem Nachtlager geleitet und zu Bett gebracht. Der Neubau, der den Hof zerschnitt, diente nun dem Herzog von Burgund als Verbindungsgang. Auf der einen Seite hatte er sein ›Tageszimmer‹, auf der anderen Seite, neben dem Zimmer der Herzogin, sein ›Nachtzimmer‹.

Die ›Galerie basse‹

Im Schloßtrakt an der Stirnseite der ›Cour de Marbre‹ hatte Le Vau Vestibüle und eine durch Gitter abgetrennte Galerie angelegt. Es handelt sich hier um die ›Galerie basse‹, von der nur noch die Marmorsäulen und zwei in Nischen stehende Statuen zu sehen sind. Aber sie birgt zahllose Erinnerungen. Hier dirigierte Lully seine Konzerte, Ballette und Divertimenti. Hier hat Molière mehrere seiner Stücke zum ersten Mal aufgeführt; ein großer Teil seiner Werke wurde vor dem Hof gespielt, auf einer Bühne, die jedes Mal neu aufgebaut wurde.

Rechts befanden sich die Säle für die Wachen. Im Anschluß daran erstreckte sich um einen Innenhof herum das prunkvolle ›Appartement des Bains‹, auch ›Appartement bas‹ genannt wegen seiner Lage, oder ›Appartement de marbre‹ wegen seiner Dekoration. Oudry hat es 1672 angelegt und genauso reich wie das ›Große Appartement des Königs‹ ausgeschmückt. Es reihte sich um einen mit einem Bassin versehenen Innenhof und hatte, nach allem was wir wissen, etwas von antiker römischer Erhabenheit. Vor der Freitreppe, die zum Nordparterre hinausging, lag ein Vestibül, dessen in Felder eingeteilte Decke abwechselnd von acht dorischen Säulen und acht mythologischen Statuen getragen wurde. Skulpturen von Le Hongre schmückten den mit zwölf Säulen und zwölf Pilastern aus verschiedenfarbigem Marmor versehenen ionischen Saal. Das achteckige Eckkabinett hatte wegen seiner vergoldeten Zinnstatuen, die die zwölf Monate darstellten, Berühmtheit erlangt. Sie sind alle verschwunden.

Das achteckige Badekabinett enthielt ein Badebecken aus einem ebenfalls achteckigen Marmorblock, in das man über drei Stufen hinabstieg; die erste Stufe bildete eine Bank. Das Becken wurde von zwei Zuläufen gespeist und war wie alle Wände dieses Raums mit leuchtend farbigen Marmormosaiken verkleidet. Nach allen möglichen Widerwärtigkeiten konnte dieses Bad 1934 vom Staatlichen Denkmalamt zurückgekauft werden und in den ›Salon du Roi‹ der Orangerie gebracht werden. Die Decke hatte Sève ausgemalt. Die Supraporten aus Bronze stammten von Tuby. Daneben befanden sich hier noch zwei marmorne, mit Bronzeverzierungen von Cucci versehene Badewannen. Der benachbarte Raum, ein Ruhekabinett, war vielleicht noch prächtiger ausgestattet. An den Basen und Kapitellen der Säulen aus violettem Bruchstein glitzerte vergoldete Bronze, ein Werk von Caffieri.

Überall entfaltete sich dieser Prunk Ludwigs XIV. In der Zeit Ludwigs XV. verwischte man nach und nach diese Spuren, als ob es sich dabei um altmodischen Plunder gehandelt hätte, den gebildete Menschen nicht mit Anstand ertragen könnten.

Dieses ›Appartement des Bains‹ mit dem ganzen Teil des Erdgeschosses zog unaufhörlich begehrliche Blicke und Neid auf sich: befand man sich doch hier in der Nähe des Königs. Dies war der Mittelpunkt und das Herz des Schlosses. Die königliche Familie, sowie die bedeutenden, ja sogar die inzwischen entthronten Mätressen, glaubten ein Recht darauf zu haben, hier zu wohnen. Durch Intrigen, Machenschaften und Verleumdungen versuchte man diejenigen, die dort wohnten, von ihrem Platz zu verdrängen. Stets war ja das Schloß zu klein für den ganzen Hofstaat. Der Hochadel erdrückte sich zum Teil in winzigen Räumen, in denen er sich,so gut es eben ging, einrichtete. Versailles glich einem großen Schachbrett: nur durch Strategie und Taktik konnte man von einem Feld ins andere gelangen. Und jeder neue Bewohner, das müssen wir uns immer wieder vor Augen halten, versuchte die Räumlichkeiten nach seinem Geschmack zu gestalten, wobei ältere Dekorationen bedenkenlos geopfert wurden.

1684 hatte Madame de Maintenon erreicht, daß die Montespan ihr Appartement neben dem königlichen Gemach über der ›Cour de Marbre‹ aufgeben mußte: Jeder begriff damals, daß sich der Wind gedreht hatte. Dieser Auszug wurde ihr jedoch versüßt, indem ihr der König das ›Appartement des Bains‹ anwies, das sie bis zu ihrer Abreise nach Paris sechs Jahre später bewohnte. Die Marquise fürchtete sich nicht vor diesem Marmor und diesem königlichen Glanz. Um die Räume wohnlich zu gestalten, begnügte sie sich damit, Parkett legen und das Bassin abdecken zu lassen.

Anschließend wurde das Appartement dem Herzog von Maine überlassen, dann der Gräfin von Toulouse und später dem Herzog von Penthièvre. Madame de Pompadour ließ damals – aus Angst, Ludwig XV. könnte sich aus Liebe zu seinen Töchtern von ihr abwenden – nichts unversucht, den Wunsch von Madame Henriette, der sogenannten ›Madame Seconde‹ und Zwillingsschwester von Madame Elisabeth, zu vereiteln, neben ihrem Vater zu wohnen. Die Pompadour triumphierte. Mit dem Titel einer Ehrendame der Königin versehen, ließ sie sich das begehrte Appartement einrichten. Es bestand aus zwei Vorzimmern, einem großen Kabinett, einem Schlafzimmer, einem Privatkabinett, sowie einigen kleineren Zimmern und Ankleideräumen. Von der Gestalt des ursprünglichen ›Appartement des Bains‹ blieb nicht mehr viel übrig. Die Pompadour bestellte Seidenwaren in Lyon, Wandbehänge in Beauvais, Keramik in Sèvres; die Wandverkleidungen aus vergoldetem Holz hatte sie Verberkt in Auftrag gegeben. Ihr kleines Kabinett wurde von Martin mit goldenen Tafelmalereien auf rotem Hintergrund ausgestattet. Die Wendeltreppe, über die schon Ludwig XIV. zur Montespan geeilt war, blieb für Ludwig XV. erhalten. Über dem ›Cabinet des Bains‹ wurde ein kleines Appartement für den Doktor Quesnay eingerichtet, der dort Schriftsteller und Philosophen empfing und ›Enzyklopädische Diners‹ organisierte, bei denen die Marquise eine glänzende Rolle spielte.

Viele Töchter und nur ein einziger Sohn sind ein großes Unglück für einen um die Sicherung der männlichen Erbfolge besorgten König. Die Königin mußte zusehen, wie man ihre Töchter, kaum daß sie dem Nest entschlüpft waren, eine nach der anderen entfernte.

Um die Raumnot im Schloß nicht unnötig zu vergrößern, wurden sie nach Fontevrault geschickt. Das war zwar nicht gerade ein Gefängnis, aber die der dortigen Äbtissin Anvertrauten durften erst im Alter von mindestens sechzehn Jahren das Haus verlassen. Nattier, der Porträts von den Königstöchtern anfertigen wollte, war deshalb gezwungen, sich in Fontevrault niederzulassen.

Mit ihrer Rückkehr nach Versailles stellte sich jedoch das Problem der Unterbringung von neuem. Man konnte die ›Filles de France‹ schließlich nicht irgendwo hineinpferchen. Der unerwartete Abgang der Pompadour, die in ihrem roten Lackkabinett verschieden war, kam da gerade gelegen. Nachdem zunächst Maria Josepha von Sachsen während der ersten Monate ihres Witwenstandes in dem Appartement gelebt hatte, wurde es dann für die ›Mesdames‹ umgestaltet.

Am Ende der ›Galerie basse‹ wurden Zwischenwände eingezogen, so entstanden die Zimmer für Sophie und Louise, die Jüngsten. Der unter dem ›Salon de la Guerre‹ gelegene Ecksalon wurde in einen Gemeinschaftssalon für die Mesdames umgewandelt; die übrigen Räumlichkeiten des Appartements bewohnten Victoire und Adélaïde, bis letztere sich neben dem Appartement ihres Vaters niederließ.

Diese Jugend wünschte sich natürlich eine ›moderne‹ Umgebung. Der Marmor wurde überall entfernt und durch zeitgemäße Ausstattung ersetzt. Durch einen Zufall sind die Gemälde – Werke des Illusionismus –, die den ›Salon des Ambassadeurs‹ neben der Treppe gleichen Namens schmückten, unter den Boiserien wiederentdeckt und während des letzten Krieges restauriert worden. Auch dieser schöne Saal war nämlich geteilt worden, um ein Vorzimmer für Madame Pompadour einrichten zu können.

Was ist übrig geblieben von diesen Arbeiten, die von der Elite der Dekorationskünstler des 17. und 18. Jahrhunderts geschaffen wurden? Einige Fensterläden, Bruchstücke von Kranzgesimsen, Türknaufe. Sicherlich waren die anmutigen Dekors der Pompadour und der Mesdames nur Spielereien verglichen mit der großartigen architektonischen Anlage des ursprünglichen ›Appartement des Bains‹. Aber das war sicher nicht der Grund, warum Louis-Philippe alles dies zerstören ließ, als er sich an die Umgestaltung des Erdgeschosses machte und dann langweilige Porträts von Marschällen aufhängen ließ.

Diese Zerstörungen betrafen jedoch nur das Innere des Schlosses. Aber bereits unter Ludwig XV. hätte man auch das Äußere, dessen dürfen wir sicher sein, mit der gleichen Unbekümmertheit geopfert, wäre dazu das nötige Geld verfügbar gewesen. Auch hier hätte man ›modernisiert‹: entsprach dies doch einem Wunsch der Allgemeinheit und dem des Architekten Gabriel im speziellen. Die Mittel waren jedoch so knapp, daß man kaum die Lieferanten bezahlen konnte.

Der ehemalige ›Escalier des Ambassadeurs‹

In die ›Appartements du Roi‹ gelangte man früher über den monumentalen ›Escalier des Ambassadeurs‹, eines der bedeutendsten Werke von Versailles. Diese Treppe wurde 1772 begonnen, von d'Orbay weiter ausgebaut und von Lebrun mit außergewöhnlichem Prunk verziert. Die breite, feierliche Treppe begann zuerst einläufig und mündete in einen Absatz, über dem sich ein Wandbrunnen aus vergoldeter Bronze und eine Büste des Königs befanden. Dann teilte sich die Treppe in zwei Läufe. Das Ganze war in rotem, weißem und ›Verde-antico‹-Marmor gehalten, mit Pilastern, Vasen, Trophäen aus Kupfer und vergoldetem Zinn sowie Tafelmalereien von Van der Meulen versehen; die gewaltigen Gestalten in den Loggien schienen zu leben und die Besucher zu begrüßen.

Von dieser großartigen Anlage ist nichts mehr erhalten. Auf Anregung Gabriels ließ Ludwig XV. bei der allgemeinen Umgestaltung des Flügels, in dem sich die Treppe befand, auch dieses Meisterwerk zerstören. Und trotzdem können wir einen sehr lebendigen Eindruck davon gewinnen, nur müssen wir uns dazu nach Herrenchiemsee begeben, wo König Ludwig II. von Bayern mitten auf einer Insel im Chiemsee als Ausdruck seiner romantischen Sehnsucht sein berühmtes Schloß nach dem Vorbild von Versailles errichten ließ. Freilich steht auch hier aus Geldmangel von dem ganzen Mammutprojekt nur ein Torso, der etwa dem Mitteltrakt des Schlosses von Versailles entspricht. Das Treppenhaus aber ist eine – allerdings in vielen Einzelheiten frei variierte – Kopie jenes abgebrochenen ›Escalier des Ambassadeurs‹ von Versailles, der uns durch Stiche überliefert ist.

Der große Umbauplan Gabriels

Wenn die Architekten ihren Beruf lieben, wenn sie sich für die Architektur begeistern, oder noch naheliegender – was ja vorkommen soll –, wenn sie der materielle Gewinn, den sie aus

VERSAILLES

Raumfolge im Erdgeschoß

Die Bezifferung folgt der amtlichen Raumnumerierung

Grundriß des Obergeschosses: Seite 60-61

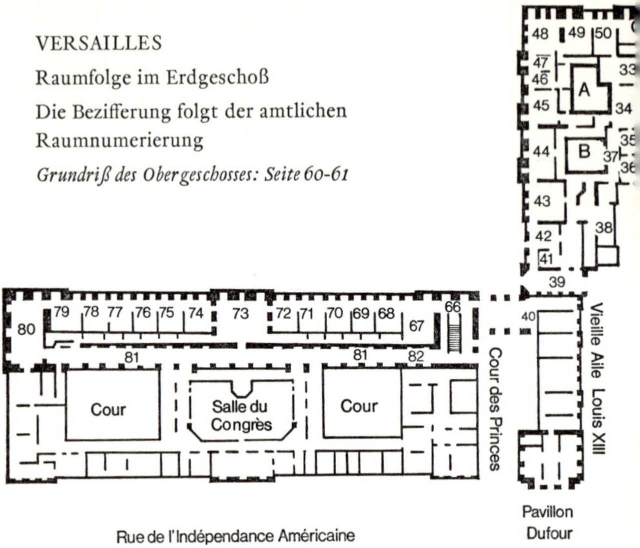

1 Vestibule de la Chapelle

2-12 Salles des tableaux d'Histoire

13 Escalier du Nord

14 Salle de l'Opéra

15 Vestibule de l'Opéra

16 Galerie de Pierre (Galerie de Sculpture)

17-21 Salles des Croisades

22-24 Vestibules

25 Arcade du Nord

26 Vestibule de l'Escalier de Louis-Philippe

27 Vestibule

28-30 Salles d'Expositions provisoires

32 Vestibule central

33 Salle des nouvelles Acquisitions

34-36 Salle des vues des anciennes Résidences Royales

37 Passage

38 Vestibule de l'Escalier de la Reine

39 Arcade du Midi

40 Vestibule

41 Magasin

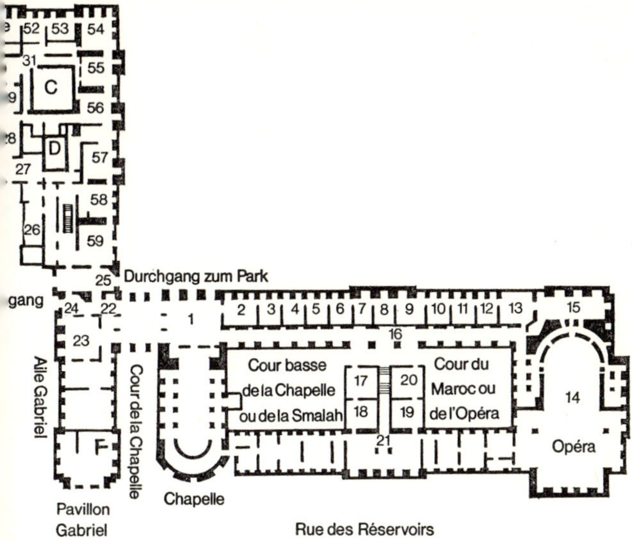

42-59 Salles des Tableaux du XVIIIe siècle

42-45 Ancien Appartement de la Dauphine (1755)

46-50 Ancien Appartement de Monseigneur (1695) ou du Dauphin (1755)

51 Galerie basse

52-54 Ancien Appartement des Bains (1672) ou de Mesdames (1755)

66 Vestibule de lE'scalier des Princes

67-72 Salles des Campagnes de 1796 à 1805

73 Vestibule de la Chambre des Députés ou Napoléon

74-80 Salles des Campagnes de 1805 à 1810

81 Galerie de Pierre (Galerie de Sculpture)

82 Vestibule de l'Escalier des Princes

Binnenhöfe:

A Cour de Monseigneur ou de la Reine

B Cour de Monsieur

C Cour des Cerfs ou des Mesdames

D Cour du Roi

ihrer Arbeit ziehen, nicht gleichgültig läßt, dann können sie gefährlich werden. Das gilt besonders für begabte Architekten. Unaufhörlich wollen sie Neues bauen und Vorhandenes umgestalten. Versailles bildet da keine Ausnahme.

Ludwig XIV. hatte, als er Le Vau, später Jules Hardouin-Mansart berief, sich für die Erhaltung der ›Cour de Marbre‹ eingesetzt.

Mansart war mit viel Geschick der Aufbau eines außerordentlich mächtigen Unternehmens gelungen. Mit Unterstützung seines Onkels François Mansart, seines ehemaligen Lehrers Libéral Bruant, des Erbauers des Invalidendoms, und seines Schwagers Robert de Cotte, seines wichtigsten Mitarbeiters, hatte er ein Netz von Verbindungen geschaffen, um mit den bedeutendsten Zeitgenossen Kontakt aufzunehmen und die größten Aufträge an sich zu ziehen. Nach dem Tode von Louvois hatte er bei der Errichtung wichtiger Bauten in Frankreich tatsächlich eine Art Monopol inne. Die Bestimmungen erlaubten ihm sicherlich nicht, direkte Verhandlungen aufzunehmen, aber er umging diese Vorschriften, indem er in die Auftragsverhandlungen dritte Personen einschaltete.

Es gab zahlreiche Änderungsvorschläge für Versailles. Einer davon schien sehr verlockend: Man wollte die Dachterrassen durch Errichtung großer Schieferdächer umgestalten, die eine Linie mit dem Dach der neuen Kapelle bilden sollten; das hoch über die anderen Gebäude hinausragende Dach der Schloßkapelle empfand man ja als einen Greuel.

Dazu wurde auch das von Le Vau erbaute Schloß aus Backstein im 18. Jahrhundert als anachronistisch, unerträglich, einer königlichen Wohnstätte für unwürdig erachtet. Nichts ist eigenartiger als diese sich ständig wiederholende Kritik. Sie kam von den verschiedensten Seiten, von Bachaumont, Voltaire, dem Architekten Blondel. Ihre Kritik läßt sich mit wenigen Worten ungefähr so zusammenfassen: der König besitzt ein Palais, dessen Gartenfassade ein Wunderwerk darstellt. Das Gleichgewicht sollte durch Vereinheitlichung oder Abbruch der Eingangsfassade wiederhergestellt werden, die die verschiedensten Stilarten aufweist, zudem veraltet und voller Konstruktionsfehler ist. Auch die innenarchitektonische Aufteilung ist ungünstig. So gibt es noch nicht einmal eine vernünftige Treppe zum ›Königlichen Appartement‹; der ›Escalier des Ambassadeurs‹ ist zu gewaltig und nur des Prunkes wegen angelegt worden, heute dient er nur noch der Aufführung von Theaterstücken. Außerdem sind seine Gewölbe dem Verfall nahe.

Dies ist der Ausgangspunkt eines groß angelegten Umbauplanes von Gabriel. Als erstes sollten die Eingangsfassade ein völlig neues Gesicht erhalten und die zur Stadtseite vorstrebenden Flügel in einem ihnen am meisten entsprechenden strengen, klassischen Stil umgestaltet werden. Anschließend sollten die übrigen Gebäude des Schlosses mit diesen baulichen Veränderungen in Einklang gebracht werden.

Da sich die noch auf Le Vau zurückgehenden Flügel am Ehrenhof inzwischen in sehr schlechtem Zustand befanden, schlug der Hofbauintendant Marigny vor, zunächst die äußeren Enden abreißen zu lassen. Von diesem Plan Gabriels träumte man, seit sich in Frankreich jene Vorliebe für die Antike verbreitet hatte, wozu Gabriel selbst wesentlich beigetragen hatte. Es handelte sich damals nicht mehr um eine bloße Restaurierung, sondern um einen richtigen Neubau. Das Schloß von Le Vau sollte von einem in reinstem Gabriel-Stil gehaltenen neuen Bauwerk ummantelt werden, der Mittelbau aber hinter einer großen, mit einem Giebelfeld und einer Kuppel versehenen Kolonnade verschwinden.

Ludwig XV. scheint für diese Pläne, die das ehrwürdige Denkmal seines Vorfahren entstellt hätten, nicht viel übrig gehabt zu haben. Er ließ sich in Diskussionen ein und versuchte dabei, diese Pläne zu bagatellisieren. Der Architekt jedoch ließ von seinem Vorschlag nicht ab, wobei er auch die königliche Familie für sich zu gewinnen vermochte, bis eines schönen Tages im Jahre 1771 der König, des Widerstandes überdrüssig, wahrscheinlich in einem seiner üblichen Anfälle von Depression, die seinen Willen schwächten, seine Einwilligung gab.

Es ist behauptet worden, daß Ludwig XV. Versailles nicht sonderlich schätzte. Sicher hatte er zu Versailles nicht die gleiche Zuneigung wie Ludwig XIV. Das wäre auch verwunderlich gewesen. Außerdem: zu wem oder zu was hatte dieser Unbeständige schon eine wirkliche Zuneigung? Wahr ist aber auch, daß er mit offensichtlich gutem Willen die Absichten seines Vorfahren achtete: betrachten wir nur den ›Salon d'Hercule‹, das ›Bassin de Neptune‹ und die Oper, die freilich dem Geschmack ihrer Zeit entsprechen. Und vergessen wir auch nicht, wie viele königliche Residenzen es gab. Der König begab sich oft von einem zum anderen Schloß: Versailles bedeutete viel, aber nicht alles. Und außerdem existierte ja auch noch Madame de Pompadour, die allem Neuen gegenüber aufgeschlossen war und den von ihr protegierten Künstlern und Architekten Arbeit verschaffen wollte.

Das Kunstleben in Frankreich konzentrierte sich nun nicht mehr auf Versailles wie im vorausgegangenen Jahrhundert. Nicht mehr der Monarch allein bestimmt nun die Richtlinien des guten Geschmacks. Seit der ›Régence‹ ist Paris das europäische Kunstzentrum, in das alle Talente und Kunstbeflissenen, alle angehenden Maler, Bildhauer und Architekten strömen. Die Kunst ist nicht mehr monarchisch, sondern aristokratisch. Es gibt nun zahlreiche gebildete Laien, und nie zuvor entfalteten die Pariser Salons eine solche Aktivität. Sie lassen bauen, dekorieren, malen und bildhauern. Sie versammeln Künstler, Komponisten und Maler um sich und unterstützen sie. Die Welt des Geldes vermischt sich ganz einfach mit der Gesellschaft. Die Frauen beherrschen die Szenerie, sie diskutieren, bestimmen. Ihr Verstand gilt nun mehr als ihre Herkunft oder ihre moralische Einstellung.

Wenn auch die neue Geschmacksrichtung in Versailles zur Zeit Ludwigs XV. in den von uns soeben besichtigten Appartements triumphiert und sich damals mit einer Art magischer Kraft auf Europa auswirkte, so ist Versailles, was den französischen Geschmack anbetrifft, doch nicht mehr allein maßgebend.

Der Geist von Versailles hat sich übrigens völlig gewandelt. Die großen Marmorsäle Ludwigs XIV. mit ihrem Bronzedekor und ihrem überheblichen, anmaßenden Symbolismus waren von einer Aura heroischer Größe umgeben. Der Dekor Ludwigs XV. ist nur ein Lächeln und Seufzen; mit seinem vergoldeten Schnörkelwerk, seinen geschwungenen Rocaillen, seinen Blumenbuketts, seinen Bandornamenten und seinen kleinen Putten bildet er ein Repertoire, das an der Grenze der Affektiertheit steht.

Die antikisierende Reaktion und die sogenannte ›griechische‹ Architektur, die am Kleinen Trianon so glücklich zum Ausdruck gekommen ist, brachte fast unmittelbar eine Epigonenkunst hervor, die sich hartnäckig bis Anfang des 20. Jahrhunderts zu halten vermochte. Zu Beginn jedoch entfaltete sie ihre ganze Kraft, so daß nichts sich ihr zu entziehen vermochte. Die Architektur des 17. Jahrhunderts wurde dabei, trotz all ihrer Übergangsformen, in der gleichen Weise betrachtet wie etwa die gotische Baukunst von den Menschen der Renaissance.

Trotz allem sollte der große Entwurf Gabriels glücklicherweise in der Planung steckenbleiben. Viele und große Fehler konnten dadurch vermieden werden. Wie dies auch heute noch der Fall ist: Vom Entwurf, ja sogar vom genehmigten Entwurf, bis zur Verwirklichung eines Projekts lag noch ein weiter Weg voller Hindernisse. In diesem Fall war es Geldmangel.

Die Lieferanten kamen nicht auf ihre Kosten. Stereotyp beantwortete Marigny alle Klagen und Reklamationen derer, die umsonst gearbeitet hatten und die »sich im größten Elend befanden«, mit dem Argument, daß die gegenwärtige Finanzlage es ihm nicht gestatte, ihren Wünschen und Forderungen nachzukommen. Handwerker und Arbeiter verließen ihren Arbeitsplatz auf den königlichen Baustellen. War es unter diesen Umständen möglich, so kostspielige Bauten in Angriff zu nehmen und vor allem durchzuhalten?

Ludwig XVI. war konservativ gesinnt, hatte aber die fürchterliche Angewohnheit, einzelne Projekte seines Großvaters wiederaufzunehmen, etwa den Ausbau des Gabriel-Flügels, was übrigens nicht ohne Schwierigkeiten abging. Der Flügel blieb unvollendet, ohne die große Treppe, wegen der er ja zum Teil erbaut worden war, und sogar ohne das für das Giebelfeld vorgesehene Basrelief. Man tröstete sich darüber hinweg, indem man ein halbes Dutzend Architekten mit der Ausarbeitung ähnlicher Pläne betraute, in denen diese ihrer Phantasie freien Lauf ließen.

Wenigstens aus diesem Grunde können wir uns über die damalige schlechte Finanzlage freuen. Was wäre aus Versailles geworden, hätte sich dieser große, edle Plan ›à la grècque‹ verwirklicht? Versailles wäre nicht mehr Versailles gewesen, nicht mehr dieses aus einer Folge von verschiedenen und doch gleichbleibenden Wünschen geborene Bauwerk, wodurch es soviel menschliche Wärme ausstrahlt und übertriebene Feierlichkeit vermeidet. Die Eingangspavillons mögen uns eine Vorstellung davon geben, wie monoton eine Wiederholung der Kolonnaden gewirkt hätte: Es wäre ein langweiliges Compiègne entstanden.

Die Kapelle

Die Kapelle von Versailles ist ein bedeutendes Bauwerk klassisch-sakraler Architektur.

Sie wurde erst 1710 erbaut, also fast ein Vierteljahrhundert nach der Vollendung des Schlosses. Es ist zugleich die vierte Kapelle des Schlosses, die bedeutendste und zugleich erste, die überhaupt wie eine Kirche aussieht. Ihre Vorgängerinnen erinnerten mehr an Salons und traten nicht als selbständige Gebäude in Erscheinung.

Und doch hatten in ihnen so viele großartige Zeremonien stattgefunden: die Taufe und die Hochzeit des Herzogs von Burgund, das feierliche Te Deum in siegreichen Zeiten. Nicht zu vergessen, die stille, nächtliche Trauung, die den Sonnenkönig mit der eben zur Marquise de Maintenon erhobenen Françoise d'Aubigné vereinte. Diese Zeremonie fand nur in

Anwesenheit zweier Zeugen statt, dem Père de la Chaise, der die Trauung vornahm, und dem Kammerdiener Bontemps als Ministranten. Hierhin begab sich Bossuet, der Erzieher des Dauphin, und hier konnte man die großen Prediger hören, den gestrengen Bourdaloue, Fléchier und Massillon.

Stets beteiligte sich Ludwig XIV. mit beispielhafter Frömmigkeit am religiösen Leben, durchdrungen vom königlichen Gottesgnadentum. Natürlich kann man einwenden, daß er sie auf seine Weise praktizierte. Seine allseits bekannte Liaison mit Madame de Maintenon trug ihm von Seiten seines Beichtvaters scharfe Verweise und Drohungen ein. Diese königlichen Sitten wurden damals jedoch gebilligt, ja sogar gepriesen, so daß über diese Dinge nicht nach heutigen Maßstäben, sondern nach denen der damaligen Zeit geurteilt werden müßte.In Wirklichkeit hat der König über sein Verhältnis mit Madame de Maintenon wohl kaum Gewissensbisse verspürt oder Reue empfunden. Seine anfangs äußerliche Frömmigkeit wich erst allmählich einem tieferen religiösen Empfinden, das, in einer Periode von Schicksalsschlägen, in der alle Bauarbeiten abgebrochen worden waren, wohl dazu beigetragen haben mag, für die Errichtung der Hofkapelle eine Ausnahme zu machen.

Jeden Tag nahm der König an der Messe teil, einem feierlichen Gottesdienst mit Chor und Orchester; nur am Karsamstag begab er sich nach Notre-Dame, seiner Pfarrkirche, um das Osterfest zu feiern. (Wenn er krank war, wurde die Messe in seinem Zimmer zelebriert.) Mit zunehmendem Alter ging er weniger auf die Jagd und immer öfter in die Kapelle, häufig am Donnerstag und an besonderen Festtagen, etwa am Tag des ›Ordre du Saint-Esprit‹.

Versailles, das die ganze Welt faszinierte, sollte ganz offensichtlich mit einem seiner würdigen religiösen Bauwerk gekrönt werden. Obwohl sie neue Ausgaben scheute, hatte Madame de Maintenon keine Mühe, ihren Gatten davon zu überzeugen, daß der Gott geweihte Teil in diesem zu Ehren des irdischen Sonnenkönigs errichteten Tempel nicht dem entsprach, was man von dem Allerchristlichsten König erwarten konnte. Seit seiner Trauerzeit und seiner Heirat mit ihr hatte Ludwig XIV. auf jegliche Ausgabe für seine Bauten verzichtet, was für ihn sicher ein großes Opfer bedeutete. Er verzichtete sogar auf das Projekt der Oper, das er so gern verwirklicht hätte. Das ganze Budget wurde für die Errichtung der Kapelle geopfert.

Die von Mansart stammenden Pläne enthalten viele Ideen von Robert de Cotte. Mansart arbeitete im Atelier seines Schwagers und wurde 1708 bei dessen Tode zum ›Ersten Architekten des Königs‹ ernannt. Es ist sein Geist, geschmeidig, anmutig, subtil, der Geist des 18. Jahrhunderts, der den Dekor der Kapelle belebt. An vielen Einzelheiten bemerkt man, daß sich hier bereits der Stil Ludwigs XV. ankündigt.

Zugegeben, von außen wirkt die Kapelle unförmig. Sie fügt sich schlecht in die horizontale Linienführung der übrigen Gebäude ein.

Die Eingangsfassade verschmilzt mit dem Nordflügel, der Chorschluß ist dem Eingang zugewandt – aber diese offensichtliche Unregelmäßigkeit ist in Wirklichkeit keine; denn, da es sich um eine Hofkapelle handelte, mußte das Langhaus notwendigerweise mit den königlichen Appartements verbunden sein. Es gab tatsächlich keinen anderen Platz.

Nach den ursprünglichen Plänen sollte die Kapelle wie die Appartements mit Marmor verkleidet und mit vergoldeter Bronze dekoriert werden. Vielleicht aus Sparsamkeitsgründen, oder – was wahrscheinlicher ist – weil sich inzwischen der Geschmack geändert hatte, ist der Stein sichtbar geblieben. Man hatte hierfür einen sehr feinkörnigen, wie für den Bildhauer geschaffenen Stein ausgewählt.

Die Fassade, die man von den Gärten aus sieht, ist in Wirklichkeit die Außenseite der Vestibüle. Die Fensteröffnungen in dem übrigens symmetrischen, leicht nach vorne gerückten Vorbau weisen die gleiche Form wie jene des Schlosses auf. (Dieser Vorbau liegt gleich links von der sehr belebten Passage, die damals zwischen dem Hof und dem Park angelegt worden war.) Nur das Giebelfeld ragt hervor, sowie ein Fenster aus dem oberen Teil und der äußerst reich verzierte Dachstuhl, auf dem sich zwei allegorische Statuen von Coustou, ›Religion‹ und ›Glaube‹ befinden, darüber am Firstbalken eine Gruppe kleiner Engel.

Gehen wir nun um den Chor herum und betrachten wir von dem benachbarten Hof aus den architektonischen Aufbau der Kapelle. Entgegen aller Erwartung steht sie der Gotik sehr nahe: hohe Fenster, Seitenschiffe, weites Mittelschiff, hohe offene Fenster zwischen den Schwibbögen, steiles Dach. Weitere Ähnlichkeiten festzustellen, ist schwierig. Die korinthischen Pilaster, das Akanthusblattwerk, die Engel im Flachrelief über den Rundbogen, die Blumengirlanden, die Giebelfenster und die Firstgitter aus Blei haben nichts mit dem mittelalterlichen Repertoire gemeinsam. All das ist sogar da, um den gotischen Aufbau zu verhüllen, der dem Gebäude seine Transparenz und Leichtigkeit verleiht. Betrachten wir die Statuen der Kirchenväter und der heiligen Bischöfe, die paarweise auf dem Kranzgesims stehen: weisen sie nicht in ihren Bewegungen und wehenden Gewändern eine Verwandtschaft zur Plastik barocker Kirchen auf? Jedenfalls besteht keine Ähnlichkeit zu den ruhigen, stillen Gartenskulpturen, die nur zwanzig oder dreißig Jahre älter sind.

Das Vestibül des Erdgeschosses dient heute als Eingang zum Schloß. Seine Einfachheit kontrastiert mit dem skulptierten Dekor der Türen. Das Hauptportal öffnet sich zum Kirchenschiff hin, die beiden anderen Türen zur Wendeltreppe, die zu den Emporen führt. Das im ersten Stock gelegene Vestibül neben dem ›Salon d'Hercule‹ zeigt den gleichen Stil wie die Kapelle. In den Nischen stehen Statuen von Vassé und Rousseau. Durch den von Vassé herrlich verzierten Haupteingang gelangt man zur königlichen Empore.

Von dieser Empore aus gewinnt man einen Überblick über die Ausmaße des Kirchenschiffs und seine Proportionen. Die Verzierungen, die viel üppiger sind als es auf den ersten Blick scheinen mag, beeinträchtigen keineswegs die Klarheit der architektonischen Linien, sie heben sie vielmehr noch hervor und unterstreichen deren Rhythmus. Wenn es hier Spuren eines italienischen Manierismus gibt, so wurde er doch in französischem Geiste gestaltet.

Für Musikliebhaber ist es ein seltenes Erlebnis, hier eine Motette von Lully, Delalande oder Couperin zu hören. Bereits mit den ersten Takten entfaltet sich die harmonische Kraft des Chors – die einzelnen Stimmen lösen sich voneinander und vereinigen sich wieder, verschmelzen in ihrer kunstvollen Führung mit dem preziösen Zierat des Raums zu einem packenden Gesamtkunstwerk.

Als mit dem Bau der Kapelle begonnen wurde, war Lebrun bereits zehn Jahre tot, seine Mitarbeiter waren verstreut oder verschwunden, sein Einfluß im Schwinden. Eine neue Generation trat auf, die sich vor allem von dem Zwang, der auf den Älteren gelastet hatte, frei machen wollte. Eine Reihe von Malern, Bildhauern und Dekorateuren scharte sich um Robert de Cotte, der, wenn auch nicht die schöpferische Kraft Mansarts, so doch viel Feingefühl besaß. Dieser Künstler waren nicht wenige: die Rechnungsbücher weisen ungefähr dreißig nach. Einige Namen sollten berühmt werden, so Guillaume Coustou, Robert le Lorrain, Vassé, van Cleve; andere sind in Vergessenheit geraten. Der Stil Lebruns hat sich dabei gewandelt, seine Methoden hingegen wurden beibehalten. Eine neue Generation von Bildhauern arbeitete noch um 1740 an den Flachreliefs der Seitenaltäre. Man wird hier nicht mehr die gleiche Einheitlichkeit antreffen: die Kapelle kennzeichnet den Wechsel zweier Regierungsepochen, bildet den Übergang zwischen zwei Stilarten.

Es ist dies ein sehr geglückter Übergang. Die Flachreliefs sind von solcher Feinheit, daß sie auf den Bündelpfeilern des Langhauses und des Chors kaum wahrzunehmen sind. Es handelt sich dabei um reine Ornamentik: die phantasievoll gestalteten sakralen Motive bilden nur einen Vorwand. Die in Stein gehauenen liturgischen Geräte um den Chor und die Musikinstrumente zu beiden Seiten der Orgel weisen einen heiteren Realismus auf, der uns bezaubert.

Die von Clicquot und Tribuot erbaute Orgel ist vielleicht das entzückendste Musikinstrument der Welt. Der Prospekt wurde nach einem Modell von Bertrand und Entwürfen von Robert de Cotte angefertigt. In den Ecken wachsen blühende Palmen aus vergoldetem Holz, dazwischen lächeln Cherubim. Das ist Kunst in ihrer Vollendung, Vermächtnis der ›Régence‹.

Die Goldschmiede- und Bildhauerarbeiten am Hauptaltar sind ein Werk van Cleves. Der ganze Altar, vom großen Altaraufsatz aus vergoldetem Kupfer, der sich bis zu den Balustern mit dem Symbol der Dreifaltigkeit inmitten eines Strahlenkranzes erstreckt, bis hin zum Antependium aus vergoldeter Bronze, auf dem der von den heiligen Frauen umstandene Leichnam Christi erscheint, ist Ausdruck einer tiefen und zugleich glaubensgewissen Frömmigkeit.

Sechs Altäre in den Seitenschiffen und zwei auf der Empore sind erst fünfundzwanzig Jahre später vom Herzog d'Antin, dem Intendanten des Hofbauamts an junge, aus Rom kommende Künstler in Auftrag gegeben worden. Sie sind von unterschiedlicher Qualität: aber mindestens einer davon ist ein Meisterwerk, der Altar von Girardon. Er zeigt in großartiger Schau den heiligen Karl Borromäus, der das Ende der in Mailand herrschenden Pest erfleht.

Was die Malereien betrifft, die sich über das ganze Gewölbe hinziehen, so stimmen wir der Beurteilung von André Pératé, dem Konservator des Schlosses nach Nolhac, zu: »Überladungen von unechten Vergoldungen, die Bas-Reliefs imitieren, bemalte Pappmaché-Figuren; eine absurde Sarabande nackter Arme und Beine; eine exakte Nachbildung übelster italienischer Dekadenz.« Diese heftige Kritik ist Ausdruck einer ziemlich allgemein verbreiteten Ansicht. Mit dem Deckengemälde des benachbarten Salons, einer Darstellung des ›Olymp‹, ist Lemoyne ein Meisterwerk geglückt, während hier Antoine Coypel sicher sein ›Paradies‹ verfehlt hat: ein wimmelndes Durcheinander, dem jegliches großartige Moment fehlt. Vielleicht haben auch die wiederholten Restaurierungen nicht wenig dazu beigetragen, die Farbenharmonie zu zerstören.

Im 18. Jahrhundert gibt es keine richtige Kunst der Glasmalerei mehr. Die Fenster der Kapelle gefallen jedoch allen durch ihre stilvolle Einfachheit. Weiße, in vergoldeten Rahmen gefaßte Gläser wurden von Audran mit einer goldgelben Torsade und Lilien auf himmelblauem Grund versehen. Im Rundbogen erscheint in großem Medaillon das königliche Monogramm.

Dieser prunkvolle Bau blieb uns, was selten ist, in seinem ursprünglichen Zustand erhalten. Man hat das Gefühl, als hätte niemand gewagt, daran zu rühren, nicht einmal, um – wie dies gewöhnlich geschah – »Verschönerungen vorzunehmen«. In der Revolution begnügte man sich damit, die verstreuten kleinen Lilien und Rosetten abzukratzen, die die Wände der Seitenschiffe und des Chors zierten und von denen noch in versteckten Winkeln einzelne Spuren zu finden sind.

Die Dekoration der Kapelle erschien so reich und so vollkommen, daß, entgegen allgemeiner Gewohnheit, selbst bei festlichen Anlässen weder Wandbehänge noch andere Dekorationen angebracht wurden.

Am 15. Juni 1710 wurde die Kapelle von Kardinal de Noailles, dem Erzbischof von Paris, eingeweiht. Allein Ludwig der Heilige, der große königliche Vorfahr, dessen Name auch der König trug, zugleich der Schutzpatron von Versailles, war des Patroziniums dieser Kapelle würdig.

Die Schloßkirche hat die bedeutende Rolle, die ihr zugedacht war, gespielt. In der Anfangszeit war sie wohl das, was man die Verkörperung eines Stückes ›avantgardistischer Kunst‹ nennen könnte. Sie steht am Beginn einer neuen Schule der Bildhauer- und Dekorationskunst, die sich von dort aus überall verbreitete.

Unterschätzen wir auch nicht die Bedeutung, die diese Hofkapelle für die Geschichte der französischen Musik hat. Gegenüber der königlichen Empore befanden sich auf gleicher Höhe die Orgel und die für das Orchester (Geigen, Bratschen, Flöten und Oboen), die Solisten und die neunzig Sänger bestimmten Bänke. Ludwig XIV. führte zum ersten Mal in Frankreich in eine kirchliche Umgebung ein Orchester ein, das für die Ausführung des neuen Repertoires, über das der König persönlich wachte, notwendig war. Und er führte auch weibliche Stimmen ein (Mademoiselle Couperin, die Tochter des großen Komponisten, war wahrscheinlich die erste Solistin, die in einer Kirche sang). Dieses ständig erneuerte Repertoire, im allgemeinen für Soli, gemischten Chor, Orchester und Orgel, ist ungewöhnlich umfangreich. Durch die Revolution in Vergessenheit geraten, wird es langsam wieder entdeckt. Vergessenen Meistern wie Delalande wird heute eine für die Musikgeschichte sehr große Bedeutung zugeschrieben.

Hier wurden die großen Festlichkeiten der Monarchie begangen – nur die Königssalbung fand in Reims statt. 1745 wurde die Hochzeit des Dauphin mit der Infantin von Spanien, 1747 die Wiederverheiratung mit Maria Josepha von Sachsen, 1771 die Hochzeit des künftigen Ludwig XVI. mit Marie Antoinette gefeiert.

Während der Revolution machte man aus der Kapelle einen ›Temple du Palais National‹, in dem hin und wieder Feiern, wie im Jahre V die ›Apothéose de l'Agriculture‹, stattfanden. 1802 begann man mit Instandsetzungen, es wurde gereinigt, vergoldet. Nur die schöne Kanzel und ein Beichtstuhl von Vassé sind verschwunden, ebenso die vorher erwähnten Lilien. In den ersten Jahren der Restauration unternahm Dufour – gleichzeitig mit den Restaurationsarbeiten an den ›Grands Appartements‹ – sein sorgfältig vorbereitetes Neugestaltungsprogramm: man hatte bereits den schlecht erhaltenen Marmorboden zu erneuern und die von eindringendem Wasser beschädigten Gemälde an den Gewölben zu restaurieren. Die gleichen Arbeiten mußten 1875 wiederholt werden; dabei wurden auch die Dächer ausgebessert.

Die Oper

Wir haben das Opernhaus Ludwigs XV. noch in seiner von Louis-Philippe und der Dritten Republik stammenden Ausstattung erlebt. Heute erstrahlt es wieder in seinem unvergleichlichen originalen Glanz. Diese unter der Leitung von André Japy vorgenommene Restaurierung war ebenso schwierig wie kostspielig, hat sich aber, wie wir sehen werden, sehr gelohnt.

Warum mußte Versailles so lange auf seine Oper warten? Ludwig XIV. hatte immer wieder den Plan, für die Aufführung der wunderbaren, in seiner Regierungszeit entstandenen Ballettopern einen entsprechenden Saal einrichten zu lassen. Er liebte ja Lully, ebenso auch, auf anderem Gebiet, Molière, den er sogar gegen die Heuchler und Intriganten in Schutz nahm. Eine Komödie aber aufzuführen, war in Versailles ziemlich einfach. Wir haben bereits erwähnt, daß in der ›Galerie basse‹ des Schlosses von Le Vau Stücke von Molière zur Aufführung kamen. Um 1682 wurde ein kleines Komödientheater zwischen der ›Cour des Princes‹ und dem Südparterre errichtet. Auch hier haben sich die Italiener produziert, bis sie auf Betreiben der schockierten hohen Geistlichkeit des Landes verwiesen wurden. Man spielte dort Corneille und Racine, ohne die vielen anderen Autoren zu erwähnen, von denen man heute kaum mehr spricht, unter ihnen einige Äbte, die unter dem besonderen Schutz von Madame de Maintenon standen. Ein im Nordflügel der ›Cour de Trianon‹ eingerichtetes Theater scheint auch über keine bedeutendere Bühne verfügt zu haben.

Wollte man dagegen Opern aufführen, die eine große Szenerie verlangten oder in denen Gestalten des Himmels und der Hölle auftraten, so wandte man sich an den geschickten Vigarani, der hier, ebenso wie in den Gärten, der Manege der ›Grandes Écuries‹ oder wo auch immer, vorzüglich zu improvisieren verstand. Der ›Salon de la Paix‹ diente musikalischen Aufführungen, der ›Escalier des Ambassadeurs‹ sonstigen Hofunterhaltungen.

Doch all diesen Einrichtungen merkte man das Provisorische an. Der König wünschte schließlich einen der ganzen Schloßanlage, des Hofes, der Komponisten und seines eigenen Prestiges würdigen Opernsaal. Mansart unterbreitete ihm seine Pläne und schlug dafür das Terrain am Ende des Nordflügels zwischen dem Schloß und den Wasserreservoirs vor. Die Kosten hierfür wären beträchtlich gewesen und hätten sich schlecht mit den neuen Sparmaßnahmen vereinbaren lassen. Zudem fürchtete Madame de Maintenon die Schauspielerinnen, Tänzerinnen und Sängerinnen, ja verdammte sie geradezu. Hinzu kommt noch, daß das ganze Geld für den Ausbau der Hofkapelle verbraucht worden war.

Es ist äußerst erstaunlich, daß der französische Hof, an dem das Theater so geschätzt wurde, derart lange Zeit über keinen entsprechenden eigenen Raum verfügte, so daß man sich mit Einrichtungen begnügen mußte, die jedes Mal aufs neue auf- und abgebaut werden mußten, was schließlich in den hundert Jahren gewiß teurer zu stehen kam als das ursprünglich vorgesehene Gebäude.

Und dennoch geisterte die Idee Ludwigs XIV., am Ende des sogenannten ›Neuen Flügels‹ – neu, weil es sich hierbei um den zuletzt erbauten Trakt handelte – eine Oper zu errichten, immer noch in den Köpfen. Als später sein Urenkel Entwürfe von Gabriel anforderte, schlug dieser den gleichen Platz vor.

Die Pläne wurden lange geprüft, wobei Theaterfachleute und Künstler, unter ihnen François Boucher, der den Dekor für die Pariser Oper geschaffen, und Servandoni, der mit Bibiena in Italien gearbeitet hatte, miteinander wetteiferten. Man sollte nicht vergessen, daß sich die Franzosen den Italienern gegenüber als arme Verwandte fühlten. Verfügten jene doch, von Neapel bis Turin, über zahlreiche, großzügig gebaute Theater von heiterer Eleganz. Auch die Brüder Slodtz, Schöpfer des ›Bassin de Neptune‹ und der Dekoration des Saals in der Manege, hatten an den ersten Entwürfen für die Oper mitgewirkt. Weitere Pläne entstanden, alte wurden wieder aufgenommen: schließlich war der Einfluß Gabriels doch am stärksten. So entstand ein Gebäude, in dem sein Geschmack und sein klarer Geist triumphierten.

Die Maschinerie des Saales – und die der Bühne, die zum großen Teil erhalten ist – wird zwar nur Fachleute interessieren, doch das Theater selbst wird keinen unberührt lassen.

Betrachten wir zunächst einmal die von Gabriel geschaffenen Fassaden in der Verlängerung des Schlosses auf der Gartenseite und die zur ›Rue des Réservoirs‹. Letztere ist schlicht, aber doch mächtig. Die schönste, jedoch am wenigsten sichtbare, liegt am Ende des Nordflügels. Ihr großes, von Pajou geschaffenes Giebelfeld verleiht ihr Würde. Betrachten wir auch genau das Foyer, eine reich verzierte Galerie aus unechtem Marmor ›à l'italienne‹, die von vergoldeten Pilastern unterbrochen wird. Über den Türen befinden sich Plastik-Gruppen von Pajou in einem ein wenig süßlichen manierierten Stil. Eine Tür öffnet sich auf gleicher Ebene zur königlichen Loge, die klein ist und versteckt liegt, so wie Ludwig XV. es wünschte. An den Seiten schließen sich kleine, noch diskretere Logen an, die ineinander übergehen, und deren Zwischenwände mit einem reizvollen Blumendekor geschmückt sind.

Dies ist kein gewöhnlicher Saal: es ist ein Schloßtheater, ein Opernhaus des französischen Hofes, aus einer Zeit wo der Sinn für das Theater zu höchstem Raffinement gelangt war. Ein Hoftheater allerdings mit einem im Vergleich zur Bühne, verhältnismäßig kleinen Saal: nur 750 Zuschauer haben hier Platz; die Bühne dagegen ist nach der der Pariser Oper die größte Frankreichs.

Alles ist Musik und Harmonie in diesem der Musik geweihten Haus. Die Ausgewogenheit der Proportionen, die wir in der zu Anfang des Jahrhunderts erbauten Kapelle kennengelernt haben, finden wir hier wieder in der Rundung der Balkone, in den Kolonnaden, den Balustraden und der Kuppel. Aber wir befinden uns in einem Theatersaal, in dem eine Atmosphäre der Festlichkeit und der Verzauberung herrscht. Die von Pajou in Lindenholz geschnitzten Flachreliefs, die rosafarbene, graue und grünblaue Marmor-Imitation, die großen Spiegel, die blauen Draperien an den Wänden des zweiten Ranges, die Kristallüster, die an Spiegeln angebrachten Wandleuchter, der mit dem Wappen Frankreichs und den Bourbonen-Lilien bestickte Bühnenvorhang, die mit pompejanischen Malereien belebte, einem Boudoir ähnelnde königliche Loge:

all das ist von märchenhaftem Reichtum, der jedoch keineswegs überladen wirkt.

Selbst die anspruchvollsten Zeitgenossen begeisterten sich für diesen Dekor. Bachaumont berichtet, daß die mit ihrem neuen Theatersaal unzufriedenen Pariser in hellen Scharen nach Versailles kamen, um diese Oper zu bewundern. Und auch der Herzog von Croy schreibt, es sei »der schönste Saal, den man jemals in Europa gesehen hat«. Er wirkte wohl noch schöner, wenn der Boden, angehoben von der Maschine Arnoults, auf das Niveau der Bühne gebracht wurde und das Halbrund des Zuschauerraumes, auf der Bühne durch ein gleiches Halbrund aus Kulissen ergänzt, in einen Ballsaal verwandelt wurde. (Eine ähnliche Vorrichtung hatte aber schon François Cuvilliés in seinem zauberhaften Rokoko-Theater in der Münchner Residenz 1751-53 geschaffen.)

Die Oper wurde am 16. Mai 1770 anläßlich der Hochzeit des Dauphins mit Marie Antoinette eingeweiht. Dieses bereits seit langem feststehende Datum hat die so lange verzögerten Arbeiten beträchtlich beschleunigt. Übrigens ein für Versailles beispielloses Ereignis, denn normalerweise wurden höfische Bauvorhaben ziemlich rasch durchgeführt. Ein ungeheuer großer Tisch, auf dem goldenes Tafelgeschirr glänzte, war für das Festmahl gedeckt. Am nächsten Tag, nachdem die Bühne wieder installiert war, wurde vor dem Hof ›Persée‹ von Lully gegeben. Obwohl die schwülstigen Rezitativs von Joliveau vereinfacht worden waren, langweilten sich die an die Leichtigkeit italienischer Musik gewöhnte Marie Antoinette ebenso wie der Dauphin und mit ihnen der ganze Hof. Am übernächsten Tag amüsierte man sich besser: In dem nochmals umgestalteten, mit Pappmaché-Statuen von Houdon dekorierten Saal tanzte die Gemahlin des französischen Thronfolgers zum Entzücken aller Zuschauer mit vollendeter Grazie ein Menuett.

Racine, Voltaire, Rameau, Tragödien und Opern wechselten einander ab, aber nicht für lange Zeit. Die Kosten für diese Aufführungen waren enorm und die Kasse für ›kleinere Lustbarkeiten‹ ging zur Neige. Nach der Hochzeit wurde die Oper nur noch bei ganz ungewöhnlichen Anlässen benützt und nach 1785 blieb sie ganz geschlossen. Alle Aufführungen fanden nun in dem kleinen, von Marie Antoinette bestimmten Saal statt, den Hubert Robert in der ›Aile Gabriel‹ hatte einrichten lassen.

Trotz seiner prunkvollen Dekoration, trotz der raffinierten und komplizierten Maschinerie öffnete sich der Vorhang dieses Hoftheaters jedoch nur selten. Ist das nun die Bestimmung dieses Theaters?

Man sollte meinen, das Theater hätte der Oper zu dienen, doch wurde es fast ausschließlich nur zur Besichtigung betreten. Daran hat sich bis heute nichts geändert. Die Initiatoren der Restaurierung dachten daran, daß diese Oper zum strahlenden Mittelpunkt und festlichen Rahmen der ›Saisons d'art français‹ werden könnte, doch scheint das Werk zu kostbar, um es regelmäßig zu bespielen. Die Besucher sind zahlreich, aber es bedarf erst der Ankunft eines Staatsoberhauptes, damit große Empfänge den Betrieb des ganzen perfektionierten technischen Apparates rechtfertigen.

Das Theater erlebte so manche Wechselfälle ... Man hat das lärmende Bankett der Leibgarde, das dort am 1. Oktober 1789 stattfand, für den Ausbruch der Revolution verantwortlich gemacht. Sollte es aus diesem Grunde nur noch einmal und für nur einen Tag im Jahr 1837 zum Leben erweckt werden, nachdem es Louis-Philippe auf seine Weise hatte umgestalten lassen? Man führte dort den ›Misanthrop‹ und eine Art historisches Potpourri von Scribe über die ›Feste von Versailles‹ auf. Napoleon III. aber gab hier nur drei Empfänge.

1871 versammelte sich nach dem Friedensvertrag in diesen Räumen die Nationalversammlung von Bordeaux. Alle Ministerien und die großen Verwaltungen waren nach Versailles gekommen und dabei mehr schlecht als recht untergebracht. Zwischen 1876 und 1879 diente die Oper dem Senat als Sitzungssaal. 1932 wurden dann die Bemühungen immer intensiver, die Nationalversammlung davon zu überzeugen, daß es unangebracht, lächerlich und borniert wäre, die Oper und ihre Nebenräume weiterhin für ihre Zwecke zu beanspruchen.

Erst 1950 aber konnten die Liebhaber von Versailles aufatmen. Der Dachstuhl war baufällig, die vergoldeten Holzsäulen waren durch Bohlen abgestützt, der zarte Dekor an den Rangbrüstungen wies schadhafte Stellen auf, die grob mit Gips verschmiert worden waren. Damals schon wurde mit den Restaurierungsarbeiten begonnen, die in der Folge zu einer sachkundigen, mit viel Eifer betriebenen Wiederherstellung bis ins kleinste Detail führten.

Das Leben in Versailles

Das Schloß, allein als Museum betrachtet, wie es uns heute erscheint, ergibt natürlich ein völlig falsches Bild von der historischen Wirklichkeit. Es ist deshalb sicher nicht verfehlt, auch vom Leben und Treiben dort zu erzählen, von seinem Alltag. Schloß und Nebengebäude waren ja bevölkert wie eine Stadt, und der Besucherstrom – die einen kamen wegen geschäftlicher Angelegenheiten, die anderen aus reiner Neugier – war an manchen Tagen so stark, daß man sich kaum bewegen konnte. Die Chronisten berichten immer wieder von dem Gedränge, das sich um den König und die Königin bildete. Und bei großen Anlässen verhielten sich die Menschen mit solcher Ungezwungenheit, daß ihre Neugierde, Begeisterung oder Enttäuschung oft in Tumulte ausartete.

Das königliche Schloß sollte allen offenstehen, mit Ausnahme den Mönchen und Bettlern. Aber noch nicht einmal die genierten sich. Dieser Brauch war eine Tradition der französischen Monarchie. Wir werden gleich sehen, daß diese eigentlich sehr sympathischen Sitten auch ihre Schattenseiten hatten.

Der Hof

Es war dem König gelungen, die Söhne der ›Fronde‹ an den Hof zu ziehen, sie mit sanfter Gewalt durch Versprechungen oder auch nur durch die Faszination seines Blickes zu zähmen. Daß es ihm gelungen war, diese Edelleute, deren Vorfahren noch wirklich unumschränkte Herren auf ihren Lehensgütern waren, die sich freilich auch auf den Schlachtfeldern ihren Ruhm erworben hatten, in abhängige Höflinge zu verwandeln, die sich vor allem um die Gunst bemühten, dem König ein Nachthemd oder eine Serviette reichen zu dürfen, daß es ihm weiter gelungen war, sie einer Internatsdisziplin zu unterwerfen und einem Leben, das – nach La Bruyère – »sich in einem Vorzimmer, auf Höfen oder einer Treppe abspielte«, war schon ein ziemlich ungewöhnlicher, nicht leicht errungener Erfolg.

Zunächst einmal mußte Platz für all diese Menschen geschaffen werden. Die ersten Ankömmlinge konnten fast ohne Schwierigkeiten im Süd-, dann im Nordflügel untergebracht werden. Doch der finanzkräftige Adel, der sich um wichtige Ämter oder um Pensionen bewarb, kam immer zahlreicher. Man wußte sehr wohl, daß leicht in Vergessenheit geraten konnte, wer in großer Entfernung von seinem Herrn lebte. Die zunächst vorgesehenen Wohnungen mußten ein-, zweimal aufgeteilt werden. Die ersten Appartements wurden durch eingezogene Zwischendecken mehrmals unterteilt, so daß im Laufe der Zeit immer kleinere Zimmer und Treppen entstanden. Mitte des 18. Jahrhunderts stieg die Anzahl der Schloßbewohner auf fast viertausend! Unter ihnen befanden sich Personen, die anderswo Stadtpalais und riesige Schlösser besaßen, in denen es sich äußerst bequem wohnen ließ, die hier jedoch auf erbärmliche Weise untergebracht waren.

Diesen auf königlichen Wunsch ständig größer werdenden Hof – der König wollte so die Feudalherren entmachten, indem er sie »an eine soziale Gleichstellung gewöhnte« – mußte man mit Versailles verbinden und ihm Zerstreuungen bieten. Ludwig XIV. wußte diesen Hof für sich zu gewinnen, ohne daß dieser dagegen aufbegehrte, wußte ihn zu fesseln durch eine Jagd nach selbst den lächerlichsten Ämtern, wußte aus den bestehenden Rivalitäten, Intrigen und dem Spiel mit der Rangordnung seinen Nutzen zu ziehen.

Ganz sicher langweilte man sich bei Hofe; war man ihm aber fern, so sehnte man sich nach ihm. Hier gärte die Mißgunst, doch sie wurde noch intensiver, sobald man abwesend war. Man konnte diesen Hof schön, häßlich oder mittelmäßig sehen; in diesem Gemisch verschiedenster Elemente fand jeder das, was er suchte. 1676 schrieb Madame de Sévigné an ihre Tochter, Madame de Grignan:

Heute findet ein Szenenwechsel statt, der Ihnen so angenehm sein wird wie jedermann. Ich war Samstag mit den Villars in Versailles; hören Sie, wie es dort zugeht. Sie kennen die Toilette der Königin, die Messe, das Diner, aber man erstickt nicht mehr, während Ihre Majestäten bei Tisch sind. Denn um drei Uhr begeben sich der König, die Königin, Monsieur, Madame, Mademoiselle, alles, was an Prinzen und Prinzessinnen da ist, Mme. de Montespan, ihr ganzes Gefolge, alle Höflinge und Damen, kurz, was man den französischen Hof nennt, in die schönen Säle des Königs, die Sie kennen. Alles ist göttlich möbliert, alles ist prächtig. Von Hitze ist keine Rede, man geht von einem Ort zum andern, ohne irgendwo drängen zu müssen. Ein Reversinospiel bildet den Mittelpunkt. Der König, Mme. de Montespan, Monsieur, die Königin und Mme. de Soubise, Dangeau und Cie., Langlée und Cie. Tausend Louis liegen auf dem Tisch, es gibt keine andern Spielmarken. Ich sah zu, wie Dangeau spielte, und bewunderte, wie dumm wir neben ihm sind. Er denkt nur an sein Spiel, und gewinnt, wo die anderen verlieren; er vernachlässigt nichts, benutzt alles, ist nicht zerstreut, kurz, mit seinem guten Spiel trotzte er dem Glück. In seinem Einnahmebuch sind zweihunderttausend Franken in zehn Tagen oder hunderttausend Taler in einem Monat nichts Ungewöhnliches. Er sah, daß ich Anteil an seinem Spiel nahm, und so saß ich sehr angenehm und bequem. Ich grüßte den König, so wie Sie es mich gelehrt hatten; er erwiderte meinen Gruß, als wenn ich jung und schön wäre. Die Königin sprach lange mit mir über meine Krankheit, als wenn ich ein Wochenbett gehabt hätte. Sie sprach auch einige Worte von Ihnen. Der Herzog sagte mir tausend jener Artigkeiten, bei denen er gar nichts denkt. Der Marschall de Lorges zog mich ins Gespräch, indem er vom Chevalier de Grignan anfing, kurz, tutti quanti, Sie wissen ja, wie jeder, den wir auf dem Weg finden, ein Wort an uns richtet. Mme. de Montespan sprach mit mir über Bourbon, und bat mich, ihr von Vichy zu erzählen, und wie ich mich dort befunden hätte. Sie sagte, daß Bourbon ihr krankes Knie nicht geheilt, sondern ihr nur Schmerzen in den zwei Knien hervorgerufen habe. Ihre Schönheit ist wirklich überraschend, und ihre Taille ist nicht halb so stark wie sie früher war. Ihr Teint, ihre Augen und ihre Lippen sind deshalb nicht minder schön. Sie war ganz in französische Spitzen gekleidet, das Haar in tausend Locken, zwei an den Schläfen fielen ziemlich lang an den beiden Wangen herab. Schwarze Bänder im Haar, riesige Perlen, die noch durch Ohrringe und Gehänge von höchster Schönheit gehoben wurden, drei oder vier Haarnadeln, keine Haube; mit einem Wort, eine triumphierende Schönheit, die alle Gesandten bewundern müssen. Sie hat erfahren, daß man sich über sie beschwerte, weil sie ganz Frankreich verhindere, den König zu sehen. Wie Sie sehen, hat sie ihn wiedergegeben. Und Sie können sich die Freude, die jedermann darüber hat, nicht vorstellen, noch wie das den Hof verschönt.

Und La Bruyère urteilt in seinen ›Caractères:

Die Atmosphäre bei Hofe ist ansteckend, man nimmt sie an wie den normannischen Akzent in Rouen oder Falaise; man bemerkt sie bei den Furiers, den kleinen Kontrolleuren und Obsthändlern; ein ganz mittelmäßig Begabter kann da große Fortschritte erzielen: ein intelligenter, begabter Mensch dagegen kümmert sich kaum darum, diese Haltung zu kultivieren, sich zu eigen zu machen; er verhält sich unwillkürlich so, und denkt überhaupt nicht daran, sie abzulegen.

Der Hofstaat selbst und der Kreis derer, die hier ein Ehrenamt bekleideten – im Dienste vor allem des Königs und der Königin, dann aber auch der königlichen Kinder, der Bastarde, Prinzen und Prinzessinnen, der Herzöge und Herzoginnen, nicht zuletzt der Mätressen – erforderten ungeheuer viel Bedienstete. Die Stallungen waren so riesig, weil hier nicht nur Pferde und Karossen, sondern alle möglichen Knechte und Diener untergebracht waren. Der neben dem Schloß erbaute ›Grand Commun‹, das ›Große Wirtschaftsgebäude‹, enthielt tausend Zimmer, in denen fast fünfzehnhundert Personen wohnten.

Die französischen Garden, die Schweizer Garde und die Leibwachen bildeten zusammen eine richtige Armee. Das Küchenpersonal, die für die Jagd und die Kapelle – die Geistlichkeit inbegriffen – zuständige Dienerschaft, die Musiker, Gärtner, Brunnenaufseher wurden immer zahlreicher. Tatsächlich lebte man damals sehr zusammengedrängt. Der Besucher von heute sieht nur einen großen verlassenen Palast – aber in Wirklichkeit bestand dieser Palast aus einer Unmenge fast selbständiger Privatwohnungen, die je nach dem Rang ihrer Bewohner von unterschiedlicher Größe waren.

Man stattete seinen Nachbarn Besuche ab, wie dies Menschen tun, die in der gleichen Stadt wohnen. Aber die Treppen und verschiedenen Durchgänge waren so angelegt, daß sich in einem ständigen Kommen und Gehen Menschen begegneten, die nichts miteinander zu tun hatten; Mitglieder der königlichen Familie, Beamte und Offiziere, ›Seigneurs‹ und solche, die keine waren, und alle, die gerne hier sein wollten. »Man wird verstehen«, schreibt Pierre Verlet, »daß im Inneren des Schlosses ein ständiger Kampf stattfindet, und daß sich fast täglich bei der Begegnung dieser Menschen fast unlösbare Probleme ergeben, Probleme, die durch die Frage des Vorranges oder Streitigkeiten unter den Dienern, die genauso prätentiös waren wie ihre Herren, sich noch schwieriger gestalteten.«

Protokollarische Strenge und Unordnung waren auf ganz seltsame Weise miteinander verbunden. In den ›Stoßzeiten‹, wenn sich der Hof zur Kapelle begab oder von dort zurückkam, bei Tisch, bei den ›Soirées d'appartement‹, strömte stets eine große Menge auf dem Weg des Königs zusammen. Man lungerte in der Nähe des Monarchen herum und umschwirrte ihn.

Der König, die Königin und die Prinzen waren stets in Begleitung ihres Gefolges; jede Persönlichkeit von Rang war von einem oder zwei livrierten Lakaien umgeben. Nur ein einziges Mal bot sich das ungewöhnliche Schauspiel, daß Ludwig XIV., von Angst erfüllt, ohne Gefolge durch die Galerien und Salons stürzte. Marie-Thérèse hatte in ihrem Bett, das ihr Sterbebett werden sollte, einen Erstickungsanfall erlitten. Ohne Eskorte und ohne vorherige Ankündigung eilte der König zum Hofgeistlichen, der am anderen Ende des Schlosses wohnte. Man glaubte, er sei wahnsinnig geworden.

Ludwig XIV. hatte Versailles so sehr seinen Stempel aufgedrückt, daß seine Nachfolger die von ihm eingeführten Regeln der Etikette zu befolgen suchten, auch wenn sie ihrem Wesen völlig widersprachen. Diese mit der Zeit nur leicht veränderte Etikette lebte in dem gewohnten Durcheinander von Feierlichkeit und Vertrautheit fort. Ludwig XV., den seine Schüchternheit und seine von Zeit zu Zeit auftretenden tiefen Depressio-

III CHARLES LEBRUN
Ludwig XIV. in der
Akademie der Wissenschaften (Ausschnitt)
Musée de Versailles

nen in Einsamkeit und Abgeschiedenheit führten, zwang sich zu diesen Prozessionen quer durch das Schloß, indem er persönlich die Liste der Leute zusammenstellte, denen die Ehre zuteil wurde, ihn begleiten zu dürfen. Nicht in seinem Zimmer, sondern im Thronsaal fanden die Audienzen statt. Ob er sich nun in sein Appartement, zur Königin, oder abends zu seinem Sohn und zu seiner Schwiegertochter begab, was er selten versäumte: der Zug bewegte sich durch die Galerie und den ›Oeil-de-Boeuf‹, angeführt von einem Kammerdiener mit zwei Leuchtern.

Das war natürlich ein farbenprächtiges Schauspiel. Stellen wir uns diesen glänzenden Marmor bei Nacht vor, dieses Gold und die Spiegel, die nicht wie bei Festlichkeiten hell erstrahlten, sondern im schimmernden Licht der Kerzen entlang des Weges auffunkelten. Der König war im allgemeinen in Schwarz gekleidet, neben ihm der ›Capitaine de la Garde‹ und anschließend das Gefolge in Seidengewändern mit Stickereien, die Waffen, die ›Garçons bleus‹ und die rotgekleideten Schweizer Garden.

Dieser so glänzende Hof wurde zu einem tyrannischen Hof. Ludwig XIV. gelang es, ihn in Zaum zu halten; er ließ sich weder von Menschen noch von Umständen aus der Ruhe bringen. Trotzdem flüchtete er sich häufig nach Trianon, wo er Entspannung fand, oder nach Marly, wo die Etikette so gut wie abgeschafft war und nach den Worten der Lieselotte von der Pfalz »alles durcheinanderlief«. Sein Nachfolger war empfindlicher, daher sein Wunsch, sich in seine ›Kleinen Kabinette‹, ›Geheimen Kabinette‹ oder seine ›Ganz geheimen Kabinette‹ zurückzuziehen, um so dem öffentlichen Leben zu entfliehen. Doch welcher Zwang bei wichtigen Anlässen! Die königlichen Zimmer waren überfüllt, alles drängte sich hier zusammen, man hatte das Gefühl zu ersticken. Das Zimmer der Königin war zum Bersten voll, selbst in dem Augenblick, da sie niederkam.

Nach dem Attentat Damiens auf den König ging der Kardinal de Bernis in das Kabinett des Königs hinauf. »Hier war mein Platz«, erklärte er. Alle Ärzte und Chirurgen waren anwesend. »Es war ein unendlicher Schwarm schwarz gekleideter Menschen ...«. Wie hatte der König das überleben können? Das

Taschenmesser lag auf dem Kamin. Jeder wollte es berühren. Die königliche Familie, die sich um das Bett des in seine vier Vorhänge eingeschlossenen Opfers geschart hatte, erreichte nur unter großen Schwierigkeiten, daß sich die Anwesenden relativ ruhig verhielten. Das Kabinett war voll »von Neugierigen, denen der Zutritt gestattet war«.

Aber damit war es noch nicht zu Ende.

Es ist jedes Mal eine große Zeremonie, schreibt Bernis, *»wenn dem kranken König die Bouillon gereicht wird; das geschieht alle drei Stunden zur festgelegten Zeit. Die Bouillon wird auf einen Marmortisch gestellt, vom ersten Küchenchef bewacht und von Mundschenk und Arzt gekostet. Der Portier kündigt die Ankunft der königlichen Bouillon an, die Tür wird geöffnet, und die im Kabinett Anwesenden geleiten sie bis zum Bett. Der erste Arzt und der erste Kammerherr befinden sich im Zimmer. Wir folgten; der König lag zwischen seinen doppelten Vorhängen, das Zimmer war hell erleuchtet, das Bett lag ganz im Dunkeln; wir sahen nur, wie der König seinen Arm ausstreckte, den Mund öffnete er nicht, der Portier sagte: ›Messieurs, ziehen Sie sich zurück‹.*

Immer wieder haben wir den Eindruck, daß die nach Anzahl, Rang und Stand so bemerkenswerte Dienerschaft, die den König umgab, eigentlich nur aus Wichtigtuern bestand. Hatte denn niemand aufgepaßt, daß sich kein Unbekannter über die Schwelle des Appartements Ludwigs XV. schleichen konnte? Hatte denn keiner diesen Anschlag vorausgesehen und eingegriffen? Ja, was noch schlimmer war; als man den Verwundeten hinaufbrachte, war kein Kammerdiener zu sehen, niemand, der das Bett bereitete, ein Laken suchte. Alle waren nach Trianon gefahren, wo der König eigentlich über Nacht hatte bleiben wollen. Man war gezwungen, den Monarchen auf ein Feldbett im ›Cabinet de la Pendule‹ zu betten.

Das Volk

Es war damals viel einfacher, in das Haus des Königs zu gelangen, als heute in das des Präsidenten der Republik. Daß vor allem bei Festen eine große Volksmenge in den Gärten und im

Schloß zusammenströmte, wird in den meisten zeitgenössischen Memoiren erwähnt. Das war alte königliche Tradition. Unter Ludwig XIV. lebte diese Tradition mit all ihrem Glanz wieder auf. Der Monarch wünschte, daß seine Untertanen zu ihm, also zu seiner Residenz, stets freien Zugang haben sollten. Bei Hofe und bei seiner angeheirateten Verwandtschaft empfand man dies als übertrieben. Die Gebäudeaufseher, diese ewigen Querulanten, wiesen auf die Gefahren hin, die diese unkontrollierbare Menschenmenge mit sich brachte.

An Festen, die im Freien stattfanden, nahmen Komödianten und Narren teil – man sah dort auch die Truppe von Nicolet –, Seiltänzer und Taschenspieler, und in den Boskets spielten die königlichen Kapellen.

Die nächtlichen Feste mit ihren kilometerlangen Lampion- und Fackelzügen und dem sie abschließenden Feuerwerk, das jedesmal ein Vermögen kostete, zogen die Pariser an. Sie kamen mit dem Wagen, zu Pferde, oder zu Fuß, nahmen aber zuerst bis zur Brücke von Sèvres das Schiff. Von der ›Cours-la-Reine‹ an, der Ausfahrt von Paris, war dann die Straße an solchen Tagen völlig verstopft.

Niemand wäre auf die Idee gekommen, Eintrittsgeld zu verlangen oder gar eine Kontrolle einzuführen.

Während der Regierungszeit Ludwigs XV. und Ludwigs XVI. erreichte dieser Andrang seinen Höhepunkt. Statuen und Möbel des Schlosses waren mittlerweile beschädigt. Einige strenge Gegenmaßnahmen scheinen wirkungslos gewesen zu sein.

Die Gitter, die ursprünglich einige Boskets umschlossen, wurden 1704 auf Anordnung Ludwigs XIV. entfernt: dadurch nahmen aber die Verwüstungen dermaßen überhand, daß man sich dreißig Jahre später entschloß, neue Gitter aufzustellen.

Nicht die Festlichkeiten allein bildeten einen Anziehungspunkt für die Besucher. Aus der Provinz kamen Neugierige, um die Wunderwerke, deren Kunde bis zu ihnen gedrungen war, zu bestaunen; doch vor allem wollten sie den König sehen, wenn möglich bei Tisch, oder wenigstens inmitten seiner Höflinge. Als Ludwig XIV. einmal ganz allein an seinem Sekretär saß und arbeitete, klopfte es an der Tür: es war ein verwirrter Besucher, der sich verlaufen hatte.

Die Ausländer wunderten sich über diese hier herrschende Ungezwungenheit, die ihnen fremd war. Der Engländer Arthur Young, dessen wahrheitsgetreue Schilderungen des täglichen Lebens in den letzten Jahren des ›Ancien Régime‹ so reich an Tatsachen und an freien Meinungsäußerungen sind, berichtet uns amüsiert von diesen »Taugenichtsen, die unbeaufsichtigt im Schloß, ja sogar im Schlafzimmer des Königs herumspazierten«, eine Ungezwungenheit, die ihm sehr gefällt. »Ich war der einzige, der sich erstaunt fragte, wie zum Teufel sie dorthin gelangen konnten.«

Wir haben gerade von den Gittern der Bosketts gesprochen, doch es kommt noch schlimmer! Die Gitter des Schlosses waren sicherlich dazu da, um nachts geschlossen zu werden. Aus Nachlässigkeit oder Absicht wurden sie zu Ende der Regierungszeit Ludwigs XVI. nicht mehr verschlossen. Am Vorabend des 14. Juli 1789 wollte der Architekt des Schlosses, sicherlich weil er ein wenig beunruhigt war, die Schlösser in Ordnung bringen. Doch sie waren völlig verrostet, zudem konnte man keine Schlüssel mehr finden. Vorhängeschlösser wurden in Auftrag gegeben, die erst zehn Tage später angebracht wurden.

Diese Mißachtung jeglicher Sicherheitsvorkehrung von seiten Hunderter von Personen, die dem König bis zum Tode ergeben waren, erscheint unverständlich. Als am 8. Oktober der lärmende Zug der Pariser, die als einzige Waffe nur ihr Gebrüll hatten, in das Schloß eindringen will, findet er eine der Gittertüren offen ... Das idyllische Bild der königlichen Familie bei Tisch scheint viel mehr zu deren Rettung beigetragen zu haben als alle Regimenter der französischen Garden, der Schweizer Garde und der Leibwachen zusammen!

Sicherlich unterstanden all diese Wachen keiner einheitlichen Führung, die ausgegebenen Befehle waren unklar, widersprüchlich; jedenfalls beweist dieses letzte Bild des Königtums in Versailles, daß das riesige königliche Personal nur einen rein dekorativen Wert besaß.

Diese Gegensätze und die Freizügigkeit, über die sich die Ausländer so sehr verwunderten, die den Franzosen aber als etwas ganz Selbstverständliches erschienen, hatten auch ihre Schattenseiten. Betteln war zwar im Schloß verboten, aber in den Gärten liefen äußerst fragwürdige Gestalten herum. Madame de Maintenon jedoch begegnete Bettlern auch auf der Treppe, und Maria Josepha beklagte sich, daß ihr Vorzimmer von jedem als Durchgang benützt würde sowie als Abstellplatz für Tragchaisen und sogar als Zufluchtsort für Bettler diente.

In einem 1764 in Paris veröffentlichten Buch mit dem Titel ›Police des mendiants‹ brandmarkte La Morandière die Anwesenheit »einer Menge von Taugenichtsen, die in den Appartements, den Gärten und Höfen des Schlosses betteln und die Leute in der Stadt belästigen«. Es kam sogar zu Schlägereien, Messerstechereien, schamlosen Attentaten. Einige Örtlichkeiten waren ekelerregend. Die Außenmauern des in der ›Aile des Ministres‹ gelegenen Pavillons des Auswärtigen Amts hatten Vagabunden, Stallknechte und Garden verschmutzt, »indem sie von vier Uhr morgens bis nachts der Natur ihren Tribut zollen. Die Frauen der Minister können sich nicht an ihre Fenster begeben, ohne diese widerlichen, skandalösen Dinge zu sehen, die die Scham und das Ehrgefühl, die man ihrem Stand und ihrem Geschlecht schuldig ist, verletzen«.

Am schlimmsten war es während der Abwesenheit des Königs. Der Autor schließt ehrlich entrüstet:

Das Schloß, der Sitz des mächtigsten Monarchen Europas, ist das Sammelbecken aller widerlichen Gestalten, die die Menschheit hervorgebracht hat. Zu den Bosketts hat sich ein Haufen Bengels und Diener Nachschlüssel anfertigen lassen, jedoch weniger, weil sie dort spazierengehen wollen, sondern um die Anlagen zu zerstören. Der Gestank im Park, in den Gärten und im Schloß selbst, erregt Übelkeit. Die verbindenden Passagen, die Höfe der Seitengebäude, die Korridore sind mit Urin und Exkrementen bedeckt; es scheint so, als hätte man das Schloß, die Gärten, die Spazierwege und die Stadt den zudringlichen Soldaten und dem schlimmsten Pöbel überlassen, die dort schamlos und ungestraft vor den Vorübergehenden ihre Notdurft verrichten. Sicher ist es genauso notwendig wie schicklich, dieser Unordnung abzuhelfen, um so die Stadt und das Schloß wieder sauber, gesund und anziehend zu machen.

Diebstahl wurde mit der Zeit zu einem einträglichen Gewerbe, sonderbarerweise scheint dies nicht unter Strafe gestanden zu haben. Häufig mischten sich Unerwünschte in das bunte Treiben des Hofes. Eines Tages verschwand denn sogar die Uhr, die Ludwig XV. bei sich trug.

Schon unter Ludwig XIV. ereigneten sich unerklärliche Diebstähle. So die Geschichte vom Wiederauftauchen der Stickereien, die uns von Sourches und Saint-Simon, den Zeugen dieses Ereignisses, berichtet wird. Von der Decke des königlichen Bettes, das mit schweren Goldstickereien verziert war, hatte jemand ein Stück abgeschnitten, zur gleichen Zeit waren in einem Vorzimmer Goldfransen entwendet worden. Saint-Simon, den diese Begebenheit amüsierte, erzählt uns diese Szene, die sich beim ›Grand Couvert‹ ereignete:

Als wir bei der Süßspeise angelangt waren, bemerkte ich plötzlich irgendetwas äußerst Dickes, Schwarzes über dem Tisch schweben, das so schnell auf das Ende des Tisches fiel, daß ich es nicht erkennen, noch darauf zeigen konnte. Krachend schlug es auf und ließ die Teller hochspringen, ohne jedoch einen umzuwerfen. Durch Zufall fiel es auch auf die Tischdecke und nicht auf das Geschirr. Bei dem Aufprall wandte der König leicht den Kopf und ohne die geringste Erregung sagte er: ›Ich glaube, das sind meine Fransen ...‹ Daraufhin einen Augenblick lang Gemurmel ... ›Das ist reichlich unverschämt‹, sagte dann der König völlig ungerührt und so, als täte er einen historischen Ausspruch.

Und Pierre Gaxotte schildert in seinem Werk über Ludwig XIV.:

Ein anderes Merkmal des Hofes bestand darin, daß all diese Menschen, die sich in so viel Glanz und Pracht bewegten, derb waren, sich an jederlei Beschwerlichkeit gewöhnt hatten und aufs rüpelhafteste sprachen. Viele von ihnen wohnten in Versailles im Dachgeschoß und in Kammern, denen es an jeder Bequemlichkeit fehlte. Einige große Salons waren unter dem Fußboden mit Warmluft geheizt, in den meisten Räu-

men aber gab es nur Kamine, und das bedeutete, daß Kälte und Wind in ihnen zu spüren waren. Im Winter 1695, der keineswegs der strengste war, kamen Wasser und Wein auf der Tafel des Königs zum Gefrieren. Weiterhin mochte man in versteckten Winkeln noch so viele ›Stühle‹ aufstellen: das Schloß stand zu vielen Neugierigen offen, als daß es hätte sauber sein können. In ihren Briefen beklagte sich die Pfälzerin darüber, sie sehe Gaffer, »die in allen Ecken ihre Notdurft verrichten, ja sogar vor ihrer eigenen Tür« …

An den Empfangstagen gab es in der Galerie und den Salons ein solches Gewühl, daß alles durcheinander geriet. »Ich war höchst erstaunt«, berichtete ein italienischer Reisender, »als ich sah, wie die Kardinäle Bouillon, Retz und Bonzi und andere kirchliche Würdenträger in der Menge gestoßen wurden –: man erklärte mir, es gebe am Hof zu zahlreiche Personen von Rang, als daß man viel Federlesens machen könne.«

Man konnte Übleres erleben. Eines Abends während der Festlichkeiten des Jahres 1668 wurden die auswärtigen Gesandten – nach dem Bericht des Marquis de Saint-Maurice, des Gesandten von Savoyen –, im Gedränge gepackt, »geschoben, gestoßen, geschlagen und zuletzt an einen schlechten Platz gesetzt«. Der Königin blieb nichts anderes übrig, als eine halbe Stunde zu warten, ehe sie das Theater betreten konnte, und der König mußte »selbst eingreifen«, ehe man ihm Platz machte. Überdies gab es damals zerfetzte Federn, zerrissene Kostüme, und Herzöge, die durch Faustschläge übel zugerichtet wurden …

Das Schloß war leicht zugänglich, und die Wache hatte Mühe, Spitzbuben aufzuspüren und Verdächtige festzunehmen. Einmal wurde Ludwig XIV. im Garten von einer Frau angeredet, die ihn einen Hurenbock und herzlosen Tyrannen nannte. Die Unglückliche hatte ihren Sohn verloren, der beim Schloßbau als Arbeiter beschäftigt gewesen und von einem Gerüst gestürzt war. Eine Zeitlang war an der Tafel des Königs, des Dauphins und des Herzogs von Orléans eine heruntergekommene Alte zu sehen, die zwergenhaft klein war und rotumränderte, triefende Augen hatte. Man nannte sie Frau Panache. Sie gebärdete sich wie verrückt und war dabei geschickt genug, mancherlei Essen, Gebäck und Geld aufzuschnappen. Die Prinzen und Prinzessinnen füllten ihr die Taschen mit Fleisch und Ragout, bis ihr die Brühe am Rock hinunterlief. Darauf geriet sie in Wut und stieß Beschimpfungen aus.

Die Bosketts waren, wie man sich denken kann, häufig Schauplatz von galanten Rendezvous, wenn nicht sogar sehr eindeutiger Vorgänge. In der Zeit Ludwigs XV. wurden dort junge Edelmänner, die die ›anderen Neigungen‹ der ›Régence‹ nicht vergessen hatten, erwischt und unverzüglich auf ihre Besitzungen zurückgeschickt.

Die von Le Nôtre gepflanzten Bäume gingen ein. Die Steine der Wasserbecken gerieten aus den Fugen. Die Gärten verwilderten, da sie nicht mehr regelmäßig gepflegt wurden. Der Intendant Marigny forderte jedes Jahr aufs neue Geld, speziell für den Unterhalt der Gärten. Doch was er erhielt, reichte kaum aus, um die nötigsten Ausbesserungen durchzuführen. In die Orangerie drang das Wasser ein, die Bleistatuen des Wasserparterres verfielen und der Apollowagen sank immer tiefer in sein Bassin hinab. Das übrige tat dann die Zeit. Die geometrisch angelegten Gärten wurden übrigens mittlerweile derart ironisch belächelt und kritisiert, daß man es kaum wagte, für sie etwas auszugeben.

Ludwig XVI. lehnte eine Umgestaltung der Bosketts mit der Begründung ab, daß die gegenwärtige finanzielle Situation dies nicht gestatte. (Die Apollogrotte war das einzige Zugeständnis an die Königin.) Trotz allem tat er das Allernotwendigste: der Park wurde ausgeholzt, um Neuanpflanzungen vorzunehmen.

»Es war schrecklich. Im letzten Winter (1775) wurden all die schönen Bäume gefällt«, schreibt der Herzog de Croy. »Ich konnte nicht hinsehen, ohne daß mir das Herz blutete.«

Die Kuppeln, die Kolonnade und das künstliche Gebirge der neuen Apollogrotte erhoben sich traurig inmitten dieser Verwüstung. Um uns ein Bild davon zu vermitteln, bedurfte es eines Malers von Ruinenlandschaften. Zwei berühmte Gemälde – ›Les bosquets dévastés‹, mit der Szenerie entlang der Allée Royale, und ›La transformation des Bains d'Appollon‹ – von Hubert Robert zeigen uns Kinder, die auf Baumstümpfen zwischen Statuen und Holzfällern spielen.

Man benutzte diese Gelegenheit, um das ganze Gelände neu zu gestalten. Die Mauern der Laubengänge am Rande der

Alleen, die sich früher kräftig vom Himmel abhoben, wurden abgetragen. Die strengen Formen paßten nicht mehr in dieses Jahrhundert und an ihrer Stelle wurden Ulmen gepflanzt. Allmählich nahmen die Gärten, deren Bäume an gotische Gewölbe erinnerten, ein verändertes Aussehen an, so wie wir sie heute kennen. Natürlich hinterließ dieser Eingriff auch Wunden, die erst langsam heilten.

Es gab noch einen anderen wunden Punkt, der vor allem bei den Bauarbeiten in Versailles schmerzhaft empfunden wurde, er betraf das Schloß selbst, das ständig erweitert und oft umgestaltet wurde, mit all den sich hieraus ergebenden Unannehmlichkeiten, den Baustellen und dem Lärm.

Stellen wir uns das Leben in den königlichen Appartements vor in der Zeit zwischen der Errichtung der Spiegelgalerie und der dreijährigen Bauzeit des Nordflügels. Der stets ungeduldige König konnte das Ende der Arbeiten nicht abwarten. 1682 ließ sich hier der Hof inmitten des Baulärms nieder, den knarrende Winden und das Hämmern auf den Fußböden verursachten. Am Tage nach ihrer Ankunft mußte die schwangere Gemahlin des französischen Thronfolgers bei Madame Colbert untergebracht werden, da sie bei diesem Lärm nicht schlafen konnte.

Jahrelang lagerten auf der ›Place d'Armes‹ Quadersteine, waren dort Wagen abgestellt. Zu Hunderten kamen Maurer aus dem Limousin; sie ließen sich in den großen Gebäuden hinter den ›Petites Écuries‹ nieder.

Wie wir festgestellt haben, änderten die verschiedenen Räumlichkeiten alle Augenblicke ihre Funktion und wurden häufig im Aufbau und in der Dekoration umgestaltet. Diese Arbeiten wurden vor allem dann ausgeführt, wenn sich der König mit seinem Gefolge in Fontainebleau, Chambord, Saint-Cloud oder für kurze Zeit im Trianon oder in Marly aufhielt. Man floh dann den unbewohnbar gewordenen Palast.

Ein anderes Problem war die Kälte. Ein nach italienischer Art erbauter Palast in der Ile-de-France brachte so seine Unannehmlichkeiten mit sich. Man hatte auf die elementarste Bequemlichkeit verzichtet und alles nur nach künstlerischen Gesichtspunkten ausgerichtet. Ursprünglich bestanden die Türen aus schmiedeeisernen, vergoldeten Gittern, die Böden aus Marmorplatten. Natürlich war das herrlich anzusehen. Den kerngesunden Ludwig XIV. störte das keineswegs. Die Damen jedoch fürchteten die Zugluft und die eisigen Fußböden. Heute finden sich nur noch in den Fensternischen Bruchstücke des marmornen Bodens, die schmiedeeisernen Türen von Caffieri wurden einige Jahre später bereits durch geschnitzte Holztüren – übrigens Meisterwerke – ersetzt. Doch auch durch diese symmetrisch angeordneten Türen bläst die Zugluft ungehindert hindurch. Und die ganz in Pelz gehüllte Madame de Maintenon klagte: »Dieser Mensch läßt uns an der Symmetrie zugrunde gehen.« Die Kamine waren zwar ungeheuer groß (kleiner indessen als im Mittelalter, aus Rücksicht auf die Proportionen), aber sie reichten bei weitem nicht aus, um Säle von solchen Ausmaßen ausreichend zu erwärmen. Im Winter 1715 schrieb Lieselotte von der Pfalz, die bestimmt keine besonders enpfindliche Person war: »Wir haben eine entsetzliche Kälte hier. Da die Seine zugefroren ist, konnte kein Holz herbeigeschafft werden; ganz besonders lustig ist, daß man sich als Neujahrsgabe kleine Reisigbündel schenkte; diese Kostbarkeiten wurden mit großer Dankbarkeit entgegengenommen.«

Die Erfindungen der Römer, so besonders die Zentralheizung, schienen in Vergessenheit geraten zu sein, sicherlich weil man sie nicht mehr zu benötigen glaubte. Das ›Appartement des Bains‹ war jedoch, soviel wir wissen, mit einer ›wärmespendenden Maschine‹ ausgestattet, über die wir leider nichts Genaueres wissen.

Mit dem sensibleren Ludwig XV. wurde da manches fortschrittlicher. Die Aufenthaltsräume wurden verkleinert, alle Ecken zugestopft, Fayence-Öfen aufgestellt. Die Empfangsräume indessen blieben weiterhin den Winter über eiskalt. Augenzeugen berichten, daß sich die Gäste vor allem um die Tische der Wachen drängten, weil sie somit durch die übrigen

Versammelten vor dem durch die Fenster pfeifenden Wind abgeschirmt waren.

All das waren Unzulänglichkeiten, mit denen man sich abfinden mußte. Weniger verständlich hingegen erscheinen manche Widrigkeiten, die aus Nachlässigkeit entstanden und später aus Gewohnheit, oder weil man unfähig war, Abhilfe zu schaffen, toleriert wurden.

So schien niemand daran Anstoß zu nehmen, daß die Schweizer Garde sich in den königlichen Appartements niederließ und unter ihrer roten Fahne schlief. Ein riesiger Kerl, der den Herzögen den Zugang zum königlichen Zimmer jeweils freigab oder versperrte, belustigte lange Zeit den Hof mit seiner Redegewandtheit. Abends entfaltete er einen Wandschirm und trug sein Bett in die Spiegelgalerie. Er besaß damit sicherlich das herrlichste Schlafgemach im ganzen Königreich.

Diese Zustände waren zwar sehr unangenehm, aber nur vorübergehend. Andere dagegen hielten sich hartnäckig bis zum Sturz der Monarchie. Entlang den Mauern, die zum königlichen Areal gehörten, waren kleine Läden entstanden, die sich, nachdem man sie einmal zugelassen hatte, dann immer wieder vom Vater auf den Sohn vererbten. Ein richtiger kleiner Markt, vorwiegend für Nahrungsmittel, war so um den Vorhof herum entstanden. Am Eingang zur ›Aile des Ministres‹ schlachtete und briet ein Metzger jeden Morgen seine Schweine.

Diese Buden drangen mit der Zeit immer weiter zum Zentrum des Schlosses vor, in die Passagen und sogar an den Fuß der ›Escalier de la Reine‹, hier freilich waren sie etwas vornehmer, hoffähiger; vor allem Putzmacherinnen, Blumenhändler, Galanteriewaren- und Buchhändler ließen sich hier nieder. An den Eingangsgittern des Parks hatten die Schweizer das Recht erworben, Gartenwirtschaften mit Schaukeln und Kegelbahnen zu eröffnen.

Gegen diese den Palast entstellenden Auswüchse protestierten immer wieder die Schloßverwalter. Vergeblich natürlich, denn diese braven Händler besaßen ein Privileg des Königs, und dieses Privileg war heilig. Zudem fühlten sich diese Leute mit ihren Ständen genauso eng verbunden wie Saint-Simon mit seinem Herzogtum. Und der König sah lieber über diese mißlichen Dinge hinweg, als daß er mit alt überlieferten, volkstümlichen Traditionen gebrochen hätte.

Diese Mängel, die die Romantiker als willkommene Idylle geliebt hätten, reizten die Künstler jener Zeit jedoch in keiner Weise. So wissen wir von diesen Zuständen nur aus schriftlichen Berichten, nicht jedoch aus Bilddokumenten.

Der Charme, der Zauber der Vergangenheit, ist geblieben, sogar frei von dem, was ihn einst entstellte, was aber doch ein Teil seiner lebendigen Substanz war. Empfinden wir diese Dinge wirklich so störend? Wir sollten sie zumindest nicht vergessen, um das Versailles jener Zeit – das in den Augen der Welt ein Museum, in Wirklichkeit jedoch viel mehr war – besser zu verstehen.

Vom Schloß zum Museum

Revolution und Kaiserreich

Ist Versailles ein Schloß? Ist es ein Museum? Mit Louis-Philippe herrschte, wenn man so will, das museale Element vor. Seit den ersten Umgruppierungen der Sammlungen durch Pierre de Nolhac hat sich der allgemeine Charakter etwas verändert. Man geht in die Vergangenheit zurück und versetzt, so weit dies möglich ist, alles wieder in den Zustand von 1789.

Man wird den Reiz, zugleich aber auch manches Unvereinbare finden, was sich aus dem Zwittercharakter von Versailles – Palast und Museum – ergibt, noch verstärkt durch die Tatsache, daß durch den Umbau des Schlosses zu einem Museum unheilbare Wunden entstanden sind.

Die Geschichte von Versailles, seit es von denen verlassen ist, für die es einst gebaut worden war, bietet eine Erklärung für diese Schwierigkeiten. Am 6. Oktober 1789 fiel das Schloß in Einsamkeit und Agonie. Entgegen manchen Erwartungen, versetzte die ›Schreckensherrschaft‹ dem Sterbenden nicht den Todesstoß. Sie begnügte sich mit den üblichen Karnevalsszenen und pflanzte vor der ›Cour de Marbre‹ einen Freiheitsbaum.

Es ist eine historische Tatsache, daß es den Bürgern der Stadt Versailles gelungen war, den Reichtum zu erhalten, der für sie so lange Zeit Ansehen und Wohlstand bedeutete. Mut und Geschicklichkeit dieser Menschen hatten das Schloß am Leben erhalten. In den Gärten wurden zum Wohl des Volkes Kartoffeln angepflanzt. Die Gebäude wurden nur insoweit angetastet, als dies unbedingt notwendig erschien: die königlichen Monogramme, Lilien und Embleme etwa, wurden abgekratzt; doch auch diese Arbeiten wurden wenigstens korrekt ausgeführt.

Die Versailler suchten auch die Kunstschätze des Schlosses zu erhalten; doch diese wurden anfangs in den Louvre gebracht, in das von dem Grafen d'Angivilliers errichtete ›Muséum‹, das dann aber 1793 schließlich in der ›Grande Galerie‹ eröffnet wurde.

Es hätte wahrlich nicht viel gefehlt und die ›Maison Capet‹ wäre zum Verkauf angeboten worden, was mit Sicherheit ihre Zerstörung zur Folge gehabt hätte. Doch auf Grund einer Eingabe Barrères wurde dieser Plan verworfen. Der Wohlfahrtsausschuß wies bestimmte Teile des Schlosses und seiner Nebengebäude den verschiedensten Institutionen zu. In der ›Aile des Ministres‹ wurde eine ›École centrale‹ eingerichtet, in den ›Appartements de Mesdames‹ ein naturwissenschaftliches Museum untergebracht. Die großen Flügel dienten als Magazin und bargen das aus den Emigrantenhäusern beschlagnahmte Eigentum. In die ›Aile Gabriel‹ wurden die Bibliotheken des Königs, der Königin, der Prinzen und Prinzessinnen verlegt. Als 1799 diese Räumlichkeiten zur Unterbringung eines Teils der zweitausend Kriegsinvaliden, die im Schloß wohnten, gebraucht wurden, kamen die Bücherschätze ins ›Hôtel des Affaires étrangères‹, wo sie heute noch zu sehen sind: es ist die jetzige Stadtbibliothek.

Der Konvent ordnete die Verbringung aller Kunstwerke ausländischer Schulen in den Louvre an. Alle französischen Werke aus den ehemaligen königlichen Sammlungen hingegen wurden nach Versailles gebracht, in ein eigens dafür errichtetes ›Musée spécial de l'École française‹. Doch bald darauf wurden auch diese Schätze verstreut; die neuen Dienststellen in Paris schmückten damit ihre Büros. Später wurden hundertfünfzig Gemälde religiöser Thematik in Kirchen gebracht.

Bei diesen aus dem Schloß entfernten Kunstgegenständen handelte es sich ausschließlich um Gemälde und Statuen. Was das Mobiliar und die anderen wertvollen Dinge betraf, so glaubte der Konvent daraus den größten Nutzen zu ziehen, wenn er sie ins Ausland verkaufte; damit sollten die Schulden bei den Armeelieferanten abgetragen werden.

Ein großer Teil wurde auch versteigert. Die ganz besonderen Kostbarkeiten aber hatte man zu einem Bestand zusammengefaßt, der nicht veräußert werden sollte. Aber 1796 wurden auch diese Wunderwerke verstreut.

Von diesen Gegebenheiten, aus denen sich oft unüberwindliche Schwierigkeiten bei der mit Eifer betriebenen Wiedermöblierung des Schlosses ergaben, mußte man ausgehen.

Napoleon träumte davon, aus Versailles eine Sommerresidenz des kaiserlichen Hofes zu machen. Er beauftragte den Architekten Gondouin Pläne zu entwerfen, die »den Palast antiken Werken gleich werden lassen sollten«. Das Projekt Gabriels wurde wieder aufgenommen und weiter verfolgt. Alle damals vorgelegten Pläne sahen eine rücksichtslose Zerstörung des Schlafgemachs Ludwigs XIV., des ›Oeil-de-Boeuf‹, der ›Chambre du Conseil‹ und aller Appartements Ludwigs XV. vor. Eine Neugestaltung der Fassaden auf der Stadtseite war vorgesehen. Glücklicherweise kam der Kaiser, der sich mit anderen Ausgaben und Problemen beschäftigen mußte, von diesen gefährlichen Plänen ab und richtete seine Aufmerksamkeit auf die beiden Trianons. Doch auch sie sind noch einmal davongekommen. Das Dekret zur Verkaufsausschreibung von 1795 wurde zum Glück für ungültig erklärt.

Das ›Grand Trianon‹ ließ der Kaiser für sich herrichten, was einige Veränderungen in der Aufteilung der Appartements und in der Ausstattung mit sich brachte: natürlich bestellte er Empire-Möbel. Doch fand der Kaiser nie die Zeit, länger darin zu wohnen, es reichte fast immer nur für einen Blitzbesuch, mit Ausnahme freilich eines einmonatigen Aufenthalts im Jahre 1810 mit Marie-Louise. Im ›Grand Trianon‹ brachte Napoleon dann seine Mutter unter; das ›Petit Trianon‹ bewohnte eine Zeitlang seine Schwester Pauline Borghese.

Mit einem Wort: die Revolution und die Kaiserzeit respektierten zwar Versailles, taten jedoch nichts, um die mit der Zeit auftretenden Schäden zu beseitigen. Die Dächer waren undicht geworden, Regenwasser tropfte auf die Fußböden. Die Deckengemälde bekamen Risse und bröckelten ab. Nur an den Dächern wurden Reparaturen ausgeführt, völlig unzureichend jedoch.

Dann kam die ›Restauration‹ und mit ihr auch eine Wiederherstellung des Schlosses. Ludwig XVIII. hätte gerne in Versailles gewohnt, dies entsprach nicht bloß einem persönlichen Wunsch, er wollte damit auch die königliche Tradition fortführen. Sein Budget verfügte jedoch nicht über genügende Mittel für große Sanierungsarbeiten. Der Architekt Dufour entwarf schließlich ein langfristiges Reparaturprogramm, das sich jedoch hauptsächlich darauf beschränkte, den Bestand zu sichern. Mit der Authentizität nahm man es dabei nicht so genau. Alle Dächer wurden erneuert, die beschädigten Skulpturen, Gitter und Balkone wiederhergestellt. Das Innere des Schlosses wurde neu ausgemalt und vergoldet. Dufour erbaute schließlich, um die seit Ludwig XV. gestörte Symmetrie der Anlage wiederherzustellen, den vorgeschobenen Kolonnadenpavillon, der heute seinen Namen trägt.

Louis-Philippe und Versailles

Nun zu dem König, der nach Ludwig XIV. am meisten Interesse für Versailles bekundet hat. Er hatte die besten Absichten und war entschlossen, den größten Teil seines Budgets zu opfern, um aus Versailles ein Monument nationalen Stolzes zu machen, in dem sich zur Verherrlichung der historischen Größe Frankreichs und der Franzosen Gemeinschaftsgefühl, politisches Engagement und Liebe zur Kunst miteinander verbinden sollten. In diesem von ihm angestrebten Ziel vertrat der Bürgerkönig die öffentliche Meinung. Er rettete Versailles vor dem Untergang – was so gut wie unbeachtet blieb. Er machte aus diesem Bauwerk eine Art Diorama der Heldentaten Frankreichs – was ihm einstimmigen Beifall einbrachte.

Wer hätte damals wohl annehmen können, daß sich die Meinung der Öffentlichkeit ein Jahrhundert später völlig ändern würde?

Alles trug dazu bei, daß das gigantische Werk Louis-Philippes wie eine Art Attentat wirkte. Die romantische Neigung für die Geschichte oder die Legende oder für beides zusammen, die

Abneigung des Monarchen gegenüber reiner Vernunft und klassischem Stil, die Verbürgerlichung mit ihrer Verniedlichung des Erhabenen, die Sehnsucht nach der ruhmreichen Zeit der Revolution: all das belebt diese Geschichte Frankreichs in Bildern, die dem Versailles Ludwigs XIV. so fremd ist.

Die Umgestaltung der prunkvollen, für eine äußerst verfeinerte Aristokratie erbauten Salons in ein volkstümliches Museum war der schwerste Fehler. So war die unüberlegte Zerstörung der Appartements des Dauphins und der Dauphine, der Appartements von Madame de Maintenon, der Mesdames, von Madame de Pompadour und Marie Antoinette nicht wieder gutzumachen. Natürlich hatte es auch vor Louis-Philippe bereits Zerstörungen gegeben, aber damals hatte man alte Pracht durch neue ersetzt. Jetzt wurde die einstige Pracht durch nichts ersetzt.

Wir empfinden es als unerträglich, daß man dieses Schloß in eine Bildergalerie umgewandelt hat, in der dicht nebeneinander, ohne einen Meter Zwischenraum, viertausend Gemälde von unterschiedlicher Qualität hingen – Porträts, Schlachtenbilder, Werke mit religiösen, politischen, militärischen Themen. Die Galerien waren mit über tausend Plastiken vollgestellt. Doch nur einige verbitterte Künstler erhoben, angesichts dieses Plunders, ihre kritische Stimme.

Versailles war gewiß keine geeignete Wohnstätte für den Mann mit dem Regenschirm. Die Idee, ein ›dem Ruhme Frankreichs geweihtes‹ Pantheon zu errichten, war an sich edel und großartig, auch in politischer Hinsicht nicht ungeschickt.

Auch die Gesamtkonzeption des Museums stammt von Louis-Philippe selbst. Er überprüfte alle Vorgänge und verfolgte genau alle Einzelheiten bei der Ausführung seines Plans. Es war ganz und gar sein Werk.

Betrachten wir zunächst die an den Gebäuden vorgenommenen Restaurierungsarbeiten und die gemäß ihrer neuen Bestimmung veränderte Inneneinrichtung. Außen hat man glücklicherweise wenig verändert. Die wenigen Neuerungen waren ein Beweis dafür, in welchem Maße der Sinn für Proportion verlorengegangen war. Die überflüssige Aufstockung der ›Cour de Marbre‹ zerstört die Fassade von Le Vau. Die Kolossalstatuen berühmter Persönlichkeiten vom ›Pont de la Concorde‹, die man in der ›Cour des Ministres‹ aufstellte (1928 wieder entfernt) paßten absolut nicht dorthin.

Die Säle im Erdgeschoß wurden ihrer geschnitzten ornamentalen Wandvertäfelungen und ihrer Gemälde beraubt. Die wichtigsten Umgestaltungen fanden in den Flügeln statt, in denen man während des Ancien Régime ein Durcheinander von Wohnungen installiert hatte; diese wurden jetzt durch Museumssäle, Galerien und Treppen ersetzt, deren Armseligkeit umsomehr hervortrat, als sie in so unmittelbarer Nähe prachtvoll ausgeschmückter Räume lagen. Das Hauptstück bildet die hundertzwanzig Meter lange, von Fontaine und Nepveu im Südflügel errichtete ›Galerie des Batailles‹, die durch ein im Gewölbe eingelassenes Oberlicht erhellt wird.

Das Erdgeschoß dieses Flügels wurde, nebenbei bemerkt, in dem zur Straße hin gelegenen Teil durch den Einbau von Versammlungsräumen völlig umgestaltet. Der große mittlere Hof wurde 1875 in den Saal der Nationalversammlung verwandelt, der später als Kongreßsaal den Präsidentenwahlen diente. Auf der Seite der ›Cour des Princes‹ liegt ein Saal, der einige Jahre lang von den Versammlungen der ›Union française‹ benutzt wurde.

Was wurde in diesem Museum ausgestellt? Im Erdgeschoß des Hauptgebäudes Marschälle, Admiräle, Generäle. Im Obergeschoß Königsporträts und Schlachtenbilder. Im Nordflügel Porträts und wieder Schlachtenbilder. Und in den steinernen Galerien der beiden Flügel Grabplatten, Büsten, Statuen von Königen und Feldherren. Die Gesamtkonzeption dieses Museums ist von einer entwaffnenden Simplizität.

Am 10. Juni 1837 wurde das Museum vom König, in Begleitung seiner Söhne und in Anwesenheit aller Stände und der bedeutendsten Persönlichkeiten des Königreichs, feierlich eröffnet. Die Berichte über dieses Ereignis sind überschwenglich. Man verglich das alte mit dem modernen Versailles, die ›Galerie des Batailles‹ mit der ›Galerie des Glaces‹, was – wen verwundert es? – nicht immer zugunsten der Spiegelgalerie ausfiel.

Der Museumsbestand von Versailles enthält nichtsdestoweniger sehr beachtliche Stücke, besonders die Porträts, die Büsten der drei Könige, die mit Versailles am meisten verbunden waren, und ihrer Familien, ausgeführt von den größten Künstlern der damaligen Zeit, dazu eine Serie Porträts aus dem 16. Jahrhundert, die aus der Sammlung Roger de Gaignières stammen. Wir finden da Landschaftsbilder von Versailles oder anderen Gegenden, die viel mehr als nur reine Dokumente sind. Und dann die bemerkenswerten Gemälde, die napoleonische Heldentaten verherrlichen und von den bedeutendsten Malern der Epoche geschaffen wurden.

Alles war hier nach rein historischen Gesichtspunkten angeordnet; alles gruppierte sich um große Persönlichkeiten und wichtige Ereignisse. Und dieses Programm mußte eingehalten werden. Es erwies sich bei der Durchführung allerdings als äußerst schwierig, alte Werke zu erwerben oder anzukaufen; man fertigte kurzerhand Kopien und Abgüsse an, und schließlich gab man zeitgenössischen Künstlern bestimmte Themen in Auftrag.

Man war nicht nur an eine historische Anordnung gebunden, sondern auch an eine räumliche. Damit die Gemälde in die symmetrischen Rahmen paßten, deren einheitliche Maße nach der Größe der Säle berechnet worden waren, arbeiteten die Künstler auch nach Maß. Handelte es sich aber um bereits vorhandene, alte Werke, so wurden sie erbarmungslos verstümmelt, indem man sie mit Gewalt in diese Rahmen zwängte oder – wenn sie zu klein waren – bedenkenlos anstückte.

Wahllos hängte man Altes neben Neues, Original neben Kopie, nur die chronologische Reihenfolge war maßgebend. Künstlerische Gesichtspunkte – wenigstens was wir darunter verstehen – wurden nicht ihn Betracht gezogen. Das Interesse der Sachverständigen und der Öffentlichkeit galt viel mehr den großen, die Vergangenheit auf melodramatische Weise verherrlichenden Panoramen als den unfreundlichen, mit Perücken behängten Gestalten, die für sie nichts weiter als langweilige Überbleibsel einer glücklicherweise längst versunkenen Epoche darstellten.

1892 unternahm Pierre de Nolhac mit viel Geduld und wissenschaftlicher Fachkenntnis eine Arbeit, die man mit dem Wort ›Säuberung‹ kennzeichnen kann; er trennte das Echte vom Unechten, die Spreu vom Weizen; er versah die Kunstwerke mit den Namen ihrer Schöpfer und gab ihnen den Platz, der ihnen schon in den königlichen Sammlungen bestimmt gewesen war. Er restaurierte und ließ neue Rahmen anfertigen (die alten waren inzwischen verchwunden); schied auch die Kopien, Abgüsse und lange Jahrhunderte nach dem Tod der Modelle gemalten vorgeblichen Porträts aus. Er ließ richtige Museumssäle einrichten und gab dem Schloß das Aussehen einer königlichen Residenz zurück. Die späteren Konservatoren des Schlosses sollten in dem Sinne Nolhacs weiterarbeiten.

Musée de l'Histoire de France

Machen wir einen Rundgang durch das Museum und lassen wir uns dabei von dem leiten, was uns am besten gefällt. Sie müssen diesen Weg nicht unbedingt einhalten; es soll nur ein Vorschlag sein. Außerdem sind, während wir diese Zeilen schreiben, bereits schon wieder neue Veränderungen im Gange.

Hier haben Geschichte und Kunst jeweils ihren eigenen Platz. Trotz aller Bemühungen ist eine Verbindung nicht immer geglückt. Vielleicht begeistern wir uns mehr für das eine oder das andre, vielleicht finden wir sogar Gefallen an diesen historischen Gemälden, die Geschichte erzählen. Es ist nichts dabei, sich für eine Malerei zu interessieren, die uns – und sei es auch in banaler Form – vom Leben und Treiben der Vergangenheit erzählt. Selbst einem zweitrangigen, süßlichen oder langweiligen Gemälde aus dem 17. oder 18. Jahrhundert kann man noch irgendwelche reizvolle Aspekte abgewinnen.

Was keinen ernsthaft historischen Charakter aufwies oder keinerlei Talent offenbarte, hat man sorgsam vor unseren Blikken zu verbergen versucht. Das war nicht so einfach. Man konnte ja schließlich nicht Dinge, die in die Architektur eingefügt waren, herausreißen. Auch daran sollte man denken, wenn man die Sammlungen besichtigt.

Was von der alten an Ludwig XIV. geschenkten Sammlung Gaignières' übrig geblieben ist, besteht aus Gemälden des 16. Jahrhunderts, darunter mehrere von kleinem Format. Es ist dies eine sehr wertvolle Galerie der Porträtkunst jener Epoche. (Einige Bilder haben leider unter der Zeit und den Restauratoren gelitten.) So sehen wir hier Philipp II. den Kühnen und Johann Ohnefurcht; Karl den Kühnen einmal im Gebet, ein andermal den Vorsitz des ›Parlement de Bourgogne‹ führend; das beste Porträt Philipps des Schönen; dann das sanfte Gesicht mit dem ganz nach innen gekehrten Blick der Maria Stuart, der Königin von Schottland, und schließlich die sichere Arroganz der Diana von Poitiers. Wir sehen den Kurfürsten von Sachsen, den Cranach mit einem Minimum an bildnerischen Mitteln charakterisierte; Guillaume Budé, ›Prince du savoir‹, neben den Prinzen von Geblüt; Heinrich III. auf einem Ball, dann am Lido von Venedig beim Empfang des Dogen; Heinrich IV., den Prinzen von Navarra, sowohl als Kind wie als Erwachsenen, als König von Frankreich, fröhlich und in heiteren Farben gemalt.

Das sind die Säle des Nordflügels mit ihrer strengen Einteilung, sie kommen noch am ehesten dem gleich, was wir von einem Museum erwarten. Die chronologische Reihenfolge wurde eingehalten, die Gemälde gut aufgehängt.

Wir lieben die Gemälde der Schlachten Ludwigs XIII. Sie stammen aus den bedeutenden Sammlungen Richelieus und erinnern in ihrer pedantischen Genauigkeit an Flugaufnahmen. Und dann diese Krieger mit ihren großen Spitzenkrägen über der Rüstung, wie der von Concini getötete Marschall de Vitry mit seiner niedrigen Stirn und dem großen, harten Kinn! Das Porträt Ludwigs XIII. schuf Vouet, das von Richelieu Philippe de Champaigne und den Kanzler Séguier der Maler Testelin. Eigenartig und verwirrend ist das Bildnis der Herzogin de Rohan-Montbazon: die Linienführung ihres Körpers und der Jagdkleidung setzt sich in der Arabeske ihres um die Schulter gehängten Bogens fort. Sie schreitet zu Seiten eines riesigen Hirsches, der sie mit liebendem Blick betrachtet.

Hier sehen wir ein Fatschenkind, dessen runder Kopf genau die gleiche Größe aufweist wie die runde Brust, die ihm seine Amme reicht; es ist der spätere Ludwig XIV.

Im anschließenden Saal herrscht eine Atmosphäre von Mysterium und Sammlung: wir befinden uns in Port-Royal! Die weißen und schwarzen Nonnen mit dem großen roten Kreuz auf der Brust sind ein Werk von Champaigne. Die Herren Saint-Cyran, Jansen, Arnauld, Lemaistre de Sacy und Pascal trösten die Oberin Agnès Arnauld. Es ist eine andere Welt. Die Abtei Port-Royal-des-Champs und Versailles, welche Gegensätze!

In den folgenden fünfzehn Sälen in zwei Stockwerken entfaltet sich das Leben der Regierungszeit Ludwigs XIV. Nicht eben viel für diese ereignisreiche Zeit. Alles oder fast alles ist hier vertreten – wenigstens was die Glanzzeit anbetrifft. Wir sehen ein Bild von Patel, das Versailles im Jahre 1668 zeigt – es wirkt fast wie ein architektonischer Entwurf –, dann das vollendete Versailles, ein Werk von Pierre Denis Martin aus dem Jahre 1722, weiter die königlichen Residenzen von van der Meulen, der berühmte ›Carrousel‹ von 1662 auf der ›Place des Tuileries‹, eines der eigenartigsten Bilder von großem dokumentarischen Wert.

Lebrun hat uns von seinem König zum Zeitpunkt seines Regierungsantritts ein strahlendes Porträt hinterlassen; betrachten wir daneben die feierlichen Porträts von Rigaud, die den gereiften König zeigen, mit Waffen und in weiten Samt- und Hermelinumhängen. Die königliche Familie setzte sich für Nocret in Pose, alle Augen sind – man möchte fast sagen – dem Objekt des olympischen Hoffotografen mit offensichtlicher Geziertheit zugewandt. Doch lassen wir uns durch diese Mythologie nicht täuschen, in der Verkleidung von Göttern und Göttinnen lassen sich wahrheitsgetreue Porträts erkennen.

Die schönen Freundinnen sind so verschieden: die kleine La Vallière von Nocret als Diana, schüchtern, anmutig, noch scheuer als die Hirschkühe, die sie anscheinend jagt; die Montespan von Mignard dagegen, furchtlos und triumphierend. Der Maler verließ den Olymp, um Madame de Maintenon zu malen. Er konnte sie nur als Heilige darstellen, ihre Schutzpatronin Françoise wurde dafür ausgewählt – so entstand das Porträt einer klugen, selbstsicheren Dame.

Nicht alle großen Männer des Königreichs figurieren in dieser Galerie, wohl aber: Molière, Boileau, Racine, La Fontaine, Le Nôtre, dazu Wissenschaftler, Komponisten, sie alle versammelt um den ernsthaften Colbert, von dem Lefebvre ein seiner würdiges Gemälde geschaffen hat. Es ist durchaus nicht verwunderlich, daß die besten Bildnisse Selbstporträts der Künstler sind: Lebrun, Rigaud, Largillière, Coypel. Eine Skizze von Lebrun bringt vorzüglich die Willenskraft Turennes zum Ausdruck.

Charakteristisch für diese Zeit ist das große repräsentative Staatsporträt. Das Antlitz zeigt stark persönliche Züge, tritt jedoch kaum unter der riesigen Perücke hervor; es ruht auf einem Berg von Draperien und Stickereien, im Vordergrund stehen jedoch die Rangabzeichen. Für diese Art der Darstellung bietet Rigauds festlich geschmückter Marquis de Dangeau ein großartiges Beispiel.

Es gibt kaum einen interessierten Menschen, der nicht vor den malerischen Hofszenen stehenbleibt: ›Les savants présentés au Roi‹ mit dem Observatorium im Hintergrund, ›La réparation faite à Louis XIV par le Doge de Gênes‹ und ›L'Audience donnée à l'ambassadeur de Perse‹.

Das Erdgeschoß des Hauptgebäudes ist der Zeit Ludwigs XV. und Ludwigs XVI. gewidmet. Als erstes erblicken wir einen reizenden Ludwig XV. im Alter von fünf Jahren auf einem seiner Größe entsprechenden Thron sitzend, den Rigaud wie seine Vorfahren in einen mit Lilien übersäten Umhang gehüllt hat. Van Loo porträtierte den König im Alter von fünfzehn Jahren zum Zeitpunkt seiner Hochzeit. La Tour wird dann später ›den

14 *Der Große Salon im Grand Trianon*

13
← *Grand Trianon*

15 *Der Musiksalon im Petit Trianon*

16

Im Gartenparterre von Versailles: Vase de la Guerre →

schönsten Mann des Königreichs‹ malen, mit wachem und zugleich träumendem Blick und einer ausgeprägten Sinnlichkeit. Ein Jahr vor seinem Tode malte ihn Drouais, das Bild zeigt einen immer noch schönen, doch inzwischen lebensmüden Mann.

Gemälde von unterschiedlichem Wert stellen private, religiöse oder militärische Feiern dar. Einige offenbaren die Langeweile offizieller Aufträge, andere wiederum sind äußerst lebendig, so einzelne Gemälde von Parrocel oder die vor Leben sprühende ›Revue des mousquetaires noirs‹. Vergessen wir auch nicht die reizende Gouache-Serie von Blarenberghe.

Nattier dominiert hier, er verleiht diesen Sälen ihren Glanz. Waren die Töchter Ludwigs XV., die im Alter so wenig angenehm waren, in ihrer frühen Jugend wirklich so hübsch und sanft? Etwas weiter sehen wir sie noch einmal, jetzt dreißig Jahre später, die beiden letzten, Madame Adélaïde und Madame Victoire – ›die Tanten‹, die Marie Antoinette das Leben schwer machten, wirklichkeitsnah dargestellt von Madame Labille-Guiard.

Nach Nattiers Bildern zu urteilen, scheinen alle etwas von der Melancholie ihres Vaters geerbt zu haben. Die Gattin des französischen Thronfolgers, Maria Josepha von Sachsen, dagegen strahlt Unbeschwertheit aus. Das gedämpfte Porträt Maria Leszczinskas im Morgenkleid, ein aufgeschlagenes Evangelium in der Hand, das ihr sicherlich Kraft für ihre nie versiegende Duldsamkeit verlieh, verdeutlicht ihren Wunsch nach Zurückgezogenheit.

Kaum hatte Nattier das Porträt der Königin vollendet, als er die Favoritin des Königs zu malen begann: die Marquise de Pompadour ist hier aber nicht nur durch das berühmte Gemälde, sondern auch die liebenswürdige Büste von Pigalle vertreten. Obwohl man ihr im allgemeinen Verachtung entgegenbrachte, empfanden die Wissenschaftler, Künstler und Literaten ihrer Zeit Freundschaft und Dankbarkeit für sie. Ein Gemälde von Tocqué zeigt die Marquise umgeben von d'Alembert, Buffon, Montesquieu, Boucher, Cochin, Louis-Michel van Loo und ihrem Bruder, dem Intendanten Marigny.

Nattier schuf noch ein Porträt des Herzogs von Burgund und zwei Porträts einer Infantin, deren herrliche Gewänder von der großen Kunstfertigkeit des Meisters zeugen.

Der ausgezeichnete Duplessis hat ein höchst offizielles Porträt Ludwigs XVI. geschaffen; es zeigt den Souverän in Herrscherpose, die so gar nicht zu dem gutmütigen Gesicht paßt. In seiner Regierungszeit wird die Rolle Nattiers von Madame Vigée-Lebrun, der Freundin Marie Antoinettes, übernommen; sie malte mit Vorliebe Porträts junger Frauen und Kinder, die jedoch alle ein wenig rührselig wirken.

Zu erwähnen sind noch einige Dokumente über die Revolution und das große Fragment eines äußerst interessanten unvollendeten Gemäldes, das David für den ›Serment du Jeu de Paume‹ geschaffen hatte, sowie die ausgezeichnete Kopie eines der großen Werke französischer Malerei: ›Marat dans sa baignoire‹ – ›Der tote Marat‹, daneben die Zeichnung Davids von dem Leichnam.

Die Malerei in der Zeit des Konsulats und Empire erschöpfte sich fast ganz in Historienmalerei.

Hunderte von Metern lang erschlägt sie uns mit ihren martialischen Soldaten und ihrem Säbelrasseln. Der Betrachter kann sich berauschen an diesen Metzeleien: Verwundete, Gefangene, stürzende Pferde, darüber die Zweispitze der Generäle und wehende Fahnen. Und überall taucht in Gestalt oder als Symbol General Bonaparte oder Kaiser Napoleon auf.

Louis-Philippe wünschte einen Saal der Apotheose, was ihm auch gelungen ist. Die ›Salle du Sacre‹ wurde dazu eingerichtet; man stockte sie auf, damit sich die großen Werke Davids, ›Le Sacre‹ und ›La Distribution des aigles‹, unterbringen ließen. ›Le Sacre‹ ist eine Kopie von der Hand des Künstlers selber, es ersetzt seit 1948 das Original, das in den Louvre überführt wurde. ›La Bataille d'Aboukir‹ – ›Die Schlacht von Abukir‹ – des Baron Gros duldet diese Nachbarschaft.

Wenn man zur ›Attika Chimay‹ hinaufsteigt, wird man vielleicht das entdecken, was diese Zeit am besten, wenn auch nicht wirkungsvollsten charakterisiert. Die Anordnung ist geschickt und übersichtlich. Selbst die Schlachtenbilder haben nichts so Bombastisches an sich wie die Gemälde in der Galerie. Sie vermitteln uns den Eindruck von Reportagen und sind nicht auf Grund mündlicher oder schriftlicher Schilderungen entstanden, sondern ihre Schöpfer waren selbst auf den Schauplätzen. Dies trifft für den Pionierhauptmann Bagetti zu, seine Städte und Befestigungsanlagen sind mit militärischer Genauigkeit ausgeführt; noch deutlicher wird dies bei dem Baron Lejeune, dem General der ›Großen Armee‹. Was seine Augen gesehen haben – oder hätten sehen können –, hat er lebendig mit Eifer und Genauigkeit im Detail dargestellt: Neapel, Pyramiden, Abukir, der Berg Tabor, die spanischen Kriege ziehen an uns vorüber.

Daneben genauso wirklichkeitsnah, obwohl auf eine ganz andere Art, dreißig Kohlezeichnungen von Dutertre: dreißig Vollmondgesichter von Offizieren aus dem gehobenen Bürgertum, mit Federbüschen wie Fürsten geschmückt.

Gérard stellt uns die Berühmtheiten seiner Zeit vor in einer sehr wertvollen Skizzensammlung für Porträts, die er im Laufe einer langen, großartigen Karriere, die mit dem Direktorium begann und erst mit ihm selbst, in der Regierungszeit Louis-Philippes, erlosch, Gelegenheit hatte zu malen. Wir finden hier auch so vollendete Werke wie ›Marie-Louise et le Roi de Rome‹ und andere berühmte Gemälde, darunter ›Bonaparte Premier Consul‹ von David und ›Bonaparte à Arcole‹ von Gros, das seit Generationen in allen französischen Geschichtsbüchern abgebildet wird. Interessant was das Thema wie auch die ungewöhnliche Malweise anbetrifft: ›Napoléon décorant les artistes au Louvre‹ von Gros.

Horace Vernet war vielleicht der letzte Maler militärischen Charakters. Später stoßen wir auf Bilder von Alphonse de Neuville und Detaille. Deshalb hat das letzte bemerkenswerte Bild, das uns von diesem Museum in Erinnerung bleibt, Bezug zu seiner Eröffnung: Louis-Philippe reitet auf einem weißen Pferd, in Begleitung seiner Söhne auf schwarzen Pferden, durch das Tor des Schlosses. Das Ganze entbehrt nicht einer gewissen Würde.

Was den zeitgenössischen Teil anbetrifft, so möchten wir lieber nichts dazu sagen, vielleicht nur, daß wir seine Auflösung wünschen. Warum hat man jene alte Sammlung von Marschällen bis Foch weitergeführt, wenn sie dann doch nicht weiter fortgesetzt wurde? Wozu diese vereinzelten Porträts von Komödianten, Komponisten? Ein Fallières, ein Doumer in diesem Schloß wirken ebenso lächerlich wie befremdend.

Versailles ist ein historisches Museum, in dem Zehntausende von graphischen Dokumenten liegen, die von den Wissenschaftlern übrigens noch nicht genau erforscht sind.

Daß hier offizielle Porträts, seien es nun Bilder oder Skulpturen, von Präsidenten der Republik oder anderen Persönlichkeiten aufbewahrt werden, gehört sicherlich zu den Funktionen eines Museums. Aber sie wären doch besser in einem Nebenbau des Schlosses untergebracht.

Man hat eingewandt, daß es zu viele Schlachtenbilder, zuviele Adler und Bienen in diesem Königsschloß gibt. Das mag wahr sein, doch haben die napoleonischen Schlachten großartige Werke entstehen lassen, die diesem Bauwerk wohl ebenbürtig sind.

Grand Trianon

Man kann auf mehreren Wegen zum Trianon gelangen. Den feierlichsten allerdings, den man einst bei hohen Anlässen benutzte, kann man leider nicht empfehlen: den zu Schiff von Klein-Venedig durch den Haupt- und rechten Seitenarm des ›Grand Canal‹ bis zur monumentalen, unterhalb der Terrasse des ›Grand Trianon‹ gelegenen Anlegestelle.

Man geht deshalb am besten zu Fuß quer durch die Bosketts bis zum Eingangstor, oder den ›Tapis vert‹ entlang, am ›Bassin d'Apollon‹ vorbei, über die ›Allée de la Reine‹. Von dort sind es nur noch einige Minuten bis zum Hof des Schlosses. Wenn man mit dem Wagen unterwegs ist, fährt man hinter dem ›Bassin de Neptune‹ auf dem ›Boulevard de la Reine‹, dann auf der zwischen den Mauern des Parks und einer riesigen Wiese gelegenen ›Avenue de Trianon‹, an deren Ende eine rosafarbene Kolonnade auftaucht. Jeder dieser Wege hat seinen Reiz.

Aber wie ist Trianon überhaupt entstanden? Als der nördliche Arm des Kanals ausgehoben wurde, stieß man auf die halb verfallenen Gemäuer des Weilers Trianon, der im Vergleich zu der am anderen Ende des Kanals gelegenen herrlichen Menagerie natürlich äußerst armselig wirkte. Der König kaufte diese Häuser sowie die angrenzenden Ländereien, vereinigte sie mit seiner Domäne und ließ zunächst einen Garten anlegen.

Die Entstehungsgeschichte

Es fällt schwer, gegenüber dem Reiz des Trianon unempfindlich zu bleiben. Während wir in jugendlicher Überheblichkeit die Architektur von Versailles etwas herablassend betrachteten und nur den ›Escalier des Cent Marches‹, die ›Hundert-Stufen-Treppe‹ und das Innere der ›Orangerie‹ gelten ließen (weil dies reine Architektur war), so machten wir ebenso beim Trianon eine Ausnahme. Damit stimmten wir – ohne es zu wissen – mit Saint-Simon überein, der prinzipiell jedem neuen Gebäude gegenüber ablehnend eingestellt war und nur das Trianon anerkannte. Und Lieselotte von der Pfalz, obwohl sonst wegen ihrer bissigen Kommentare bekannt, schrieb, welches Vergnügen es ihr bereitete, dort für einige Wochen zu wohnen.

Vom Eingangstor führt eine Avenue zu einer Art offenem Vorhof. Den Ehrenhof hinter den Balustraden und abgerundeten Gräben schließt ein sehr schönes, äußerst fein gearbeitetes Gitter, durch das man ungehindert hindurchblicken kann. Zwei flache Seitenflügel werden durch ein Peristyl verbunden, das den Blick auf die Gärten dahinter freigibt.

Will man das Trianon als Landhaus bezeichnen, so ist es wohl das herrlichste der Welt. Das Erdgeschoß geht über in Gärten, die diesen Eindruck noch verstärken. Und obwohl das Trianon von vollkommener Harmonie und wie aus einem Guß erscheint, ist es doch das Ergebnis längerer planerischer Überlegungen zwischen Ludwig XIV. und seinem ersten Architekten.

Ludwig XIV. wollte seine Idee nicht in der üblichen, symmetrischen Bauweise verwirklicht sehen: so wurden nur die Eingangsfassaden symmetrisch angeordnet, der Rest aber ist ein Spiel mit dem Gleichgewicht. Der König wünschte sich ein Peristyl, rosafarbene Pilaster und grüne Säulen. Er nutzte die Abwesenheit des zurückhaltenden Mansart aus, um sich von Robert de Cotte einen Plan entwerfen zu lassen.

Diesem Bauwerk à l'italienne, einer Quintessenz des französischen Geschmacks, war ein solcher Erfolg beschieden, daß ihm die höchste Auszeichnung zuteil wurde: der Name wurde zum Begriff. Von nun an wünschte sich jeder, der über die nötigen Mittel verfügte, ein ›Trianon‹ in seinem Park, und die Bürger, berichtet uns der ›Mercure galant‹, »verwandeln altes Gemäuer, oder zumindest irgendein Zimmer ihres Hauses in eine Art Trianon«.

Das Trianon, so wie wir es heute vor uns sehen, ist nicht das erste. 1670, also in dem Jahr, in dem mit den großen Arbeiten an Versailles begonnen wurde, ließ der König von Le Vau an eben dieser Stelle und teilweise nach dem gleichen Plan ein Lustschlößchen erbauen. Der gleichfalls eingeschossige Pavillon wurde von vier kleineren vorspringenden Pavillons umrahmt. Das ganze Gebäude war mit bunten, vor allem blauen und weißen, den sogenannten Delfter Kacheln ähnlichen Fliesen verkleidet. Daher sein Name: ›Trianon de Porcelaine‹. In Wirklichkeit handelte es sich freilich um Fayencen aus der Manufaktur von Lisieux.

Dieses Porzellan-Trianon kennen wir nur aus Stichen und den Schilderungen begeisterter Zeitgenossen. Man sprach damals von einem ›Pavillon à la chinoise‹, natürlich einem stark latinisierten China. Die Berichte und Skizzen der Missionare wurden unter dem Himmel der Ile-de-France verniedlicht, und der Porzellanturm von Nanking, der die Reisenden so stark beeindruckt hatte, scheint dieses Trianon mit seiner dorischen Ordnung kaum beeinflußt zu haben.

Das Trianon war ein Haus für die Damen. Madame de Montespan profitierte am meisten davon. Madame de Sévigné berichtet in einem Brief, was ein wenig überraschen mag, daß die Königin zum Schloß von Clagny fuhr, um sie in ihrer Karosse nach Trianon mitzunehmen.

Der König fühlte sich dort zu Hause, ohne Höflinge, ohne Publikum und frei von all dem erdrückenden Zeremoniell. Er hielt sich übrigens nur äußerst kurz dort auf, selten länger als einen Tag. Es war Sitte, daß die geladenen Damen, selbst die der königlichen Familie, ohne jegliche Begleitung dorthin kamen.

Dieses in der Sonne leuchtende Spielzeug aus Blau und Weiß war phantasievoll verziert. Die Dachbalustraden, das Dachgesims und der First waren mit Fayence-Vasen, bunten Vögeln und goldenen Ähren verziert. »Alle Bassins sind aus Porzellan, oder scheinen aus Porzellan zu sein. Aus mehreren Vasen sieht man Fontänen aufsteigen. Alle Blumentöpfe und Pflanzenkästen sind aus Porzellan.« Das Innere war im gleichen Stil gehalten, laut Félibien »nach Art der Dinge, die aus China kommen«.

In Wirklichkeit waren die Wände mit blauem und weißem Stuck verziert, die Möbel in den gleichen Farben bemalt und darüber hinaus noch mit weißem, blau und gold durchwirktem Taft bezogen.

Das grazile Bauwerk war sehr zerbrechlich. Das ›Porzellan‹ zerbarst beim Frost, und nach sechzehn Jahren war das reizvolle Kunstwerk verfallen.

Binnen kurzem erstand dafür jedoch ein neues Trianon, und zwar diesmal aus Marmor. Die ersten Entwürfe von Mansart datieren vom Sommer 1687. Die Ungeduld und Autorität Ludwigs XIV. wirkten Wunder: am 17. Januar des folgenden Jahres fand bereits eine Theateraufführung statt, und am 22. dinierte der König dort, obwohl die Arbeiten noch längst nicht beendet waren.

Das Porzellan-Trianon war Madame de Montespan geweiht. Der vorzeitige Verfall jenes Bauwerks war sicherlich nicht der einzige Grund, daß es abgerissen und durch ein ebenfalls sehr heiteres, freilich viel königlicheres Haus ersetzt wurde. Madame de Maintenon hätte es abgelehnt, mit den Möbeln der Montespan zu leben.

Das Marmor-Trianon ist sicherlich das Hauptwerk von Mansart und seiner neuen Mitarbeiter. Hier ist bereits der Geist des jungen Robert de Cotte zu erkennen, den man den zweiten Versailles-Stil nennen könnte.

Die anmutige Anlage erinnert durch ihre schlanken, hohen Rundbogenfenster und den köstlichen Farbakkord des Marmors an ein Theater. Die Pilaster und Säulen, grün auf der Hofseite, rosa auf der Gartenseite, mit ihren Basen und Kapitellen aus weißem Marmor, erheben sich vor einem Hintergrund aus hellem Stein. Coustou und Joly haben die Rundbögen mit Blumengirlanden verziert. Von der Säulenhalle sehen wir nur den Nordflügel, der die Blumenbeete vor Kälte schützt. Ein rückwärtiger Flügel, das sogenannte ›Trianon-sous-Bois‹, bleibt unserem Blick verborgen. Diese asymmetrische Anlage mit der zweimaligen Abwinkelung des Flügels war damals etwas ganz Außergewöhnliches.

Wenn wir unseren Rundgang in Trianon mit den Gärten beginnen, so hat dies noch mehr Berechtigung als in Versailles. Zwischen dem Parterre vor dem Peristyl und dem Schloß besteht eine Wechselbeziehung: sie scheinen ineinander überzugehen. Das ist es, was den besonderen Reiz des Trianon ausmacht; selten hat man vordem ein Bauwerk von solch unvergleichlicher Transparenz gesehen. Die Fenstertüren, die man über einige, sich über die ganze Breite des Gebäudes hinziehende Stufen erreicht, stellen die Verbindung zu den Gärten her. Die Kapitelle und Reliefs zeigen Motive des Gartenbaus, der Jagd, des Fischfangs und der Musik. Die Balustraden waren bis zur Revolution mit großen Vasen, Skulpturen und Trophäen geschmückt.

Die Gärten sind heute natürlich nicht mehr so reich wie früher. Damals bot Le Bouteux, der Neffe von Le Nôtre, alles auf, um Levkojen, Anemonen, Jonquillen, Hyazinthen, Veronika, Gartenanemonen, Tulpen aus Holland und Narzissen aus Konstantinopel ständig zu erneuern, um so die Blumenleidenschaft des Königs zu befriedigen. Einige Beete waren mit stark duftenden Blumen bepflanzt; mit Lilien, Tuberosen und Jasmin aus Spanien. Colbert, der sich um alles kümmerte, ließ von überall her – wenngleich manchmal unwillig – Pflanzen kommen. Eine unübersehbare Menge Blumentöpfe zierte damals die Anlagen, einige davon wurden täglich erneuert. Was man Orangerie nannte, war ein großes Treibhaus mit Orangen-, Zitronen-, Feigenbäumen und anderen südländischen Sträuchern; es war ein Wintergarten, der »noch erstaunlicher als der Sommergarten« war. Von all diesen ausgefallenen Dingen entdecken wir kaum noch Spuren.

Anders als bei Versailles haben wir hier nur eine begrenzte Aussicht. Die Gärten sind so intim wie die Appartements des Trianon. Die Terrasse hat ihr Aussehen bewahrt. Mitten zwischen den Beeten tauchen rosafarbene Marmorbassins und Kindergruppen aus Blei von Girardon und Marsy auf.

Aber wenden wir uns nun der Balustrade zu, welche den Kanal – den einzigen Fernblick! – beherrscht. Hier befand sich die von Le Vau geschaffene Anlegestelle. Sanft abfallende, mit Tropfstein verzierte geschwungene Rampen umrahmen das ›Bassin du Fer à Cheval‹ und führen zur Terrasse.

Die kleine Herzogin von Burgund kam gerne nach Trianon. Ihr aufgewecktes Wesen entzückte den alternden Ludwig XIV. Er liebte sie, verwöhnte sie, erfüllte ihr jeden Wunsch. Von Dangeau wissen wir, daß sie manchmal die Nacht im Freien verbrachte und erst zu morgendlicher Stunde – wenn Madame de Maintenon ihr Appartement verließ, um sich zu den wohlerzogenen Fräulein von Saint-Cyr zu begeben – nach Hause zurückkehrte.

Jenseits der kreuzblattförmigen Beete und in der Achse des Peristyls schlummert unter Bäumen das ›Bassin du Platfond‹. Da das Trianon durchaus romantische Reize besitzt, besuchen wir diese Stelle gern im Winter, wenn das dunkle Wasser voller toter Blätter ist.

Viele, manchmal parallel laufende Alleen durchziehen die Anlagen. Eine davon führt uns rechts zu dem großen, von Mansart errichteten ›Buffet d'Eau‹ mit seinen unzähligen Figuren, der einzigen architektonischen Anlage der Gärten von Trianon. Die Bildhauer Le Lorrain, van Cleve, Poirier und Mazière haben diesen mythologischen Altar in Gemeinschaftsarbeit geschaffen. Der weiße und bunte Marmor ist mit Medaillons und wasserspeienden Köpfen, darüber mit Neptuns- und Amphitrite-Figuren aus Blei verziert. Doch diese Fontäne verfiel und wurde später stark restauriert; was wir heute sehen, kann man nur noch als Kopie bezeichnen.

Kopien sind auch die Fontänen und Vasen des ›Bassin des Quatre Saisons‹ oder ›Bassin des Quatre Nymphes‹. Die im Halbkreis um das Wasserbecken herum aufgestellten ›römischen‹ Büsten, stellen Kaiser oder andere Berühmtheiten dar. Mit Ausnahme der Wasserflächen und Rasenteppiche sind die Gärten hier sehr unregelmäßig angelegt – etwas höchst Außergewöhnliches für Versailles.

Steigen wir hinab zu der höchst reizvollen Freitreppe des ›Trianon-sous-Bois‹. Vor dem Schloß lag einst der in barockem Stil angelegte ›Jardin des Sources‹; Le Nôtre liebte diese mit Sträuchern bepflanzten Inseln inmitten kleiner Bäche. Neben dem ›Jardin du Roi‹, einem geschlossenen, früher prächtigen Garten, sitzt ein reizender kleiner Amor auf einer Fontäne, ein Überbleibsel des ›Bosquet du Théâtre d'Eau‹. Sein Schöpfer ist Gaspard Marsy. Unglücklicherweise hat man den Liebesgott auf eine plumpe, schlecht proportionierte Muschel gesetzt, daneben wachsen Iris, und das Ganze hat einen Anflug von Jugendstil.

Der bewaldete Teil des Gartens jenseits der ›Quinconces‹ ist – ähnlich den Gärten von Versailles – in geometrische Figuren und Laubengänge gegliedert, besitzt jedoch außer einigen noch vorhandenen Bassins weder Wasserspiele noch Gartenplastiken. Dieser Teil war lange Zeit verwildert, heute finden wir seine Spuren wieder. Die langen weiten Alleen dieses Waldparks schneiden sich in ›Rond Points‹ und geben tiefe Perspektiven frei.

Das Schloß

Die unter Leitung von Mansart, Robert de Cotte und Lassurance eingerichteten Appartements unterscheiden sich sehr von denen im Versailler Schloß. Die Zimmer sind niedriger und kleiner, kein Marmor oder vergoldetes Kupfer, dafür helle Boiserien, Decken und Friese aus weißem Stuck – alles hell und lichtdurchflutet.

In den letzten Jahren wurden am ›Grand Trianon‹ bedeutende Restaurierungsarbeiten vorgenommen. Dies geschah auf Anordnung von General de Gaulle, der hier ausländische Staatschefs empfangen wollte. In Wirklichkeit hat das Schloß jedoch kaum dieser politischen Bestimmung gedient. Auch die Einrichtung der Räume wurde sehr geschickt und im Stil der Zeit vorgenommen.

Das Mobiliar Ludwigs XIV. war ja entweder zerstört oder verstreut worden. Heute vervollständigen Empire-Möbel und aus-

GRAND TRIANON

LINKER FLÜGEL

1 *Salon*
2 *Salon*
3 *Salon*
4 *Boudoir*
5 *Salon des Glaces*
6 *Chambre du Roi*
7 *Antichambre de la Chapelle*
8 *Salon des Seigneurs*

RECHTER FLÜGEL

9 *Salon rond*
10 *Salon de Musique*
11 *Grand Salon du Roi Louis-Philippe*
12 *Salon des Malachites*
13 *Salon frais*
14 *Galerie*
15 *Salon des Jardins*
16 *Chapelle*

Appartement Napoleons:

17 *Salon des Sources*
18 *Antichambre*
19 *Cabinet de Travail*
20 *Salle de Bain*
21 *Chambre à coucher*
22 *Cabinet de Déjeunen*

RECHTER EHRENHOFFLÜGEL
Appartement des belgischen Königspaares:

23 *Antichambre*
24 *Salon de Famille de l'Empereur*
25 *Chambre de la Reine des Belges*
26 *Antichambre*
27 *Antichambre*

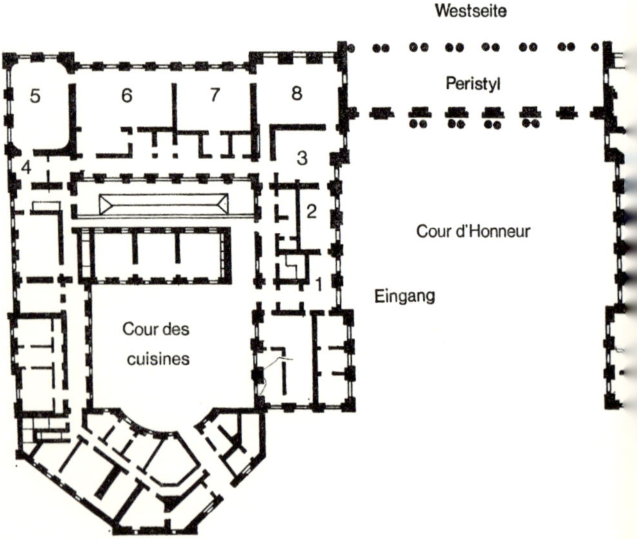

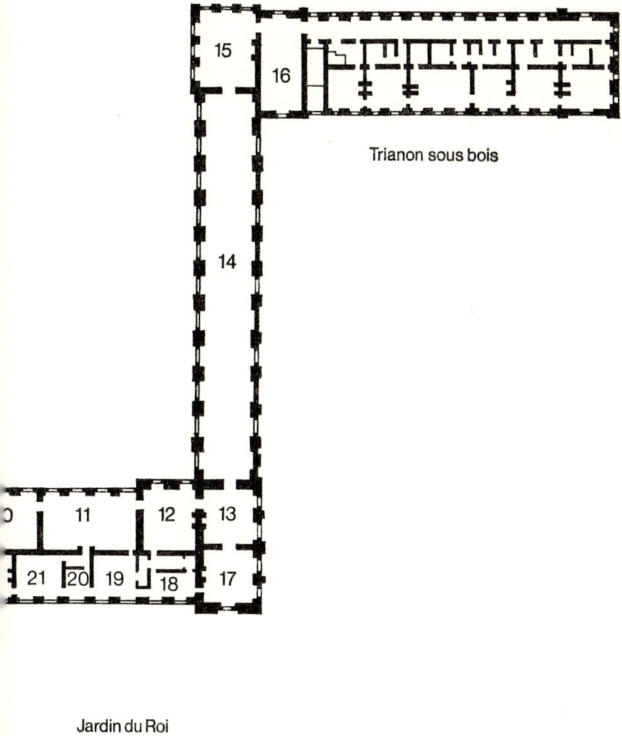
15
16
Trianon sous bois
14
11
12
13
21
20
19
18
17
Jardin du Roi

erlesene Kunstwerke die unter Napoleon geschaffene Einrichtung. Man kann hier unter anderem Gemälde von Monnoyer, Cotelle, Boucher und Hubert Robert bewundern.

In dem zum ›Grand Canal‹ blickenden Flügel sehen wir das von Ludwig XIV., später vom ›Grand Dauphin‹ und danach von der Mutter Napoleons bewohnte Appartement. Der ›Salon des Glaces‹ ist herrlich, obwohl die alten viereckigen, mit vergoldeten Bronzeklammern befestigten Spiegel in der Revolution ersetzt wurden. Der Kamin stammt aus der Zeit Ludwigs XVI.

Die anschließenden Zimmer haben zum großen Teil ihre Boiserien bewahrt. Die ›Chambre du Roi‹ hat Monnoyer mit Blumengemälden verziert. Das Bett ist Empire, die Kommode stammt aus der Zeit Karls X. Das folgende Zimmer ist eine Hauskapelle; man öffnete einen Alkoven, in dem sich ein Altar befand. An den Wänden hängen Porträts von Ludwig XV. Die neben dem angrenzenden Peristyl gelegene ›Salle des Princes‹ hat Mignard mit dem Wappen Ludwigs XIV. geschmückt.

Die Südostseite diente der Verwaltung: sie geht auf einen Innenhof, die sogenannte ›Cour des Cuisines‹, hinaus. Der Umfang dieses Teils des Trianon macht deutlich, daß man mit möglichst wenig Personal auskommen wollte.

Wenn wir das Peristyl durchqueren, stoßen wir zunächst auf die Empfangsräume. Wir gelangen dann zum ›Salon Rond‹ oder ›Salon des Colonnes‹, dann in den ›Salon de la Musique‹, der noch seinen ursprünglichen Dekor aufweist, und in den ›Grand Salon‹, der eine Verbindung der ehemaligen ›Antichambre des Jeux‹ und der ›Chambre du Sommeil‹ darstellt. Das ›Cabinet du Couchant‹ wird auch ›Cabinet des Malachites‹ genannt wegen der vielen Gegenstände aus Malachit, die dort stehen. Der ›Salon Frais‹ und die ›Chambre des Sources‹ liegen im Norden (sie gingen auf die Bäche und den schattigen ›Jardin des Sources‹ hinaus).

Die ›Galerie‹ ist unvergleichlich schön. Auf der einen Seite öffnet sie sich zur sonnenüberfluteten Terrasse, auf der anderen liegt sie im Schatten. Kindergruppen stehen in den Wandnischen, die mit Spiegelglas verkleidet sind. Eine Serie von Tafelmalereien stellt die Gärten von Versailles dar, sie stammt von den eben erwähnten Malern. In der Regierungszeit der drei Könige diente diese Galerie oft als Musiksaal; dort erklangen das Cembalo, die Flöte und die Harfe Marie Antoinettes. Die Akustik ist hervorragend.

Der ›Salon Rond‹ geht in ein Vorzimmer über, von dem aus man links in das Appartement der Madame de Maintenon gelangt. Der kleine Hoftrakt wurde Appartement des Königs, als der Monarch 1704 seiner Gattin näher zu sein wünschte. In diesen kleinen Appartements wohnten nacheinander König Stanislaus Leszczynski, wenn er zu Besuch bei seiner Tochter, der Königin Maria, weilte, dann Madame de Pompadour und schließlich Napoleon, der diesen Gemächern seinen deutlichen Stempel aufgedrückt hat.

Die Feste und Vergnügungen gehörten damit der Vergangenheit an. Mit dem Einzug König Ludwigs XIV. wurden hier ein Arbeitskabinett und ein Beratungszimmer eingerichtet. An sitzungsfreien Tagen kam der König gern nach Trianon, zuweilen in Begleitung eines Ministers, mit dem er ungestört seine Arbeiten erledigte bevor er sich auf die Jagd begab. Den Südflügel hatte er dem ›Grand Dauphin‹ und den Prinzessinnen überlassen.

Diese kleinen Appartements galten als besonders angenehm, vor allem, weil sie auf den kleinen, von Mauern umschlossenen, aber in üppiger Blumenpracht prangenden ›Jardin du Roi‹ hinausgingen. Sie waren vorzüglich geeignet als Zufluchtsort für Ludwig XV., wenn dieser plötzlich dem Hof entfliehen wollte, sei es allein oder in Begleitung von Damen oder gar einer Mätresse. Der Pompadour gelang es zudem ihn für die Natur, für Pflanzen, Blumen und Vögel zu begeistern. Ihr ist es zu verdanken, daß das Trianon noch einmal zu Ehren kam.

Petit Trianon

Auf zwei Wegen kann man zum Trianon Ludwigs XV. gelangen: der eine führt durch den eigentlichen Haupteingang und den Ehrenhof. Wenn wir diesen Weg nehmen, müssen wir beim Verlassen des ›Grand Trianon‹ an den Mauern des Gartens und an den Wirtschaftsgebäuden mit ihren niederen, reizvollen Fassaden entlanggehen. Wir ziehen jedoch einen anderen Weg vor. In der Nähe des ›Jardin du Roi‹ führt eine kleine, aus dem Ersten Kaiserreich stammende Brücke über einen Hohlweg: sie verbindet das ›Grand Trianon‹ mit dem ›Petit Trianon‹. Eingerahmt von Laubengängen in geometrischen Formen, führt der Weg über einen gepflegten Rasen, an einem runden Bassin vorbei. Man erblickt einen sternförmigen Pavillon, der wie ein kostbares Juwel aus dem Boden herauswächst, und steht dann vor der berühmten Fassade des Petit Trianon.

Von hier aus wird uns die Entwicklung der Architektur klar. Wir verlassen das Trianon Ludwigs XIV. und Mansarts und betreten das Trianon Ludwigs XV. und Gabriels. Zwei Epochen, zwei große Architekten – beinahe ein Jahrhundert trennt diese beiden Bauwerke voneinander, eine Zeit stetiger Entwicklung, in der man sich um einen vollendeten Baustil bemühte.

Links hinter den Laubgängen entdecken wir Gebäude, Spuren eines Musterbauernhofes, den der König auf Anregung von Madame de Pompadour hatte anlegen lassen. Es gab hier eine Molkerei, eine Schafzucht, einen Geflügelhof, ein Tauben- und ein Vogelhaus, die ›Ménagerie‹ genannt wurden und die die seltensten Vogelarten beherbergten. Der geschickte Gärtner Richard hatte unter Leitung von Bernard de Jussieu einen Gemüse- und einen botanischen Garten, für den sich der Herzog de Croy, ein Amateurbotaniker, interessierte, angelegt. Pflanzen und exotische Bäume werden unter großem Kostenaufwand von weither herbeigeschafft. Für die exotischen Pflanzen wie Ananas und Kaffeesträucher hatte man eigens ein großes Treibhaus erbaut. Ein Teil des Geländes war wissenschaftlichen Versuchen und landwirtschaftlichen Experimenten vorbehalten. Der große Linné verfolgte aus der Nähe diese Arbeiten, über die dann alle Botaniker Europas unterrichtet wurden.

Der kleine, von Gabriel nach einem sternförmigen Entwurf erbaute Pavillon, der heutige ›Pavillon français‹, ist ein kostbares Nebengebäude des Bauernhofes und des Gemüsegartens. Sein runder Saal mit den äußerst fein geschnitzten und vergoldeten Boiserien ist mit einem Fries aus vergoldetem Stuck verziert, wo das Geflügel des Hühnerhofs die gleiche dekorative Rolle spielt, wie sonst allegorische Tiergestalten. Dieser Pavillon wird ›Salon de Compagnie et de Jeu‹ oder ›Salon de Conversation et de Musique‹ genannt, was über seine Funktion Aufschluß gibt. Zweiflügelige Türen öffnen sich zu vier kleinen, jeweils in einem Gebäudeflügel gelegenen Kabinetten: Vorzimmer, Boudoir, Garderobe, Anrichte.

Das Schlößchen

Das schließlich am Ende des perspektivischen Durchblicks gelegene ›Petit Trianon‹ präsentiert sich uns nur mit seiner Hauptfassade: ein bis heute vielbewunderter, oft nachgeahmter, doch nie wieder erreichter Höhepunkt der Architektur. Gabriel entwarf dafür 1761 die Pläne.

Der Grundriß ist quadratisch; die Hauptfassade, vor der wir gerade stehen, ist nach Süden gerichtet. Die Unebenheit des Geländes gestattete die Anlage einer zweiläufigen Freitreppe, die eine eingezogene Loggia umgibt; davor tragen – teils eingebunden, teils freistehend – vier korinthische Säulen das Gesims. Unter der Balustrade der an ihren Enden abgerundeten Terrasse erhellen Rundfenster die Wirtschaftsräume.

Die übrigen Fassaden, obwohl jeweils verschieden, ohne Loggia, schmucklos oder nur mit Pilastern gestaltet, harmonieren miteinander. Auf der Hofseite – hier ist der eigentliche Zugang – liegt auf einem niederen Erdgeschoß die Beletage, die durch die Balustrade der Terrasse verlängert wird. Das Fehlen des üblichen, leicht zu findenden Eingangs verleiht dem ›Petit Trianon‹ das Aussehen eines geheimnisvollen Schatzkästleins – so daß es Anlaß bot zu Eifersüchteleien, Klatsch und Groll der Aristokratie, schließlich sogar die Empörung des Volkes auf sich lenkte.

Im Erdgeschoß befindet sich die Anrichte. Eine Treppe mit schmiedeeisernem Geländer (das Monogramm Marie Antoinettes stammt aus der Zeit Louis-Philippes) führt zum ersten Stock, der zwei Speisesäle – der bedeutendere wurde von Natoire dekoriert –, ein Vorzimmer, zwei kleine Salons und die botanische Bibliothek Ludwigs XV. enthält. Die von Gabriel entworfene Wandvertäfelung wurde von Guibert mit passenden Motiven versehen: Früchte im Speisesaal, Garten- und Feldblumen in der Bibliothek. Darüber befinden sich im Zwischenstock ein Schlafzimmer für den Kammerdiener und ein Vorzimmer, das sogenannte ›Cabinet du Café‹. In der Attika liegen dann die sehr kleinen Zimmer des königlichen Appartements.

Madame de Pompadour hatte beim Entstehen dieses Hauses, das sie nicht ohne Grund als das ihre betrachtete, mitgewirkt. Sie allein hatte die Dekorateure ausgewählt und über die Verteilung der Zimmer, die ja ihren Geliebten erfreuen sollten, verfügt.

Doch die Marquise sollte dieses Haus nicht mehr sehen. Sie starb 1664, vier Jahre vor seiner Vollendung. Der Bau dieses im Vergleich zum ›Grand Trianon‹ winzigen Schlößchens beanspruchte, wie sich daraus ersehen läßt, lange Zeit. – Es ist anzunehmen, daß es Ludwig XV. nicht sehr eilig hatte, außerdem trat durch den Tod seiner Mätresse eine vorübergehende Arbeitspause ein. Ungeniert weihte der Monarch mit Madame du Barry, ihrer Nachfolgerin, das ›Petit Trianon‹ ein.

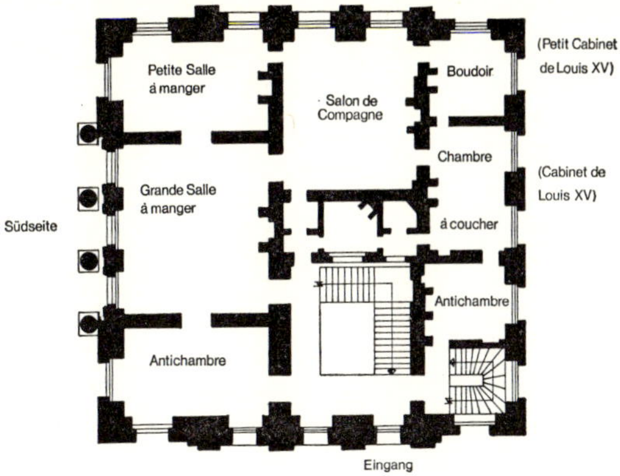

Von Anfang an war es Gegenstand von Pamphleten. Dieses für verliebte Stunden geschaffene Haus war einfach und in seinen Ausmaßen bescheiden, doch seine Schönheit hatte etwas Provozierendes an sich. Gerüchte kursierten über die Soiréen, die dort stattfanden. Die Tische in den beiden Speisesälen hatten eine Vorrichtung, mit deren Hilfe man die Speisen direkt von unten herauf befördern konnte. Der Schwiegervater Ludwigs XV., König Stanislaus Leszczynski, interessierte sich für diesen Mechanismus, den er dann auch für sich nachbauen ließ. Diese Einrichtungen scheinen übrigens nicht oft betätigt worden zu sein und sie verschwanden schließlich, als Marie Antoinette mit ihrer Umgestaltung der Ausstattung begann.

Links vom Eingangshof sehen wir die Wirtschaftsräume und inmitten von Bäumen eine bescheidene Kapelle, deren Innendekoration aus einfachen Holzarbeiten besteht.

Marie Antoinette

Das ›Petit Trianon‹ ist so eng mit der Erinnerung an Marie Antoinette verknüpft, daß die meisten Besucher glauben, es sei für sie geschaffen worden. An ihre Jugend und Unbeschwertheit, an ihre Eitelkeit, ihre schlichte Eleganz und ihre Inkonsequenz erinnert man sich, wenn man in den Alleen spazierengeht, und unwillkürlich muß man an ihr furchtbares Schicksal denken.

Marie Antoinette hat aus Trianon einen liebenswerten Ort gemacht, ja sie personifizierte das ›Petit Trianon‹ geradezu. Zudem hat Ludwig XVI. es ihr zum Geschenk gemacht.

Das war zu Beginn der Regierungszeit Ludwigs XVI. und Marie Antoinettes, als das Volk den beiden strahlenden jungen Menschen noch seine Gunst entgegenbrachte. Die heitere neue Königin Frankreichs amüsierte sich gerne.

Das Protokoll dagegen und die den Herrschern entgegengebrachten Ehrenbezeugungen langweilten sie. Sie wollte völlig frei ihre Familie und ihre Freunde besuchen können, dann, wann es ihr Spaß machte.

Trianon war ihr Zufluchtsort, ihre Freude, ihr Vergnügen – und eine der Ursachen ihres Unglücks. Jede ihrer Handlungen wurde belauscht, kommentiert, entstellt, immer neue Vorwürfe wurden laut. Dabei waren jene Hofleute, die sie in Trianon umgaben, die schlimmsten.

»Sie müssen sich unbedingt mit ernsthaften Dingen beschäftigen«, schrieb ihr die Mutter, Kaiserin Maria Theresia. »Dieses erste Geschenk des Königs soll nicht zu große Ausgaben verursachen, und noch weniger Zerstreuung.«

»Ja, Mama«, lautete ihre Antwort, und sie fuhr fort, die Ausstattung ihres geliebten Trianon weiter zu vervollständigen.

Doch wie wenig fiel schließlich diese Ausgabe ins Gewicht, wenn man sie mit dem vergleicht, was die früheren Herrscher für Versailles und das Grand Trianon ausgegeben hatten!

Die Hofrechnungen sind noch vorhanden und weisen keine ungewöhnlich großen Summen auf. Die Königin begeisterte sich, wie dies in ihrer Zeit üblich war, für kleine Dinge, kleine Gebäude, kleine Zimmer, kleine Möbel, die natürlich – gleichgültig wie sie gestaltet waren – von vornherein billiger waren als große Dinge.

Was man nicht ertrug, war diese gewisse Lässigkeit gegenüber den Gewohnheiten monarchischer Tradition, der die Franzosen, trotz aller neuen Ideen, tief verbunden waren. Schickte es sich denn für eine Königin, mit einer Reitgerte in der Hand allein von Versailles nach Trianon zu gehen? Und hatte der kleine, an den Gittern angebrachte Anschlag: »Auf Anordnung der Königin, Bestimmungen für Trianon« nicht etwas Revolutionäres an sich in den Augen derer, die seit Hugo Capet für die Monarchie nur eine männliche Erbfolge kannten? Die Königin untersagte der Öffentlichkeit den Zugang zu ihren Gärten. Sie hatte ihre Gründe dafür. Sie selbst, und nicht der König, bestimmte hier. Die königliche Familie glaubte also, sich wie einfache Sterbliche aus der Öffentlichkeit zurückziehen zu können. Sie wollte selbst darüber entscheiden, wann und wo die Menschen, die ihr gefielen, sie besuchen sollten. Das war der Beginn einer Revolution, wenn nicht der Revolution – der Französischen Revolution von 1789 – überhaupt.

Betrachten wir zunächst die Umgestaltungen, die Marie Antoinette am Trianon vornehmen ließ. Vor allem betraf das die Bestimmung der Zimmer: Der Eck-Speisesaal wurde Billardsaal, die botanische Bibliothek Ludwigs XV. wurde zum Schlafzimmer, das sie ganz mit Stofftapeten ausschlagen ließ. Ein Boudoir ersetzte die kleine Treppe im Zwischenstock, Rousseaus Sohn schmückte es mit Boiserien im pompejanischen Stil. In der Attika wurden die Appartements für Madame Elisabeth, ihre Schwägerin, eingerichtet, sowie die Wohnungen für Madame Royale, ihre Tochter, und schließlich für ihre Freundin, Madame de Polignac, die die Erzieherin ihrer Kinder werden sollte.

Eine Passage verband das Schloß mit einem Ringelspiel-Karussell, eine von Mique entworfene ›Spielerei‹ inmitten von Bäumen, nicht weit von einem kleinen Ruhezimmer, dem sogenannten ›Salon frais‹, entfernt. Beide Einrichtungen sind verschwunden.

Eine der großen Vergnügungen der Königin war es, in Gegenwart eines kleinen Freundeskreises Theater zu spielen;

eine Freude, die man ihr nicht verzieh. In der Orangerie, die heute zerstört ist, ließ sie eine Bühne einrichten, die für jede Aufführung – genau nach dem Prinzip der ersten Theater von Versailles – jeweils neu aufgebaut werden mußte. Diese behelfsmäßige Einrichtung erschien ihr jedoch als unzureichend. Mique veranlaßt nun die Königin, ein eigenes Theater erbauen zu lassen.

In der Nähe des Schlosses, neben den französischen Parterres, findet sich mitten zwischen Bäumen an einem versteckten Ort ein äußerst unauffälliges, bescheiden aussehendes Gebäude. Eine Säulenvorhalle mit skulptiertem Giebelfeld ist der einzige Schmuck. Wenn man hineingelangen kann, erlebt man eine liebenswürdige Überraschung: der in Blau und Gold gehaltene Saal faßt nur ungefähr hundert Personen; die Bühne ist klein. Dieses wie ein Schmuckstück verzierte Theater – ein unechter Schmuck übrigens, denn alles ist künstlich – ist fast völlig unversehrt, sogar der Dekor: Pappmaché-Figuren, Leuchter und Karyatiden aus Gips, Stuckverzierungen, bemalte Wandtäfelungen, eine reizvolle Decke von Lagrenée, alles in allem ein typisches Hoftheater, wie es deren damals, besonders an den deutschen Fürstenhöfen, so viele gab.

Hier spielten die französischen und italienischen Komödianten vor der Königin und ihren Freunden. Die Königin trat aber auch selbst in Komödien und komischen Opern auf; so spielte sie die Jenny in Sedaines ›Roi et la Fermière‹ und die Colette in Rousseaus ›Devin du Village‹, wobei ihre Stimme, trotz der einfachen Melodien, allerdings nicht ausreichte.

Hier konnte sich die sprichwörtliche Sorglosigkeit Marie Antoinettes frei entfalten, in diesem Trianon, wo der König nur als Gast erschien und seine Autorität nicht durchsetzen wollte oder auch einfach nicht konnte. Die früheren Königinnen hatten sich im Hintergrund gehalten mit einer Diskretion, für die ihnen jeder dankbar war. Man akzeptierte ihr zurückgezogenes Leben und ihr oft der Lächerlichkeit preisgegebenes Eheleben. Die Tradition gestattete es dem König, daß er seine Gattin mehr oder weniger verließ und sich einer offiziellen

Mätresse zuwandte oder auch mehrere vorübergehende Liebschaften hatte. Heinrich IV., der größte Lüstling, war zugleich der volkstümlichste aller Könige.

Mit Marie Antoinette änderte sich alles. Ihr ›Auf Anordnung der Königin‹ erlassenes Reglement für Trianon steht symbolisch für einen wirklichen Tatbestand. Jeder wußte um ihre Macht: sie herrschte als Frau, also mit dem Herzen. Dort wo sie war, duldete sie keine Menschen, die ihr mißfielen, selbst dann nicht, wenn diese vom König gestützt wurden. Kein Minister konnte in Frieden leben, wenn er nicht ihre Gunst besaß. Sie setzte ihre Leute und ihren Geschmack durch. Durch ihre Launenhaftigkeit zog sie sich freilich den Zorn der Offiziellen zu, etwa wenn sie den hohen Verwaltungen der ›Bâtiments‹ und des ›Garde-Meuble‹ ihre Anweisungen direkt erteilte. Als die Königin Mique, einem Mann von ausgezeichnetem Geschmack, aber minderem architektonischen Können, ihre Aufträge erteilte, mußte der berühmte Gabriel von seinem Platz weichen. In politischen Angelegenheiten verfuhr sie noch rücksichtsloser.

Marie Antoinette verachtete den Hof; sie hatte sich einen eigenen kleinen Hof geschaffen. Das war eine Beleidigung, die man ihr nicht verzieh, und daraus ergaben sich Kritik, Angriff und Verleumdung, denen sie keine Bedeutung beimaß, bis es zu spät war.

Das Volk griff diese Verleumdungen auf und verbreitete sie in übertriebener Weise. In Versailles konnte man die Königin für ihre launischen, eigenwilligen Anordnungen und die offensichtlich unangemessenen Ausgaben verantwortlich machen, zum eigentlichen Stein des Anstoßes aber wurde ›Petit Trianon‹, so bescheiden es im Vergleich zum Versailler Schloß, überdies mit seiner zahlenmäßig bis aufs äußerste beschränkten Dienerschaft, auch war.

Die mit der Bewachung der Tore von Trianon betrauten Schweizer hatten strenge Anweisungen erhalten. An den Fenstern hatte man Jalousien – eine große Neuerung – angebracht und vor den Scheiben Musselinvorhänge. Diese Atmosphäre von Heimlichkeit hätte niemanden schockiert, wenn es sich nur um eine Dame der Gesellschaft oder um eine Mätresse gehandelt hätte, bei einer jungen Königin jedoch wurde dies als eine verdächtige Extravaganz betrachtet.

Dabei lag es durchaus nicht ihrem Wesen, jeden Kontakt mit dem Volk zu meiden. Bei den Konzerten der französischen Garden, nachts auf der Terrasse des Schlosses von Versailles, ging sie gern in Begleitung einer Freundin, aufs einfachste gekleidet, fast inkognito durch die Menge.

Zwei Personen spielten in Trianon eine besondere Rolle. Ein gewisser Bonnefoy du Plan, der Kastellan, dessen Kompetenzen weit über das rein Verwaltungstechnische hinausgingen und über den jede Anweisung der Königin lief. Er traf wichtige Entscheidungen, verhandelte mit den Lieferanten, organisierte die Empfänge und lieh sogar denen, die beim Spiel verloren, Geld. Dann war da Madame Poitrine, die Amme des Dauphin, die lange Zeit bei den ›Enfants de France‹ geblieben ist: auch ihre Tätigkeit erstreckte sich über einen viel größeren als ursprünglich übertragenen Bereich. »Sie ist eine richtige Bäuerin«, äußerte Madame de Bombelles, »sie ist die Frau eines Gärtners aus Sceaux; sie spricht wie ein Grenadier, flucht mit großer Fertigkeit ..., wundert sich über nichts, regt sich nie auf. Die Spitzen und die Wäsche, die man ihr gegeben hat, haben sie nicht überrascht, sie fand das ganz natürlich, sie bat nur darum, ihre Haare nicht pudern zu müssen, weil sie das noch nie getan hatte. Sie wollte wie die übrigen Ehefrauen ihre Haube aufsetzen. Jeder amüsiert sich über ihre Art zu reden, denn manchmal ist sie äußerst komisch.« Madame Poitrine soll der königlichen Familie das Lied ›Malbrough s'en-va-t-en guerre‹ vorgesungen haben; dieses amüsante Chanson war auch der Anlaß zum Bau des ›Tour de Malbrough‹ im ›Jardin de la Reine‹.

17 *Die drei großen Fontänen. Kupferstich von Herisset nach Girard*

18 *Grand Trianon*

19 ›Jardin‹ und ›Pavillon Français‹. Kupferstich von Née nach Lespinasse

20 ›Temple de l'Amour‹ im Park von Petit Trianon

Der ›Jardin de la Reine‹

Unser Besuch in Trianon, ja von Versailles endet mit dem ›Jardin de la Reine‹. Und das mit gutem Recht: ist doch dieser verführerische Garten das letzte Werk der Monarchie in Versailles. Erst 1786, also sechs Jahre vor der Hinrichtung Marie Antoinettes, wurde der Bau des Weilers beendet.

Bis jetzt haben wir nur klassisch strenge Gärten kennengelernt, nun gelangen wir in äußerst phantasievoll angelegte.

Vielleicht zeigt sich am besten in der veränderten Gartenarchitektur, welcher Wandel sich inzwischen vollzogen hat. Jean-Jacques Roussean hat nicht wenig dazu beigetragen, daß man immer mehr von den regelmäßigen Gärten abkam. Diese geometrischen Anlagen, Terrassen, schnurgeraden Alleen, beschnittenen Bäume, die in einer Linie aufgestellten Statuen, all das gilt nun als künstlich, veraltet. Man liebte die Natur, deshalb sollten auch die Gärten der Natur ähnlich sein, eine gewisse Unordnung aufweisen, sollten die Anlagen wie natürliche Landschaften wirken. Man wollte die Natur nachbilden, von ihr eine Art Porträt machen, selbst wenn nur eine Karikatur daraus wurde.

Wir persönlich halten den englischen Garten für einen Rückschritt gegenüber den französischen Gärten. Dieser kann den Architekten zu Höchstleistungen animieren, kann zu einem Kunstwerk werden, während jener, im Gegensatz zu dem, was seine Wegbereiter glaubten, nur Geschicklichkeit erfordert, die sich schließlich in Künstlichkeit erschöpft. Aber bei allem, was der Mensch geschaffen hat, gibt es Qualitätsunterschiede, wie auch immer die Gestaltungsprinzipien sein mögen; und die eigentliche Ausdrucksform des 18. Jahrhunderts manifestiert sich eben im Landschaftsgarten.

Die Engländer waren da den Franzosen vorausgegangen. Anglomanie und Zeitgeschmack ließen den englischen Garten auch in Frankreich – wie allenthalben in Europa – Eingang finden. Man sprach hier von ›englisch-chinesischen‹ Gärten, wobei es sich freilich um ein sehr imaginäres China handelte:

Pagoden und chinesische Brücken waren ebenso in Mode gekommen wie zuvor schon die Lackmöbel und das Porzellan.

Marie Antoinette wollte natürlich auch ihren englischen Garten haben. Der Gemüsegarten und der botanische Garten Ludwigs XV. mit seinen langen Blumenrabatten, für die sich die Naturforscher begeistert hatten, konnten sie nicht zufriedenstellen. Zudem unternahm man damals gerade die Aufforstung des so lange verwilderten Parks von Versailles.

Sie besichtigte den neumodischen Garten, den der Graf de Caraman selbst hinter seiner Pariser Stadtwohnung angelegt hatte, kehrte begeistert zurück und hatte nichts Besseres zu tun, als ihn um einen Entwurf für Trianon zu bitten.

In Zusammenarbeit mit Richard und Mique, und sicherlich beraten vom Prince de Ligne, dem berühmtesten Liebhaber europäischer Gärten, schuf Caraman eine gärtnerische Anlage, deren Blickpunkte sowie Wahl und Verteilung der verschiedenfarbigen Bäume von einer beachtlichen Phantasie zeugen. Man bezog in diese Gärten übrigens auch die exotischen, bereits unter Ludwig XV. gepflanzten Bäume mit ein.

Dieser Garten hat sein ursprüngliches Aussehen fast ganz bewahrt. Die Bäume sind allerdings größer geworden – einige sind heute Prachtexemplare –, und wir entdecken Reize, die der Königin unbekannt geblieben sind.

Es ist ein Garten zum Spazierengehen. Man sollte nach Lust und Laune darin bummeln und keiner bestimmten Route folgen; so wird man überrascht und freudig wie zufällig einige Entdeckungen machen, einige berühmte Kostbarkeiten finden. Wir werden später noch auf den Weiler, den man von weitem sieht und der auf die Touristen eine besondere Faszination ausübt, zu sprechen kommen.

Der ›Temple de l'Amour‹ hat zu zahllosen Nachahmungen geführt. Das Bild dieses auf einer Insel erbauten Tempels, wie er sich im Wasser widerspiegelt, hat stets aufs neue die Künstler – wie heute die Fotografen – angezogen. Der Rundbau auf korinthischen Säulen stammt von Mique, der Fries ist ein Werk von Deschamps. Im Inneren steht die Kopie einer Statue von Bouchardon ›L'Amour se taillant un arc dans la massue d'Hercule‹; das Original befindet sich im Louvre. Etwas weiter steht auf einer Anhöhe, über einer Biegung des künstlichen Flusses, ein achteckiger Pavillon wie ein kostbares Kleinod auf einem Sockel, dessen Stufen von Sphinxen eingerahmt werden. Über den Fenstern befinden sich Metopen, Darstellungen der Jahreszeiten von Deschamps. Dieser Pavillon ist innen genauso kostbar ausgeschmückt. Der in kreuzförmigen Mustern belegte Fußboden besteht aus rotem, grünem und weißem Marmor. Lagrenée hat das Gewölbe ausgemalt, Le Riche Türen und Wände; es ist ein zarter Dekor, der an pompejanischen Stil erinnert.

Vielleicht gehen wir auch die kleinen ›Allées de la Montagne de l'Escargot‹ hinauf, wo wir zwischen zementierten Felsblöcken, Bergen und kleinen Brückchen, die zur ›Grotte du Rocher‹ führen, herumlaufen können; es ist eine ›Gebirgslandschaft‹ im Stil Hubert Roberts.

Einige Besucher halten den ›Hameau‹, den Weiler Marie Antoinettes, für etwas Albernes und weigern sich, dieser Königin, die so gern Schäferin spielte, auch nur eine Träne nachzuweinen. Um diese ›Kindereien‹ beurteilen zu können – sie liegen zum Glück ganz am Ende der feierlichen Gärten Ludwigs XIV. – müssen wir uns in die Zeit ihrer Entstehung versetzen. Es handelt sich dabei eigentlich um ›Theater‹, und ›Kulisse‹. Das Schäferleben war damals in Mode, und die bedeutendsten Persönlichkeiten ließen sich als Dudelsackspieler oder in dem – sehr phantasievoll ausstaffierten – Kostüm eines Schäfers oder einer Schäferin porträtieren. Der Hirtenstab hatte den Fächer und das Schwert ersetzt. Die große Begeisterung der Zeit galt dem Schäferspiel und der komischen Oper. Da sangen und tändelten verliebte junge Bauernburschen und Schäferinnen mit bunten Bändern, versehen mit dem väterlichen Segen der Seigneurs. Eine Art Theater, die damals Begeisterungsstürme entfachte. Der Weiler Marie Antoinettes ist nichts anderes als solch eine idyllische Landschaft, wie sie auch auf vielen zeitgenössischen Gouachen und Tuschzeichnungen verewigt worden ist. Lebt nicht bei unseren heutigen Mitmenschen, die ihr Wochenende so gerne in kleinen Häusern im nachempfundenen bäuerlichen Stil verbringen, mit all ihrer Vorliebe für Bauernmöbel und Bauernkunst diese Begeisterung noch einmal auf?

Mique hat der Königin diesen Weiler aufgedrängt. Hubert Robert, der seine Ideen aus der Landschaft Caux bezog, beriet ihn dabei. Die Gebäude wurden künstlich auf alt gemacht.

Im Hintergrund dieser Szenerie, die sich im ›Grand Lac‹ widerspiegelt, steht das Haus der Königin mit seinen Vorsprüngen und seinen Holzgalerien. (Mique war klug genug, sich drei Zimmer zur persönlichen Benützung vorzubehalten!) In der Nähe liegen das ›Boudoir‹ der Königin, eine Wassermühle – ›Moulin‹–, und eine ›Laiterie‹ – Molkerei. Außerdem hat man noch Spuren einer ›Laiterie préparatoire‹, einer Anlage für das Boule-Spiel und eines Ballsaals gefunden. Die kleinen Gärten mit ihren Lauben und Gitterwerk sind wiederhergestellt worden.

Beim Weiterwandern werden wir vielleicht ein Steinportal entdecken, das zu einem richtigen Bauernhof, der sogenannten ›Ferme‹, gehörte, von der noch einige Gebäudeteile vorhanden sind. All das ist phantasievoll ausgeschmückt und erinnert voll Melancholie an vergangene Feste, die so plötzlich abbrachen.

Marie Antoinette scheint hier immer gegenwärtig zu sein. In dem von ihr so sehr geliebten Garten erhielt sie die Kunde vom Anrücken der Pariser Scharen auf das Schloß. Als sie dorthin lief, ahnte sie da bereits, daß sie nie mehr zurückkehren würde?

Licht und Schatten über Versailles

Denken wir auf dem Rückweg von diesem Spaziergang, auf dem wir drei Jahrhunderten französischer Geschichte begegneten, an das Schicksal von Versailles. Nach Rom gibt es wohl kaum einen berühmteren Ort.

Vor einigen Jahren, als angesichts des katastrophalen Verfalls Hilferufe ergingen und man dabei erfuhr, daß die notwendigsten Restaurationsarbeiten Milliarden verschlingen würden, erhob sich meines Wissens nicht eine einzige Stimme, die die Berechtigung solch immenser Ausgaben angezweifelt hätte. Und sobald irgendein unglückliches Projekt auftaucht, das die Umgebung des Schlosses oder des Parks beeinträchtigen könnte, erheben sich von allen Seiten Stimmen gegen ein solches Unterfangen.

Versailles ruht auf Frankreich wie eine unantastbare Krone, wie ein Schatz, dessen Reichtum immer neue Reichtümer hervorbringt. Man bewundert es in seinen vier Dimensionen, deren vierte dabei die mächtigste ist: die der Erinnerung an die Vergangenheit.

Das war nicht immer so. Versailles wurde viel kritisiert und erlebte selbst die schlimmste Ungnade: die der Gleichgültigkeit. Und wie wir gehört haben, war sogar mehr als einmal seine völlige Zerstörung, oder wenigstens der Abbruch von Teilen des Schlosses geplant.

Bereits zu Anfang wurden kritische Stimmen laut. Die Vorwürfe, so beachtliche Summen für seinen Palast ausgegeben zu haben, schadeten dem Andenken Ludwigs XIV. erheblich. Es gab Leute, die unter dem König Einbußen an Besitz erlitten oder deren Stolz verletzt wurde. Trieb nicht persönlicher Ärger den Herzog von Saint-Simon, einen der kritischsten Denker seiner Zeit, zu einem so unsinnigen Urteil: »Da er

(Mansart), ebenso wie der König, überhaupt keinen Geschmack hatte, ist mit ungeheuren Ausgaben etwas geschaffen worden, was nicht schön, noch nicht einmal angenehm ist.«

Als die gute Sévigné sich entzückt über die Vergnügungen am Hofe Ludwigs XIV. (während einer Soirée) äußerte, antwortete Bussy-Rabutin, ein kluger Kopf: »Ich wußte nicht, daß man Versailles einen ›Favoriten ohne Verdienst‹ genannt hat. Nichts ist richtiger, besser ausgedrückt. Die Könige vermögen kraft ihres Geldes der Erde eine andere Form zu geben als die, die sie von Natur aus hat; aber über die Beschaffenheit des Wassers und der Luft haben sie keine Macht. Es wäre ein eigenartiges Mißgeschick, wenn nach einer Ausgabe von Hundert Millionen Versailles unbewohnbar wäre.«

Doch wieder zeichnete sich eine Wandlung des Geschmacks ab: das Schloß wurde als anachronistisch betrachtet. Die berühmtesten Architekten, wie etwa François Blondel, kritisierten seine Proportionen, seine Fassaden. Vor allem die Gärten empfand man als lächerlich. Der Prince de Ligne mochte von den Gärten nur die vernachlässigte Seite am Ende des Kanals, der »wie ein Fluß aussieht, der sich im Wald verliert«.

Mit dem Niedergang der klassischen Architektur wurde das, was deren Höhepunkt zu verkörpern scheint, um so kritischer betrachtet. Das Schloß von Versailles ist »ein ungestalter Zwerg, dessen gigantische Glieder seine Mißgestalt noch vergrößern«, schrieb Fontaine.

Napoleon verachtete – wenn er überhaupt Wert auf Tradition legte – dieses königliche Bauwerk. Dem gleichen Fontaine, seinem Architekten, vertraute er an: »Warum hat die Revolution, die so viel zerstört hat, nicht das Schloß von Versailles abgerissen? Ich hätte heute nicht diesen Fehler Ludwigs XIV. auf dem Hals, und nicht die Aufgabe, ein mißlungenes Schloß, diesen ›Favoriten ohne Verdienst‹, wie man es genannt hat, erträglich zu gestalten.« Man weiß, wieviel Mühe sich Louis-Philippe gegeben hat, um es wohnlicher zu machen.

Wenn die Romantiker sich hier inspirierten, dann weil sie einer langsamen, endgültigen Agonie beizuwohnen glaubten.

»Welche Hinfälligkeit«, schreibt Théophile Gautier, »du bist nicht antik, du bist nur veraltet!« Die Wasser in den Gärten sind für ihn »für immer versiegt«. Er glaubte, daß es bald nichts mehr »als ein Volk von Statuen« zu bewundern gäbe.

Die historisierende Romantik lieferte ihre Argumente. Für Michelet ist Versailles ein Monstrum: »Man begann dieses ins Endlose ausgedehnte Gebäude, das ohne Abschluß geblieben ist, der diesem Bauwerk seine Plattheit hätte nehmen können ... und dahinter erbaute man ein Ninive und Babylon aus entsetzlichen Kasernen, in denen sich die Ministerien, das ganze Drum und Dran des Hofes und der Regierung, Händler, Diener, Garden, Pferde, Wagen zusammendrängten ...«

Wenn dagegen Renan über dieses Schloß, das er von seinem Fenster aus sehen konnte (er wohnte damals an der Ecke der Rue Satory und der Place d'Armes), nachsinnt, kommt er zu einer gegenteiligen Beurteilung:

Vor meinen Augen liegt, während ich diese Zeilen schreibe, das große Wunderwerk des königlichen Frankreich: Versailles. In Gedanken bevölkere ich diese verlassenen Stätten mit den Menschen eines vergangenen Jahrhunderts. In der Mitte der König, hier der Condé und die Prinzen, dort unten auf jener Allee Bossuet und die Bischöfe, hier im Theater Racine, Lulli, Molière und bereits einige Freigeister, auf der Terrasse der Orangerie Madame de Sévigné und die großen Damen der Gesellschaft, dort drüben zwischen den traurigen Mauern von Saint-Cyr Madame de Maintenon und die Langeweile; eine Gesellschaft, die man sicherlich kritisieren kann, trotz allem aber eine vollständige Gesellschaft, eine Form des Zusammenlebens wie jede andere ... Ich für meinen Teil würde das Jahrhundert Ludwigs XIV., *obwohl es mir persönlich höchst unsympathisch ist, einem völlig geordneten Staatswesen vorziehen, in dem alle Interessen gesichert, alle Freiheiten respektiert wären, wo jeder nach seiner Art leben könnte, in dem nichts geschaffen und nichts geleistet würde. Denn das Ziel der Menschheit besteht nicht darin, daß der Einzelne bequem dahinlebt, sondern daß die schönen Formen verwirklicht werden und eine Vollkommenheit erreicht wird .... Das kleinliche System unserer bürgerlichen Regierung, das vor allem danach strebt, die Rechte des Einzel-*

nen zu sichern, sein Wohl zu garantieren, geht vom Individuum aus und vermag nichts Großes zu schaffen. Hätte Ludwig XIV. Versailles erbaut, wenn ihm mißliebige Abgeordnete seine Mittel gekürzt hätten? (Ernest Renan: L'avenir de la science, 1849)

Wie bei jedem Kunstwerk, so spiegeln sich in Versailles verschiedene Ideen, Vorstellungen, Gewohnheiten, Geschmacks- und Moderichtungen, Stile und Zeitumstände wider. Im letzten Jahrhundert ist diese Verbindung abgebrochen. Versailles tauchte kaum mehr aus dem Hintergrund auf. Und dennoch hat Versailles eigenartigerweise immer noch die gleiche Ausstrahlung, ist ein beispielloses Phänomen seit der Gotik. Der künstlerische Rang war eng mit dem politischen Prestige verbunden. Alle Fürstenhöfe Europas träumten von Versailles. Souveräne ruinierten sich, um Ähnliches zu schaffen. Besonders die von einem ihnen fremden Prunk faszinierten deutschen Fürsten wollten um jeden Preis ein Stück Versailles in ihren Schlössern und Gärten besitzen, was freilich nicht immer gelang. Die Fassade von Mansart diente als Vorwand für die ungewöhnlichsten Konstruktionen, das ›Petit Trianon‹ war Vorbild für unzählige Kopien.

Im 18. Jahrhundert entstanden in Italien Spiegelgalerien, im 19. Jahrhundert noch in Bayern. Im ›Palais Rose‹ in der ›Avenue du Bois‹, in Le Vésinet und anderswo finden sich eigenartige Huldigungen an das Grand Trianon.

Heute erscheint Versailles – wie losgelöst von menschlicher Beurteilung – als eine Art symbolischer Einheit. Es ist ein Grabmal und zugleich eine Verheißung für die Zukunft; seine ungeheure Ausdehnung, weit davon entfernt, ›maßlos‹ zu erscheinen, reicht kaum aus, um alles zu umfassen, was man an Großartigem hineingelegt hat.

Die unvergleichliche Lehre, die Versailles erteilt, betrifft vielleicht weniger die Architektur und den Dekor dieses Bauwerks, als seine Beziehungen zu seiner Umgebung, die subtile Wechselwirkung mit den Menschen und der Natur und die starke Bindung zu Paris und den Landschaften, die es krönt.

FONTAINEBLEAU

Geschichte

Als die Kapetinger diese Gegend zur Errichtung ihres Landsitzes auswählten, war Fontainebleau noch eine Wildnis, die überdies fast eine ganze Tagereise von Paris entfernt lag. Dennoch gibt es nur sehr wenige französische Herrscher, die sich dort nicht mehr oder weniger lang aufgehalten haben. Seit achthundert Jahren hat es nichts von seiner Anziehungskraft eingebüßt.

Bereits vor Erfindung des Tourismus kennzeichneten die ›Sylvains‹, die Waldwanderer, die Wege, um sich nicht im Innern des Waldes zu verlaufen und seine Schönheiten besser bewundern zu können. Die Dichter kamen zum Träumen dorthin. Die ersten Landschaftsmaler stellten dort ihre Staffelei auf und ließen sich in den umliegenden Dörfern nieder, um so in aller Ruhe in die Geheimnisse des Waldes einzudringen.

Fontainebleau kommt in der Kunst Frankreichs eine außergewöhnliche Bedeutung zu. Sein Name wird mit zwei ›Malerschulen‹ in Verbindung gebracht, die drei Jahrhunderte auseinanderliegen. Als der Hof Franz' I. angeritten kam, waren es die ›Peintres du palais‹; später als man den Wald und das Land entdeckte, die ›Peintres des auberges‹: Zwei in jeglicher Beziehung völlig verschiedene ›Écoles de Fontainebleau‹.

Ludwig der Heilige sprach von »seiner Einöde«. Aber nun ist diese schon fast zur Pariser Bannmeile gehörende Einöde zu einer ›Grünfläche‹ geworden, die Gefahr läuft, an zu großer Betriebsamkeit zugrundezugehen. Sie ist eingekreist, vom städtischen Leben überflutet und zerstückelt worden, von Übergriffen beeinträchtigt, die noch gefährlicher sind als militärische Besetzung. Die Nachkommen der alten Hirsche aus dem königlichen Gehege fliehen vor der motorisierten Invasion. Wird nun aus dem Wald nichts weiter als eine öffentliche

Anlage? Wer wollte nicht verstehen, daß es heute, mehr als je zuvor, unbedingt notwendig ist, diesen Wald in seiner Gesamtheit zu respektieren, und daß diese bevorzugten, geschichtsträchtigen Stätten mit der gleichen Rücksicht behandelt werden sollten wie ein historisches Denkmal. Was könnte man wohl dem von der städtischen Zivilisation geplagten Menschen von morgen Köstlicheres und Reizvolleres bieten als Moose und Farne unter großen Bäumen, Felsblöcke und unberührte Wege abseits der Autobahn?

Stets wollten ihn die Könige vergrößern, verschönern, verändern, nach ihrem Gutdünken umgestalten, je nach dem Lebensstil, dem Zeitgeschmack, dem Schönheitsempfinden und nach den zu ihrer Zeit herrschenden höfischen Sitten. Von welcher Seite man immer herankommen mag: Man glaubt sich nicht vor einem Schloß zu befinden, sondern vor einer Anzahl verschiedenartiger, ohne inneren Zusammenhang miteinander verbundener Schlösser, deren einzelne Gebäude auf gut Glück aneinandergereiht zu sein scheinen. Während in Versailles, dem anderen großen königlichen Wohnsitz, die Gebäude nahtlos ineinander übergehen – nach dem Willen eines Herrschers, der sich vor allem für die Idee der Einheit begeisterte und dessen Geist bei seinen Nachfolgern weiterlebte –, erzählt uns Fontainebleau die Geschichte der Jahrhunderte, der Stilepochen und der Könige in einer Abfolge verschiedener Bauten und den Spuren ständiger Veränderungen, ja sogar Zerstörungen.

Bevor wir nun einen Rundgang um das Schloß machen, das Innere besichtigen und dann durch den Wald und die Umgebung spazieren, müssen wir also mit einem Gang durch die Vergangenheit beginnen.

Betrachten wir also die wichtigsten Gebäudeteile, vernehmen wir, wer, wie und warum sie erbaut wurden, um nicht große Gefahr zu laufen, von dem aufeinanderprallenden Nebeneinander dieses Labyrinths verwirrt zu werden.

Fontainebleau war stets ein lebendiges Schloß. Ich möchte damit sagen, daß es, wenn auch nicht ständig bewohnt, so doch bis zum Sturz Napoleons III. immer bereit stand, erlauchte Gäste zu empfangen. Mit Ausnahme der Revolutionszeit, in der seine Möbel ausgeräumt wurden, hat es nie eine Zeit der Verlassenheit gekannt.

Das mittelalterliche Schloß

Seine Entstehung bleibt im Dunkeln. Man weiß nur, daß Ludwig der Dicke mehrere Herrschaften aufgekauft hat, die dann die erste königliche Domäne bildeten. Eine Urkunde Ludwigs des Jüngeren von 1137 spricht von einem Schloß in der Nähe eines Weihers. 1169 wurde eine dem heiligen Saturnin errichtete Kapelle von Thomas Becket, dem als politischen Flüchtling in Frankreich lebenden Erzbischof von Canterbury, eingeweiht. Ob nun Ludwig der Heilige den nach ihm benannten viereckigen Turm, die ›Grosse Tour‹, deren Fundament als würdiges Überbleibsel eines mittelalterlichen Schlosses noch in einem Pavillon vorhanden ist, auch wirklich erbauen ließ, oder andere Bauten, von denen man Mauerreste rund um die ›Cour Ovale‹ findet und auf denen später Wohntrakte errichtet wurden, den Anfang bilden: Auf jeden Fall interessierte sich Ludwig der Heilige für Fontainebleau. Er gründete hier eine religiöse Gemeinschaft, den ›Ordre de la Sainte Trinité et de la Rédemption des Captifs‹, die ein Hospital und eine Kapelle errichtete. Ihr Kloster wurde ›Couvent des Mathurins‹ genannt und ist nach mehrfacher Verlegung erst in der Revolution verschwunden.

Im Mittelalter umfaßte das Schloß also nur die Gebäude der ›Cour Ovale‹, die damals wirklich oval war. Den Eingang, lange Zeit sogar Haupteingang, bildete ein Portal, das sich an der Stelle der ›Porte Dorée‹ befand.

Die Könige kamen nur vorübergehend nach Fontainebleau. Einige, so etwa Philippe Auguste, scheinen es besonders geschätzt zu haben. Die Luft von Fontainebleau, so sagte man zu jener Zeit, ist so rein, daß man keine Angst vor der Pest zu haben braucht.

Philipp der Schöne wurde hier geboren und starb auch hier. Das 15. Jahrhundert schwärmte für die Ufer der Loire, was sich auf das ›Gâtinais,‹ die Landschaft um Fontainebleau, sehr nachteilig auswirkte. Und dennoch hat jener Herrscher, der Blois vergrößerte und Chambord erbaute, in seiner Kunstbegeisterung und Bauleidenschaft das Schloß in all seiner Schönheit, so wie wir es heute kennen, begründet. 1526, gleich nach seiner einjährigen Gefangenschaft in Madrid, beschloß Franz I. den Bau von Fontainebleau. Fast gleichzeitig entschloß er sich zur Errichtung von Chambord.

Beide Werke unterscheiden sich sehr wesentlich. Während das eine, in einer Waldlichtung von Grund auf neu erbaut, zwar das prunkvollste Jagdschloß geworden, aber in der Erscheinungsform noch Burg geblieben ist, so wurde Fontainebleau, wo die Jagd, eine der königlichen Vergnügungen, ebenfalls eine große Rolle spielte, wegen seiner dynastischen Tradition zur Residenz der Ile-de-France gewählt. Alle Teile des mittelalterlichen Schlosses, die noch nicht zu ruinös waren, hat man dabei sorgfältig restauriert. Bemerkenswerte Neubauten aber sollten aus dem Schloß die erste königliche Residenz und zugleich einen Tempel der Künste machen, Ausdruck eines neuen Stilgefühls.

Die Faszination, die mit der Entdeckung unbekannter Künste, Bauwerke, Lebensgewohnheiten, Schätze und Festlichkeiten jenseits der Alpen verbunden war, ließ den Monarchen bei seinem neuen Bauvorhaben den italienischen Palästen nacheifern. Zweifellos hatten schon seine Vorgänger manches von Italien entlehnt; doch gelang es erst diesem leidenschaftlichen, prunksüchtigen Herrscher, ein durch und durch italienisches Werk zu schaffen und sich so das berühmte Urteil Vasaris, »Fontainebleau ist ein neues Rom«, zu verdienen.

Zwei Namen bleiben vor allem mit Fontainebleau verbunden: Franz I. und Napoleon. War der Kaiser ein Restaurator voll guten Willens, vor allem darauf bedacht, sich mit dem auf ihn überkommenen prächtigen Königsmantel zu bekleiden, so war der Valois der eigentliche Schöpfer. Begab er sich nach Fontainebleau, so tat er dies nach Ducerceau mit den Worten: »Ich gehe nach Hause«.

Der Wald und die von ihm so sehr geliebte Jagd haben bei der Auswahl des Ortes eine wesentliche Rolle gespielt.

Das Renaissance-Schloß Franz' I.

1528 wurden die Kostenvoranschläge des Pariser Maurermeisters Gilles Le Breton vom königlichen Gebäudeverwalter angenommen. Es handelte sich um ein beachtliches Programm. Von einer Vergrößerung des alten Schlosses sprechen zu wollen, wäre nicht richtig, denn die einzigen damals vorhandenen Bauten, nämlich die um die ›Cour Ovale‹ gelegenen, waren fast ganz wiederhergestellt worden. Man wollte die Anlage begradigen, regelmäßig gestalten und, wie es in den Kostenvoranschlägen von 1528 heißt, »Formlosigkeiten beseitigen«. Diese mittelalterlichen ›Formlosigkeiten‹ waren jenen ganz von Italien Begeisterten unerträglich.

Nur die ›Grosse Tour‹ Ludwigs des Heiligen blieb fast ganz erhalten. Zu beiden Seiten erhoben sich die Pavillons des Königs, der Königin und der Prinzen, im äußersten Osten ein großer Saal und über der Saint-Saturnin-Kapelle die Kapelle des Königs. Das Eingangstor befand sich immer an der gleichen Stelle. Es wurde vergrößert und verziert; es ist der Pavillon der ›Porte Dorée‹ mit seinen italienischen Arkaden. Diese Neubauten erhoben sich zum Teil auf den Grundmauern der eben abgebrochenen Gebäude.

Auf der Westseite kaufte man Land von den Dorfbewohnern und ließ dann das Schloß immer mehr zum Mathurin-Kloster hin wachsen, das dort stand, wo sich heute die ›Cour du Cheval Blanc‹ befindet. Das war ein Nebenhof von untergeordneter Bedeutung, dessen regelmäßiges Viereck mit der ›Cour Ovale‹ – die bis zu Napoleon Ehrenhof war – kontrastierte. Dieser Nebenhof sah damals noch nicht so aus, wie wir ihn heute kennen, sondern war ganz geschlossen. (Die Mathurins wurden in dem dann im Kaiserreich abgebrochenen Flügel zur Stadtseite hin untergebracht.)

Die Galerie Franz' I., die das alte mit dem neuen Schloß verbindet, bildete den ersten Bauabschnitt. Wir wissen genau, warum wir solchen Wert darauf legen: aus jener ganz von Italien bestimmten Glanzzeit Fontainebleaus besitzen wir nämlich im großen ganzen nur noch Bruchstücke, überdies von ungeschickten Restauratoren erheblich beschädigt, die von jener unvergleichlichen Pracht zeugen.

Bis zu dem Tage, an dem Franz I. *den Thron bestieg*, schreibt Louis Dimier, *gab es nur in Italien große Kunstmäzene. Der Eifer aber, mit dem sich Franz den ersten Platz unter diesen Mäzenen eroberte, lenkte sogleich die Blicke Europas auf ihn und zog die besten Künstler Italiens an. Die Aufmerksamkeit der zivilisierten Welt folgte also nicht erst auf das Unternehmen Fontainebleau, sondern ging diesem voraus. Nichts sollte davon verloren sein. Das Ansehen dieser Residenz der mächtigsten abendländischen Monarchie verbreitete sich rasch in alle vier Himmelsrichtungen der christlichen Welt. Selbst der Vatikan wurde weit davon übertroffen, nirgends gab es etwas Vergleichbares. Dieses große Ansehen war eine Mischung aus Neugierde, Staunen, Bewunderung und etwas Neid der wetteifernden Nationen, die nicht die Mittel besaßen, etwas Vergleichbares zu schaffen.*

Aber die Gebäude des Nebenhofes entstanden nicht in einem Zuge. Um den Bedürfnissen der Unterbringung zu genügen oder auch aus Prunksucht wurden sie mehrmals umgebaut. 1540 erhöhte man den Südflügel um ein Geschoß, um die lange ›Galerie d'Ulysse‹ erweitern zu können; sie wurde von den italienischen Meistern, die unter Leitung von Primaticcio dreißig Jahre daran arbeiteten, prächtig verziert. Das 18. Jahrhundert hat sie dann bedenkenlos zerstört.

Neben der ›Porte Dorée‹ wurde ein weiterer Gebäudetrakt errichtet. So nahm die ›Cour de la Fontaine‹ Gestalt an: auf drei Seiten geschlossen, auf einer zum See hin offen.

Die Gärten entstanden ebenfalls unter Franz I.: der ›Jardin de Diane‹ – inzwischen völlig umgestaltet –, der ›Grand Jardin‹ – später zum ›Parterre du Tibre‹ geworden – und eine

Reihe in sich geschlossener Gärten an der Stelle des heutigen Englischen Gartens. Die geheimnisvolle ›Grotte des Pins‹ ging auf den Garten gleichen Namens hinaus.

Unter den letzten Kapetingern

Franz I. hielt sich 1546 zum letzten Male in seinem Schloß auf. Im folgenden Jahr starb er dann in Rambouillet. Sein Nachfolger Heinrich II. setzte die Arbeiten unter Leitung des Architekten Philibert Delorme fort. Er gab die königlichen Gemächer im Donjon auf, da er es wahrscheinlich angenehmer fand, den ›Pavillon des Poêles‹ zu bewohnen, dessen seltsame Bezeichnung von einer neuartigen Ofenheizungsanlage herrührt, die man aus Deutschland hatte kommen lassen. Die eine Front ging auf die ›Cour du Cheval Blanc‹ hinaus, eine andere nach Süden zum See hin. In jener Zeit wurde auch eine Freitreppe erbaut, bereits in Hufeisenform, jedoch in bescheidenerem Ausmaß als die spätere. Ebenso wurde die ›Chapelle de la Trinité‹ begonnen.

Die hervorragendste Schöpfung Heinrichs II. war die ›Salle de Bal‹ im ersten Stock jenes Trakts, der im Norden auf die ›Cour Ovale‹, im Süden auf die Gartenanlagen hinausgeht. Aber Heinrich II. gab seine Besuche in Fontainebleau bald auf: denn Anet zog ihn mehr an, Anet, das Schloß der Diane de Poitiers.

Beim Tode Heinrichs II. ersetzte Katharina von Medici, die lange genug ihren Groll aufgespeichert hatte, Delorme, den Architekten der Diane, durch Primaticcio. Er leitete nun die Maurer, Maler und Bildhauer. Er war es auch, der dem Flügel der ›Belle Cheminée‹ und der ›Cour de la Fontaine‹ seinen besonderen Stempel aufdrückte.

Die ›Belle Cheminée‹ war ein Wunderwerk, das es wirklich verdient hätte, dem ganzen Hof seinen Namen zu geben. Statt dessen wurde der ›Cheval Blanc‹ zum Paten. Man hat den Gipsabguß, den Katharina von Medici von dem Roß Marc Aurels auf dem Kapitol herstellen ließ, ›cheval blanc‹ genannt.

Stiche zeigen ihn uns in der Mitte des Hofes unter einem kleinen Dach, das ihn vor dem Regen schützen sollte, vor der Verwitterung jedoch nicht bewahren konnte.

Der hufeisenförmige Flügel am Ende des Hofes wurde oft umgebaut. Der ›Pavillon des Peintures‹ in der Mitte, die untere Galerie und der ›Pavillon des Poêles‹ ließen nach außen wenig von der Pracht ahnen, mit der damals das Innere so üppig ausgestattet wurde.

Ein Schloß bedarf ja ständiger Pflege und Instandhaltung. Deshalb hatten die finanziellen Schwierigkeiten zur Zeit der Religionskriege unheilvolle Auswirkungen auf Fontainebleau: weite Teile des Schlosses verwahrlosten, und Wasser sickerte durch die Dächer auf Böden und Holzvertäfelungen.

Erweiterungen durch die Bourbonen

All das änderte sich mit Heinrich IV. Unter seiner Herrschaft gewann das Königreich sein Gleichgewicht zurück, beruhigte sich und gedieh. Er liebte Fontainebleau und wählte es als Wohnsitz. Gabrielle d'Estrées schwärmte gleichermaßen für Fontainebleau. Es regte sich wieder Leben: Man verbesserte, rekonstruierte, vergrößerte.

Die neuen Gebäude entstanden im Norden und Osten. Gegenüber der ›Cour Ovale‹ dehnte sich die viereckige, gewaltige ›Cour des Offices‹ aus. Ihr Name weist auf ihre Bestimmung hin: sie beherbergte die Gesindewohnungen, die Wirtschaftsräume und die Unterkünfte der Beamten. Die Architektur ist einfach und spiegelt gut die Haltung der Zeit wider. Eine hohe Tür öffnet sich zur Stadt hin, sie wird zum Ehreneingang.

Die ganze Anlage und Bestimmung des Schlosses änderte sich nun. Die ›Cour Ovale‹ veränderte ihr Gesicht, wurde größtenteils gradlinig und öffnete sich weit zum neuen Eingang hin. Ihre Fassaden wurden erweitert und vereinheitlicht. Von der ›Grosse Tour‹ Ludwigs des Heiligen zog der König in den eben errichteten Flügel über dem ›Jardin de Diane‹ um.

Im Norden wurde ein neuer Gebäudekomplex angebaut: die ›Galerie des Cerfs‹ und die ›Galerie des Chevreuils‹. Das Innere der ›Chapelle de la Trinité‹ erfuhr eine gänzliche Umgestaltung. Und im Anschluß daran wurde ein Ballhaus errichtet, das noch heute existiert.

Heinrich IV. liebte die freie Natur und umgab deshalb seine Wohnsitze mit Gärten, Blumenbeeten und Wasserbassins. Auch in Fontainebleau wurden diese Anlagen beachtlich erweitert: In Richtung Avon wurde der große Kanal ausgehoben; der Brunnenmeister Francine installierte zahlreiche Wasserspiele; und gegenüber der Terrasse der ›Cour de la Fontaine‹ legte man wenige Meter vom Ufer entfernt den ›Jardin de l'Étang‹ in Form einer großen rechteckigen Insel an.

Heinrich IV. hat sich 1593 zum ersten Mal in Fontainebleau aufgehalten. Die Arbeiten am Schloß sollten bis zu seinem Tode andauern. Man konnte ihn, so berichtet uns Malherbe, bereits um fünf Uhr morgens inmitten der Arbeiter antreffen. Der aus dem Béarn Gebürtige feuerte selbst die Arbeiter auf den Baustellen an, die er stolz seinen Besuchern vorführte.

Wären nicht die Ratssitzungen in Paris, wären nicht der Louvre, die Tuilerien, Saint-Germain, wären nicht die Kriege, die unaufhörlichen Reisen auf den Straßen Frankreichs – diesen Straßen, die er mit Bäumen hatte säumen lassen – gewesen, dann hätte sich Heinrich IV. gewiß öfter und länger in Fontainebleau aufgehalten, dessen Gärten, Jagden und schöne vergoldete Säle er so liebte. Als das Messer Ravaillacs seiner unermüdlichen Aktivität ein Ende setzte, war Fontainebleau vollendet.

Die Gebäude sollten zwar noch viele Veränderungen erfahren, die ruhmreiche Geschichte des Schlosses und seine Ausstrahlung auf die Künste Frankreichs endeten jedoch damit.

Die Baugeschichte bis zum Tode Heinrichs IV. ist allein im Tenor der einzelnen Kapitel in dem Monumentalwerk über Fontainebleau von R. P. Dan ziemlich treffend zusammengefaßt:

König Ludwig VII. *hat das Schloß Fontainebleau gegründet*
König Philippe Auguste hat nach der Rückkehr vom Heiligen Kriege in Fontainebleau geweilt
König Franz I. *hat es stark erweitert*
Heinrich II., *Franz* II. *und Karl* IX. *haben es sehr verschönert*
Heinrich III. *liebte es als seine Geburtsstätte*
Heinrich IV. *hat es vergrößert und gerne aufgesucht.*

Die Erinnerung an Ludwig XIII. wird vor allem durch die Taufkapelle wachgehalten, die allerdings erst ein Jahr nach seiner Taufe errichtet wurde. Man kann also das Verdienst daran ihm nicht direkt zusprechen. Dagegen ließ er ungefähr dreißig Jahre später die neue Hufeisentreppe erbauen. An der Anlage des damals nur mehr selten bewohnten Schlosses wurde nichts geändert.

Obwohl Versailles das Schloß in Fontainebleau in jeder Hinsicht in den Schatten stellte, nahm Ludwig XIV. hier wichtige Bauvorhaben in Angriff. Die Herbstaufenthalte wurden zur Gewohnheit, doch mangelte es für einen ausgedehnten Hofstaat an Platz. So führte Mansart einen langen Trakt an der ›Cour de la Conciergerie‹ auf. Auch die Gärten wurden wundervoll ausgestaltet.

Der Name Ludwigs XV. ist unglücklicherweise mit betrüblichen Zerstörungen verbunden. Der ›Pavillon des Poêles‹ wurde abgerissen, ebenso der ganze Südflügel der ›Cour du Cheval Blanc‹ mit der großartigen ›Galerie d'Ulysse‹ und nach den Plänen Gabriels durch dreigeschossige Bauten von steifer Würde ersetzt, die zur Unterbringung des Hofs bestimmt waren. Auch an zahlreichen anderen Teilen des Schlosses wurden Umbauten veranlaßt.

Ludwig XVI. und Marie Antoinette waren bald ihrer jährlichen Aufenthalte in Fontainebleau überdrüssig. Nach 1777 kamen sie nur noch selten und schließlich zum letzten Mal 1786. In den letzten Abschnitt ihrer Regierungszeit fällt allerdings die Errichtung einer Galerie, die jene von König Franz I. verdoppelt und zum ›Jardin de Diane‹ hin unkenntlich macht.

Der Sturm der Revolution ging über das königliche Schloß hinweg, ohne den Bauten zu sehr zu schaden. Wohl war, wie überall, Abbruch geplant, aber er wurde aufgeschoben. 1792 wurde das Mobiliar zusammengetragen, verkauft und zum Teil von denen geplündert, die sich kein Gewissen daraus machten, das zu ihrem Gebrauch zu beschlagnahmen, was den ›Tyrannen‹ gehört hatte. Das Direktorium, das alles zu Geld machen wollte, ordnete an, die Bronzeteile von den Möbeln abzunehmen, Marmor herauszubrechen und die Gobelins zu verbrennen, um die Goldfäden zu gewinnen. Die Gemälde wurden in den Louvre gebracht. Die Bildnisse der Könige (darunter das Ludwigs XIII. von Philippe de Champaigne) wurden auf einen Scheiterhaufen in der ›Cour du Cheval Blanc‹ geworfen.

Teile des Schlosses dienten als Gefängnis und als Speicher. Aber wie immer fanden sich einige gewissenhafte Beamte, die daran Anstoß nahmen und kostbare Möbel heimlich beiseiteschafften.

Napoleon und Fontainebleau

Im Jahre XII der Revolution (1801) erhielt Fontainebleau eine neue Bestimmung, eine militärische Bestimmung – die bis heute fortwirkt. Bonaparte errichtete im Flügel Ludwigs XV. eine ›École spéciale militaire‹, die 1808 nach Saint-Cyr verlegt wurde. Der Korse hatte die Stätten in Windeseile besichtigt, nur leere, ausgeplünderte Säle vorgefunden, Zimmer ohne Türen und Fensterscheiben, schimmelnde Wandmalereien und verfaulende Boiserien. Dachte er bereits daran, der königlichen Tradition Franz' I. und Heinrichs IV. folgend, daraus die ›erste königliche Residenz‹ zu machen? Versailles erschien ihm zu feierlich, Saint-Cloud unzureichend.

Sein erster bedeutender Gast, Pius VII., wurde 1804 dort empfangen, nachdem er zugestimmt hatte, sich anläßlich der Krönung von Rom nach Paris zu begeben. Er war damals nichts als ein diplomatischer Gefangener. Acht Jahre später sollte er als politischer Gefangener dorthin zurückkehren.

Napoleon ließ die ›Cour du Cheval Blanc‹ zum Ehrenhof umgestalten: Die Gebäude, die den Hof zur Stadt hin abschlossen, wurden niedergerissen und an ihrer Stelle ein Gitter aufgestellt. Dadurch wurde die Achse des Schlosses noch einmal verändert und aus dem Gleichgewicht gebracht. Sie verlor damit ihre Folgerichtigkeit und ihre geschichtliche Bedeutung. Man vergaß, daß der Weiher das Schloß hatte entstehen lassen und daß dieser mit der ›Cour de la Fontaine‹ Mittelpunkt des gesamten Ensembles war.

Der Haupteingang, so wie ihn Napoleon gewollt hat, verwirrt uns; er betont das Gegensätzliche und die mangelnde Einheit des Schlosses noch mehr.

Trotzdem war der Kaiser für Fontainebleau Restaurator und Förderer, und er war es mit Großzügigkeit. Er hatte ein verlassenes und an manchen Stellen halb verfallenes Schloß vorgefunden. In seiner gewohnten ungestümen Art hätte er am liebsten alles von heute auf morgen entstehen sehen. Überall wurden Möbel gekauft. Die Kunstschreiner, besonders das Atelier von Jacob-Desmalter, waren überfordert. Der Architekt Fontaine leitete die Arbeiten, assistiert von Leroy. (Vergessen wir nicht, daß Napoleon damals zahlreiche Schlösser in ganz Europa, von Brüssel bis Neapel, in Auftrag gab.)

Napoleon nahm als erstes das königliche Schlafzimmer in Besitz: es wurde Thronsaal. Die Galerie Franz' I. wurde in ›Galerie Napoléon‹ umbenannt, sein Arbeitszimmer mit Blick auf den ›Jardin de Diane‹ – der zu seinem Privatgarten wird – eingerichtet. Überall wurden die neuen Embleme angebracht: Bienen, Bänder der Ehrenlegion, große ›N‹ und Büsten von Marschällen. Die ›Galerie des Cerfs‹ wurde unterteilt, um hier die Minister und hohen Beamten unterbringen zu können. Am Ende der Galerie wurde das Appartement von Madame-Mère eingerichtet (aber sie residierte am häufigsten in ihrem Schloß Pont-sur-Seine). Die kleinen Appartements Ludwigs XV. wurden ebenfalls wieder möbliert und für Joséphine reserviert.

Seit 1810 konnte Napoleon die Zimmer entlang der Galerie Franz' I., die er prunkvoll hatte ausschmücken lassen, bewohnen. Die ›Galerie de Diane‹, die größte ihrer Art im Schloß, wurde restauriert und nahm die Bibliothek auf. Man verbesserte und möblierte weiter. Das Regime, das sich an den Besiegten bereicherte, verschönerte ohne zu knausern.

Sicherlich hat jene Zeit Fontainebleau die größte Prunkentfaltung seiner Geschichte gebracht. Die ehemaligen ›Appartements des Princes‹ standen Napoleons Brüdern zur Verfügung. Die neuen Marschälle, die neuen Herzöge, die neuen Fürsten paradierten bei Festen, die vor Jugend, Glanz und neuen Uniformen strahlten. Tausend Menschen bewohnten das Schloß, viertausend den Ort.

Vom Ersten zum Zweiten Kaiserreich

Die Ereignisse von 1814 mit der Abdankung ließen es um das Schloß wieder etwas ruhiger werden. Ludwig XVIII. und Karl X. kümmerten sich wenig darum und die Gebäude wurden kaum instand gehalten. Unglücklicherweise aber interessierte sich Louis-Philippe sehr dafür. Schade, daß seine Architekten, Restauratoren, Maler, Bildhauer und Stukkateure solch abscheulichen Geschmack besaßen! Und daß er selbst überhaupt keinen hatte! Sie handelten aus dem Augenblick heraus: »Wiederaufbauen, was die Jahrhunderte zerstört hatten, vollenden, was sie unvollständig gelassen hatten.« Die Ergebnisse waren höchst unerfreulich, vor allem der Beitrag der Maler zur Wiederherstellung: die Erneuerung der Renaissance-Fresken.

Wie in Versailles – obwohl das nicht im Programm stand – wollte der Bürgerkönig ›dem Ruhm Frankreichs‹ den ihm gebührenden Platz einräumen. Hinzu kommen noch die zweifelhaften Kopien von ebenso zweifelhaften Königsporträts und Bildnisse glorreicher Militärs. Farbspuren an den Wänden und Balken waren der Anlaß für eine Ausschweifung ornamentaler Malerei von größter Geschmacklosigkeit.

Napoleon III., dem daran gelegen war, in die Fußtapfen seines Onkels zu treten, kam häufig nach Fontainebleau. Er veranlaßte jedoch keine großen Veränderungen und ließ nur von Lefuel einen kleinen Theatersaal – wie den von Schloß Compiègne – am Ende des Flügels Ludwigs XV. einbauen.

Nach 1871 wurde das Schloß, obwohl es im Prinzip eine der Residenzen des Präsidenten der Republik war, regelmäßig nur während der Ferien von Sadi Carnot bewohnt. Glaubte man, daß es Unglück bringe? Seine Nachfolger aber kamen überhaupt nie dorthin.

Das Äußere

Im Ehrenhof

Wir durchschreiten das Gitter, das Napoleon an Stelle des von ihm abgebrochenen Flügels errichten ließ. Es trägt sein Zeichen: vergoldete Adler erheben sich zu beiden Seiten des Tores, welches heute als Besuchereingang dient. Diese Adler wurden mehrmals Verschleppungen ausgesetzt, welche die jeweils vorherrschende politische Stimmung widerspiegelten: 1810 angebracht, wurden sie 1814 abgenommen, 1848 wieder befestigt und 1870 nochmals entfernt, um schließlich im Jahre 1910, nachdem sich in der Zwischenzeit ihre aufrührerischen Kräfte gewiß erschöpft hatten, ihren Platz wiederzufinden. Betreten wir nun die ›Cour du Cheval Blanc‹.

Diesen Nebenhof hatte Napoleon zum Ehrenhof bestimmt, und im Gedächtnis der auf ihn folgenden Generationen blieb der erschütternde Abschied des Kaisers, welcher hier stattgefunden hatte, stets gegenwärtig.

Dennoch erinnert uns noch etwas Konkretes an den Namen, den dieser Hof so lange Zeit trug: am Boden entdecken wir, in einiger Entfernung von der Treppe, eine weiße Fliese, auf der man mit einiger Mühe die verwitterten Spuren einer kleinen Pferdedarstellung findet, eine Erinnerung an das berühmte weiße Pferd aus Gips, das einst an dieser Stelle stand. Von hier aus überblicken wir den ganzen Hof.

Vor uns erhebt sich jene Fassade, die durch die Freilegung des Eingangs zur Ehrenfassade wurde, ohne aber die breit ausholende, feierliche Einheitlichkeit zu besitzen, die ihrer Bestimmung zukäme. Der den Gesamteindruck beherrschende zentrale Gebäudeteil wurde, wie es eine Inschrift bezeugt, unter Heinrich IV. im Jahre 1615 vollendet, während die ihm vorgelagerte Hufeisentreppe, das erstaunliche Werk Jean Ducerceaus, aus dem Jahre 1634 stammt. Auf vier von vorsprin-

IV PIERRE-DENIS MARTIN

Schloß Fontainebleau

Château de Réveillon bei Esternay (Marne), Privatsammlung

genden Pfeilern aus Buckelquadern getragenen Arkaden ruhen die beiden Treppenläufe, deren Bogen von einem breiten Absatz unterbrochen werden. Die geschmeidige Dekoration der Geländer unterstreicht die Eleganz und die Originalität dieser monumentalen Freitreppe, deren Dimensionen zwar einem Ehrenhof von dieser Bedeutung angemessen sind, aber vor der diskreten Fassade etwas übertrieben wirken. Diese Treppe ersetzt jene, welche Philibert Delorme, hundert Jahre früher, ebenfalls in Hufeisenform errichtete. Auch sie ruhte auf Stützbogen und wohldurchdachten Gewölbestrukturen, auf die der Architekt besonders stolz gewesen zu sein scheint und von denen sich sein Nachfolger wahrscheinlich inspirieren ließ. Ein Stich aus den ›Plus excellents bâtiments‹ des Jacques Androuet Ducerceau des Älteren stellt das Werk dar: eine einfache, breite Freitreppe, die sich erst auf halber Höhe in zwei halbkreisförmige Rampen teilte und sich weit besser in das Gesamtbild einfügte.

Durch die beiden vorgelagerten Seitenteile wird die Wirkung der Fassade unterstrichen, welche noch mehrere Veränderungen über sich ergehen lassen mußte, wovon die rechte Seite deutliche Spuren aufweist. Die Uneinheitlichkeit und die fehlende Symmetrie sind besonders in der Aufteilung der Eingänge fühlbar.

Die Fassade des von Franz I. im Sandstein des Landes erbauten Schlosses wurde von Primaticcio mit weißem Stein verkleidet, das erschien ihm königlicher, italienischer vielleicht. Diesen Stein wollte er für das ganze Gebäude verwenden, doch wurde der Plan nie durchgeführt.

Als dekorative Elemente erscheinen einzig die mächtigen Kranzgesimse und einige die Kapitelle zierende königliche Embleme und Zahlen: das F Franz' I. und das H Heinrichs IV. etwa.

Bemerken wir noch, daß sich dort, wo nun vor der Fassade und der Treppe die kleinen, unter Louis-Philippe aufgestellten Balustersäulen stehen, der breite Graben befand, mit dem Katharina von Medici das Schloß umgeben wollte. Auch belebte diesen so weiträumigen, verlassenen Hof unter König Heinrich IV. ein Brunnen, auf welchem sich zwei antike Statuen, Kephalos und Bacchus darstellend, erhoben, und in dessen Becken bronzene Masken Wasser spien.

Rechts von der Fassade befindet sich der unter König Ludwig XV. im Jahre 1750 erbaute ›Gros pavillon‹. Gabriel entwarf ihn, um ein einheitliches Bild mit dem von ihm errichteten rechten Flügel zu erzielen und ließ deshalb den ›Pavillon des Poêles‹ abtragen, der bis dahin im Leben der französischen Herrscher zu Fontainebleau eine große Rolle gespielt hatte.

Der linke Eckteil, den die in das Ganze eingegliederte ›Chapelle de la Trinité‹ bildet, grenzt an den ›Pavillon des Armes‹, welchen die den Palast überragende ›Tour de l'Horloge‹ flankiert.

Rechterhand finden wir den unter Ludwig XV. errichteten Flügel, welcher heute die ›École d'art américaine‹ (Amerikanische Kunstschule) und das ›Institut européen d'administration‹ (Europäisches Verwaltungsinstitut) beherbergt. Gabriel bediente sich, um den Flügel des Primaticcio (mit der berühmten ›Galerie d'Ulysse‹) zu ersetzen, des klassischen Stils, der ihn mit den großen Architekten des 17. Jahrhunderts verbindet. Er versuchte den Eindruck der Einheit zu geben, indem er den neuen ›Gros Pavillon‹ so baute, daß die älteren Gebäudeteile auf ihn bezogen scheinen. Allerdings spricht sein persönlicher Stil viel freier aus den Fassaden auf der Gartenseite.

So sehen wir in der ›Cour du Cheval Blanc‹ weder Säulen noch Brüstungen, sondern drei wenig hohe Stockwerke unter großen Dachstühlen in der Höhe der Dächer des Mittelflügels. Der Architekt scheint vor allem mit der Aufteilung der fünfzig Appartements beschäftigt gewesen zu sein, die der König gefordert hatte, um seinen Hofstaat, der aufs ungemütlichste zusammengedrängt war, unterzubringen. Aus dieser Notwendigkeit heraus ergab sich wahrscheinlich der diese Gebäude kennzeichnende Kasernenstil, zu welchem auch die Bauweise mit Ziegel und Naturstein beiträgt, welche Gabriel, der Einheit wegen, von den Gebäuden aus der Zeit Heinrichs IV. übernommen hatte. Aber so empfinden nur Menschen unserer Zeit: unter Ludwig XV. wurde sein Stil so hoch geschätzt, daß Gabriel den Plan aushecken konnte, nach der Zerstörung der ›Galerie d'Ulysse‹ auch alle anderen Fassaden der ›Cour du Cheval Blanc‹ abzureißen, um einen Ehrenhof zu errichten, dessen edle Einheit des Königs und seiner selbst würdig gewesen wäre. Aber trösten wir uns. Sicherlich hätte er genauso langweilige Säulengänge wie die von Compiègne geschaffen. (Vergessen wir nicht, daß er auch Pläne vorgelegt hatte, alle Fassaden des Schlosses von Versailles zur Stadtseite hin zu ersetzen.)

Links sehen wir den ›Flügel Franz' I.‹, auch ›Flügel der Minister‹ genannt. Sein Äußeres steht beinahe so vor uns, wie es um 1540 errichtet wurde. Die außerordentlich schlichte, nur durch einige Pilaster und einen Backsteinfries gegliederte Fassade besteht, zu beiden Seiten eines Mittelpavillons, nur aus einer Etage. Dieser Flügel, heute Sitz der Denkmalpflege, diente ursprünglich den Staatssekretären, den königlichen Beamten und dem öffentlichen Dienst. Davon zeugt die über einer Türe beim Eingang angebrachte Inschrift ›Bureau de la poste du Roy, 1551‹.

Noch schlichter war der, wie bereits erwähnt, von Napoleon abgerissene Flügel, welcher früher den Hof abschloß und in dem der Orden der Mathurins untergebracht war. Alles in allem wäre, von den Dimensionen abgesehen, dieser planlos angelegte Hof eines königlichen Palastes eher unwürdig. Doch müssen wir bedenken, daß es sich hier ursprünglich nur um die dem Ehreneingang und den königlichen Gemächern entgegengesetzte Seite des Schlosses handelte.

Der Besucher des Schlosses von Fontainebleau staunt ob dem Gegensatz zwischen dem Prunk der Innenausstattung und der Schlichtheit, ja Ärmlichkeit des Äußeren. Nichts in der Architektur entsprach der den Italienern abgeschauten Kunst, einen Raum durch die Ausstattung gewissermaßen in Szene zu setzen. Es scheint so, als ob aller Aufwand, alle Phantasie für das Innere aufgespart worden wären und als ob das

Äußere nur eine einfache Hülle sei, dazu bestimmt, eine Fülle äußerst kostbarer Dinge zu beherbergen.

Beachten wir, daß die französische Architektur dieser Epoche, verglichen mit der Architektur jenseits der Alpen, ziemlich dürftig und gewissermaßen erschöpft war, nachdem sie fünf Jahrhunderte lang so viele Meisterwerke hervorgebracht hatte. Während die italienischen Denkmäler von genialen Meistern geschaffen wurden, die, aus der Antike schöpfend, im Besitz eines neuen Stils waren, übernahmen die Franzosen von diesem Italien nicht etwa ein Repertoire an Formen, sondern nur dekorative Motive, nicht etwa Architekten, sondern Ausstattungskünstler.

In jenen Jahren pfropfte man dekorative Elemente italienischer Herkunft auf Gebäude mittelalterlicher Bauart. Die Gestaltung blieb biederen Maurermeistern anvertraut, deren Verdienst vor allem darin bestand, mit Schlichtheit zu bauen und das ihnen Vorgeschlagene einfach, bescheiden und ohne Experimente durchzuführen, wobei sie sich nicht über die Lehre von den Proportionen den Kopf zerbrachen.

Der bedeutendste Baumeister Fontainebleaus unter Franz I., Gilles Le Breton, gehörte zu diesen. Sein Name erscheint in den Rechnungsbüchern mit dem Titel ›Oberster Aufseher der Maurerarbeiten des Königs in Fontainebleau‹. Diese Funktion hat er auf befriedigende Weise ausgeübt, aber wenn wir auch vermuten, daß jener König seine Bauprogramme sehr genau festlegte, müssen wir annehmen, eine andere, uns unbekannte Persönlichkeit sei damit beauftragt gewesen, die Projekte und Kostenvoranschläge aufzustellen.

In der Tat erinnert uns der Begriff ›Fontainebleau‹ eher an Namen von Malern, Bildhauern und Stukkateuren als an jene von Architekten. Und dennoch hatte unter König Heinrich II. der größte Architekt der französischen Renaissance in Fontainebleau Bedeutendes geleistet. Es handelt sich um Philibert Delorme – jenen gelehrten Humanisten, welcher der Architektur in Frankreich zur gesellschaftlichen Anerkennung als Kunst verhalf. Aber sein Werk ist durch ein Mißgeschick, hier wie anderswo, wie an den Schlössern Saint-Maur und Anet, wie an den Tuilerien, fast völlig verschwunden. Er hat das Schlafzimmer des Königs und das Kabinett der Königin im ›Pavillon des Poêles‹, der später abgerissen worden ist, geschaffen. Er plante den Umbau des zwischen der ›Cour de la Fontaine‹ und der ›Cour du Cheval Blanc‹ gelegenen Flügels, für welchen er Pilaster von kolossalem Ausmaß vorsah (zum ersten Mal in Frankreich!). Er hatte die ›Chapelle de la Trinité‹ ausgebaut, die unter Heinrich IV. neu gestaltet wurde. Auch erbaute er, wie bereits erwähnt, die erste Hufeisentreppe und sein Anteil am ersten Entwurf der Fassade war vielleicht bedeutend.

Schließlich bleiben uns von Philibert Delorme nur noch zwei kleine Marmorsäulen, die die Empore der königlichen Kapelle tragen, und die – leider unter Louis-Philippe restaurierte – Kassettendecke der ›Salle de Bal‹, deren Ausschmückung er dem Bildhauer Scibec de Carpi übertragen hatte.

Obwohl er sich einige Zeit in Fontainebleau aufgehalten hat, trug der berühmte Serlio den Titel eines ›Königlichen Architekten zu Fontainebleau‹ nur ehrenhalber. Vielleicht erteilte er Ratschläge. Aber schon seit langem sprechen ihm die Kunsthistoriker jede wirkliche Beteiligung am Bau des Schlosses ab, selbst an der Säulenhalle der ›Cour Ovale‹, die seinen Namen trägt: Portique de Serlio.

Was Primaticcio anbetrifft, so war er in der Zeit der Regentschaft Katharinas von Medici nicht nur Architekt von Fontainebleau, sondern Generalinspekteur aller königlichen Gebäude. Trotzdem kann man ihn in Fontainebleau am besten kennenlernen, wenn auch der größte Teil seines Werkes später zerstört, verstümmelt oder entstellt worden ist.

Wir werden diese ›Cour du Cheval Blanc‹ nicht verlassen, ohne sie mit dem Namen zu grüßen, den ihr, Napoleons gedenkend, jeder seit langem gibt: ›Cour des Adieux‹.

Nach dem Einzug der Alliierten in Paris hielt sich der Kaiser vom ersten bis zum zwanzigsten April in Fontainebleau auf, um sich anschließend auf die Insel Elba zu begeben. Von

Drohung und Verrat umgeben, dankt er am siebten des Monats ab. Eine an eindrucksvollen Bildern reiche Szene spielt sich am zwanzigsten auf der Hufeisentreppe ab, von welcher aus er noch so kurz zuvor die alten Haudegen unter Beifall zum Kampfe angespornt hatte. Lamartine berichtet:

Er durchschritt langsam, gefolgt von seiner Bewachung und seinen Freunden, die lange Galerie Franz' I. *Er erschien auf dem Absatz der großen Treppe. Er betrachtete einen Augenblick die in Formationen aufgestellten Truppen im Ehrenhof und die unzähligen Menschen, die aus den benachbarten Städten herbeigekommen waren, um diesen geschichtlichen Augenblick mitzuerleben und ihren Kindern davon zu erzählen. Die Gefühle dieser Menge, bei der sein Regime mehr Gegner als Anhänger hatte, waren verschiedener Natur. Aber die Betroffenheit über den Sturz bei den einen, die Erschütterung über das Mißgeschick bei den anderen, die durch die Umstände bedingte Zurückhaltung bei allen, geboten Schweigen. Schmährufe wären eine Feigheit gewesen; die Rufe »Es lebe der Kaiser!« hätten wie Ironie wirken können. Die Truppen selbst empfanden etwas Feierlicheres und Erhebenderes als es eine Akklamation gewesen wäre, das tiefe Bewußtsein ihrer Treue bis zur Niederlage und zum Untergang ihres Ruhms, der mit ihrem Führer hinter den Bäumen des Waldes und hinter den Wellen des Mittelmeeres verschwand. Sie beneideten diejenigen ihrer Kameraden, denen die Wahl oder das Schicksal die Gunst zuerteilt hatte, mit ihrem Kaiser auf seine Insel ins Exil zu gehen. Die Köpfe waren gesenkt, die Blicke verhalten; Tränen rollten über vom Kriege gestählte Wangen. Wären die Trommler mit Trauerflor umgeben gewesen, dann hätte man gesagt, die Armee beim Begräbnis ihres Generals. Napoleon selbst hatte, nach einem kriegerischen, strengen Blick auf seine Bataillone und seine Schwadronen, eine seltene Rührung in seinem Blick. An welche Tage des Krieges, des Ruhms und der Macht erinnerte ihn diese Armee! Wo waren die, die sie gebildet hatten, während er mit ihr durch Europa, Afrika und Asien zog? Was blieb von diesen Millionen Männern in dieser Kerntruppe unter seinen Augen? Und dennoch, dieser Rest war treu. Er war im Begriff, sich von ihnen für immer zu trennen. Die Armee, das war er. Wenn er sie nicht mehr unter seinen Augen sehen würde, was würde er dann sein? Dem Schwert verdankte er alles, mit ihm verlor er alles. Er zögerte eine Zeitlang, bevor er herabstieg. Er schien wie gewohnt in den Palast zurückkehren zu wollen …*

… Er raffte sich auf, überwand sich, stieg die Stufen hinab, um sich seinen Soldaten zu nähern. Die Trommler erwiesen ihm den Ehrensalut. Mit einer Geste brachte er sie zum Schweigen. Er trat nach vorne bis zur Front der Bataillone; die Waffengattungen unbeweglich, man hielt den Atem an, da ertönte seine Stimme, die von den hohen Mauern des Palastes bis zu den letzten Rängen seiner Garde zurückgeworfen wurde.

»Generäle, Offiziere und Unteroffiziere, Soldaten meiner alten Garde, ich sage Euch Lebewohl. Seit zwanzig Jahren habe ich Euch immer auf dem Weg der Ehre und des Ruhms gefunden. In diesen letzten Zeiten, wie in denen des Glücks, habt Ihr nie aufgehört, Musterbeispiele des Mutes und der Tapferkeit zu sein.

Mit Männern wie Euch war unsere Sache nicht verloren, aber der Krieg war ohne Ende; ein Bürgerkrieg wäre ausgebrochen und hätte Frankreich größtes Unglück gebracht. Ich habe also unsere Interessen denen des Vaterlandes geopfert. Ich gehe … Ihr, meine Freunde, dient Frankreich weiterhin; seine Ehre war mein einziger Gedanke, und sie wird immer der Gegenstand meiner Wünsche sein.

Beklagt nicht mein Geschick! Wenn ich eingewilligt habe, mich selber zu überleben, so, um auch hiermit Eurem Ruhm zu dienen. Ich will die großen Taten aufschreiben, die wir miteinander vollbracht haben … Lebt wohl, meine Kinder! Ich möchte Euch alle an mein Herz drücken. So laßt mich wenigstens Euren General umarmen, Eure Fahne! …«

Diese Worte rührten die Soldaten. Ein Zittern durchläuft die Reihen, bewegt die Truppenteile. Der General Petit, der bei Abwesenheit der Marschälle die Alte Garde befehligte, ein Mann vom Schlage eines Kriegers, war aber dennoch feinnervig. Auf ein wiederholtes Zeichen Napoleons trat er nach vorne zwischen die Reihen der Soldaten und seinen Kaiser. Der Kaiser umarmte ihn lange. Die beiden Feldherren weinten. Ein dumpfes Schluchzen antwortete von allen Rängen auf dieses Schauspiel. Grenadiere wischten sich die Augen mit dem linken Ärmelaufschlag. »Man soll mir den Adler bringen!« hob der Kaiser an, der sich selbst und seinem Zeichen das Gedenken an Caesar einprägen

21 *König Franz I. Aus einem Bildteppich der Manufaktur Fontainebleau*
←

22 *Schloß Fontainebleau*

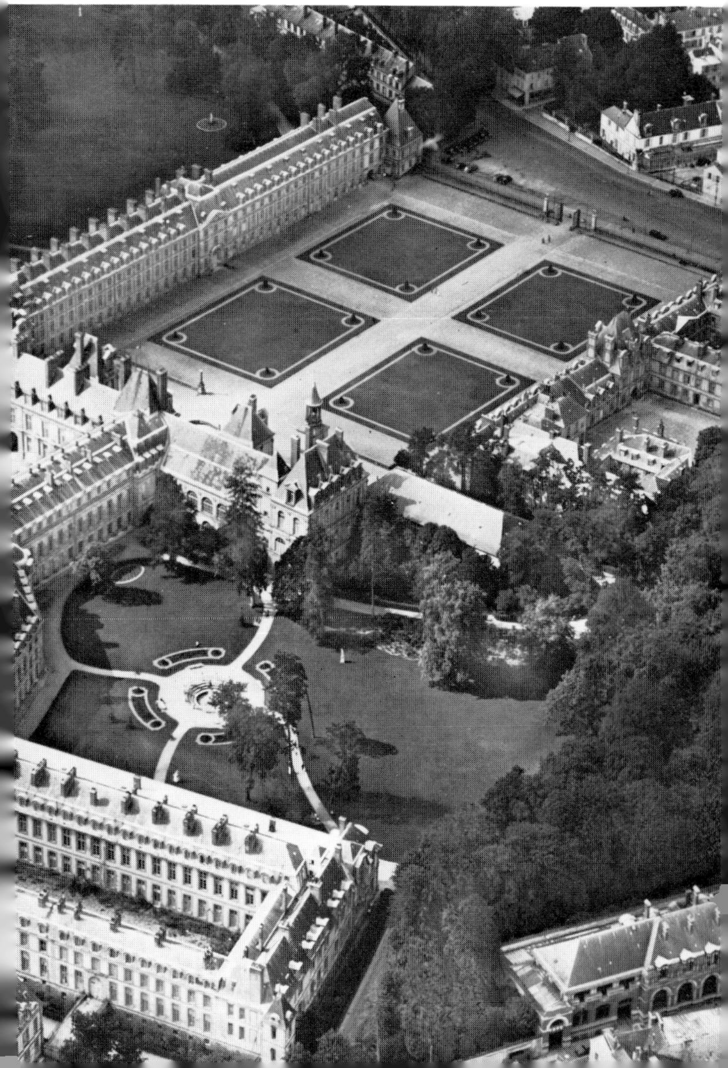

23 *›Cour du Cheval-Blanc‹ (Cour des Adieux) mit der Hufeisentreppe*

wollte. Grenadiere traten nach vorne und brachten ihm die Adler der Regimenter. Er nahm die den Soldaten teuren Zeichen, drückte sie an seine Brust und, sie mit seinen Lippen berührend, sagte er mit zugleich fester und gebrochener Stimme: »Teurer Adler, möge dieser Kuß Widerhall finden in den Herzen aller meiner Soldaten! Noch einmal lebt wohl, meine alten Kameraden, lebt wohl!«

Die ganze Armee brach in Tränen aus und ein langes, dumpfes Stöhnen der Truppen war die einzige Antwort.

Ein offener Wagen, in dem der General Bertrand seinen Herrn und Freund erwartete, nahm den Kaiser auf, der sich hineinstürzte, wobei er die Augen mit beiden Händen bedeckte. Er brachte ihn zur ersten Station seines Exils.

Dies war der Abgang, während die Mengen sich plötzlich von demjenigen abwendeten, den sie gestern bejubelten, und die immer vorhandenen falschen Freunde ihr Gift auf die frischen Wunden der Besiegten spien.

Während der darauf folgenden Restaurationszeit, unter den wieder eingesetzten Bourbonen Ludwig XVIII. und Karl X., wurde das Schloß schlecht instand gehalten. Erst der durch die Revolution von 1830 an die Macht gelangte ›Bürgerkönig‹ Louis-Philippe nimmt sich dieser Residenz wieder an. Der Eingang durch die ›Cour des Adieux‹ soll erneuert werden, die Mittelfassade wird nach den plumpen Vorstellungen damaliger Denkmalpflege renoviert, sodann wird die sogenannte ›Galerie des Assiettes‹ erbaut, die ihren Namen 128 sie zierenden Tellern aus Sèvres verdankt.

Napoleons I. vermeintlicher Neffe wird sowohl aus Dankbarkeit als aus politischen Erwägungen das Schloß wieder sehr begünstigen, welches so viele Erinnerungen an ruhmreiche und dramatische Vorgänge erweckte. Er machte es zum Rahmen für jene Zeremonien, die das zweite Kaiserreich einleiteten.

So wurde, nach der Revolution, in der ›Cour des Adieux‹ am 10. November 1848 feierlich die neue Verfassung verkündet, die ihn zum Präsidenten der Republik machte. Und am 5. Dezember 1851 ward hier, vor einem auf der Hufeisentreppe errichteten Altar, in Gegenwart der versammelten Stände, der Prinz-Präsident unter dem Namen Napoleon III. zum Kaiser ausgerufen.

Er knüpfte also wieder, so gut er es vermochte, an das traditionelle, dem ersten Kaiserreich und der Monarchie entlehnte Zeremoniell an. Wie in den Tuilerien, in Saint-Cloud oder in Compiègne finden in der Galerie Heinrichs II. wieder Feste statt. Die kaiserliche Familie hatte sich in den Gemächern des ›Gros Pavillon‹ niedergelassen, während die Prinzessin Mathilde jene bezog, welche einst die sittenstrenge Freundin Ludwigs XIV., Madame de Maintenon, bewohnte.

Cour de la Fontaine

Durch einen Bogen gelangen wir in die ›Cour de la Fontaine‹. Nur an drei Seiten geschlossen, öffnet sich dieser Hof zum See, den Gärten, dem Wald und dem Himmel hin. Dieser lichte Ausblick zieht uns an, aber bevor wir uns die Karpfen anschauen gehen, wenden wir uns um. Nun befinden wir uns einem sehr uneinheitlichen, aber architektonisch äußerst interessanten Gebäudekomplex gegenüber, der geradezu einen Abriß der Geschichte klassischer Architektur in Frankreich darstellt. Es handelt sich um drei sehr ungleiche Trakte, welche aber einen harmonischen Gesamteindruck machen.

Den hinteren Trakt des Mittelflügels bildet die Galerie Franz' I. mit ihren hohen, weiten Fenstern. Ihr vorgelagert erstreckt sich eine offene Galerie mit dicken Pilastern aus Buckelquadern, erbaut wurde sie von Heinrich II., umgestaltet von Heinrich IV. Im Erdgeschoß, in den unter Ludwig XIV. für die Prinzessinnen eingerichteten Gemächern, befanden sich ursprünglich Bäder und Dampfbäder Franz' I. Mit ihren wohlausgedachten Einrichtungen und ihrer Ausstattung durch Primaticcio bildeten diese für die Zeitgenossen einen Gegenstand allgemeiner Bewunderung.

Schauen wir nach rechts, so haben wir das Gefühl, uns in Italien zu befinden. Hier herrschte Primaticcio über Künstler und Handwerker. Zur Zeit Franz' I. schlossen niedere Gebäude den Hof, von denen noch wenige Teile im Erdgeschoß zu sehen sind. Darüber wurde nun dieser Wohntrakt errichtet, dessen Anordnung den Prinzipien der italienischen Renaissance gehorcht. Ein stark vertiefter, von einem antikisierenden Giebelfeld abgeschlossener Mittelteil bildet die Dominante des symmetrischen Baus, dessen edle Ausgeglichenheit unterstrichen wird von einer die Symmetrieachse verstärkenden, breit auseinanderlaufenden Monumentaltreppe. Das ehemalige Prunkstück dieses Flügels, ein skulptierter Kamin, der so berühmt war, daß man den Trakt ›Aile de la Belle Cheminée‹ nannte, wurde unglücklicherweise abgerissen, als Ludwig XV. einen Theatersaal einbauen ließ. Seither wird dieser Gebäudekomplex, einer der bemerkenswertesten in Fontainebleau, ›Ancienne Comédie‹ genannt.

1856 durch einen Brand verwüstet, wurde dieser Flügel in neuester Zeit restauriert. Die in den Nischen aufgestellten Statuen sind moderne Güsse.

Linkerhand befand sich einst der niedrige Bau der unter Franz I. erbauten Küchen. Von Karl IX. vollständig umgebaut, sollte das Gebäude dereinst, unter Napoleon, zum Gemach des Papstes werden. Den Abschluß zum Weiher hin bildet der ›Gros Pavillon‹, den Gabriel, wie bereits erwähnt, um 1750 an Stelle des ›Pavillon des Poêles‹ erbaut hat.

Eines der Merkmale Fontainebleaus bildete einst der Brunnen, den Franz I. am Ufer des Weihers hatte erbauen lassen und dessen Entwurf von Primaticcio stammte. Über einem von vier Hermen gestützten Tonnengewölbe erhob sich ein Herkules von Michelangelo. Diese Statue aus dem Palazzo Strozzi war 1529 erworben worden. Das sogenannte ›Wasser des Königs‹, das hier floß, betrachtete man als besonders gut, Tag und Nacht schützten Wächter den Brunnen. Heinrich IV. ließ den Herkules anderswo aufrichten, den Brunnen ersetzte er durch ein Werk eigenartigen Stils: ein antikes Aktstandbild des bewaffneten Perseus erhob sich auf einem Berg aus Muscheln inmitten eines viereckigen Beckens mit wasserspeienden Delphinen. Einer späteren Umgestaltung der Weiherböschung fiel auch dieser Brunnen zum Opfer. An seiner Stelle erhebt sich seit 1827 eine Statue von Petitot.

Cour de la Porte Dorée

Wenn wir unter einem Bogen hindurchgehen, gelangen wir zum früheren Haupteingang des Schlosses, der ›Porte Dorée‹. Mit ihr begann Gilles Le Breton seine von Franz I. angeordneten Arbeiten. Sie ersetzte den ›Grand Portail‹ und weist als Datum des Arbeitsbeginns 1528 auf.

Warum heißt sie ›Porte Dorée‹? Die Fresken, mit denen Rosso und Primaticcio die tiefen Loggien versehen hatten, waren teilweise vergoldet. Charles Terrasse stellte die Hypothese auf, daß ›dorée‹ aus einer Kontraktion von ›d'orée‹ (orée = Waldesrand) entstanden sei; das Tor war zum Waldesrand hin gewendet.

Architektonisch mit dem Tor von Blois verwandt (Pilaster, doppelte Bandgesimse, Loggien), weist es auf eine weniger sichere Hand. Ziemlich dürftig im Verhältnis zur Höhe des Baus wirken die aus dem neuen, antikisierenden Formenarsenal der Zeit stammenden Säulen (an der Seite der Arkaden) und dreieckigen Fenstergiebelfelder.

Die Malereien, welche Vorhalle, Vestibül und Loggien zieren, sollte man nicht aus zu großer Nähe betrachten; die Originale von Primaticcio wurden nämlich im 19. Jahrhundert mit abscheulichen Bildern von Picot übermalt.

Die berühmte Diana Benvenuto Cellinis, die im Louvre steht, war übrigens für den Tympanon der ›Porte Dorée‹ bestimmt, wurde aber in Anet aufgestellt, da zu diesem Zeitpunkt das Schloß der Diane de Poitiers sich größerer königlicher Gunst erfreute.

Dieses Tor bildete den Dekor für Feste, hier spielten sich die feierlichen Einzüge des Königs und seines Gefolges ab, welche an die Triumphzüge des antiken Roms erinnerten, hier wurde Karl V. im Jahre 1539 ein großartiger Empfang bereitet.

Folgen wir ein Stück weit der Terrasse, die das Parterre überragt, so gehen wir den Gebäuden entlang, die auf den Grundmauern des ursprünglichen Schlosses errichtet worden sind. Die Gemächer des Erdgeschosses sind von Louis-Philippe in einen einzigen Saal von schwerfälligem Aufbau umgewandelt worden, über dem wir die Rundbogenfenster der ›Salle de Bal‹ Heinrichs II. erblicken, zwischen welchen die königlichen Salamander erscheinen.

Die Apsis der übereinanderliegenden, von einem kleinen Dachaufsatz überragten Kapellen, geht über die Bauflucht hinaus, wie es bei sakralen Gebäuden üblich ist. Die Architektur steht der Gotik nahe, aber der skulptierte Dekor, der unter anderem Hirschköpfe darstellt, weist deutlich auf das Entstehungsdatum.

Wir umgehen die ›Appartements des Enfants‹ sowie die Ecke des ›Pavillon des Dauphins‹. Nun befinden wir uns auf einem Weg, der den ehemaligen Gräben folgt, rechterhand sehen wir die ›Cour des Offices‹, linkerhand die ›Cour Ovale‹.

Cour Ovale

Diese bildet den Ursprung des Schlosses. Angesichts dieses durch vielfachen Umbau zum unregelmäßigen Viereck gewordenen Hofs hat man Mühe, die Spuren seines ersten Umrisses wiederzufinden, Elemente aus dem klassischen Zeitalter haben das mittelalterliche Gebäude überlagert. Während mehr als zweieinhalb Jahrhunderten war dies der Ehrenhof einer königlichen Residenz: deshalb der gehobene Stil des Eingangs.

Vor diesem Eingang erheben sich die großen, zur ›Cour des Offices‹ ausgerichteten Bildsäulen, Darstellungen des Hermes, welche Gilles Guérin 1640 in seiner würdevollen, etwas schwerfälligen Art skulptierte. Diese weisen gewissermaßen auf das als ›Baptisterium‹ (›Baptistère‹) bezeichnete Ehrenportal hin, ein heterogenes Werk von eigenartiger Schönheit. Den unteren Teil bildet ein Tor Primaticcios zu einer Zugbrücke in der ›Cour du Cheval Blanc‹. Von dort entfernt und während einiger Zeit zur späteren Verwendung aufbewahrt, wurde endlich dieses Tor hier wieder aufgestellt. Wenig später wurde darüber eine Art triumphaler Abschluß in Form einer Kuppel errichtet, die sich über vier Arkaden erhebt. Auf beiden Seiten des dreieckigen Giebelfeldes erscheint eine ›Fama‹, die das Allianzwappen von Frankreich und Navarra trägt. Abgestützt wird das ganze Werk von Voluten, auch diese kennzeichnet ein zugleich nerviger und stolzer Stil. Die Schöpfer des Werks sind anonym geblieben.

Warum wird dieses Denkmal ›Porte du Baptistère‹ genannt? Es ruft die Erinnerung an die Taufe Ludwigs XIII. wach, die 1606 mit außergewöhnlichem Prunk in der ›Cour Ovale‹ gefeiert wurde.

Dieser Hof ist ob seiner Baugeschichte von großem Interesse und es ist bedauerlich, daß die Öffentlichkeit ihn bei ihren Besuchen nur durch die Fenster erblickt.

Etwas zugleich Würdevolles und Ländliches bestimmt sein Bild, hohe Kamine aus Sand- und Ziegelstein tragen zu diesem Eindruck bei.

Weder die Säulengänge, die ihn auf drei Seiten einfassen, noch die skulptierten Kapitelle mit ihren eigenartig verschlungenen Masken und Tiermotiven wirken so aristokratisch wie die ›Porte du Baptistère‹. Und dennoch herrscht eine Art königlicher Gegenwart, die sicherlich von den Erinnerungen herrührt, die mit den für französische Monarchen geschaffenen Residenzen verbunden sind.

Im Hintergrund erheben sich die zwei Meter dicken Mauern der noch erhaltenen Teile des Wehrturms vom Schloß Ludwigs VI. Gilles Le Breton wurde damit beauftragt, ihn wiederaufzubauen und im ersten Stockwerk den sogenannten Saal Ludwigs des Heiligen wieder einzurichten, welcher den Schwerpunkt des ursprünglichen Schlosses gebildet hatte. (Dahinter befindet sich die große Wendeltreppe – ebenfalls Ludwig dem Heiligen zugeschrieben – die zu den Gemächern führte.) Der Baumeister mußte auch alle Flügel dieses Hofes instand setzen. Aus seinen ›Ausbesserungen‹ wurde das, was wir heute als eine Restaurierung bezeichnen. Der Hof verlor dabei seine ovale Form, aber die Fassade gewann ein neues Gesicht.

Die königlichen Gemächer erstrecken sich der Reihe nach zu unserer Rechten und auf der anderen Seite des Wehrturms bis zur ›Salle de Bal‹, die unter Heinrich II. an die Stelle einer Galerie von weniger großer Bedeutung trat. Sie sind verbunden durch eine mit einem lichten Eisengeländer versehene Außengalerie auf Höhe der ersten Etage.

Die Bauweise stammt aus einer Übergangszeit, sie zeugt von der Kenntnis der antiken Kunst, doch fehlt ihr die von der klassischen Architektur inspirierte solide technische Gestaltung. Hier finden wir nicht das meisterhafte Können eines Philibert Delorme, sondern einen lässig vertraulichen Herrenstil. Verteilen sich die Pilaster regelmäßig, so sind die Fenster oft unregelmäßig eingelassen, ein Mißverhältnis, das durch das um die Gebäude laufende Bandgesims nicht aufgehoben wird.

Zwischen dem Rückteil der ›Porte Dorée‹ und der ›Salle de Bal‹ erhebt sich der kleine Treppenpavillon Franz' I., dessen dekoratives Tor wir sehen: drei Pilaster, darüber ein Giebelfeld, in welchem zwei Statuen das Wappen Frankreichs flankieren und das von einer gelungenen Büste des Königs gekrönt wird (es ist ein Abguß, das Original befindet sich im Louvre). Einst öffnete sich zum Hof hin die Kapelle, die wir nun nur noch an den Dachaufsätzen erkennen.

Jene Eigenartigkeit der ›Cour Ovale‹, welche die Historiker verwirrte, ist der ›Portique de Serlio‹, Tor und Loggia zugleich, einmal abgenommen und dann am Nordflügel wieder aufgebaut. Dieses Portal weist einen ›fortschrittlicheren‹ Stil auf, es wirkt klassischer, ›italienischer‹ als die anderen Gebäudeteile. Nach den Rechnungsbüchern zu schließen, scheint er fast gleichzeitig wie die Werke von Le Breton erbaut worden zu sein. Die Überlieferung, die ihn Serlio zuschrieb, ist heute widerlegt. Indessen kennen wir den Erbauer und das Entstehungsdatum dieses Werkes immer noch nicht.

›Cour des Offices‹ und ›Place d'Armes‹

Die ›Cour des Offices‹ ist der einzige regelmäßige und homogene Gebäudekomplex von Fontainebleau. Ein Tor öffnete sich auf der anderen Seite des Grabens, gegenüber vom ›Baptistère‹, der Haupteingang führt zur ›Place d'Armes‹: als Heinrich IV. 1609 diese großen, wohlgeordneten Gebäude errichten ließ, wollte er aus diesem zur immer größer werdenden Stadt hin orientierten Tor den Ehreneingang und den Vorhof des Schlosses machen.

Der Durchgang ist uns verschlossen. Also folgen wir zuerst dem gepflasterten Weg, der an einem Flügel der ›Cour des Princes‹ entlanggeht, und dann durchqueren wir den ›Jardin de Diane‹. Wir gelangen so zum Eingang der ›Place d'Armes‹, dem Portal Heinrichs IV.

Dieser Eingang ist majestätisch, wie es sich geziemt. Die toskanische Säulenordnung, die dicken Buckelquader, die die Pilaster und das Gewölbe in Halbkuppelform zieren, entbehren nicht einer gewissen Feierlichkeit. Die restlichen Gebäude sind von großer Einfachheit, die beiden eingeschossigen Flügel weisen leicht vorspringende Mittel- und Eckteile auf. Gebaut wurde hier mit Ziegelsteinen im Eisenverband; die für die erste Hälfte des 17. Jahrhunderts so charakteristischen Dächer sind außerordentlich hoch. Wie der Name andeutet, war dieser Hof für das Gesinde vorgesehen, für die Wirtschaftsräume und die Unterbringung der als ›Officiers‹ bezeichneten königlichen Beamten.

Jardin de Diane

Die Stadtseite der ›Cour des Princes‹ besteht aus Gebäuden des 18. Jahrhunderts im damals üblichen Stil. Auf der Höhe des ›Pavillon des Princes‹ treffen wir auf Wohnkomplexe mit hohen Kaminen aus der Zeit Heinrichs IV.

Wir befinden uns im ›Jardin de Diane‹, dem früheren ›Jardin de la Reine‹, der unter Napoleon sowohl den überlieferten Namen wie die überlieferten Anlagen verlor.

Die diesen Gärten zugewandten Fassaden sind in der Anlage wie im Stil außerordentlich verschiedenartig.

Der Flügel der ›Cour des Princes‹, um den wir gerade herumgegangen sind, beherbergt im Erdgeschoß die ›Galerie des Cerfs‹ und im ersten Stockwerk die ›Galerie de Diane‹. Diese Gebäude aus Ziegel und Naturstein tragen die Züge der Zeit Heinrichs IV., sind aber unter Napoleon und Louis-Philippe stark restauriert worden. Letzterer ließ sogar den Eckpavillon hinzufügen. Die Statuen in den Nischen sind moderne Kopien.

An diesen Bau fügen sich geradlinig die einfachen Fassaden der unter Karl IX. gebauten königlichen Gemächer. Ein der Rotunde des ›Cabinet du Conseil‹ entsprechender, halbkreisförmiger Vorsprung steht im Winkel zwischen diesen Fassaden und den Gemächern aus der Zeit Ludwigs XVI., die dann Napoleon bewohnte. Den westlichen Flügel bildet die ›Chapelle de la Trinité‹, die zur Zeit Karls X. von einer durch große gewölbte Fensterschluchten erhellten Galerie flankiert wurde, welche die Verbindung zu dem am äußersten Ende gelegenen ›Pavillon de l'Horloge‹ herstellte.

Nun betrachten wir ein Werk, in welchem sich Architektur und Skulptur verbinden und dessen ungewohnter Anblick unsere Neugierde weckt. Es handelt sich um ein niedriges Tor zu den Gärten, das ein wenig an den Eingang einer Grabkapelle erinnert: ägyptische Karyatiden stützen das Gesims, welches ein abgerundetes Giebelfeld trägt. Zwei Gruppen von Kindern und ein den Giebel krönender Wehrhelm vervollständigen dieses für seine Zeit (um 1530) ziemlich erstaunliche Werk. Seine Proportionen sind nicht glücklich, aber es zeigt uns die ersten ›ägyptischen‹ Elemente im französischen Dekor.

Der ›Jardin de Diane‹, der im 19. Jahrhundert erheblich vergrößert worden ist, war früher ein geschlossener, von der Stadtseite her durch die ›Galerie des Chevreuils‹ und die Orangerie begrenzter Garten.

Nachdem wir dem von Heinrich IV. erbauten und von Ludwig XV. wiederhergestellten Ballhaus entlang zur ›Cour du

Cheval Blanc‹, unserem Ausgangspunkt, zurückgekehrt sind, haben wir die vielfachen Aspekte der Gebäude kennengelernt. Was nicht besagen will, daß man nun die topographische Lage kennt. Nehmen Sie es ihrem Führer nicht allzu übel. Ich kenne Leute, die schon zehnmal in Fontainebleau waren und denen es nicht gelingt, die einzelnen Bauten genau zu lokalisieren. Nur wenige Gebäude sind in der Anlage so kompliziert: Sieben Schlösser entstanden ohne Beziehung zueinander und bilden doch ein Einziges, in welchem jedes das Nächste verbirgt. Ich habe einmal geschrieben: »Versailles oder der Geist der Folgerichtigkeit«. Für Fontainebleau gilt genau das Gegenteil.

Das Innere (I)

Wie in den meisten Residenzen haben die sich ablösenden Generationen Anlage und Ausstattung der Räumlichkeiten den Erfordernissen ihres Lebensstiles und ihres Geschmacks angepaßt. Einige Räume haben dennoch ihre ursprüngliche Gestalt bewahrt, sei es, daß sie zu bedeutend waren, als daß man gewagt hätte daran zu rühren, sei es, daß es zu schwierig schien, sie für etwas anderes als für ihren ursprünglichen Zweck zu verwenden. Diesen wenden wir uns nun zu.

Galerie de François Ier

Die lange, helle Galerie zwischen dem ›Jardin de Diane‹ und der ›Cour de la Fontaine‹ wurde unter Franz I. erbaut, um die eben in der ›Cour du Cheval Blanc‹ errichtete ›Chapelle de la Trinité‹ mit den Gemächern des Königs zu verbinden.

Ich erinnere mich noch an den überwältigenden Eindruck, den ich hier bei meinem ersten Besuch in frühen Jugendjahren erhielt. Die goldblonde, von der Sonne angestrahlte Tönung des Raumes, der eigenartig gemalte und skulptierte Dekor, diese so üppig ausgebreiteten Reichtümer: ich hatte noch nichts Ähnliches gesehen, noch kein Schloß hatte so verführerisch auf mich gewirkt.

Lange Zeit bildete diese Galerie meine einzige Erinnerung an Fontainebleau. Und dabei sah ich sie nur so, wie sie in der Zeit Ludwigs XVI. und Louis-Philippes verändert worden war; doch in meiner Unwissenheit bereitete mir das kein Kopfzerbrechen.

Die Wandtäfelungen und die Decke sind das Werk von Scibec de Carpi. Die Malereien und ihre Stuckumrahmungen (letztere nehmen einen größeren Raum ein) stammen von Rosso. Die auf fünfzehn Bildern dargestellten mythologischen Allegorien entsprachen offensichtlich dem zeitgenössischen Geist. Einiges ist ziemlich deutlich zu erkennen (›Venus, Amor züchtigend‹, ›Der Kampf der Zentauren und Lapithen‹, ›Der Tod des Adonis‹), anderes bleibt rätselhaft und führt die Forscher zu den verschiedenartigsten Hypothesen. In die Rahmenverzierung einbezogen sind bis ins kleinste realistisch behandelte Szenenbilder.

Die Stuckarbeiten weisen mit einem unerschöpflichen Formenreichtum behandelte Themen aus der Mythologie und der antiken Geschichte auf. Man findet kein herrlicheres Beispiel in dieser Zeit. Männliche und weibliche Figuren, Tiere, Girlanden aus Früchten, Masken, antike Ornamente, Vasen, Muscheln, all das wirbelt beschwingt und kunterbunt durcheinander, die Wirkung der Malereien wird durch diesen Kontrast nicht beeinträchtigt, sondern verstärkt. Einige Details stammen nicht von Rosso, so eine Danae, die Primaticcio an die Stelle einer nach Fertigstellung der Galerie zugemauerten Türe malte. Unter Louis-Philippe wurde nach einem Stich von Boyvin eine ›Nymphe de Fontainebleau‹ geschaffen, dann von Alaux koloriert und mit falschem Stuck eingerahmt.

Eigentlich war bis zu den Restaurierungen von 1964 von den Fresken des Rosso nichts zu sehen. Mehrere Generationen hatten daran restauriert – mit Öl, versteht sich – bis sie schließlich ganz verschwunden waren. Man mußte erst die verschiedenen Schichten abheben, die Malereien des 18. Jahrhunderts, die zum größten Teil von J.-B. van Loo stammten, und vor allem jene des 19. Jahrhunderts – die größten und schlechtesten –, um die ursprünglichen, ziemlich gut erhaltenen Fresken zum Vorschein zu bringen.

Gleichzeitig wurde die unter Louis-Philippe um 60 cm angehobene Decke wieder gesenkt, was dem Raum wieder jenen Anblick eines außerordentlich kostbaren Schmuckkästchens verleiht, der den Besucher verblüfft.

Die ganze Galerie wurde aufgefrischt, die teils erneuerten, teils restaurierten Boiserien frisch gemalt und vergoldet. Die

Gesamtansicht wirkt feiner als früher und entspricht bestimmt in hohem Maße den ursprünglichen Absichten.

Man muß sich diese Galerie von einem Hof belebt vorstellen, den Franz I. zum glänzendsten Europas machen wollte. Er hatte mit der Tradition gebrochen, welche die Damen in die Gemächer der Königin verwies. »Von der Annahme ausgehend«, schreibt Brantôme, »daß der ganze Glanz eines Hofes von den Damen herrühre, wollte er ihn mehr als dies nach alter Sitte üblich war beleben.« Von jetzt an lernte der Hof von Frankreich eine Atmosphäre der Festlichkeit und der Galanterie kennen, eine Prachtentfaltung, die ihm bislang unbekannt gewesen war. Primaticcio und Niccolo dell'Abbate haben die Regie übernommen. Nie zuvor waren prächtigere und geschmackvollere Kostüme entworfen worden, nie zuvor glänzte so viel Geschmeide. Nie zuvor hat sich ein König mit so vielen Kunstwerken und Künstlern umgeben.

Durch die Galerie – die man damals ›Petite galerie‹ nannte im Unterschied zur ›Großen Galerie‹, der ›Galerie d'Ulysse‹ – zog jeden Tag das königliche Gefolge zur Kapelle. Feierliches vermischte sich mit Alltäglichem. Die Höflinge drängten sich auf dem Weg des Königs. Man hielt sich hier um so lieber auf, als es ein Ort der Begegnung war und einige Galanteriewarenhändler vom König die Bewilligung erhalten hatten, hier ihre Stände mit Spitzen, Federn, Bändern, Halskrausen, Goldschmiedearbeiten und Parfüms aufzuschlagen. Auch standen Bücher, die letzten Neuerscheinungen, zum Kauf. Bis zum Ende des ›Ancien Régime‹ lebte diese Tradition weiter, im Louvre, in Versailles und überall dort, wohin sich der königliche Hof begab.

Untergegangene Räume Franz' I.

Die unter der ›Galerie Franz' I.‹ gelegenen, heute so kahlen Räume im Erdgeschoß, am Ende der ›Cour de la Fontaine‹, wurden damals von allen, denen es gestattet war, sie zu besichtigen, bewundert. Der König hatte dort – etwas ganz

Neues – Badezimmer und Dampfbäder einrichten lassen. Primaticcio hatte zur Ausschmückung der Thermen, über die ein Besucher aus Lyon etwas zu schmeichelhaft schrieb, daß sie »mit denen Agrippas wetteifern« könnten, beigetragen. Die Themen der Fresken waren dem Ort entsprechend ausgewählt worden. Unter anderem waren da ein ›Bad der Venus und des Mars‹ oder eine einen ›Satyrn verstümmelnde Nymphe‹ zu sehen. Doch sie überlebten nicht: die Notwendigkeit, neue Appartements bereitzustellen, führte in den folgenden Jahrhunderten zur Umwandlung der Räumlichkeiten.

Die obere Etage wurde zur königlichen Bibliothek. Die Leidenschaft, die Franz I. für die Belletristik an den Tag legte, war genauso groß wie seine Vorliebe für die Künste. Die Bücherei von Fontainebleau wurde zu einem Tempel des Wissens, dessen Ruf sich in ganz Europa verbreitete. Die Bibliothekare hatte man unter den größten Gelehrten der Zeit ausgewählt, der Berühmteste war wohl Guillaume Budé.

Escalier du Roi

Zwischen der Galerie und der ›Porte Dorée‹ befand sich das weiträumige Zimmer der Herzogin d'Étampes, von Primaticcio ausgeschmückt wie jene Franz' I. und der Königin.

Zu jener Zeit baute man Wendeltreppen; es gab keine anderen im Schloß, bis Ludwig XV. Gabriel mit dem Bau der ›Escalier du Roi‹ beauftragte. Sie sollte die Gemächer miteinander verbinden. Doch wo sollte sie errichtet werden. Man benutzte dazu das Zimmer der Herzogin und das entsprechende Zimmer im Erdgeschoß. Gabriel machte daraus ein Meisterwerk, reizvoll und anmutig, und in einer Zeit, wo man schamlos Zerstörungen vornahm, war er so einsichtig, die 1541 von Primaticcio im oberen Teil ausgeführten Dekorationen zu erhalten. Wollte er damit seine Zerstörungswut an der ›Galerie d'Ulysse‹ sühnen? Das ist nicht sehr wahrscheinlich. Sicherlich war ihm nicht entgangen, daß sein schön geschwungenes schmiedeeisernes Geländer mit den von dem Italiener geschaffenen geschmeidigen Figuren eine glückliche Verbindung eingehen könnte.

Dieser von Stuckverzierungen umrahmte Freskendekor ist das lieblichste Beispiel französischer Renaissancekultur. Die Bilder Primaticcios erzählen die Geschichte Alexanders, während die Stuckplastik – Kinder und Frauen mit schlankem Körper – zum Proportionskanon des Manierismus wurde.

Gabriel hatte also die Decke des Zimmers erhalten, wodurch man dem Werk Primaticcios gerecht werden konnte. Louis-Philippe hingegen glaubte, dem Ganzen etwas Würdevolleres zu verleihen, indem er die Treppe mit einer Kuppel krönte, die dann Abel de Pujol mit einer rauschenden ›Apotheose Alexanders‹ ausmalte.

Erst die neuesten Restaurationen ermöglichten eine Wiederherstellung der von Primaticcio geschaffenen, bis dahin ebenfalls verborgenen Fresken. Auch die gelbliche Tünche wurde abgeschabt und die weiblichen Figuren in ihrer herrlichen Nacktheit von den Gipsschleiern befreit, die man an ihrer Taille angebracht hatte, um sie weniger unkeusch erscheinen zu lassen.

Salle de Bal

Der Ballsaal aber ist, was seine Proportionen anbetrifft, der schönste und imposanteste Saal des ganzen Schlosses. Weitausholende Arkaden bilden die Längsseiten des Raumes. Durch zehn große, drei Meter tiefe Fensternischen dringt sowohl vom Garten wie von der ›Cour Ovale‹ her das Licht ein. Ein monumentaler Kamin erhebt sich am Ende des Saals, der Musiktribüne über der Eingangstür genau gegenüber. Mit Goldleisten versehene Täfelungen aus Eichenholz schmücken den Raum, während die Fensternischen und Wände bis zur Decke mit mythologischen Kompositionen verziert sind. Auf der aus vier- und achteckigen Nußbaum-Kassetten bestehenden Decke kann man in Gold und Silber das Monogramm Heinrichs II., sein Emblem, seinen Wahlspruch und das Wappen seines Hauses erkennen.

FONTAINEBLEAU
Raumfolge im Erdgeschoß
Grundriß des Obergeschosses: Seite 292-293

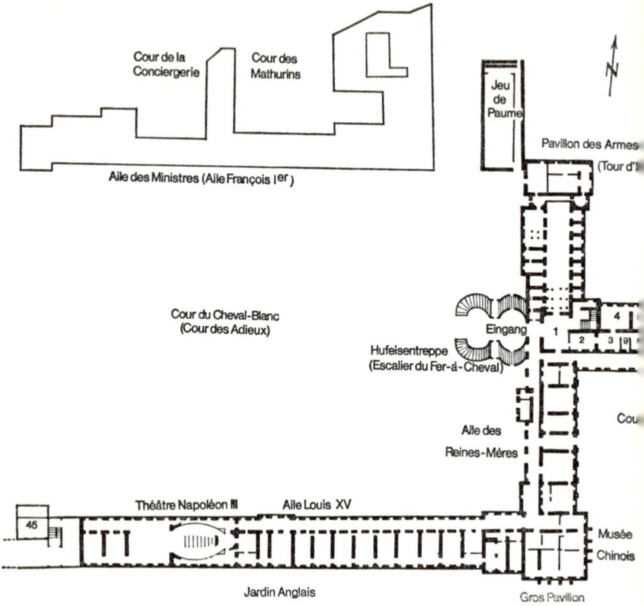

1 *Vestibule de la Chapelle*

PETITS APPARTEMENTS
DE L'EMPEREUR

2 *Antichambre*
3 *Premier Salon*
4 *Deuxième Salon*
5 *Chambre à Coucher*
6 *Cabinet de Toilette*
7 *Garderobe*
8 *Chambre de Secrétaire*
9 *Escalier*
10 *Bibliothèque*
11 *Petit Salon de Passage*
12 *Premier Bureau*
13 *Deuxième Bureau*
14 *Salon des Oiseaux (Ancien Troisième Bureau de l'Empereur ou Bains de François Ier)*
15 *Vestibule du Col de Cygne*
16 *Cabinet topographique*

17 *Escalier de Saint-Louis*

PETITS APPARTEMENTS
DE L'IMPÉRATRICE

18 *Salon d'Étude*
19 *Cabinet de Passage (Salon de Repos)*

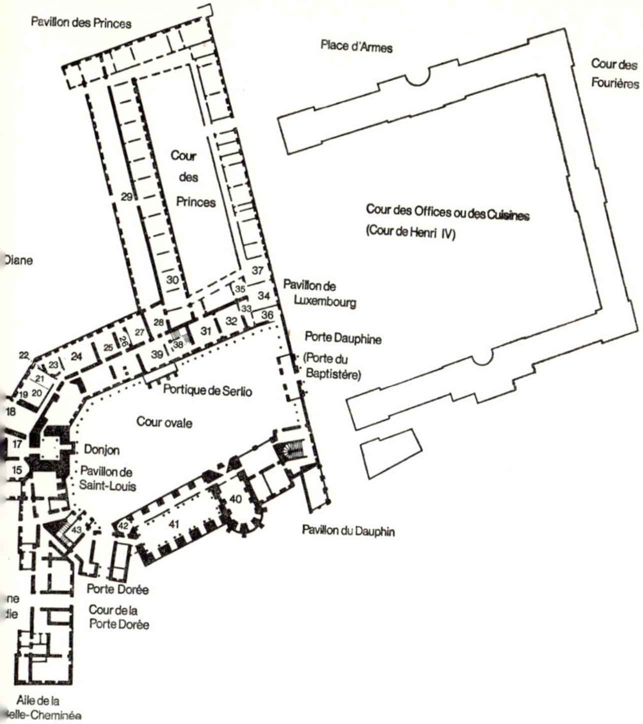

20 Chambre à Coucher
21 Cabinet de Toilette et Salle de Bains
22 Cabinet de Passage
23 Cabinet de Passage
24 Salon Jaune
25 Salon des Jeux (Salle de Billard)
26 Cabinet de Passage et Garderobe
27 Antichambre

28 Vestibule de la Galerie des Cerfs
29 Galerie des Cerfs
30 Beginn der Raumfolge: Appartements des Princes Lucien et Jérôme Bonaparte
31-37 Appartements des Chasses (des Princes Joseph et Louis Bonaparte)
38 Escalier de la Reine
39 Vestibule de la Cour ovale (ou de l'Impératrice)
40 Chapelle de Saint-Saturnin
41 Galerie
42 Escalier François Ier
43 Escalier du Roi ou de l'Empereur
44 Galerie de Henri IV
45 Bains de François Ier

Wem kann man dieses meisterhafte Werk zusprechen? Mit dem Ausbau wurde unter Franz I. begonnen, und in den Rechnungsbüchern erscheint, wie wir bereits erwähnten, nur der Name von Gilles Le Breton als Schöpfer dieses Raums. Man kann sich indes nur schwer vorstellen, daß dieser brave Handwerker Urheber eines Werkes von solcher Bedeutung gewesen sein sollte, um so weniger, als – wie aus den Plänen hervorgeht – das Ganze mit einem ungewöhnlich großen Steingewölbe gekrönt werden sollte. Es ist anzunehmen, daß die Idee, oder besser der erste Entwurf, von einem bedeutenden Architekten stammte, einem Italiener vielleicht, dessen Name in den Quellen nicht genannt wurde.

Heinrich II. ließ diesen Festsaal vollenden und ausschmükken. Philibert Delorme hatte die Idee, das Gewölbe durch eine Kassettendecke zu ersetzen. Er fertigte ein Modell an, das von Scibec de Carpi, nach einem Auftrag aus dem Jahre 1550, ausgeführt wurde. Diese in Italien häufig verwendete Deckenform wurde in Frankreich zum ersten Mal in der ›Galerie Franz' I.‹ ausgeführt, sie aber in einem Raum von solchen Dimensionen (30 mal 10 Meter) anzuwenden, stellt eine technische Meisterleistung dar, auf die der Baumeister mit Recht stolz sein konnte.

Die Gemälde nehmen einen beachtlichen Raum ein. Dazu kommen noch die Stuckverzierungen. Acht Themenfolgen werden auf den Wänden zwischen den Fensternischen behandelt, weitere zu beiden Seiten des Kamins und über der Musiktribüne, und fünfzig kleinere Bilder schmücken die Fensternischen. Primaticcio, Baumeister und Innenarchitekt aller königlichen Bauten, kann natürlich nicht alles selbst gemalt haben. Wie alle Meister verfügte er über eine Gruppe von Schülern und Mitarbeitern. Der 1552 in Fontainebleau eingetroffene Niccolo dell'Abbate war der Beste von ihnen. Die uns von ihm bekannten Bilder spiegeln ein wirklich poetisches Genie wider. Ihm werden im allgemeinen die Fresken in diesem Saal zugeschrieben; wahrscheinlich war er aber nicht ihr einziger Autor. Primaticcio lieferte, für die bedeutendsten

Darstellungen wenigstens, sehr genaue Zeichnungen. Einige davon befinden sich in mehreren Museen. Alles weist darauf hin, daß wir ihn als den Schöpfer des Gesamtwerks betrachten können, zumindest was die zahlreichen Götter- und allegorischen Figuren an den Wänden anbetrifft.

Noch in jüngster Zeit war es tatsächlich schwierig, in diesem Saal die Arbeit irgendeines Meisters aus dem 16. Jahrhundert zu erkennen. Der Verfall eines Teils dieser Dekorationen schien 1833 eine Restauration zu rechtfertigen. Der Maler Alaux und seine Helfer begaben sich an die Arbeit. Sie ließen sich von Stichen aus dem 17. Jahrhundert, deren phantasievolle Übertreibungen allgemein bekannt sind, inspirieren. Man kann sich denken, daß die von ihnen angewandte Maltechnik den gedämpften Farben der Fresken nicht gerecht wurde. Das peinlich genaue Vorgehen unserer Restauratoren ermöglichte nun eine Freilegung der verschiedenen Schichten und eine Wiederentdeckung der Nymphen, Helden und Göttergestalten Primaticcios, die noch nicht zerstört waren. Einzelne Gestalten waren bis zur Karikatur deformiert, einige Fragmente hatten jene Schmierer gänzlich ersetzt durch Produkte ihrer zweifelhaften Vorstellungskraft.

Der große Kamin, der die ganze Stirnseite des Saales in voller Höhe bis zur Decke einnimmt, ist von zwei Bronze-Satyrn flankiert, die erst kürzlich hier wiederaufgestellt worden sind. Mit ihnen hat es eine eigene Bewandtnis. Franz I. hatte seinerzeit Primaticcio mit dem Auftrag nach Rom geschickt, Antiken zu erwerben oder wenigstens Abgüsse davon zu beschaffen. Die Reise war äußerst erfolgreich: Unter anderem brachte er die Modelle zu zwei Satyrgestalten mit, die daraufhin gegossen worden sind. In den Revolutionskriegen wanderten die Figuren in den Schmelztiegel, um Kanonen zu bekommen (am Kamin brachte man statt dessen zwei plumpe Stucksäulen an). Dies war jedoch völlig in Vergessenheit geraten, als Ernesto Bourges 1891 im Kapitolinischen Museum zu Rom die Modelle wiederentdeckte und dabei den Wunsch äußerte, die Figuren möchten nachgegossen und wieder in Fontainebleau angebracht werden. Erst 1967 – also volle 76 Jahre nach dem glücklichen Fund – wurde sein Vorschlag in die Tat umgesetzt und der ursprüngliche Zustand des Kamins wiederhergestellt.

Die unter Heinrich II. vollendete Galerie bekam den Namen ›Salle de Bal‹ – Ballsaal –, was durch das Vorhandensein einer Musiktribüne gerechtfertigt ist. Diese Empore ist sehr eigenartig. Sie ist nach außen schmucklos und unauffällig über der Tür angebracht und scheint wie eine Grotte in die Mauer eingelassen. Wie alle Wände dieses Saales war sie mit Malereien verziert, die man teilweise wieder freilegen konnte.

Man kann sich gut vorstellen, wie sich in solch einer Umgebung die Tänze, Maskeraden und Hofballette abspielten, die ja eben eingeführt worden waren: meist tanzten sie der König und die Königin selbst, in Begleitung ihrer Hofleute. Diese neue Einrichtung übte eine außergewöhnliche Anziehung aus, die bis in die Jugendzeit Ludwigs XIV. anhalten sollte. Der Saal war durch seine prunkvolle Ausgestaltung und durch seine Ausmaße wie geschaffen für Feste, festliche Gelage, Zeremonien, für den Empfang hoher Persönlichkeiten und wichtiger Botschafter; er hallte wider von den ›Morgenständchen‹ der Oboen, Lauten, Spinette, Flöten und Trompeten, die Ronsard verherrlichte.

Auch unter den folgenden Herrschern verwendete man den Saal für große Anlässe. So gab 1625 Ludwig XIII. ein großes Diner zu Ehren der Ankunft des Legaten Barberini, des Neffen von Papst Urban VIII. Unter Ludwig XIV. werden bei der Rückkehr von der Jagd Soireen veranstaltet: Durch die Fenster sieht man dem über dem See abgebrannten Feuerwerk zu. Bei solchen Gelegenheiten stehen Park und Gärten den Stadtbewohnern offen. Solcherart verwendet man die Galerie bis nach Napoleon (die Fresken sind dann bereits stark beschädigt). Unter Louis-Philippe wird der Saal noch weiträumiger; sehr stolz war der König auf das erstaunliche, von ihm in verschiedenfarbigem Holzmosaik angelegte Parkett, einer Art Nachbildung der von Philibert Delorme geschaffenen Decke.

Hier fand die Ziviltrauung seines ältesten Sohnes, des Herzogs von Orléans, mit der Prinzessin Helene von Mecklenburg statt. Großes Diner. Ballnacht. Die Menge jubelt den Brautleuten zu. Der König hatte die Idee, zu Ehren der Prinzessin die Chöre von elsässischen Soldaten in deutscher Sprache singen zu lassen.

Die Hoffeste Napoleons III., zu denen eine große Zahl von Gästen geladen waren, werden den Schwanengesang bilden.

Am Morgen gingen sie schon früh das Schloß besichtigen. Als sie durch das Gitter traten, hatten sie im Hintergrund des Hofes, den links und rechts zwei niedrigere Gebäude einfaßten, seine ganze Fassade mit der hufeisenförmigen Stiege und den fünf Pavillons mit spitzen Dächern vor sich. Von ferne mischte sich in das Moos auf dem Pflaster der falbe Ton von Ziegeln und den ganzen Palast, der rostfarben war wie eine alte Rüstung, umgab etwas von königlicher Starrheit, von einer soldatischen, schwermütigen Größe.

Endlich erschien ein Diener, der einen Schlüsselbund trug. Er zeigte ihnen zuerst die Gemächer der Königinnen, den Betraum des Papstes, die Galerie Franz' I., *den kleinen Mahagonitisch, auf dem der Kaiser seine Abdankung unterzeichnet hatte, und dann in einem der Räume, in die die ehemalige Hirschengalerie abgeteilt ist, die Stelle, wo Christine Monaldeschi hat ermorden lassen. Rosanette hörte diese Geschichte aufmerksam an, dann wandte sie sich zu Frédéric:*

»Das hat sie doch sicher aus Eifersucht getan? Nimm dich in acht!«

Hernach durchschritten sie den Ratsaal, den Saal der Garden, den Thronsaal und den Salon Ludwigs XIII. *Durch die hohen vorhanglosen Fenster ergoß sich weißes Licht in die Gemächer; leichter Staub lag trübend über den Griffen der Fensterriegel und den kupfernen Füßchen der Spiegeltischchen. Hüllen aus grober Leinwand verdeckten überall die Stühle. Über den Türen hingen Jagdtrophäen Ludwigs* XV., *und da und dort waren Teppiche zu sehen, die die Götter im Olymp, Psyche oder die Schlachten Alexanders darstellten. Wenn Rosanette an Spiegeln vorbeikam, machte sie eine Minute halt, um ihren Scheitel glatt zu streichen.*

Nach dem Turmhofe und der Saint-Saturnin-Kapelle gelangten sie in den Festsaal. Sie waren geblendet von der Pracht der in symmetri-

sche Achtecke eingeteilten Decke mit ihren Gold- und Silberverzierungen und ihren Ziselierungen, die reicher sind als an jedem Schmuckstück, und von der Fülle der Malereien, die die Wände bedecken, angefangen von dem riesenhaften Kamin, auf dem Halbmonde und Köcher die Wappen von Frankreich umgeben, bis zu der am anderen Ende des Saales in seiner ganzen Breite aufgebauten Musikantentribüne. Die zehn Bogenfenster waren weit offen, die Malereien glänzten in der Sonne, und die ultramarinblauen Wölbungen setzten sich in die Unendlichkeit des blauen Himmels fort. Und aus der Tiefe der Wälder, deren Wipfel verschwimmend bis an den Horizont reichten, schien das Halali aus Elfenbeinhörnern und die Musik mythologischer Ballette zu widerhallen, die unter dem Laubdache Prinzessinnen und große Herren, als Nymphen und Waldgötter verkleidet, vereinten; jenes Zeitalter kindlichen Wissens, heftiger Leidenschaften und üppiger Kunst schien wieder aufzustehen, dessen Ideal es war, die Welt in einen Hesperidentraum zu entrücken, und in dem die Geliebten der Könige den Gestirnen gleich waren. Die Schönste unter diesen Vielgepriesenen hatte sich rechts als die Jägerin Diana malen lassen, und zwar als eine Diana aus dem Hades, wohl um damit anzudeuten, daß ihre Macht auch noch über das Grab hinaus reiche. Alle die Symbole da bezeugen ihren Ruhm, und es ist etwas von ihr dageblieben, ein unbestimmter Nachhall ihrer Stimme, ein Glanz, der weiterstrahlt.

Frédéric überkam eine unsagbare Begierde nach der Vergangenheit. Um sich dieser Sehnsucht zu entziehen, betrachtete er zärtlich Rosanette und fragte sie, ob sie nicht hätte jene Frau sein mögen.

»Welche Frau?«

»Diana von Poitiers.«

Und er wiederholte nochmals: »Diana von Poitiers, die Geliebte Heinrichs II.*«.*

Sie ließ ein kleines ›Ah‹ hören, das war alles. Ihre Stummheit bewies so deutlich, daß sie nichts wisse, nichts verstehe, daß er sie scherzend fragte:

»Du langweilst dich vielleicht?«

»Nein, nein, im Gegenteil!«

Und Rosanette ließ mit erhobenem Kinn einen völlig vagen Blick über all das hingleiten und warf das Wort hin:

»Das weckt Erinnerungen«.

Doch konnte man auf ihrem Gesicht etwas Angestrengtes, eine Bemühung, Hochachtung davor zu fühlen, lesen. Und da dieses ernsthafte Aussehen sie nur noch hübscher machte, verzieh Frédéric ihr.

Der Karpfenweiher unterhielt sie weit mehr. Eine Viertelstunde lang warf sie Brotstückchen in das Wasser, um die Fische emporschnellen zu sehen.

Unter den Linden setzte Frédéric sich neben sie. Und er gedachte all der Gestalten, die so oft in diesen Mauern geweilt hatten: Karl V., *die Valois, Heinrich* IV., *Peter der Große, J.-J. Rousseau, »die schönen Tränenreichen aus den Ersten Ranglogen«, Voltaire, Napoleon, Pius* VII., *Louis-Philippe; er fühlte sich umgeben, umstürmt von all diesen heftig ins Leben drängenden Toten, der wirre Wirbel von Bildern betäubte ihn, obgleich er voll Reiz für ihn war.*

Endlich gingen sie in das Parkparterre hinunter, von dem aus man mit einem Blick die breiten gelben Alleen, die Rasenvierecke, die Hekkenbänder aus Buchs, die Taxuspyramiden, das tief herabhängende Laubwerk und die langen, schmalen Beete übersehen konnte, auf deren grauer Erde die dünngesäten Blumen wie Flecken wirkten. Wo der Garten endete, tat der Park sich auf, der seiner ganzen Ausdehnung nach von einem langen Kanale durchschnitten wird.

Die Wohnsitze der Könige haben eine ganz eigentümliche Melancholie, die wohl von ihren im Verhältnisse zu der geringen Anzahl ihrer Bewohner viel zu großen Ausmaßen, von dem Schweigen, das nach all den Fanfaren von einst nur um so befremdlicher wirkt, und von der Starrheit dieses Prunks herstammen mag, der durch sein Alter die Vergänglichkeit der Herrschergeschlechter und die ewige Erbärmlichkeit aller Dinge erweist. Und dieser Hauch der Jahrhunderte, der betäubend und totenhaft wie Mumiengerüche ist, wird selbst den schlichten Gemütern merklich. Rosanette gähnte maßlos.

(Gustave Flaubert, Die Erziehung des Herzens)

V CHARLES PERCIER

Die ›Salle de Bal‹ in Schloß Fontainebleau

Aquarell, um 1800

Paris, Bibliothek des Institut de France

Die ›Chapelle de la Sainte-Trinité‹ ist jünger als die Renaissance, nicht in ihrer Anlage aus der Zeit Heinrichs II., aber in ihrer, unter Heinrich IV. neugestalteten Innenausstattung. Er hatte sie in vollendetem Zustand vorgefunden und hielt sie mit Recht einer Hofkapelle unwürdig. Da die Arbeiten bis in die Zeit Ludwigs XIII. andauerten, wurde sie erst 1633 eingeweiht. Sie bildet ein homogenes Beispiel religiöser Bildhauerkunst und Dekorationsmalerei aus der ersten Hälfte des 17. Jahrhunderts.

Das ganze Tonnengewölbe wurde von Martin Fréminet mit biblischen Themen ausgeschmückt. Aufgeteilt wird es durch allzu schwere Stuckverzierungen, welche die Wirkung der Malereien leider beeinträchtigen. Fréminet, der erste Maler Ludwigs XIII., galt als ein sehr großer Meister. Wenn wir ihm heute nicht mehr die gleiche Bewunderung entgegenbringen wie seine Zeitgenossen – seine harten Farben stoßen uns ab –, so verdient doch wohl diese Dekoration wegen ihrer Großzügigkeit und ihres Schwungs unsere Aufmerksamkeit. Der Einfluß von Rubens, der damals auch königlicher Maler in Frankreich war, ist spürbar. Erwähnen wir noch, daß der Künstler auch die Zwischenfensterstücke bemalte, doch dieser Teil seines Werkes verfiel und wurde 1781 durch die ovalen, reizlosen Bilder ersetzt, die wir heute sehen.

Die an den äußeren Rändern des Gewölbes angebrachten Stuckkartuschen sind ein Werk von Barthélemy Prieur. Sie zeigen uns schwebende, das Wappen von Frankreich und Navarra tragende Figuren und, über dem Tor, barocken Putten nachgebildete, musizierende Kinder. Vom Florentiner Bordoni stammen der Altar mit den Marmorsäulen sowie der vielfarbige Kachelboden (der den des Invalidendoms vorausahnen läßt). Jean Dubois, Sohn des Ambroise Dubois, schuf das große, den Hauptaltar schmückende Gemälde, eine Darstellung der heiligsten Dreifaltigkeit.

Zu erwähnen wäre noch die eigenartige Lebenskraft der einst die Schule von Fontainebleau bildenden Ateliers. Noch zu der Zeit Ludwigs XV. gab es einzelne Werkstätten aus der Zeit Franz' I. und noch 1814 lebte eine von Ambroise Dubois abstammende Dame, deren Name durch Erhebung in den Adelstand sich in Bois d'Arneuville verwandelt hatte, in Fontainebleau; sie heiratete den Obersten Lagorse, den Chef der mit der Bewachung Pius' VII. beauftragten Garde.

Unter den Zeremonien, die in der Kapelle von Fontainebleau abgehalten wurden, ist die Hochzeit Ludwigs XV. mit Maria Leszczynska die denkwürdigste. Die offiziellen vertraglichen Formalitäten waren durch Vertreter beider Teile am 15. August 1725 in der Kathedrale von Straßburg vollzogen worden. Die religiöse Feier fand am 5. September in Fontainebleau statt. Die Karrossen der Königin und ihrer Ehrenjungfrauen benötigten nicht weniger als zwanzig Tage zur Bewältigung der Strecke.

Die Vorhalle, die man über die Hufeisentreppe erreicht, öffnet sich zur Empore der Kapelle, zur ›Galerie Franz' I.‹ und zu den Gemächern der Beletage hin. Die fünf von Gobert kraftvoll geschnitzten Eichentüren (drei sind Kopien) zählen zu den schönsten Holzschnitzarbeiten aus der Zeit Ludwigs XIII.

Vielleicht ziehen wir die Türen Goberts in ihrem jetzigen, abgebeizten Zustand vor, doch waren sie früher selbstverständlich bemalt und vergoldet, wie es sich für einen königlichen Palast geziemte.

Dieser allzu verkannte Bildhauer schuf auch jene Holztäfelungen in der Saint-Saturnin-Kapelle. Die Anordnung der Arkaden, Voluten und toskanischen Pfeiler dieser Kapelle ist ein Meisterwerk eigener Art. Dieser Dekor, der die Geburt des Thronfolgers, des künftigen Ludwigs XIV., verherrlichen sollte, wurde durch die von Claude d'Hoey gemalten Gewölbeverzierungen vervollständigt.

Die Schule von Fontainebleau

Franz I. wünschte, daß der Palast der Könige Frankreichs an Pracht denen der Fürsten Italiens gleichkomme. Doch muß man wohl zugeben, daß die Franzosen, welche zwar hervorragende Illuminatoren, Miniatur-, Bildnis- und Tafelmaler waren, nicht dazu vorbereitet waren, die olympischen Götter auf riesigen Wänden darzustellen.

Die Begeisterung für Literatur und Kunst war allgemein, die überlegene italienische Kunst duldete keinen Widerspruch. Mehr noch als seine Vorgänger faszinierte sie Franz I. – und das vielleicht noch stärker nach der Niederlage von Pavia als nach dem Sieg von Marignano.

Die von Karl VIII. aus Italien ›importierten‹ Künstler genossen noch kein besonderes Ansehen. Ihr Beitrag zur französischen Kunst war oberflächlich, manchmal unbeholfen. Die an den italienischen Dekors arbeitenden, von einer langen Tradition geprägten Franzosen, bemühten sich gewissenhaft um Aufgaben, deren Sinn ihnen entging. In das Jahr 1515 fällt die Thronbesteigung Franz' I. Ein Jahr später kam Leonardo nach Amboise. Oft hat sich der König an diesen Größten gewandt. Leonardo, obwohl körperlich geschwächt, ließ den Hof von Frankreich an seiner geistigen Ausstrahlung teilhaben, so wie an seinen früher bereits vom König erworbenen Bildern, die zu Glanzstücken des Louvre geworden sind. Doch seine Tätigkeit als Maler war zu Ende. Wir können Andrea del Sarto, der sich 1518 einige Wochen in Frankreich aufhielt, übergehen; er verschwendete die ihm für den Ankauf von Antiken in Rom anvertrauten Gelder.

Noch vor Fertigstellung der neuen Gebäude in Fontainebleau berief Franz I. 1530 den ›Il Rosso‹ genannten Di Jacopo, dann 1532, Primaticcio. Ersterer arbeitete bis zu seinem Tode, fast also zehn Jahre, hier. Primaticcio lebte in Fontainebleau und in Paris bis 1570. In diesen Zeitraum von vierzig Jahren fällt die Tätigkeit dieser ›Schule von Fontainebleau‹, die im großen und ganzen die Vorstellungen Franz' I. verwirklichte.

Dieser prunkliebende Fürst, der erste unserer großen Kunstliebhaber, glaubte also, daß nur gut ausgewählte italienische Künstler seine großen Pläne ausführen könnten. Man muß jedoch hinzufügen, daß, wenn diesen Künstlern soviel Achtung entgegengebracht wurde, dies auch aus politischen Erwägungen heraus geschah. Franz betrieb in Italien eine Eroberungs- und Bündnispolitik, und die kunstgeschichtlich so eigenartige Tätigkeit der italienischen Künstler in Fontainebleau steht mit seiner Diplomatie in Zusammenhang.

Endeten die Feldzüge auch mit einer Niederlage, so war die ersehnte Vereinigung doch teilweise geglückt. Als die königliche Armee die Alpen überschritten hatte, kamen so viele Italiener wie nie zuvor nach Frankreich, eine große Anzahl Künstler, Händler, Bürger sowie Adelige. Italienern wurden hohe parlamentarische Ämter anvertraut. Italienische Republiken stellten sich unter den Schutz des französischen Königs. Niemand verwunderte es, daß ein Kriegszustand den Handels- oder ›Kultur‹-Austausch, wie man heute sagen würde, begünstigte.

In Giambattista di Jacopo, dem ›Rothaarigen‹, hatte Franz I. eine Persönlichkeit gefunden, die es verstand, das im Werden begriffene Hofleben in Szene zu setzen. Nicht nur verherrlichte er den König und seine Herrschaft durch raffinierte, treffende Allegorien, er war auch ein guter Maler, Bildhauer und Architekt. Diesem neurotischen, unsteten, wunderlichen und eifersüchtigen Künstler blieb der König stets sehr zugetan.

Die Arbeiten des Rosso in Fontainebleau stammen aus der Frühzeit des sich in ganz Europa ausbreitenden Manierismus. Etwa zur Zeit der Plünderung Roms (1527) schwand die stolze Selbstsicherheit der Renaissance, eine gewisse Weltangst führte namhafte italienische Künstler dazu, gequälte und expressive Formen der maßvoll verhaltenen Weise ihrer Vorgänger vorzuziehen. Da sie der Unruhe der Zeit entsprach, verbreitete sich die Bewegung rasch in ganz Europa. Als einen der bedeutendsten Initiatoren des Manierismus kann man sicherlich Pontormo betrachten. Der anders geartete Di Jacopo aber inspirierte sich wesentlich an den plastischen Effekten, welche Michelangelo in der Sixtinischen Kapelle erzielt hatte und deren Heftigkeit und Spannung er zu überbieten versuchte. Seine Vorliebe galt Farben, die außerhalb des Bereichs der Wirklichkeit stehen und er liebte es, sie dissonant zusammenzustellen. Seine Unstetigkeit und seine bis zur Absonderlichkeit gehende, alles entstellende Vorstellungskraft werden in seinen Malereien und Plastiken deutlich.

Seine manieristische Veranlagung offenbart sich bereits in Arbeiten aus seiner italienischen Zeit (wie der ›Hochzeit der Jungfrau‹ in San Lorenzo zu Florenz). Wie so viele italienische Künstler geriet er niemals in Verlegenheit, welches auch der Gegenstand und der Umfang der Aufträge war, die ihm Gelegenheit boten, seine schöpferischen Kräfte zu entfalten. Er ziselierte Goldschmiedearbeiten, errichtete Triumphbögen für den Einzug Karls V. und schuf eine Herkulesstatue, die diesem erlauchten Gast als Begrüßungsgabe überreicht wurde.

Als Domherr mit den Pfründen der Sainte-Chapelle ausgestattet, verlebte er seine letzten Jahre im Bereich des königlichen Schlosses zu Paris.

Die fast gleichzeitig ausgeführten Arbeiten Di Jacopos an der ›Galerie Franz' I.‹ und Primaticcios am königlichen Schlafzimmer können als Ausgangspunkt des manieristischen Kosmopolitismus betrachtet werden. Sie sind aber deshalb nicht weniger eigenständig. Sie beseitigen die naturgetreue Darstellung und offenbaren sich vor allem im Dekorativen. Weder in Frankreich noch anderswo sah man früher solche Werke: rätselhaft symbolische Bilder mit überlängten Figuren und skulptierte Einfassungen, die ihrerseits auch wieder mit Symbolen überladen und ebenso wichtig, wenn nicht bedeutender waren als die Malereien selbst.

Die Schule von Fontainebleau ist ein einzigartiges Phänomen. Man spürt es mehr, als man es in Worte fassen kann. Sie lebt vom Gegensatz; gekünstelt und verwegen zugleich, einfach und komplex, wohldurchdacht, affektiert und geziert, weist sie eine lebhafte Sinnlichkeit auf, ohne daß ihr ein Schamgefühl abginge. Etwas Instinktives, Zügelloses verwandelt sich in volle ruhige Formen, die immer der Kontrolle des Verstandes und des Wissens unterworfen sind. Sie scheint so auf vollendete Weise das Wort Taines über die Renaissance vom ›Gleichgewichtszustand des bloßen Instinkts und der ausgereiften Ideen‹ zu illustrieren.

Primaticcio

Primaticcio hatte am ›Palazzo del Te‹ in Mantua mitgewirkt. Obwohl im Zeitpunkt, da er Mantua verließ, um sich nach Fontainebleau zu begeben, der berühmte ›Saal der Riesen‹ erst im Entstehen war, kann man wohl sagen, daß er sich am Beispiel Giulio Romanos geschult hatte, an dessen riesigen, eigenartigen Wanddekorationen, die jenen Palast zu einem ungewöhnlichen und gewaltigen Erlebnis machen. Franz I. brachte diesem siebenundzwanzigjährigen Jüngling sicherlich nicht die gleiche Zuneigung entgegen wie Rosso; doch erkannte er sehr schnell die Wendigkeit und Geschicklichkeit dieses außergewöhnlichen Talents. Seine Anerkennung bewies er in Form eines Angebots, das er ihm zwölf Jahre nach seiner Ankunft macht: das reichliche Einkommen eines Abtes von Saint-Martin de Troyes. Die Zeitgenossen nennen ihn allgemein nur ›Monsieur de Saint-Martin‹.

Seine Werke in Fontainebleau waren ungeheuer zahlreich und bedeutend. Was ist davon übriggeblieben?

Noch bis vor kurzem hätte man darauf antworten müssen: fast nichts. Der ›Pavillon de Pomone‹ und die untere Galerie, an denen er ebenso wie Rosso mitarbeitete, die Piniengrotte, das Schlafzimmer des Königs und das der Königin, der ›Pavillon des Poêles‹ und schließlich die ›Galerie d'Ulysse‹ wurden zerstört. Was das Zimmer der Herzogin d'Étampes und den Ballsaal anbetrifft, so waren diese völlig entstellt worden, ebenso wie die ›Galerie Franz' I.‹ von Di Jacopo. Das eigentliche Werk dieser Meister glaubte man nur noch in Nachbildungen, Stichen und einigen schönen Zeichnungen wiederzuerkennen.

Wir haben einer Auferstehung beigewohnt, die in der Kunstgeschichte zum Ereignis wurde. Zu lange haben die Historiker in den Werken von Fontainebleau eine Art Verfallserscheinung der italienischen Renaissance gesehen.

Einige von ihnen jedoch räumten, in Anlehnung an Louis Dimier, der ihr eingehende Studien gewidmet hatte, der Schule von Fontainebleau einen hohen Rang ein; doch letztlich entsprangen diese auf Vergleichen, Gegenüberstellungen und Intuitionen beruhenden Darstellungen eher einem historischen Interesse als einem künstlerischen Empfinden. Wir befinden uns nun, besonders im Fall der Fresken Di Jacopos, vor sehr beachtlichen Werken. Die Schule von Fontainebleau erscheint uns gar nicht mehr als ein Nachzügler jener Kunst, die wir zum Beispiel an den Loggien von Raffael bewundern, ihre Werke gehören im Gegenteil zu den wichtigsten des Manierismus, über den sie durch ihre Lebendigkeit, innere Spannung und Farbenpracht sogar hinausweisen.

Primaticcio weist sowohl in seinen Bildern wie in seinen Skulpturen eine Vorliebe für ausdruckslose Gesichter, langgestreckte Körper und schlangenförmige Linien auf, in denen sich viel Erotik verbirgt. Er läßt sich von dekorativen Rhythmen leiten, die seinen Kompositionen eine gelöste Harmonie und eine Eleganz verleihen, die von Francesco Mazzola genannt Parmigianino stark beeinflußt scheinen. Er zielte dahin, durch die Ausschaltung jedes flachen Realismus vollkommene Anmut zu erreichen.

VI SCHULE VON FONTAINEBLEAU,
(wahrscheinlich IL ROSSO)
Ausschnitt aus einem allegorischen Fresko
in der Galerie Franz' I.
Schloß Fontainebleau

Sein Anteil an der Begründung des neuen Stils ist um so weniger anfechtbar, als er nach dem Tode Rossos die Leitung aller Kunstarbeiten übernahm; an der Spitze zahlreicher gut ausgewählter Gruppen führte er die Arbeiten unablässig fort. Durch ihn wurde Fontainebleau, im Anschluß an Mantua, zum Zentrum des europäischen Manierismus.

Vasari gibt uns die wertvollsten Hinweise auf die Tätigkeit Di Jacopos und Primaticcios in Fontainebleau. Beide waren sowohl die Freunde wie die bevorzugten Künstler der Könige, die sie beschäftigten. Primaticcio trat nach dem Tod Franz' I. in die Dienste Heinrichs II., den er auch überlebte; von Franz II. wurde ihm dann die Oberaufsicht über die Bauten des Königreichs übertragen und Karl IX. bestätigte ihn in dieser Funktion. Er wurde reich entlohnt, avancierte zum Kammerherrn und Abt der Abtei von Saint-Martin. Immer hat er, sagt Vasari, »eher wie ein Fürst als wie ein Maler gelebt«.

Bemerkenswert ist, daß Vasari Mittelalter und Renaissance nicht voneinander trennt. Wo wir einen Bruch sehen, sieht er Kontinuität. Er glaubt, sein Jahrhundert habe sich ganz folgerichtig aus den vorhergehenden heraus entwickelt. Daß sich die neue Kunst vorwiegend mit dem Menschen beschäftigt, daß sie sich von klassischer Philosophie nährt und in diesem Zusammenhang den Lehren der Evangelien scheinbar abschwört, um eine Form des Heidentums zu pflegen, das sind Gedanken, die ihm nicht gekommen zu sein scheinen. Ihm schien es, der Mensch Dantes oder Petrarcas sei derselbe wie jener Platos oder Vergils; die mythologischen, Paläste zierenden Fresken leitete er ab von den biblischen Wandmalereien der Kirchen. Der systematische Geist der modernen Historiker, der alles einordnen und zuordnen möchte, hat damit Gegensätze geschaffen, die jenen unbekannt waren, denen man sie heute zuschreibt.

Die meisten Maler von Fontainebleau haben, wie alle Maler dieser Zeit, neben profanen auch sakrale Bilder gemalt. Es ist nicht von geringer Bedeutung, daß wir die ›Galerie d'Ulysse‹, dieses Meisterwerk mythologischer Darstellung, nur aus den detaillierten begeisterten Schilderungen des Priors von Sainte-Trinité, Père Dan, vollständig kennen.

Vor Versailles war Fontainebleau zum eigentlichen Sitz der französischen Könige geworden, die es zu einem Tempel der Künste gestalteten. Franz I. sammelte in den Gärten antike Standbilder und im Schloß seltene Kunstgegenstände sowie Bilder von großer Schönheit. Es war ein Museum, das die Künstler aus Frankreich und Flandern besichtigen kamen. Sie fanden hier, in geringerer Entfernung, ein »zweites Rom«; hier bildeten sie sich aus, hier arbeiteten sie. Es wurde fleißig kopiert, Stiche nach den Bildern der ›Galerie d'Ulysse‹ fanden in Frankreich wie im Ausland eine weite Verbreitung und trugen zum großen Einfluß Primaticcios und Rossos auf die Zeitgenossen bei.

Diese Meister leiteten die Werkstätten, in denen Franzosen, Italiener und ›italienisierte‹ Flamen zusammenarbeiteten. Künstler und Handwerker, Maler und Stukkateure waren es, die in den Rechnungsbüchern verzeichnet sind, ohne daß es möglich wäre, ihren Beitrag zu den einzelnen Arbeiten genau zu bestimmen.

Niccolo dell'Abbate und Benvenuto Cellini

Nicht immer handelte es sich um zweitrangige Künstler. Niccolo dell'Abbate, obwohl unter der Anleitung von Primaticcio arbeitend, war diesem in gewisser Hinsicht überlegen. Er ist ein begnadeter Maler. Seine Freude an Landschaften zeugt von einer von seinem Meister unabhängigen Persönlichkeit. Das kleine ihm zugeschriebene Erntebild in Fontainebleau ist zwar malerisch, aber nicht sehr bedeutend. In Bildern, wie dem ›Raub der Proserpina‹ im Louvre, ›Eurydike und Aristarch‹ in London oder der ›Bekehrung des Paulus‹ in Wien, erweist sich aber sein Empfinden für das Umfassende in der Natur. Obwohl er Einzelheiten im Vordergrund anhäuft, zieht die Unendlichkeit an, leuchtend vielfarbig lösen sich seine Landschaften in mit Wolken behangenen Himmeln auf. War es ihm aufgetragen, ein Vorbild nachzuahmen, modifizierte er es im Sinne seiner Neigung zum Wunderbaren. Im letzten von uns erwähnten Bild, das wahrscheinlich von einem verloren gegangenen Werk des Parmigianino inspiriert wurde, schwebt ein Geheimnis: das weiße, riesenhafte Pferd das den verwundeten Paulus überragt und einen unvergeßlichen Blick in die Welt wirft, scheint vom Himmel gekommen zu sein.

Die Zusammenarbeit von Primaticcio und Niccolo war sicherlich sehr eng. Man hat ersterem viel zugeschrieben, was dem anderen zusteht. Es gilt als sicher, daß Primaticcio die Ideen und wahrscheinlich auch die Entwürfe lieferte, obgleich auch sein Mitarbeiter ein hervorragender Zeichner war. Niccolos Malweise war ziemlich weit von der akademischen Technik entfernt, auf die der Bologneser Maler sich versteift hatte.

Unter den Mitarbeitern dieser Meister finden sich Künstler, die, obwohl sie in deren Fußtapfen treten, eigene Ideen und einen persönlichen Stil aufweisen. Lucca Penni, ›Le Romain‹, von dem wir vor allem Zeichnungen und von Zeitgenossen gestochene Werke kennen, hatte einen feierlichen Stil. Von Primaticcio kommen seine langen, gestreckten, stereotypen Aktfiguren, an denen vom gezöpften Haar bis zu den gebogenen Zehen alles zur Arabeske wird. Doch verstand er es, um diese Gestalten herum kleine außergewöhnlich zarte Blumen zu verstreuen: seine Art erinnert uns an den ›style fleuri‹ der Pleiade-Dichter.

Die Werkstätten von Fontainebleau beschäftigten viele italienische Arbeitskräfte, die bevorzugt behandelt wurden. Die italienischen Künstler, vom König mit einer Pension bedacht, wohnten, wenn sie nicht in Fontainebleau weilten, in Paris. Dort lebten der Bildhauer Mazzoni und die della Robbia; dort hatte Benvenuto Cellini seinen Wohnsitz.

Die von keinem Geringeren als Goethe übersetzten Erinnerungen dieses Künstlers und Abenteurers sind äußerst spannend, doch sollte man sie nicht lesen, ohne sich zu vergegenwärtigen, daß ihr Autor es meisterhaft verstanden hat, einem etwas vorzumachen.

Sein Aufenthalt in Frankreich (1540–1545) war für ihn von entscheidender Bedeutung. Die Skulpturen von Di Jacopo und Primaticcio waren für ihn Offenbarung und Anregung zugleich.

Als erstes schuf er für Franz I. die für die ›Porte Dorée‹ bestimmte Dianastatue, die später nach Anet gebracht wurde. Die Erfahrungen, die er in Fontainebleau sammelte, lassen sich in seiner ›Nymphe‹ (Louvre) und in jenem berühmten, heute im Wiener Kunsthistorischen Museum befindlichen Salzfaß für Franz I., erkennen, in dem wir eines der Meisterwerke der Goldschmiedekunst in der Renaissance sehen.

Stil und Thematik

Daß die erwähnten Meister von Fontainebleau den weiblichen Akt etwas kühl und geziert darstellten, ist unbestreitbar. Aber welche Rasse! Unter den Metamorphosen des Aktbildes im Laufe der Zeit verkörpert jenes der Schule von Fontainebleau das Aristokratische und Sinnliche. Die Glieder sind schlank und fein, das Fleisch ist rund und prall; die Brüste sind ausdrucksvoller als das stumme Antlitz und die Rehaugen. Diese Schönheiten sind wie Schwestern jener Hirsche, die den benachbarten Wald bevölkern, und ihre Körper scheinen den weichen, stolzen Linien dieser Tiere nachgebildet zu sein.

Der Künstler stellt sie gerne im Bade oder im Boudoir dar. Handelt es sich um Porträts? Das anonyme Doppelporträt von Gabrielle d'Estrées und der Herzogin von Villars in einer Badewanne berechtigt zu dieser Annahme. Der Hirsch ist der große Günstling. Er ist der Gefährte, dessen Blick der Jägerin, die ihn töten will, seine Liebe gesteht. Diana, Dianen, Dianen im Bade, Diana als Jägerin, Diana von Poitiers, vollkommene Akte, weniger für die Liebe als für die Liebeskunst bestimmt, in Fontainebleau häufen sich die Darstellungen dieser leidenschaftslosen Sehnsüchte, jener prächtigen, perlmuttschimmernden Leiber, die ein Schleier von unwirklicher Durchsichtigkeit spielerisch bedeckt, um die Begierden anzufachen. Unempfindliches Fleisch, zweideutige Gesten, die Begierden wachrufen und die Hingabe verweigern.

Diese schönen Bilder eines kultivierten, in seinen Prinzipien strengen und in seinen Sitten freizügigen Hofes, sind unwirklich wie ein Traum. So sinnlich sie auch erscheinen mögen, so sind es doch poetische Schöpfungen, geschaffen um die zu erfreuen, die sich rückhaltlos die antike Welt anzueignen vermeinten.

Viele ganz offensichtlich aus der Schule von Fontainebleau hervorgegangene Bilder sind anonym. Letztlich wissen wir wenig über die Maler, Bildhauer und Handwerker, die sich im Wirkungsbereich des Schlosses aufhielten. Von ihnen zeugen allein einige beim Durchblättern der Rechnungsbücher entdeckte Familiennamen, wobei sich ihr Anteil an dem gemeinsamen Werk nicht feststellen läßt. Ein Merkmal der Bilder aus der Schule von Fontainebleau ist es, sich dem Wißbegierigen zu entziehen, der ihre Urheber oder Themen ausfindig zu machen sucht.

Es ist ziemlich offensichtlich, daß in Fontainebleau Intrigen und Rivalitäten blühten, besonders da hier ein halbes Jahrhundert lang großzügig Aufträge vergeben wurden. Dazu kamen noch hartnäckige Eifersuchten; die französischen Künstler fanden sich schlecht damit ab, von Ausländern abhängig zu sein.

Die Überlegenheit der Italiener war so groß, daß selbst einem begabten Kupferstecher wie Jacques Androuet Ducerceau, Schöpfer von höchst bedeutsamen Werken, (›Livre de perspective‹, ›Livre des grotesques‹, ›Les plus excellents bâtiments de France‹), kaum eine andere Ehre zuteil wurde, als dem Ruhm Primaticcios dienen zu dürfen. Katharina von Medicis Hofmaler, Antoine Caron, der spannende Schilderer von Festen, Triumphzügen und Blutbädern, deren einzelne Figuren Ballett zu tanzen scheinen, wurde in Fontainebleau, in der Nachfolge von Primaticcio und Niccolo, ausgebildet. In seinen Aktstudien, dem ›Bad der Diana‹ oder der ›Diana bei der Toilette‹ zum Beispiel, scheint sogar ein Künstler vom

Rang eines François Clouet einfach den von Primaticcio aufgestellten ästhetischen Kanon zu befolgen:

Die zur Mode gewordene Strömung war so stark, daß ihr keiner zu widerstehen vermochte.

Die sogenannte ›Zweite Schule von Fontainebleau‹

Nach dem Tode Primaticcios, 1570, wurde Giulio Camillo zum neuen künstlerischen Leiter ernannt; wahrscheinlich war er ein Mitarbeiter von Niccolo dell'Abbate. Sein Werk ist noch wenig bekannt. Wie soll man auch den ständig revidierten Zuschreibungen Vertrauen schenken! Als er seine Funktion ausübte, wüteten die Religionskriege; seine Rolle scheint ziemlich unbedeutend gewesen zu sein. Zwölf Jahre später wurde er durch Ruggiero de Ruggieri ersetzt; dieses Künstlers Anteil an Fontainebleau, der sich wahrscheinlich auf einige Dekorationen im ›Pavillon des Poêles‹ beschränkte, ist verschwunden.

Nun aber trat jene neue Generation von Malern auf, die man unter der irreführenden Bezeichnung ›Zweite Schule von Fontainebleau‹ zusammenfaßte. In Wirklichkeit handelte es sich keineswegs um eine Schule, sondern um einige Künstler, die selbständig und ohne allgemeine Leitung arbeiteten. Natürlich kannten sie ihre Vorgänger; sie haben manches von ihnen übernommen, doch würde man bei ihnen vergeblich die Kraft, die Eleganz, die geheimnisvolle Ausstrahlung suchen, welche den Meistern aus der Zeit Franz' I., Heinrichs II. und Karls IX. eigen waren.

In Wahrheit fehlen uns aber die Unterlagen, um sie gerecht beurteilen zu können. Ihr bedeutendstes Werk unter den in Fontainebleau noch erhaltenen ist die von Martin Fréminet ausgemalte Trinité-Kapelle: da sehen wir Körper in Bewegung, allzu pralle Muskeln, stets unterbrochene Rhythmen und ungeschickte, eigenwillige Verkürzungen. Diese Malerei ist eine mittelmäßige Imitation Michelangelos, dessen Werke er bei einem Aufenthalt in Rom kennengelernt hatte. Diesem

Aufwand pathetischer Gestalten und düsterer, fahler Farben wird man vielleicht seine Grisaille-Gemälde vorziehen.

Es steht fest, daß von der Regierungszeit Heinrichs IV. an zahlreiche Flamen zuzogen, die manchmal den Platz italienischer Künstler einnahmen. Durch ihr Wirken in Fontainebleau wurde ihr Stil zu einem französisch-italienischen. Der bekannteste unter diesen Malern war der aus Antwerpen stammende Bosschaert, der in sehr jungen Jahren nach Fontainebleau kam, sich dort verheiratete und unter dem sehr französisch klingenden Namen Ambroise Dubois eingebürgert wurde.

In seiner Malerei lösen sich mythologische und religiöse Themen ab; er ergänzte die konventionelle Thematik mit phantastischen, von Ariost und Tasso inspirierten Szenen, die im Kreis distinguierter Gebildeter großen Anklang fanden. Ein Roman Heliodors inspirierte ihn zu den Szenen der ›Liebe von Theagenes und Charicles‹ an den Wänden des Arbeitszimmers Ludwigs XIII. im königlichen Schloß von Paris. Ebenfalls im Louvre hatte er Szenen aus dem ›Befreiten Jerusalem‹ Torquato Tassos dargestellt. Das lange Gewölbe in der ›Dianagalerie‹ ist seine bedeutendste Schöpfung. Unter Ludwig XIII. verstorben, hat er eine noch lange blühende Künstlerfamilie in Fontainebleau begründet.

Auch sein Schwiegervater, Jean d'Hoey, mit dem er bei der Ausschmückung der oberen Kapelle zusammenarbeitete, nahm unter den sich in Fontainebleau festsetzenden Flamen einen hervorragenden Platz ein. Wollte man dieser ›Zweiten Schule von Fontainebleau‹ um jeden Preis einen Meister zuschreiben, so müßte man Toussaint Dubreuil die Krone reichen. Er stammte aus Paris. Seine Autorität war ziemlich groß, so konnte er sich damit begnügen, die Fresken zu entwerfen, die dann von Flamen gemalt wurden. Er war vor allem ein guter Zeichner. Manche seiner Tuschzeichnungen deuten bereits die Anmut und die Lichtfülle Watteaus an. Seine Dekorationsmalereien sind alle verschwunden, in Fontainebleau wie im Château Neuf de Saint-Germain-en-Laye und in der kleinen Galerie des Louvre. Wir wissen fast gar nichts von ihm, außer daß er 1602, im Alter von vierzig Jahren, zu Pferde von einer Kolik befallen wurde, an der er starb.

Mit Fréminet, der seine Nachfolge als erster königlicher Maler antrat, geht dieser zweite Teil des französischen Manierismus zu Ende.

Das Innere (II)

Ursprünglich bewohnte der König den Bergfried: die sogenannte ›Salle Saint-Louis‹ bildete bis zu Heinrich IV. das Zimmer des Herrschers. Später wurde der Bergfried, wie alles im Schloß, für andere Zwecke verwendet, oftmals erweitert und umgebaut, so daß man ihn kaum chronologisch behandeln kann.

Appartements Royaux

Das königliche Appartement befindet sich am Ende der ›Cour Ovale‹ und die meisten seiner im Nordflügel gelegenen Zimmer gehen auf den ›Jardin de Diane‹ hinaus

Die Wendeltreppe Franz I. ist noch erhalten, doch wurde, wie schon bemerkt, unter Ludwig XV. eine große Treppe an der Stelle des ehemaligen Zimmers der Herzogin von Étampes erbaut. Sie führt zu der von Karl IX. errichteten ›Salle des Gardes‹. Ursprünglich zweckgemäß schmucklos, wurde dieser Raum später, unter Ludwig XIII., ausgeschmückt, die Wände wurden mit Leder aus Cordoba bespannt, die Friese auf Goldgrund gemalt und die Deckenbalken farbig verziert. Im 19. Jahrhundert, unter Louis-Philippe, wurde der Raum sehr theatralisch ausgestaltet, alles wurde verziert: bunte Fußbodenintarsien, bemalte Boiserien an den Wänden, all das hat wenig mit dem Stil Louis-XIII zu tun. In den großen Kamin wurden Fragmente der berühmten ›Belle Cheminée‹ eingefügt, welche zwar die Proportionen verfälschen, aber einzeln genommen von großem Reiz sind, so etwa die seitlichen Figuren und die Büste Heinrichs IV.

Das Vorzimmer und das königliche Zimmer sind jetzt nur noch durch eine große Arkade getrennt, die in die Mauer des Bergfrieds gehauen wurde. Hier sehen wir den Kern des ehemaligen Schlosses. Seit Ludwig dem Heiligen wurde jedoch so viel umgebaut, daß nur noch die drei Meter dicken Mauern des Bergfrieds von der ursprünglichen Gestalt der Residenz zeugen. Erstmals wurde hier unter Franz I. umgebaut, der hier sein eigenes Zimmer einrichten ließ. Primaticcio und Nicolas Bellin malten dieses mit von Stuck umrahmten Fresken aus, die Szenen aus dem Trojanischen Krieg darstellten; leider ist davon nichts erhalten geblieben. Dieser Raum wurde zum zweiten Vorzimmer, als Heinrich IV. das königliche Zimmer dorthin verlegte, wo sich nun der ›Thronsaal‹ befindet. Ludwig XV. ließ später die Mauern durchbrechen, um ihn mit der ›Salle des Gardes‹ zu verbinden; bei dieser Gelegenheit wurden die Dekorationen Primaticcios durch eine Holztäfelung in Weiß und Gold ersetzt. Louis-Philippe ließ diese schließlich in Blau und Violett ausmalen, vermutlich der Farbenharmonie mit den von Marly hergebrachten Malereien wegen, doch war dies weder für die Wände noch für die Bilder ein Gewinn. Auch das Reiterstandbild Heinrichs IV. von Mathieu Jacquet, das einst die ›Belle Cheminée‹ geziert hatte, wurde hier aufgestellt.

Etwa hundert Jahre lang, von Franz I. bis Heinrich IV., war dieses ›Kabinett des Königs‹ das bedeutendste Zimmer des Schlosses. Hier wurde das Reich verwaltet, hier wurden die politischen Entscheidungen getroffen, hier tagte der Ministerrat. Vertreter aus dem Bürgertum und der Kirche sowie hohe Beamte und Botschafter wurden hier empfangen, wo auch Arbeitssitzungen abgehalten, Staatsakte unterzeichnet und Bittschriften abgegeben wurden.

In diesem Raum erblickte dann auch der Thronfolger Heinrichs IV., der spätere Ludwig XIII., das Licht der Welt; Heinrich hatte das Wochenbett der Königin Maria von Medici hier aufstellen lassen.

Bei diesem für die Fortdauer der Monarchie in gefährlichen Zeiten so wichtigen Anlaß wurde der Raum kostbar ausgestaltet: Decke und Wände wurden durch rechteckige Holztäfelungen verschiedener Größe aufgeteilt, diese waren geschnitzt und bunt bemalt, feine goldene Leisten trennten sie voneinander, zusammen bildeten sie eine bewegte geometrische Komposition. Arabesken, einfache Blumen und kleine Landschaften zierten die Fläche, größere Bilder und Kartuschen in streng geordneter, doch scheinbar lockerer Folge ablösend. Lässige Größe kennzeichnete diesen Dekor. Der ritterliche Geist sprach auch aus den eingelassenen Bildern, Ambroise Dubois malte sie nach Motiven der Geschichte von Theagenes und Charicles, welche Amyots Übersetzung berühmt gemacht hatte. Unsichtbare Türen allein gaben Zutritt in den geschlossenen, regelmäßigen Raum, wie es damals in Geheimkabinetten üblich war.

Warum hat das 18. Jahrhundert hier seine Zerstörungswut ausgelassen und die Harmonie dieses Kabinetts zerstört, das ein seltenes Beispiel eines kraftvollen Stils der Innenausstattung darstellte? Hohe Türen mit Giebelfeldern – die an anderer Stelle übrigens sehr schön gewirkt hätten – verdecken völlig ungeniert vier Gemälde aus der Bilderfolge von Theagenes und Charicles, was um so mehr auffällt, als an den Ecken einige Bildfragmente sichtbar blieben. Zu allen Zeiten hat man Zerstörungen vorgenommen um Neues zu schaffen, selten jedoch geschah dies mit solcher Rücksichtslosigkeit, daß man sich nicht einmal die Mühe nahm, die Spuren der früheren Werke zu verwischen; man hielt das Überkommene für so unbedeutend, daß man sich nicht vorstellen konnte, daß irgend jemand seinen Verlust einst bedauern würde.

Cabinet du Conseil

Das aus der Zeit Ludwigs XV. stammende ›Cabinet du Conseil‹ vermittelt einen ganz anderen Eindruck. Dieser Raum wurde völlig umgestaltet und bildet ein Meisterwerk dieser Kunst der Inneneinrichtung, die damals ihren Höhepunkt erreichte. Unter Franz I. war das Kabinett mit bemalten, die vier Kardinaltugenden darstellenden Holztäfelungen und mit einer geschnitzten, vergoldeten Decke versehen.

Ludwig XIV. erweiterte den Raum, dessen neuer Teil von Audran ausgemalt wurde. Einen weiteren Ausbau erfuhr er am Anfang der Regierungszeit Ludwigs XV., der dort seine Ratssitzungen abzuhalten pflegte. Damals wies er die Form eines viereckigen, wohlproportionierten Zimmers auf. Am Ende der Regierungszeit jenes Königs erfolgte mit dem Bau eines auf den ›Dianagarten‹ hinausgehenden halbkreisförmigen Erkers eine andere wichtige Veränderung. Diese abgerundete Form, zu der man sich aus praktischen Erwägungen entschloß (die Ratssitzungen wurden immer bedeutender, der König saß mit dem Rücken zum Fenster, seinen Ministern und anderen Anwesenden gegenüber), verlieh diesem eigenartig verfeinerten Saal eine neue Eleganz. Decke und Holztäfelung wurden beibehalten, die Malereien jedoch von den größten zeitgenössischen Malern gänzlich erneuert; sie gehören zu den herrlichsten Beispielen, die die Dekorationskunst des ausgehenden Ancien Régime aufzuweisen hat. Die Deckenmalereien sind ein Werk Bouchers: die mittlere Kassette zeigt Apollo auf seinem Wagen, auf den vier anderen sind die vier Jahreszeiten dargestellt. Die Wände sind mit allegorischen Figuren und Trophäen, die die Wissenschaft symbolisieren – ein beliebtes Thema dieser Zeit – ausgemalt, als deren bedeutendste Schöpfer Carle und Pierre van Loo gelten. Von Peyrotte stammen die reizenden naturgetreuen Blumenbuketts und Girlanden. Die zarten grauen und rosafarbenen Grisaillen fallen besonders auf. Die Decke über dem halbkreisförmigen Teil ist eine Schöpfung Lagrenées.

Der Besucher könnte annehmen, die Kunst des 18. Jahrhunderts habe in Fontainebleau nichts Wesentliches geschaffen. Ganz im Gegenteil. Aus den Rechnungsbüchern läßt sich ersehen, daß unter anderem die ›Petits Appartements‹ im Erdgeschoß, unterhalb der Gemächer des Königs und der Königin, mit vielen Malereien von sehr bedeutenden Künstlern ausgestattet waren. Ich werde später noch auf dieses unbekannte Fontainebleau eingehen, von dem sich wenige nicht zerstörte Teile im Louvre befinden.

Die Touristen verbinden mit dem Namen Fontainebleau den Namen Napoleons – dem hat man Rechnung getragen. Sicher steht deshalb der kaiserliche Thron in diesem Raum, der eigentlich nur sechs Jahre lang ›Thronsaal‹ war: zur Zeit der Monarchie befand sich der Thronsaal in Versailles. Man wollte die Erinnerung an einen großen Augenblick der Geschichte bewahren und machte so aus diesem Raum, der von Heinrich IV. bis zum Tode Ludwigs XVI. das Zimmer des Königs war, einen ›Thronsaal‹.

Louis Dimier fällt über diesen unglückseligen Thron und den ihn umgebenden Dekor ein sehr hartes, vielleicht zu hartes Urteil, wenn man bedenkt, daß er nach dem Brand der Tuilerien und Saint-Clouds das einzige erhaltene Beispiel eines echten napoleonischen Dekors darstellt, das uns an die Glanzzeit des Kaisers erinnert.

Der Thron Napoleons, der im königlichen Zimmer die Stelle des Bettes einnimmt, zieht durch seine reichen Verzierungen alle Blicke auf sich. Von Bedeutung sind jedoch nur die Erinnerungen, die er erweckt: betrachtet man ihn vom künstlerischen Standpunkt aus, muß man gestehen, daß es nur wenige Beispiele von so vollendet schlechtem Geschmack und so lächerlichem Pomp gibt. Von einem erbärmlichen Baldachin aus vergoldetem Holz fällt ein mit goldenen Bienen übersäter Samtvorhang, dessen weißes Satinfutter sich wie ein Bettlaken unendlich über die Wand ausbreitet. Vorne wird der Samt zu beiden Seiten von Vorhanghaltern in der Form römischer Feldstandarten gerafft. In der Mitte steht der von David entworfene Thronsessel. Die scheußliche runde Form der Rückenlehne, die vom flachen Sitz herabhängenden langen Fransen, das grelle Gold auf dem dunklen Violett des Samts, die außergewöhnlich häßlichen Dessins, schließlich diese kitschigen weißen, mit goldenen Sternen verzierten Glaskugeln sind ein Beispiel für einen bis in die letzte Konsequenz durchgeführten Stil.

Trotz dieses offensichtlich schlechten Geschmacks, der die Eleganz des königlichen Zimmers beinträchtigt und den Thron wie einen Fremdkörper wirken läßt, ließ Napoleon den künstlerischen Gesamteindruck im wesentlichen bestehen. (In früheren Zeiten hätte man alles, was man als veraltet ansah, einfach ausgemerzt).

Doch müssen wir bemerken, daß eben im Falle dieses Raumes die unter verschiedenen Regierungszeiten unternommenen Umgestaltungen sichtbar sind, ohne aber zu stören. Die bemerkenswerte Deckenkonstruktion aus der Zeit Heinrichs IV. wurde unter Ludwig XIII. ausgeschmückt. Sein Sohn ließ die Wände mit großartigen Trophäen dekorieren und einen Alkoven für das Bett errichten – dort, wo heute der Thron Napoleons steht. Unter Ludwig XV. wurde die Fassadenmauer nach vorne gerückt und Verberkt, der sich hier meisterhaft entfalten konnte, mit der Ausarbeitung von Boiserien beauftragt. Ein großer Lüster aus Bergkristall, Lampen von Jacob und Thomire vervollständigen die Einrichtung.

Grands Appartements de Napoléon Ier

Unter Ludwig XVI. wurden den großen königlichen Gemächern eine Anzahl kleinerer, durchgehender Zimmer entlang der ›Galerie Franz' I.‹ angefügt. Geschmack und Sitte führten damals dazu, große Prunksäle nur noch zu Repräsentationszwecken zu benützen und sein Privatleben in intimeren, behaglicheren Räumlichkeiten zu führen. Es gibt kaum einen Herrensitz, dessen Räumlichkeiten damals nicht zum Teil in Boudoirs, Alkoven, Arbeits-, Spiel- und Konversationskabinette umgewandelt wurden, die den Herrschern Zuflucht vor dem öffentlichen Leben und den Repräsentationspflichten boten. Im allgemeinen sind diese Zimmer aus dem 18. Jahrhundert Meisterwerke des guten Geschmacks. Leider begann Ludwig XVI., der die Einsamkeit so sehr liebte, zu spät mit diesen Arbeiten; erst 1786, also während seines letzten Aufenthaltes in Fontainebleau, wurde mit dem Umbau begonnen, so daß zu seiner Zeit diese neuen Räumlichkeiten praktisch nie bewohnt wurden.

Als sich Napoleon in Fontainebleau niederließ, fand er also ein neues, ihm zusagendes Appartement vor. Gehen wir, wie es die Führung will, von der Hufeisentreppe aus, so bemerken wir, daß die ersten Zimmer vollständig umgestaltet wurden: hier dominiert der Empirestil. In den folgenden Zimmern begnügte sich der Kaiser mit einigen oberflächlichen Veränderungen, man bemerkt lediglich seine Insignien und Embleme. Vielleicht ziehen indessen die noch vorhandenen Innenausstattungen aus der Zeit Ludwigs XVI. den Besucher weniger an als die später, vor allem von Louis-Philippe, hinzugefügten Andenken an den Kaiser: der berühmte Hut des ›Petit Caporal‹, Gegenstände aus Sankt Helena, eine Büste, ein Porträt im Krönungskleid und sogar ein eigenartiges Badezimmer mit bemalten Spiegeln aus dem 18. Jahrhundert, mit Badewanne und Waschschüssel des Kaisers.

Die ersten Zimmer (Vorzimmer, Adjutantenzimmer) waren den Sekretären vorbehalten. In dem anschließenden Kabinett soll die Abdankung unterzeichnet worden sein, doch wird uns dies von keinem zeitgenössischen Dokument mit Sicherheit bestätigt. Es gilt als wahrscheinlich, daß sich die dramatischen Auseinandersetzungen mit den Marschällen 1814 hier und im anschließenden Arbeitskabinett abgespielt haben. Der Louis-Seize-Dekor ist noch erhalten, aber die Vorhänge, das Mobiliar von Jacob, das ›Grün und Gold‹ geben dem Ganzen einen intim napoleonischen Akzent, der kaum seinesgleichen hat. Eine kleine, hinter Teppichen verborgene Türe führt zur Bibliothek hinab, die der Kaiser in der unteren Etage hatte einrichten lassen. Das Schlafzimmer wirkt feierlicher, das Bett ruht unter einem Baldachin mit schweren Vorhängen; die Dekoration an den Wänden ist noch erhalten, einige Motive jedoch sind ausgebessert worden, vor allem die geflügelten Siegesgöttinnen. Die Gemälde über den Türen stammen von Sauvage; das Mobiliar ist mit einem schönen bunten Samt bezogen.

Galerie de Diane

Die unter Napoleon geschaffene oder vielmehr neu geschaffene ›Dianagalerie‹ trat an die Stelle der von Heinrich IV. erbauten ›Galerie de la Reine‹, die im wesentlichen mit Malereien von Ambroise Dubois ausgeschmückt war. Dieser Raum, dessen Gewölbe mythologische Motive zierten, war im Stil der ›Salle du Conseil‹ ausgestattet: kleine Landschaften auf den Täfelungen, in die auch große Bilder mit breiten, geschnitzten Goldrahmen eingelassen waren. Diese Malereien stellten die Siege des Königs und Szenen aus der Dianasage dar.

Dieser großzügig angelegte Bau war fast völlig verfallen, als Napoleon mit der Restaurierung begann und ihm seine heutige Struktur verlieh. Sein Bildnis ersetzte jenes Heinrichs IV., die königlichen Siege wurden zu kaiserlichen. Die zurückgekommenen Bourbonen, Ludwig XVIII. und Karl X., ließen Veränderungen in umgekehrtem Sinn anbringen: ein neues Reiterbildnis Heinrichs IV. verdrängte den Kaiser, die Historienbilder wurden zu Darstellungen aus Siegeszügen der alten Monarchie umgestaltet. Die meisten Bilder stammen von Blondel und Abel de Pujol.

Der bereits erwähnten, auch von Napoleon errichteten Bibliothek kommt eine große Bedeutung zu. Unter den Bourbonen zur ›Königlichen Bibliothek‹ erhoben, ging aus ihr die französische Nationalbibliothek hervor, unter deren Verwaltung sie immer noch steht.

Galerie des Cerfs

Die unter der ›Dianagalerie‹ liegende ›Hirschgalerie‹ verdankt ihren Namen den Geweihen von 43 Zehnendern, die, von goldenen Zweigen umgeben, die Wände zieren. Pater Dan scheute sich nicht zu behaupten, diese Hirschköpfe stammten von drei- bis vierhundert Jahre alten Tieren. Sie wurden durch Gipsabgüsse ersetzt, um sie vor dem völligen

Verfall zu retten. Um sein großes Gefolge unter Dach zu bringen, ließ Ludwig XV. die Galerie in Gemächer aufteilen, die unter Napoleon III. noch einmal neu ausgemalt wurden. Glücklicherweise entdeckte man drei Balken, auf denen die ursprünglichen Deckenmalereien erhalten blieben und die als Muster für die jetzigen Restaurierungen dienen. Auch die an den Wänden angebrachten, unter Napoleon III. so steif restaurierten Tafelmalereien von Toussaint Dubreuil – Jagdszenen und Darstellungen königlicher Residenzen – sollen allmählich, im Maße des Möglichen, ihre ursprüngliche Gestalt wiederfinden.

Den prunksüchtigen Marschall des Dritten Reiches, Göring, der auch ein leidenschaftlicher Jäger war, begeisterte diese Galerie; zur Zeit der deutschen Besetzung gab er dort Empfänge bei Fackelschein.

Die Galerie ruft jedoch noch ein anderes tragisches Ereignis aus früherer Zeit in Erinnerung. Hier ließ Christine von Schweden, während ihres nicht ganz freiwilligen Aufenthaltes in Fontainebleau, Monaldeschi ermorden.

Appartements de la Reine

Ursprünglich diente die ›Dianagalerie‹ als eine Art Ehrengalerie der Königin. Sie zog sich bis zu den Gemächern der ›Cour Ovale‹ hin, die im Laufe der Zeit von elf Königinnen und drei Kaiserinnen bewohnt wurden. Zu diesen Gemächern führt auch eine Treppe, deren schmiedeeisernes Geländer von Gabriel entworfen wurde. Unter Louis-Philippe von Desportes und Oudry äußerst lebendig gemalte Jagdszenen bilden den Dekor. Das Appartement der Königin ist, wie jenes des Königs, so oft umgestaltet worden, daß man vom ursprünglichen Zustand fast nichts mehr erkennen kann.

Das erste, völlig neu eingerichtete Vorzimmer führt zum Raum, den nacheinander Eleonore von Österreich (die zweite Frau Franz' I.), Katharina von Medici und Maria Stuart bewohnten. Es war, wie das Zimmer des Königs, unter Leitung

Primaticcios ausgeschmückt worden. Nur der obere Teil eines großartigen Kamins, dessen prunkvolle Ornamentik zu den Glanzleistungen manieristischer Stukkateure zählt, ist von der einstigen Ausstattung noch vorhanden. Nach Maria Stuart wurde da ein zweites Vorzimmer eingerichtet, das sich seiner Weiträumigkeit wegen zum Abhalten festlicher Soupers eignete. Louis-Philippe wandelte es in einen Salon um. Zahlreiche Tapisserien, auf denen die Jagden Maximilians dargestellt sind, schmücken dort noch die Wände.

Das ehemalige Musikzimmer nennt man nun ›Salon des Jeux‹, gemäß seiner Verwendung unter Marie Antoinette. Zu ihrer Zeit, 1786, entstand die äußerst elegante, antikisierende Ausstattung: Decke, Wölbungen und Wandtäfelungen sind mit Kameen verziert; von Rousseau stammen die auf malvenfarbenen Marmorimitationen in Grisaille gemalten Arabesken; über den Türen angebrachte Malereien zeigen auf einem Grund aus falschem grünen Marmor antike Zeremonien und Opferhandlungen. Die Proportionen der mit Ausnahme der Spiegelarkade rechteckigen Dekorfläche sind Ausdruck eines außerordentlich sicheren Stilgefühls.

Der ›Salon der Ehrendamen‹ hat ebenfalls seine ursprüngliche Gestalt verloren; Maria von Medici hatte ihn von Ambroise Dubois ausschmücken lassen. Tassos Epos ›Das befreite Jersulem‹ war damals sehr beliebt und so bildete die Geschichte von Tankred und Clorinde den Gegenstand des viel bewunderten Dekors. Heute zieren den Raum wieder die Boiserien aus dem 18. Jahrhundert.

Die größte Bedeutung kommt in diesem Appartement selbstverständlich dem Zimmer der Königin zu. Durch eine Reihe von Zufällen hat es seinen ursprünglichen, glanzvollen Dekor bewahrt, obwohl es fast drei Jahrhunderte lang nach dem jeweiligen Geschmack seiner Bewohnerinnen umgestaltet wurde. Den ältesten Teil bildet die aus der Zeit der Gemahlin Ludwigs XIII., Anne d'Autriche, stammende, prächtig vergoldete Holzdecke, die wie eine strahlende von Lilien eingefaßte Kuppel erscheint. Der Alkoven mit dem Kamin aus violettem Bruchstein und den blauen und goldenen Holztäfelungen wurde unter Ludwig XV. für dessen Gattin Maria Leszczynska errichtet. Doch verleihen Mobiliar und Wandbehänge dem Zimmer einen für das ausgehende 18. Jahrhundert typischen Charakter, obwohl es Marie Antoinette nie bewohnen sollte.

Die Aufstellung dieser Gegenstände aus den letzten Jahren des ›Ancien Régime‹ verdanken wir Napoleon. Drei Jahre vor Beginn der Revolution hatte die Königin außerordentlich schöne Möbel bestellt, die dann während der Schreckensjahre zerstreut wurden. Erstaunlicherweise fand man ihr Bett wieder. Auch die Seidenwebereien, ein Hochzeitsgeschenk der Stadt Lyon, waren vorhanden, da sie seit 1789 in einem Möbellager aufbewahrt waren (vermutlich hatte ihre Fertigstellung drei Jahre benötigt.) Napoleon machte aus dieser durch die Wirrnisse der Zeit hindurch geretteten, völlig neuen und meisterhaft gewirkten Ausstattung den Rahmen des Zimmers der Kaiserin, besser gesagt der beiden Kaiserinnen, und vervollständigte sie mit auserlesenen Möbeln im gleichen Stil.

Maria Leszczynska hatte reizvolle Zwischengeschosse, ähnlich denen in Versailles, einziehen lassen; so entstanden angenehme Zimmer mit niedriger Decke. Dorthin zog sich die Königin gerne zurück, um dem Zwang der Etikette zu entfliehen. Auch hier ließ Marie Antoinette den ganzen Dekor erneuern. Wir sehen ein ›türkisches‹ Boudoir mit Boiserien von Rousseau, hier wirkt derselbe kultivierte Scheinorientalismus wie in der zeitgenössischen ›Entführung aus dem Serail‹. Dann bewundern wir ganz besonders das kleine Arbeitskabinett: seine im pompejanischen Stil bemalten Holztäfelungen, sein Mahagoniparkett, der Rollschreibtisch mit Intarsien sowie der mit einer eingelegten Stahlplatte versehene Handarbeitstisch sind Meisterwerke der Kunsttischlerei, die in dieser Zeit ihre höchste Blüte erreichte. Wir bemerken nicht ohne Erstaunen, daß die kurzen Aufenthalte der so jungen Marie Antoinette so tiefe Spuren im Schloß hinterlassen haben.

Appartements de Madame de Maintenon

Die erste Etage der ›Porte Dorée‹ war der Herzogin d'Étampes vorbehalten (davon zeugt nur noch ihr in ein Treppenhaus umgewandeltes Privatzimmer). Später brachte Ludwig XIV. Madame de Maintenon hier unter. Die ganze Etage wurde damals mit Boiserien von Lalande ausgeschmückt. Der Salon mit seinen chinesischen Tapisserien hat sein beispielhaftes Mobiliar aus der Zeit Ludwigs XIV. bewahrt.

Der alternde König begab sich abends oft in dieses Zimmer um zu arbeiten, meist begleitete ihn ein Staatssekretär, immer jedoch war die schweigsame, ihm in morganatischer Ehe verbundene Madame de Maintenon anwesend, der, auch wenn sie mit einer Stickerei beschäftigt war, nichts von den politischen Gesprächen entging.

Petits Appartements de Napoléon Ier

Die kleinen Appartements im Erdgeschoß unter der ›Galerie Franz' I.‹ bestehen aus kleinen, im 18. Jahrhundert äußerst geschmackvoll hergerichteten Zimmern. Napoleon möblierte sie neu; der Kontrast zwischen den schweren Empiremöbeln und den zierlichen Boiserien wirkt äußerst störend. Zu diesen Gemächern hat der Besucher keinen Zutritt. Das ist verständlich, denn sie sind in ziemlich schlechtem Zustand und bieten einen traurigen Anblick. Die Wandtäfelungen sind mehrmals übertüncht worden, vor allem mit diesem ›Gris Trianon‹, das im Trianon selbst nur einige geschmacklose Dekorateure des 19. Jahrhunderts zu sehen wähnten. Selbst die feinen Schnitzereien hat man damit übermalt, wodurch der Gesamteindruck erheblich gelitten hat. Louis-Philippe ersetzte die verloren gegangenen Wandbehänge durch Gemälde aus der Zeit Ludwigs XVI. Man zerschnitt sie in ovale Formen und versah sie mit naturalistischen Stilrahmen, deren gleißendes Gold unerträglich ist. Es bleibt zu hoffen, daß man auch hier die Restaurierung der kleinen Gemächer Ludwigs XV. in Versailles zum Vorbild nimmt, die alten Farben abschabt und alles wieder in den ursprünglichen, lebhaften und kontrastreichen Farbtönen ausmalt.

Leider muß man sich wohl mit dem 1806 angeschafften pompösen, vergoldeten Mobiliar abfinden (unter dem sich übrigens einige hervorragende Einzelstücke befinden). Leider verdrängen diese Zeugnisse der Zeit Napoleons die Erinnerung an frühere Epochen. Wie Ludwig XV. und Ludwig XVI. wünschte auch Napoleon kleine Appartements. So zog er ganz einfach in die Gemächer Ludwigs XVI. ein, während die Kaiserin jene Marie Antoinettes bezog. Wir haben bereits erwähnt, daß letztere den Platz der berühmten Bäder Franz' I. einnehmen, die bereits von Ludwig XIV. zu Wohnräumen umgestaltet wurden. Beim Umbau des Flügels (Gabriel, 1785) wurde die Raumfolge vergrößert. Der 1830 mit seinem Vater, Karl X., vertriebene Herzog von Angoulême hat sich dort aufgehalten, nach dieser Revolution bezog die Schwester Louis-Philippes, Prinzessin Adélaïde, die Räumlichkeiten. Im ersten Empire hatte Napoleons Bruder Jérôme hier gewohnt und im zweiten zieht dessen Tochter, die geistreiche Prinzessin Mathilde, ein.

Das Vorzimmer und die ersten Salons zieren Holztäfelungen von Guibert und Malereien von Belle, Vien und Boucher.

Weniger pompös als sein großer Raum im oberen Stockwerk ist hier das Zimmer Napoleons, dessen Mobiliar mit weißem Samt bezogen ist, den ein Zweigmotiv schmückt. Ein Durchgang, das ehemalige Ankleidezimmer, verbindet dieses Zimmer mit der Privatbibliothek, deren ›funktionelles‹ Mobiliar beachtenswert ist. Unter den folgenden Zimmern wäre noch der ›Salon des Oiseaux‹ zu erwähnen; Malereien von Nicasius geben naturgetreu die exotischen Vögel wieder, welche damals die vergoldeten Vogelkäfige des Marmorhofes von Versailles bevölkerten.

Die ehemalige Vorhalle nannte man ›Vestibule du Col de Cygne‹ da sie ein herrlicher bleierner Brunnen belebt, der ein mit einem Schwan spielendes Kind darstellt. Unter Napoleon wurde sie in ein Eßzimmer umgewandelt.

Petits Appartements de l'Impératrice

Von den Gemächern der Kaiserin ist die ›Salle de Jeu‹ Joséphines erwähnenswert: wir haben diesen von Marie Antoinette eingerichteten Spielsaal bereits beschrieben. Goldfarbene, purpurrot bestickte Seidentapeten und prunkvolle Güsse Thomires zieren den ›Salon Jaune‹, dessen wohlausgewogene Formen und Farben von höchster Wohnkultur zeugen.

Im Schlafzimmer der Kaiserin sehen wir ein riesiges Bett, gekünstelt drapierte Vorhänge aus malvenfarbenem und goldenem Brokat und Fächer aus Straußenfedern: die Verantwortung für diese Geschmacklosigkeit trägt Eugénie de Montijo, die in Granada geborene Gattin Napoleons III.

Appartements des Chasses

Die Prinzen des königlichen Hauses bewohnten im 18. Jahrhundert einige Gemächer der ›Cour Ovale‹ und die unter Ludwig XV. gegenüber der ›Cour des Offices‹ errichteten Anbauten. Da viele Jagdbilder diese Wohnungen zieren, nennt man sie ›Appartements des Chasses‹. In würdiger Haltung starb hier nach langer Agonie der Sohn Ludwigs XV.

Napoleon wies das Erdgeschoß seinem Bruder Louis, König von Holland, und die erste Etage seinem Bruder Joseph, König von Neapel, zu. Während der Restauration wohnten dann der Prinz von Condé und der Herzog von Bourbon hier. Im zweiten Empire zog, wie in früheren Zeiten, der Bruder des Kaisers wieder ein. In diesen Gemächern sind noch schöne Möbel und wertvolle Bilder zu finden, doch paßt alles, was sich da im Laufe der Zeit angesammelt hat, schlecht zusammen.

Aile de la Belle Cheminée

Bei der Besichtigung des Äußeren haben wir bereits die Architektur der von Primaticcio wenige Jahre vor seinem Tode entworfenen ›Aile de la Belle Cheminée‹ bewundert,

FONTAINEBLEAU
Raumfolge im Obergeschoß
Grundriß des Erdgeschosses: Seite 252-253

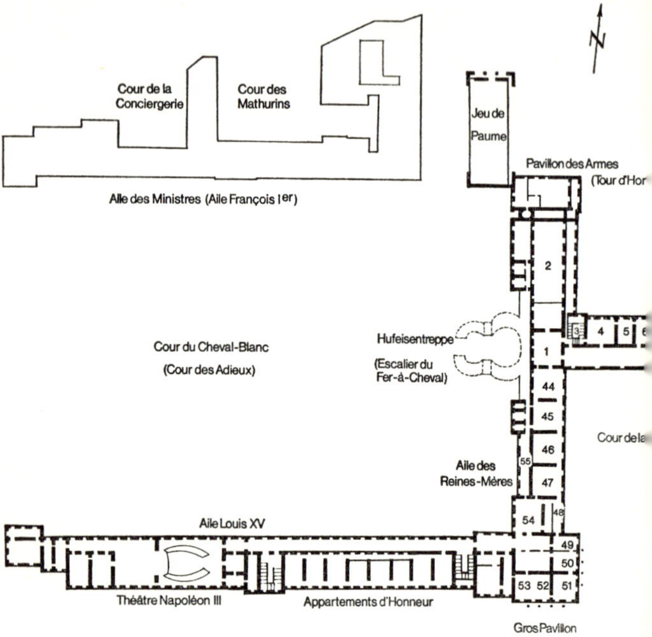

1 *Vestibule du Fer-à-Cheval*
2 *Chapelle de la Sainte-Trinité*
3 *Escalier de François I*er

GRANDS APPARTEMENTS DE NAPOLEON Ier

4 *Antichambre*
5 *Cabinet des Secrétaires*
6 *Salle de Bains*
7 *Salon Rouge (Cabinet de l'Abdication)*
8 *Cabinet de Travail (Cabinet de l'Empereur)*
9 *Chambre à Coucher*
10 *Cabinet du Conseil*
11 *Salle du Trône*

APPARTEMENTS DE LA REINE OU DE MARIE-ANTOINETTE

12 *Boudoir*
13 *Chambre à Coucher*
14 *Salon du Jeu (Salon de Musique)*
15 *Petit Salon (Salon des Dames d'Honneur)*

16 *Vestibule*
17 *Galerie de Diane (Bibliothèque)*
18 *Escalier de la Reine*
19 *Escalier des Chasses*
20-26 *Appartements des Chasses*

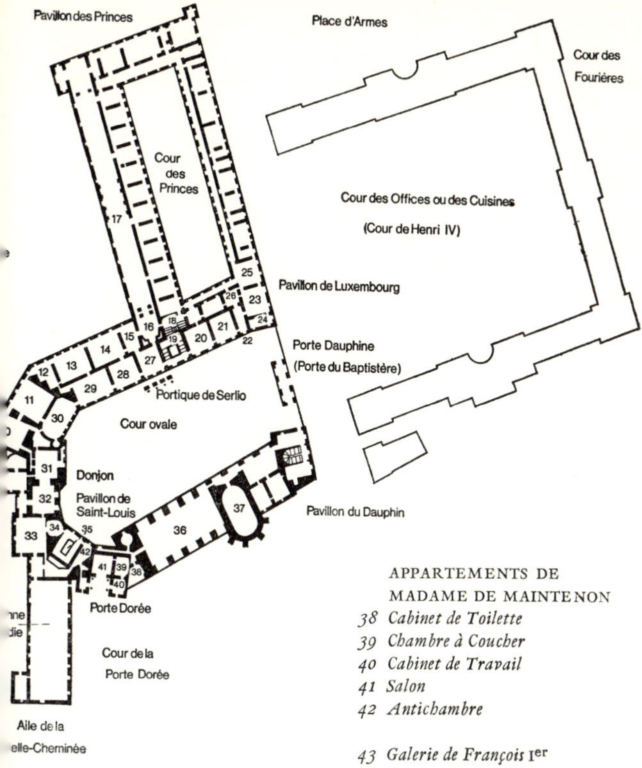

APPARTEMENTS DE MADAME DE MAINTENON

38 *Cabinet de Toilette*
39 *Chambre à Coucher*
40 *Cabinet de Travail*
41 *Salon*
42 *Antichambre*

43 *Galerie de François* Ier

APPARTEMENTS ROYAUX

27 *Antichambre des Salons de Réception*
28 *Salon des Tapisseries*
29 *Salon de François* Ier
30 *Salon de Louis* XIII
31 *Salon de Saint-Louis*
32 *Salon des Aides-de-Camp (Salle du Buffet)*
33 *Salle des Gardes*
34 *Escalier de François* Ier
35 *Escalier du Roi (Ancienne Chambre de la Duchesse d'Étampes)*
36 *Salle de Bal (Galerie de Henri* II*)*
37 *Chapelle de Saint-Saturnin*

APPARTEMENTS DES REINES-MÈRES ET DU PAPE PIE VII

44 *Antichambre*
45 *Salon des Officiers*
46 *Grand Salon de Réception*
47 *Ancienne Chambre à Coucher des Reines-Mères*
48 *Chambre de Travail du Pape*
49 *Cabinet de Toilette*
50 *Chambre à Coucher du Pape*
51 *Salon d'Angle*
52 *Salle d'Attente*
53 *Antichambre*

54 *Galerie des Fastes*
55 *Galerie des Assiettes*

obwohl diese nach einem Brand teilweise neu erbaut wurde. Die Inneneinrichtung wurde gänzlich entfernt. Heute sind dort die amerikanischen Kunstschulen untergebracht. (In einen Teil des Daches hat man sogar ein großes, ausgesprochen häßliches Glasfenster eingefügt.)

Ursprünglich bestand die ganze Etage aus einem einzigen riesigen Saal. Hier stand die berühmte ›Belle Cheminée‹, jener große skulptierte Marmorkamin, der zu den bedeutendsten Werken der Renaissance zählte und den die Zeitgenossen sehr bewunderten. (Bruchstücke davon wurden in den Kamin der ›Salle des Gardes‹ eingefügt).

Noch einmal müssen wir hier Ludwig XV. anklagen, dieses Werk zerstört zu haben. 1725 wurde die ›Belle Cheminée‹ abgerissen, weil sie der Einrichtung des Theatersaals im Weg stand, den die Brüder Slodtz und Audran gestalteten. Dieses Theater spielte im literarischen und künstlerischen Leben des 18. Jahrhunderts eine Rolle. Schriftsteller und Künstler nahmen am Hofleben, an den Festen und Vergnügungen teil.

Während sich Ludwig XV. *und Maria Sophia Felicitas von Polen mit dem ganzen Hofstaat die italienischen Komödianten anschauen, schließe ich mich, dem diese Pantaloni und Arlecchini keineswegs zusagen und der ich Sie von Herzen gerne mag, in mein Zimmer ein, um Ihnen von dem Treiben hier zu berichten, das Sie vielleicht interessieren wird. Monsieur de La Vrillière ist gerade heute nacht in Fontainebleau verstorben, Monsieur le maréchal de Gramont starb zur gleichen Stunde in Paris. Sie haben sich wirklich beide einen schlechten Zeitpunkt ausgewählt, denn mitten in diesem Lärm um die Hochzeit des Königs wird ihr Tod nicht das geringste Aufsehen erregen.*

Vor einigen Tagen überfuhr die Karrosse des Prinzen de Conti den armen Martinot, den Uhrmacher des Königs; er wurde von den Rädern zermalmt und starb auf der Stelle. Man wird dem Tod der Herren de La Vrillière und de Gramont nicht mehr Aufmerksamkeit schenken als dem Martinots, es sei denn, jemand wagte es, um den Platz des Staatssekretärs oder des Colonels der Garden zu bitten. In der Zwischenzeit unternimmt man hier alles um die Königin zu erheitern.

Dem König gelingt das sehr gut. Er hat sich damit gebrüstet, ihr in der ersten Nacht ›sieben Sakramente gespendet‹ zu haben; ich glaube ihm das keineswegs. Die Könige führen ihre Völker immer hinters Licht. Die Königin sieht sehr gut aus, obwohl man sie keineswegs hübsch nennen kann. Jeder hier ist entzückt von ihrer Tugendhaftigkeit und Höflichkeit. Das erste, was sie getan hat, war die Verteilung all der kostbaren Kleinigkeiten, die zum Empfang gehören, an die Prinzessinnen und Damen des Palastes: jede Art von Schmuck, mit Ausnahme von Diamanten. Als sie die Kassette sah, worinnen alles aufbewahrt war, sagte sie: »Zum ersten Mal in meinem Leben kann ich Geschenke machen.« Am Tage der Hochzeit hatte sie ein wenig Rouge aufgelegt, genauso viel um nicht bleich auszusehen. In der Kapelle fiel sie ein wenig in Ohnmacht, aber nur der Form halber. Am gleichen Tag wurde eine Komödie gegeben. Ich hatte ein kleines Zwischenspiel vorbereitet, das aber Monsieur de Mortemart unter keinen Umständen aufführen wollte. Man spielte statt dessen »Amphitryon« und »Der Arzt wider Willen«, was nicht gerade sehr angemessen war. Nach dem Souper wurde ein Feuerwerk mit vielen Raketen, doch sehr wenig Einfallsreichtum und Abwechslung abgebrannt. Danach verschwand der König, um sich auf die Zeugung eines Thronfolgers vorzubereiten. Im übrigen herrscht hier ein Lärm und Getöse, eine Geschäftigkeit und ein entsetzliches Treiben. Ich werde mich hüten, in diesen ersten Tagen allgemeiner Verwirrung vor die Königin zu treten, ich werde warten bis sich die Menge zerstreut hat und bis sich Ihre Majestät ein wenig von dem Wirbel dieses höllischen Durcheinanders erholt hat. Dann werde ich versuchen meinen ›Oedipus‹ und meine ›Marianne‹ vor ihr spielen zu lassen; ich werde ihr das eine wie das andere widmen; sie hat mir bereits sagen lassen, daß sie durchaus nicht ungehalten darüber sei, daß ich mir diese Freiheit nehme! (Voltaire, Brief an die Présidente de Bernières, Freitag 17. September 1725)

Die Königin hat mir gerade aus ihrer Kassette eine Pension von fünfzehnhundert Pfund ausgesetzt, um die ich jedoch nicht gebeten hatte; ein Schritt weiter, um das zu erreichen, was ich haben möchte. Ich verstehe mich sehr gut mit dem zweiten Minister, Herrn Duverney. Ich zähle auf die Freundschaft von Madame de Prie. Ich beklage mich nicht über das Leben bei Hofe, denn meine Hoffnungen, hier manchmal meinen Freunden nützlich sein zu können, sind begründet; sind Sie aber immer noch ein so großer Gourmand, und leiden Sie immer noch an Magen- und Augenschmerzen, so bin auch ich weit davon entfernt ein glücklicher Mensch zu sein. Wenn Sie wirklich bis Ende Dezember auf Ihrem Landsitz bleiben, hätten Sie die Güte mich davon zu unterrichten und nicht alle Zimmer von ›la Rivière‹ zu vergeben. Die Freuden, die man im Umkreis des Hofes erfahren kann, sind jene nicht wert, die man Ihrer Freundschaft verdankt, und ›la Rivière‹ wird mir immer in jeder Hinsicht lieber sein als Fontainebleau. (Voltaire, Brief an die Présidente de Bernières, Fontainebleau, 13. November 1725)

Der arme Rousseau reagierte ganz anders bei seinem ersten Auftreten bei Hofe:

Als alles bereit und der Tag der Aufführung des ›Devin du Village‹ bestimmt war, schlug man mir vor, nach Fontainebleau zu fahren, um wenigstens die letzte Probe zu sehen. Ich reiste mit Fräulein Fel, Herrn Grimm und, wie ich glaube, dem Abbé Raynal in einem Hofwagen hin. Die Probe fiel ganz gut aus. Ich war zufriedener, als ich es erwartet hatte. Das starke Orchester war aus dem der Oper und der königlichen Kapelle zusammengestellt. Jelyotte spielte den Colin, Fräulein Fel die Colette, Cuvilier den Wahrsager. Die Chöre sang der Opernchor. Ich äußerte mich wenig; Jelyotte hatte alles geleitet. Ich wollte seine Anordnungen nicht nachprüfen, und trotz meiner Einsilbigkeit war ich unter so vielen Leuten verlegen wie ein Schüler.

Am andern Tage, dem der Aufführung, ging ich zum Frühstück ins Café zum Grand Commun. Es waren viele Menschen dort. Man sprach von der Probe am vorigen Abend und der Schwierigkeit, Zutritt zu ihr zu erlangen.

... Ich stehe vor einem der kritischen Momente meines Lebens, wo es schwer ist, sich auf die Erzählung zu beschränken. Denn es ist kaum zu vermeiden, daß die Erzählung selbst wie eine Mißbilligung oder wie eine Verteidigung klingt. Doch werde ich zu berichten versuchen, wie und durch welche Beweggründe ich mein Benehmen bestimmen ließ, und weder Lob noch Tadel hinzufügen.

Ich war an jenem Tage in meinem gewöhnlichen nachlässigen Aufzuge, ganz unrasiert und mit ziemlich schlecht gekämmter Perücke. Diesen Mangel an Anstand hielt ich für einen Beweis von Mut und trat so in denselben Saal, in den ein halbe Stunde später der König, die Königin, die königliche Familie und der ganze Hof eintreten mußten. Ich machte mich in der Loge breit, in die Herr de Cury mich führte; es war die seine, eine große Proszeniumsloge auf der Bühne, gegenüber der kleinen, höher gelegenen, in der der König mit der Frau de Pompadour Platz nahm. Ich war von Damen umgeben und der einzige Mann in der ersten Platzreihe; man hatte mich wohl ohne allen Zweifel dahin gesetzt, damit ich gesehen würde. Als die Lichter angezündet waren und ich mich nun in meinem Aufzuge mitten unter all diesen Leuten in sorgfältigster Toilette sah, begann ich mich unbehaglich zu fühlen. Ich fragte mich, ob ich wirklich dorthin gehörte, und ob ich anständig genug gekleidet sei. Nach einigen Minuten innerer Unruhe antwortete ich mir mit Ja, und zwar mit einer Unerschrockenheit, die vielleicht mehr aus der Unmöglichkeit, mich jetzt noch zurückzuziehen, als aus der Vortrefflichkeit meiner Gründe entsprang. Ich sagte mir: »Ich bin an meinem Platze, weil ich mein Stück spielen sehe, weil ich dazu eingeladen bin, weil ich es nur zu diesem Zweck geschrieben habe, und weil am Ende doch niemand ein größeres Recht darauf hat, die Frucht meiner Arbeit und meiner Begabung zu genießen, als ich selber. Ich bin gekleidet, wie ich es immer bin, nicht besser und nicht schlechter; wenn ich mich der Weltmeinung in irgendeiner Beziehung wieder anbequemen wollte, würde ich sehr bald in allem wieder ihr Sklave sein. Um immer ich selbst zu bleiben, darf ich nicht erröten, wenn ich dem von mir gewählten Stande angemessen gekleidet bin, wo immer ich mich auch befinde. Mein Äußeres ist einfach und vernachlässigt, aber nicht schmutzig oder unreinlich; auch der Bart an sich ist es nicht, weil die Natur ihn uns gibt, und weil er nach Zeit und Mode zuweilen sogar eine Zierde ist. Man findet mich vielleicht lächerlich und unverschämt; soll mich das rühren? Ach was! ich muß Spott und Tadel ertragen lernen, wenn sie nur nicht verdient sind.« Nach diesem kleinen Selbstgespräch beruhigte ich mich so sehr, daß ich kühn gewesen wäre, wenn ich es nötig gehabt hätte. Aber mochte es die Wirkung der Gegenwart des Fürsten oder die natürliche Stimmung der Gemüter sein, ich bemerkte in der Neugierde, deren Gegenstand ich war, nur Wohlwollen und Anstand. Dies rührte mich so, daß ich wieder unruhig über mich selber und das Schicksal meines Stückes zu werden begann; ja, ich fürchtete, daß ich ein so günstiges Vorurteil, das nur darauf hinzuzielen schien, mir Beifall zu zollen, zerstören würde. Ich war gegen ihren Spott gewappnet, aber diese freundlichen Mienen, die ich nicht erwartet hatte, brachten mich so aus der Fassung, daß ich wie ein Kind zitterte, als das Stück begann.

Ich hatte jedoch bald Grund, mich zu beruhigen. Das Stück wurde zwar sehr schlecht gespielt, was die szenische Darstellung angeht, aber gesanglich und überhaupt musikalisch wurde es sehr gut ausgeführt. Schon bei der ersten Szene, die wirklich von einer rührenden Schlichtheit ist, vernahm ich aus den Logen ein bisher bei Stücken dieser Art unerhörtes Gemurmel der Überraschung und des Beifalls. Die Aufregung wuchs so an, daß sie sich auf sämtliche Zuschauer übertrug und, um mit Montesquieu zu reden, ihre Wirkung durch ihre eigene Wirkung verstärkte. Bei der Szene der zwei guten kleinen Leute erreichte diese Wirkung ihren Höhepunkt. In Gegenwart des Königs wird nicht geklatscht; darum hörte man alles; das Stück und der Verfasser fuhren dabei um so besser. Ich hörte um mich her ein Flüstern von Frauen, die mir von engelhafter Schönheit schienen; sie sagten zueinander: »Das ist reizend, da ist kein Ton, der nicht zum Herzen spricht.« Das Vergnügen, so vielen liebenswürdigen Leuten Rührung einzuflößen, rührte mich selbst bis zu Tränen; ich konnte sie nicht mehr zurückhalten beim ersten Duett, als ich bemerkte, daß auch andere außer mir weinten. Für einen Augenblick entsann ich mich meiner Vergangenheit und dachte an das Konzert bei Herrn de Treytorens.

Diese Erinnerung wirkte auf mich wie jenen Sklaven, der den Kranz über das Haupt des Triumphators hielt, doch ging sie schnell vorüber, und ich gab mich bald voll und rückhaltlos dem Vergnügen hin, meinen Ruhm auszukosten. Aber ich weiß, daß sich in diesem Augenblick mehr der sinnliche Trieb zum andern Geschlecht hineinmischte als die Eitelkeit des Dichters; wenn nur Männer dagewesen wären, so würde ich sicherlich nicht fortwährend von dem Verlangen verzehrt worden sein, mit meinen Lippen die köstlichen Tränen aufzusaugen, deren Ursache ich war. Ich habe Stücke zu größerer Bewunderung hinreißen, aber niemals eine so vollständige, süße, rührende Trunkenheit in einem ganzen Theater herrschen sehen, und obendrein noch am Hofe, am Tage einer Erstaufführung. Wer diese gesehen hat, muß sich ihrer erinnern, denn die Wirkung war einzig.

Noch am selben Abend ließ mir der Herzog d'Aumont sagen, ich sollte mich am andern Morgen um elf Uhr im Schlosse einfinden, er werde mich dem König vorstellen. Herr de Cury, der mir diese Botschaft überbrachte, fügte hinzu, man glaube, es handle sich um ein Gnadengehalt, dessen Erteilung der König mir selbst ankündigen wolle.

Sollte man glauben, daß die Nacht, die auf einen so glänzenden Tag folgte, eine Nacht voll Angst und Schrecken für mich war? Nach dem ersten Gedanken an die Audienz kam mir sogleich der zweite an ein Bedürfnis, oft hinauszugehen, das mich am selben Abend im Schauspielhaus gepeinigt hatte und mich am andern Tage wieder peinigen konnte, wenn ich in der Galerie oder in den Gemächern des Königs inmitten all dieser Großen auf das Vorüberkommen seiner Majestät harrte. Dieses Leiden war die Hauptursache, die mich von jeder Gesellschaft fernhielt und mich hinderte, mich in geschlossenen Räumen mit Frauen aufzuhalten. Wenn ich auch nur an die unangenehme Lage dachte, in die mich dieses Bedürfnis versetzen könnte, so empfand ich es auch schon von neuem, und zwar in so heftiger Weise, daß mir ganz übel wurde. Eine höchst peinliche Szene wäre in diesem Falle die Folge gewesen, und einer solchen hätte ich mit Freuden den Tod vorgezogen. Nur wer diesen Zustand aus eigener Erfahrung kennt, kann sich vorstellen, mit welcher Angst ich an den nächsten Tag dachte.

Ferner malte ich mir aus, wie ich vor dem König stand und seiner Majestät vorgestellt wurde, die sich herabließ stehenzubleiben und das Wort an mich zu richten. Da galt es eine treffende Antwort und Geistesgegenwart. Würde meine verfluchte Schüchternheit, die mich vor dem geringsten Unbekannten verlegen machte, mich vor dem König von Frankreich verlassen? Würde sie mir erlauben, das, was ich antworten mußte, schnell zu finden? Ich wollte, ohne den strengen Ernst in Miene und Ton, den ich angenommen hatte, aufzugeben, mich doch für die Ehre, die mir ein so großer Monarch zuwandte, empfänglich erweisen. Es kam darauf an, irgendeine große und nützliche Wahrheit in ein wohlgesetztes und verdientes Lob einzuhüllen. Um eine glück-

liche Antwort vorbereiten zu können, hätte sich just das, was er mir sagen konnte, vorhersehen lassen müssen, und doch war ich sicher, daß ich auch dann in seiner Gegenwart nicht ein Wort von dem, was ich mir vorher überlegt hatte, wiederfinden würde. Was würde in dem Augenblick aus mir werden, wenn mir unter den Augen des ganzen Hofes in meiner Verlegenheit eine meiner gewöhnlichen Tölpeleien entführe! Diese Gefahr ängstigte, erschreckte mich und jagte mir eine solche Furcht ein, daß ich mich entschloß, alles zu wagen um ihr zu entgehen,

Ich verlor dann freilich das Gnadengehalt, das mir gewissermaßen angeboten war; aber ich entzog mich auch dem Joche, das es mir gleichzeitig auferlegt haben würde. Lebt wohl, Wahrheit, Freiheit, Mut! Mit welcher Stirn hätte ich es dann wagen dürfen, noch von Unabhängigkeit und Uneigennützigkeit zu reden? Ich durfte nur noch schmeicheln oder schweigen, wenn ich dieses Gehalt annahm, und wer würde mir dafür stehen, daß es mir ausbezahlt würde? Welche Schritte würden zu tun sein, welche Leute anzuflehen! Es stand mir mehr und schlimmere Mühe bevor, wenn ich es zu behalten als zu entbehren wünschte. Indem ich darauf verzichtete, glaubte ich also im Einklang mit meinen Grundsätzen zu handeln und der Wirklichkeit den Schein zu opfern. Ich teilte meinen Entschluß Grimm mit, der ihm nichts entgegenstellte. Gegen die andern schützte ich meinen Gesundheitszustand vor und reiste am selben Morgen ab.

Meine Abreise machte Aufsehen und wurde allgemein getadelt. Meine Gründe konnten nicht von aller Welt gewürdigt werden. (Jean-Jacques Rousseau, Bekenntnisse)

Appartements des Reines-Mères
(Appartement du Pape)

Das ›Appartement des Reines-Mères‹, seit den Aufenthalten Pius' VII. auch ›Appartement du Pape‹ genannt, besitzt die angenehmste Lage im Schloß. Es öffnet sich zur ›Cour de la Fontaine‹ und zum Weiher hin. Ursprünglich bestand nur der Eckpavillon, der ›Pavillon des Poêles‹, der unter König Franz I. erbaut wurde und den später der ›Gros Pavillon‹ Ludwigs XV. ersetzte, der, wie schon sein Name sagt, weiträumiger war.

4 *Dekorationsentwurf von Rosso zu einer Stuckumrahmung*

25 ›Fest des Bacchus‹, Fresko von Primaticcio und dell'Abbate
← in der ›Salle de Bal‹

26-27 ›Venus züchtigt Amor‹
und ›Danae‹. Fresken von Rosso in der ›Galerie François Ier‹

28 ›*Porte Dauphine*‹ oder ›*Porte du Baptistère*‹
Zeichnung von Charles Percier

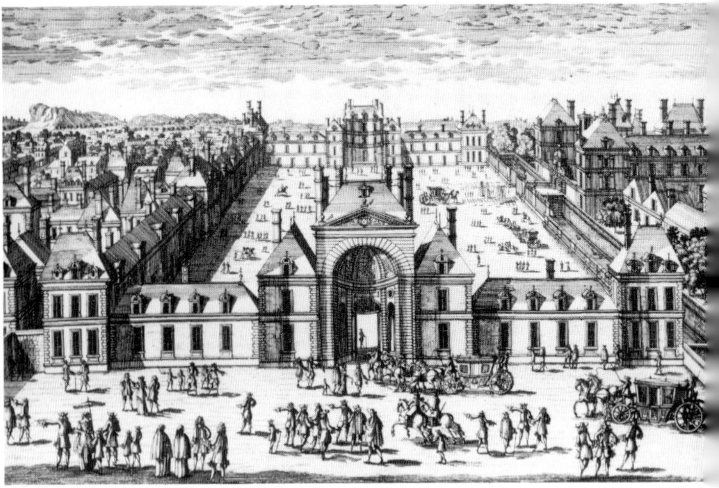

29 ›*Cour des Offices*‹, *Kupferstich von François d'Orbay*

30 ›Porte Dorée‹
nach einer Radierung von 1863

31
›Galerie de Diane‹
→

32
›Escalier du Roi‹

Katharina von Medici, die diesen Ecktrakt während ihrer Witwenzeit bewohnte, ließ ihn durch den Flügel erweitern, der ihn mit der ›Galerie Franz' I.‹ verbindet. Seit Heinrich II. hatten sich die besten Künstler Fontainebleaus, unter Leitung Primaticcios, an seiner prunkvollen Ausgestaltung beteiligt. Der Ratssaal im Erdgeschoß war von Di Jacopo ausgemalt. Philibert Delorme hatte einen Teil der Innenarchitektur entworfen; vieles stammte auch von Niccolo dell'Abbate. Doch all das gehört der Vergangenheit an, denn nichts davon ist erhalten geblieben. Zahlreiche Veränderungen, oft übrigens von höchstem künstlerischen Wert, haben das Werk aus der Regierungszeit Franz' I. zerstört.

Warum ›Appartement des Reines-Mères‹? Seit Katharina von Medici wohnte dort die Königinmutter, wenn nach der Heirat des Sohnes eine neue Königin in das Appartement der ›Cour Ovale‹ einzog. So haben Maria von Medici und Anne d'Autriche dort gewohnt. Letztere ließ die Wohnung im Stil einrichten, der den Namen ihres Mannes, Louis XIII., trägt, wobei ein Musterbeispiel von anmutig feierlicher Ausstattung entstand.

Später beherbergte das Appartement dann die Mitglieder der königlichen Familie und durchreisende Berühmtheiten. Zu diesen gehörten der im Exil lebende Jakob II. von England und seine Frau, Königin Mary, der Zar Peter der Große (1717), der Herzog von Orléans, der Dauphin Louis, Sohn Ludwigs XV., sowie dessen älteste Töchter Mesdames Henriette, Adélaïde und Victoire, dann der Graf der Provence (der spätere Ludwig XVIII.), Joseph, der Bruder Napoleons, und die spanischen Herrscher, die er ins Exil geschickt hatte, dann ein weiterer Verbannter, Papst Pius VII., und der Herzog von Orléans, der Sohn von Louis-Philippe. Der letzte bedeutende Gast war Leopold II., der König der Belgier, 1894.

Pius VII. wohnte am längsten dort. Das erste Mal im November 1804 anläßlich der Kaiserkrönung in Notre-Dame in Paris, dann vor allem während seines erzwungenen Aufenthaltes, den er in Fontainebleau verbringen mußte, unter Aufsicht einer Wache, die ihn weisungsgemäß mit respektvoller Härte behandelte (20. Juni 1812 bis 26. Januar 1814). Ein großer Teil des jetzigen Mobiliars wurde für ihn hergegebracht.

Die sehenswürdigsten unter den erhaltenen Innenausstattungen sind im Louis-XIII-Stil gehalten und wurden von Anne d'Autriche in Auftrag gegeben. Die Decke des ehemaligen, nun zweigeteilten Wachraumes wurde von Evrard teilweise mit vergoldeten Grisaillen ausgemalt. Anne d'Autriche hatte den guten Einfall, im ›Grand Salon‹, wo, sagt man, das Konkordat zwischen Napoleon und Pius VII. unterzeichnet wurde, eine herrliche Decke von Ambroise Perret anbringen zu lassen, die aus dem ehemaligen ›Pavillon des Poêles‹ stammte. Mit seinen Boiserien, seinen Türen und seiner geschnitzten, bemalten und vergoldeten Holzdecke bildet das Schlafzimmer der Königin eine künstlerische Meisterleistung dieser Zeit.

Gabriel hat sich nicht damit begnügt, den ›Gros Pavillon‹ zu entwerfen, er hat auch seine Innenausstattung übernommen (um 1745). Im Zwischenstock befindet sich das kleine Arbeitskabinett des Papstes. Sein Zimmer wurde von Louis-Philippe für die Hochzeit seines Sohnes, des Herzogs von Orléans, völlig neu eingerichtet, doch wurde das von Gabriel gewählte Mobiliar von Jacob-Desmalter in das Zimmer gebracht, das der vatikanische Staatssekretär Kardinal Pacca bewohnt hatte. Der vom Kaiser aus Rom Entführte und ins Gefängnis Geworfene teilte hier das Schicksal Pius' VII., sein Einfluß war allgemein bekannt.

›Galerie des Fastes‹ und ›Galerie des Assiettes‹

In dem gleichen Gebäudekomplex liegen ebenfalls die von Napoleon für festliche Stunden geschaffene ›Galerie des Fastes‹ und die unter Louis-Philippe eingerichtete ›Galerie des Assiettes‹. Der ›König der Franzosen‹ (nicht mehr: ›König von Frankreich‹!) war eine Sammlernatur: diese Galerie erhielt alle noch vorhandenen Malereien von Ambroise Dubois aus der ›Galerie de la Reine‹ (›Dianagalerie‹). Außerdem ließ er an den Wänden 128 Teller aus Sèvres anbringen, sie verkörperten die moderne Kunst; kleine Landschaftsmalereien auf Porzellan zeigen Schloß und Wälder von Fontainebleau sowie andere königliche Residenzen.

Erwähnen wir noch, daß der aus der Zeit Karls IX. stammende Mittelteil, der ›Pavillon des Peintures‹, von Meisterwerken strotzte.

Musée Chinois

Außerdem möchten wir auf das im Erdgeschoß liegende ungewöhnliche chinesische Museum aufmerksam machen, dessen Tor auf die ›Cour de la Fontaine‹ von zwei Drachen bewacht wird. Diese Räumlichkeiten wurden zunächst für Napoleon III. hergerichtet, der sie mit Geschenken des Königs von Siam und mit Andenken ausschmücken ließ, die der Graf von Palikao 1860 aus Peking mitgebracht hatte.

Diesen Teil des Schlosses schätzte der Kaiser besonders. Dort hatte er sein Arbeitskabinett, ein Rauchzimmer und einen Billardsaal. Neben der ›Cour des Adieux‹ entstand eine große, höchst eintönige Galerie. In dem Salon empfing die Kaiserin ihre Vertrauten.

Die Abende verbrachte man gewöhnlich mit kleinen Gesellschaftsspielen. Unter den Anwesenden befanden sich Octave Feuillet, der Bibliothekar des Schlosses, und Jules Sandeau, der Scharaden improvisierte. Der Autor von ›Carmen‹ und ›Colomba‹, Prosper Mérimée, war in seiner Eigenschaft als Verwalter der historischen Denkmäler Frankreichs ein Stammgast der kaiserlichen Soireen, für welche er jene berühmten Diktate ausheckte, in welchen selbst ein ›Académicien‹ zehn Fehler machen mußte.

Théâtre Napoléon III

Beachtenswert sind die in Sand- und Ziegelstein erbauten Fassaden des zwischen dem englischen Garten und der ›Cour du Cheval Blanc‹ liegenden Südflügels, dessen im Jahre 1739 rasch zur Schaffung von Wohnungen ausgeführtes Inneres höchst mittelmäßig wirkt. Heute sind dort amerikanische Kunstschulen und das Europäische Institut für Unternehmungsforschung untergebracht. Sozialwohnungen im Stil Ludwigs XV.? Diese Bezeichnung ist ziemlich passend. Im äußersten Teil des Gebäudes ließ Napoleon III. von Lefuel ein kleines mit Blumenmotiven ausgemaltes Hoftheater errichten. Die Offiziere hielten sich im Parkett auf, die Hofleute auf dem Balkon, der in der Mitte nach vorne auslädt, wo sich die Sitzplätze der kaiserlichen Familie befanden. Das Foyer und die Salons sind mit Soierien und mattgelben Wandbehängen verkleidet, die wie die Polsterstühle bereits ziemlich zerschlissen sind. Vergitterte kleine Balkone im Gewölbe suchen den ›Stil Marie Antoinette‹ nachzuahmen.

Dieser kleine Theatersaal, der im Begriff ist, langsam zu verfallen, hat seinen besonderen Reiz. Die Öffentlichkeit ist hier nicht zugelassen. Wird er überleben? Ihm wird nicht eine große sensationelle Restaurierung zuteil, wie wir sie am Opernsaal Ludwigs XV. in Versailles so bewundert haben. Dieser ist ein Meisterwerk, jener nur eine schwache Imitation. Die Bonapartes sehnten sich nach dem Glanz der letzten Jahre des Königtums, und sie imitierten diesen Stil, so gut sie konnten.

Dieser Saal fand übrigens sehr wenig Verwendung. Private Initiative versucht inzwischen den Raum restaurieren und zu Konzerten wie Schauspielaufführungen wiederzubeleben.

Die Gärten

Jardin de Diane

Zu dem mittelalterlichen Schloß gehörte der ›Jardin du Roi‹, der einen Teil der Fläche des heutigen ›Dianagartens‹ bedeckte. Wir können uns vorstellen, wie er aussah: eine Steinmauer umschloß ihn, seine viereckigen, umgitterten Beete waren mit Blumen und Gemüsen bepflanzt, kunstvoll beschnittene Bäume zierten ihn.

Dieser Garten wurde oftmals umgestaltet, und von seiner ursprünglichen Anlage sind keine Spuren mehr vorhanden. Franz I. erweiterte ihn durch den Ankauf eines Gebietes, das dem ›Couvent des Trinitaires‹ gehörte, und durch die Errichtung eines Hofes für Pfauen und Fasanen an der Stelle der früheren Straße nach Nemours, die er an der heutigen ›Place de Solférino‹ vorbeileiten ließ. In der nordöstlichen Ecke entstand eine Pförtnerloge, die heute noch vorhanden ist. Katharina von Medici ließ dort, wahrscheinlich von Italienern, einen hölzernen Laubengang errichten, der von Säulen mit Holzkapitellen gestützt wird. Neun Holzskulpturen, Götter und Göttinnen darstellend, zieren die Galerie, einige davon werden Germain Pilon zugeschrieben. Der ›Jardin du Roi‹ war zum ›Jardin de la Reine‹ geworden, man bezeichnete ihn auch als ›Jardin des Buis‹, was uns einen Hinweis auf die Art seiner Ausgestaltung gibt. Den Mittelpunkt bildete eine in Marmor gehauene Diana als Jägerin, Primaticcio hatte sie aus Italien kommen lassen.

Heinrich IV. ließ den ›Jardin de la Reine‹ wiederum neu anlegen. Nun wurde dieser auf allen Seiten mit Bauten umschlossen: einen Flügel bildeten die ›Galerie de la Reine‹ und die darüber gelegene ›Galerie des Cerfs‹, diesem gegenüber wurde als Gegenstück die nur kurzlebige ›Galerie des Chevreuils‹ errichtet, ein Vogelhaus verband beide Flügel. Dieses war ein niedriger Bau aus Ziegel- und Bruchsteinen, den eine zentrale Kuppel krönte und dessen Fassade von Francine mit einer Muschelgrotte versehen wurde, in der stets Wasser rieselte.

Diese Volière wurde unter Ludwig XIII. in eine Orangerie umgewandelt. Zeitgenössische Stiche zeigen uns, daß in dem gut gelegenen Garten dichte Reihen von Orangenbäumen in Kübeln gediehen.

Der Name ›Jardin de Diane‹ tauchte auf, als unter Ludwig XIV. ein Brunnen aufgestellt wurde, den eine Diana mit Hirschkuh zierte, ein kunstvoller Guß der Brüder Keller aus dem Jahre 1684. Die wasserspeienden Hirschköpfe zu Füßen der Göttin schuf Barthélemy Prieur. Die prächtigen Jagdhunde, ein Werk des gleichen Künstlers, sind nach einem längeren Aufenthalt im Louvre an ihren ursprünglichen Platz zurückgekehrt. Diese Gruppe befindet sich als einziges Kunstwerk immer noch am gleichen Platz, während die Umgebung des Bassins später umgestaltet wurde: die mit antiken Statuen geschmückten Freitreppen führten zu den tiefer gelegenen Terrassen und den Eingängen des Schlosses.

Die Begeisterung für antike Kunstwerke bereicherte Fontainebleau mit herrlichen Bronzegüssen; sie wurden nach Modellen, die Primaticcio aus Rom mitgebracht hatte, angefertigt. Aus der neugegründeten Gießerei Fontainebleaus gingen unter anderem die heute im Louvre befindlichen Abgüsse des ›Apollo von Belvedere‹, der ›Ariadne‹, des ›Laokoon‹, des ›Herkules Commodus‹ und der ›Venus von Knidos‹ hervor. Der Dornenauszieher war ein Geschenk des Kardinals von Ferrara. Die anderen antiken Statuen wechselten häufig ihren Standort und wurden später vielfach zu Kanonen umgeschmolzen.

1702 geriet die Orangerie in Brand, 1789 zum zweiten Mal, zur gleichen Zeit wie die ›Galerie des Chevreuils‹. Napoleon fand nur noch einige Reste und einen völlig verwilderten Garten vor, aus dem er 1811 einen ›Jardin Pittoresque‹ machte. Seine Lage und seine schönen, harmonisch verteilten Bäume haben ihren besonderen Reiz.

Étang des Carpes

Franz I. schuf die zwischen dem Wald und seinem neuen Schloß liegenden großen Gartenanlagen.

Ich möchte zunächst auf den Weiher eingehen. Sicherlich verdankt Fontainebleau diesem Weiher, der anfangs ein einfacher Tümpel war, seine Entstehung mitten in einem Wald, der nur sandigen Boden und kaum Wasserstellen aufwies. Man befestigte die Ufer dieses Weihers, der damit die Gestalt eines Sees annahm, und begann mit dem Bau des Schlosses. Die zur ›Porte Dorée‹ führende ›Chaussée de l'Étang‹ (auch ›Chaussée de Maintenon‹ genannt) wurde breit angelegt: es handelte sich um die Ehrenauffahrt.

Der kleine Pavillon inmitten des Weihers wurde zur Zeit des Ersten Kaiserreichs errichtet. Er liegt auf einer Insel und trat an die Stelle eines von Ludwig XIV. erbauten, von Ludwig XVI. umgestalteten Pavillons.

Dieser heute ›Karpfenweiher‹ genannte Teich übt auf den Besucher, der die ›Cour de la Fontaine‹ betritt, eine besondere Anziehung aus. Tatsächlich tummelt sich dort eine Menge gefräßiger Karpfen, deren Fleisch zu allen Zeiten, bis auf den heutigen Tag, sehr geschätzt wurde. Keiner dieser Fische ist jedoch, entgegen einer weit verbreiteten Legende, ein Zeitgenosse Napoleons oder gar Franz' I. Zur Säuberung und um nach herkömmlicher Weise fischen zu können wurde der Teich regelmäßig abgelassen. 1888 erntete man so 4000 Kilo Karpfen, 900 junge Karpfen setzte man wieder aus.

An dem gegenüber vom Schloß gelegenen Ufer lagen der alte Hundestall, die Pferdeställe und die Reitschule, Bauten, die oft umgestaltet und schließlich zum Teil abgerissen wurden.

Cour de la Fontaine

Eine kleine Brücke verband die ›Cour de la Fontaine‹ und den ›Jardin de l'Étang‹. Dieser lag auf einer rechteckigen Insel mit den Ausmaßen der ›Cour de la Fontaine‹, Skulpturen und

Blumenbeete zierten ihn, in seiner Mitte befand sich der bereits besprochene Brunnen des Perseus. Im 17. Jahrhundert verlängerte man die ›Cour de la Fontaine‹, die nun den Teich überlagert, der Garten verschwand, obwohl er nach seiner Lage und Anordnung einen schönen Anblick geboten haben muß.

Diese Umwandlung eines sumpfigen Gewässers in einen großen See fand zahlreiche Nachahmungen. Künstliche Seen, Kanäle und Wasserbassins gehörten von da an, besonders in Frankreich und England, zu den wichtigsten Bestandteilen fürstlicher Gartenanlagen.

›Jardin Anglais‹ und ›Grotte du Jardin des Pins‹

Die ersten Gärten hinter der ›Galerie d'Ulysse‹ wurden, wie es damals üblich war, in regelmäßigen Vierecken angelegt: die Jardins des Pins, des Fruits, des Canaux, de la Fontaine Belleau, du Grand Berceau.

Pavillons wurden errichtet, so der ›Pavillon de Pomone‹, der ›Pavillon des Oiseaux‹, bei deren Errichtung Maler, Bildhauer, Stukkateure und Ornamentisten unter Leitung des Rosso und Primaticcios mitgearbeitet hatten.

Von all diesen Kunstwerken ist nur die Piniengrotte am Ende der ›Galerie d'Ulysse‹ erhalten, seit Napoleon den ›Jardin des Pins‹ in einen ›Jardin Pittoresque‹, also einen Englischen Garten, umgewandelt hat. Obwohl von jener Grotte eigentlich nur noch die in den Flügel Ludwigs XV. eingegliederte Fassade besteht, ist dieses so offensichtlich italienische Werk in dieser Gegend eine Sehenswürdigkeit. Leider wurde es von den Gärten abgetrennt, so daß man es nur aus der Ferne, von einem kleinen Hof aus durch ein Gitter sehen kann. Es ist eines der ersten französischen in rohen Quadersteinen gehauenen Nymphäen. Malereien von Primaticcio, von denen man noch einige Spuren entdeckt hat, bedeckten die Innenwände und Gewölbe. Erstaunlich kraftvoll wirken die absichtlich roh wie aus Felsblöcken herausgearbeiteten Atlanten, die sich von der Fassade abheben, mit der sie eine Einheit bilden.

33 *Türe im Appartement der Anna von Österreich*

35
Schlafgemach Napoleons

34 *Hoheitsadler Napoleons vom Baldachin des Thronsaales*

36 *Claude Monet: ›Route du Bas-Bréau‹*

37 *Camille Corot: ›Le Bassin des cygnes‹*

Wer ist der Schöpfer dieses Werkes? Möglicherweise hat Primaticcio dieses Gebäude, das einigen Bauten des ›Palazzo del Te‹ in Mantua ähnelt, entworfen. Vergessen wir aber nicht, daß zu dieser Zeit (1543) Serlio, der den Titel eines königlichen Baumeisters besaß, in Fontainebleau weilte. Man hat sich immer darüber gewundert, daß ein so bedeutender und eifriger Architekt an dem Schloß überhaupt nichts geschaffen haben soll. Trotz der hartnäckigen Rivalitäten der französischen Maurermeister, die ihn zu verdrängen suchten, war er vielleicht, obwohl sein Name nirgends steht, der Initiator dieses ungewöhnlichen Bauwerks, das damals mit den eigentlichen Bauten des Schlosses nicht verbunden war. Ungefähr zur gleichen Zeit erbaute er etwas weiter entfernt das Portal des ›Hôtel de Ferrare‹, ein Werk, das ihm mit Sicherheit zugeschrieben werden kann. Ein Vergleich des Rustikastils mit dem der Piniengrotte weist eine völlige Übereinstimmung auf.

Fontaine bleau

Eine andere Sehenswürdigkeit, die in der Verlängerung des ›Jardin des Pins‹ liegt, ist der Brunnen, dem das Schloß seinen Namen verdankt. Früher schrieb man ›Fontaine-Belleau‹, ein schönes Wasser, unter den romantischen Bäumen des ›Jardin Anglais‹ sorgfältig in der Form eines Achtecks eingefaßt.

Die Silbenanalogie war zu einladend, um nicht als Erklärung für die Herkunft dieser Ortsnamenbezeichnung zu dienen. Hinzu kam die Legende von einem verlorenen Hund, namens Bleau, der, als er gerade seinen Durst stillte, von seinem Herrn, der niemand anders als der König war, an dieser Quelle wiedergefunden wurde. Welcher König das war weiß niemand.

Wir wissen aus lateinischen Texten aus der Zeit der ersten Kapetinger von der Existenz einer Quelle in der Nähe eines Weihers, die ›Fons Bliaudi‹, nach dem Namen ihres Besitzers, hieß. Begnügen wir uns also mit dem prosaischen Hinweis auf diesen unbekannten Herrn Bliaud, der vielleicht dieser von Ludwig VI. erbauten Residenz seinen Namen gab.

Auf halbem Wege zwischen dem Schloß und dem Dorf Avon hatte sich Katharina von Medici eine ›Meierei‹ erbauen lassen. Sie bestand aus drei Gebäuden, die von Blumenbeeten und Wasserbassins umgeben waren, und wurde von Firmin Roussel ausgeschmückt. Sie wurde 1702 abgerissen. Dies war ein Beispiel für diese im 18. Jahrhundert sehr beliebten ›Fabriques‹, die sich ein ländliches Aussehen gaben. Näher am Parterre befand sich der Reiherstand, in dem Franz I. seine Reiher und andere Wasservögel züchten ließ.

Die Gärten begannen nun Gestalt anzunehmen; Ronsard hat sie besungen

> ... les longues allées
> du grand jardin de ce royal château
> qui prend son nom de la source d'une eau.

> ... die langen Alleen
> des großen Gartens von diesem königlichen Schloß,
> das seinen Namen einer Quelle verdankt.

Ronsard, Hofdichter und Autor zahlreicher Schäfergedichte, Maskeraden, Scharaden, Ballette und Gedichte aller Art zur Zeit Heinrichs II. und Karls IX., hat das vergnügte Hofleben und sogar den Wald von Fontainebleau verherrlicht, den er mit einer Fülle mythologischer Figuren belebte.

Der naturliebende Heinrich IV. ließ seine Gärten erheblich vergrößern. Auf der anderen Seite der ›Chaussée de l'Étang‹ wurden die ersten großen Blumenbeete angelegt und mit dem Bau eines mehr als einen Kilometer langen Kanals die Sicht bis Avon erweitert.

Wie in Anet bildete hier der vom Park klar getrennte Garten eine Ergänzung zum Schloß. Die Mauerbegrenzung erinnerte noch an die geschlossenen Gärten des Mittelalters und der beginnenden Renaissance. Erst Le Nôtre befreite um die Mitte des 17. Jahrhunderts die Gärten von ihrer sichtbaren Abschließung, indem er eine stufenweise Verbindung zum

Park und dem angrenzenden Land herstellte. Sein Anteil an der Kunst der Gartengestaltung ist von solcher Bedeutung, daß er das Werk seiner Vorgänger völlig vergessen ließ.

Das ›Grand Parterre‹ trägt seinen Namen zu Recht. Mit seinen 4 ha bildete es wahrscheinlich den größten Garten, den es damals gab. Die ›Chaussée de l'Étang‹ wurde ein Deich, der das für die Anlagen notwendige Wasser zurückhielt. Die Brüder Francini, die durch ihre hydraulischen Werke am Schloß von Saint-Germain großes Ansehen erlangt hatten, wurden mit den Kanalisationen und Wasserspielen von Fontainebleau beauftragt. Das Parterre bestand aus vier durch Kanäle voneinander getrennten Feldern. Im Mittelpunkt erhob sich die ›Fontaine du Tibre‹, die einige Vignola, andere Primaticcio zuschreiben. Die Figur des Tiber ruhte auf einem Sockel aus künstlichen Tropfsteinfelsen. An den Ecken des ›Grand Parterre‹ standen vier Pavillons, in denen die hohen Beamten untergebracht waren. Nur der Pavillon neben der ›Cour des Offices‹ ist noch erhalten; heute befindet sich darin die Verwaltung des Schlosses. Er besteht aus einem Turm, den zwei kleine Gebäudekomplexe rechtwinklig flankieren. Es war der Pavillon des großen Meisters. Im Erdgeschoß schuf Primaticcio seine Statuen, die damals den Garten belebten. Man nennt ihn auch ›Pavillon de Sully‹ zu Ehren des großen Staatsmannes, der, wenn er sich bei Hofe aufhielt, dort wohnte. Die ›Fontaine du Tibre‹ stand übrigens nicht lange im Mittelpunkt des Parterres. Sie wurde in der Mitte eines runden Bassins am Ende des Parterres aufgestellt: dieses Bassin nannte man damals ›le Romulus‹. In der Revolution wurde die Statue eingeschmolzen.

Betrachtet man die Gärten von Fontainebleau in ihrer Gesamtheit, so ergibt sich, ähnlich wie bei den Gebäuden des Schlosses, eine Diskrepanz der verschiedenen Anlagen. Der ›Jardin des Pins‹, der spätere ›Jardin Anglais‹, entstand in der Form eines mittelalterlichen Gartens auf dem von den Mathurins an Franz I. verkauften Boden: in einzelne geometrische Felder eingeteilt, mit Blumen, Rasen, Gemüsen und verschiedenen Sträuchern bepflanzt, die regelmäßige Dessins bildeten. Alles in allem war dies eine höchst einfache Konzeption, nur bunte Blumen und Sträucher hätten den Garten bereichern können, doch die Blumensorten waren in dieser Zeit nicht besonders zahlreich. Le Nôtre verzierte dann diesen Gartenteil mit großen Hecken. Er harmonisierte damals mit dem ›Grand Parterre‹, von dem er durch die ›Avenue de Maintenon‹ getrennt war. 1809 beauftragte Napoleon den Gartenarchitekten Hurtault mit der Umgestaltung in einen ›Jardin pittoresque‹: er ließ exotische Bäume anpflanzen, Maulbeerbäume, Trompetenbäume und Schmetterlingsblütler aus Louisiana, die sich herrlich entwickelt haben und Berühmtheit erlangten; doch bildet diese Anlage leider einen völligen Gegensatz zum klassischen Garten.

Die Umwandlung eines sumpfigen Gewässers in einen richtigen See, eine Pioniertat in der Geschichte der Gartenkunst, steht am Anfang des ›Sehenswürdigkeitengartens‹, der im Laufe der klassischen Jahrhunderte zu einem notwendigen Bestandteil königlicher und fürstlicher Schlösser wurde. Sicher entzündete sich an Fontainebleau diese Begeisterung für Wasserspiele, die bei den Franzosen solche Beliebtheit erlangten, ehe sie sich später überall hin verbreiteten. So schreibt Derek Clifford in seiner ›Geschichte der Gartenkunst‹ in bezug auf die Renaissance in Frankreich:

Es gibt einen Entwurf aus dieser Zeit für ein teilweise mit Gräben umgebenes Schloß, das einen sehr großen rechteckigen See auf der von keinem Graben geschützten Seite zeigt; auf dem See sind verschiedene bootsähnliche Gegenstände eingezeichnet. Dieser Plan wurde Leonardo da Vinci zugeschrieben, und wenn diese Zuschreibung stimmt, kam die Naumachia nach Frankreich über diesen Meister als ›Maître de plaisir‹ des Herzogs von Mailand; es war gewiß eine Form der Unterhaltung, die ihm lag. Die Naumachia als solche kam nicht in Mode, statt dessen diente der für sie bestimmte Platz dann in eleganteren und prunkvolleren Tagen für Wasserfeste, wie sie Fragonard zum Beispiel gemalt hat.

Ein unbekannter, niemals ausgeführter Plan kann kaum für die spätere Freude der Franzosen an großen Wasserflächen verantwortlich gemacht werden, aber das Beispiel von Franz I., dem Schutzherrn von Leonardo da Vinci, in Fontainebleau war sicher ansteckend. Fontainebleau wurde für einige wichtige Jahre zum Modell für ganz Frankreich... Hier war die unmittelbare Umgebung – wie bei vielen durch Wassergräben geschützten mittelalterlichen Schlössern – eine sumpfige Niederung, die Franz ohne Schwierigkeiten in einen großen dekorativen See verwandeln ließ. Dieser königliche Garten wurde Mode, und andere große Seen entstanden unter gleichen Voraussetzungen. Die Niederung von Fontainebleau ist in gewisser Hinsicht Vorläuferin der ganz anders gearteten dekorativen Wasserflächen wie die Serpentine im Hyde Park und der See von Blenheim.

Ludwig XIV. waren diese Gärten nicht majestätisch genug. Le Vau und Le Nôtre lieferten neue Entwürfe. Das ›Grand Parterre‹ bot ausreichend Platz für neue Projekte. Die hydraulischen Werke von Francini empfand man als zu barock und beseitigte sie. Ringsherum wurde eine Terrasse angelegt, von der aus der Spaziergänger einen Blick über eine ungewöhnlich reiche Fülle von geometrisch angelegten Blumenbeeten werfen konnte. Monumentale Treppen zu beiden Seiten führten zum Parterre hinab.

An der Stelle des ›Tibre‹, den man in das ›Bassin de Romulus‹ neben dem Park gesetzt hatte, wurde ein imposantes, viereckiges Bassin angelegt, ›le Pot-Bouillant‹, mit einem wasserspeienden Felsen. Eine bedeutende Steinskulptur, geschaffen von den Künstlern, die auch die Gärten von Versailles ausgestalteten, belebte das Parterre. Erhalten ist davon nur noch die Sphinx von Lespagnandel in der Nähe der Wasserfälle.

Diese Wasserfälle gelten als das Bravourstück von Ludwig XIV. und Le Nôtre. Sie verbanden das Parterre mit dem Kanal und lagen zwischen zwei mit Laubengängen geschmückten Abhängen. Die Abschlußmauer war im Rustikastil gehalten und mit Pilastern und Nischen versehen; 30 Wasserfälle stürzten in ein Bassin, aus dem sich eine große Anzahl Fontänen erhob. Das war sicher eine der besten Arbeiten dieser Art, die mit denen von Versailles wetteifern konnte. Durch zahlreiche Stiche wurden diese Wasserspiele sehr bekannt, aber zu Ende dieser großen Epoche war alles völlig verfallen. 1723 zerstörte man diese Anlage und nur die Mauer im Hintergrund vermittelt noch eine ungefähre Vorstellung von ihrer ursprünglichen Gestalt.

Dagegen ist das Werk von Le Nôtre neben dem runden ›Bassin de Bréau‹ und den Kanälen, die die Gärten vom Park und vom Wald trennten ohne den weiten Blick zu hemmen, fast unversehrt erhalten geblieben.

Von dieser Seite aus betrachtet, bietet das Schloß einen überwältigenden Anblick. Zu weit entfernt, als daß die Verschiedenheit der einzelnen Gebäude störend wirken könnte, ähnelt es weniger einem Schloß als einer Stadt, deren unterschiedliche Fassaden, ungleiche Dächer, Türmchen und hohen Kamine sich am Horizont abheben.

Die große Rasenfläche, die ›Prairie des Fontaines‹, war von Ludwig XIV. mit ›Bouillons‹, großen, ebenerdigen Springbrunnen, versehen worden, von denen die zeitgenössischen Führer berichteten, daß sie direkt aus der Wiese zu entspringen schienen.

Zur Versorgung all dieser Wasserspiele benötigte man reichlich Wasser. Ein Teil kam aus dem aufgespeicherten Wasser des Sees, der andere Teil aus der Ebene von Samois und wurde durch einen Aquädukt in einen Wasserturm neben der ›Porte d'Avon‹ geleitet.

Die Gärten von Fontainebleau haben für uns heute einen romantischen Zauber. Sie erinnern uns eher an die Krinolinen des Zweiten Kaiserreichs als an die ›schönen Zeiten‹ Franz' I. Selbst das ›Grand Parterre‹, das seine ursprüngliche Anlage bewahrt hat, aber so uninteressant und langweilig ist, seit man es seiner Kunstwerke beraubt hat, läßt in uns eine falsche Vorstellung von jener großen Zeit aufkommen.

Im Wald von Fontainebleau

Die Schule von Barbizon

Im Juli 1821 kam ein Mann in den Vierzigern nach Chailly-en-Bière:

Nachdem ich mir in einem von einigen Landschaftsmalern bewohnten Wirtshaus ein Zimmer besorgt hatte, setzte ich meinen Weg mit einem jungen Künstler fort, der dort einen Freund treffen wollte. Er war höchst eigenartig gekleidet: ein großer Schlapphut bedeckte seine Stirn und seine langen Haare; sein Anzug, ein graues Leinenhemd, diente ihm sichtlich auch zum Abwischen seiner Pinsel; Gamaschen aus dem gleichen grauen Stoff und grob genagelte Schuhe schützten seine empfindlichen Beine und Füße. Zwischen das Hemd und einen bunten Gürtel hatte er die Beine seines Klappstuhls geklemmt, in der einen Hand hielt er eine große Leinwand, in der anderen ein spitzes Rohr zum Aufstellen seines Sonnenschirmes, eine Schachtel mit Farben und eine Staffelei trug er wie einen Tornister über den Rücken geschnallt. Diese ungewöhnliche Aufmachung zog die Blicke aller auf sich und wurde zum Ziel vieler geistreicher, humorvoller Bemerkungen.

Diese Zeilen stammen von Stamati Bulgari. Er war ein eigenartiger Mensch und man fragt sich, warum ihm dieser neue Aufzug der Landschaftsmaler so wunderlich erschien, trug er doch selbst gewöhnlich, wie aus den Erzählungen und Porträts seines Freundes Corot hervorgeht, einen grünen weiten Umhang und eine Mütze mit Visier, die noch höher war als der militärische Tschako – eine Aufmachung, der man also von weitem den Soldaten auf Halbsold ansah.

Bulgaris Erinnerungen sind übrigens nicht uninteressant. Auf der damals zur Republik Venedig gehörenden Insel Korfu geboren, trat Bulgari 1798 zum Zeitpunkt ihrer Besetzung durch Frankreich in die französische Armee ein. Er kämpfte gegen die Engländer, avancierte zum Leutnant, wurde verwundet und geriet in Gefangenschaft. Nach seiner Entlassung ging er nach Paris und arbeitete an der ›École Centrale‹; gleichzeitig wurde er Schüler von David und Gros. Das Kaiserreich nutzte seine Fähigkeiten als Zeichner und Geograph, indem es ihn mit einer kartographischen Aufnahme des Waldes von Fontainebleau beauftragte. Später nahm er seinen Dienst als Bataillonskommandeur wieder für fünf Jahre auf.

Die glücklichste Zeit meines Lebens war die meiner romantischen Spaziergänge im Wald von Fontainebleau. Weit entfernt von den großen Städten mit ihren lärmenden Vergnügungen, weit entfernt von den Machenschaften gewisser Leute und außerhalb der engen, ungesunden Malerateliers, atmete ich die reine, würzige Luft dieses herrlichen, abwechslungsreichen Waldes, in welchem die zarte Taube, das flinke Eichhörnchen und das leichtfüßige Reh leben …

Wem begegnete er in Chailly? Michallon? Corot? Obwohl beide 25 Jahre zählten, war Corot damals ein kleiner Junge neben Michallon, dessen Ratschläge er gewissenhaft befolgte. Der Träger des ›Prix de Rome‹ stellte im ›Salon‹ aus; sein Werk wurde gerühmt, während der arme Corot, der gerade ein Textilhandelshaus verlassen hatte, unbeachtet blieb.

Diese Maler waren Gäste der ›Auberge du Cheval Blanc‹, eines der wenigen Wirtshäuser, die sich nicht verändert haben und noch heute die Atmosphäre jener Zeit bewahren. Wände und Türen des Saales sind mit flüchtigen Skizzen der Maler, die dort verkehrten, bedeckt.

Kaum in der Unterkunft angekommen, berichtet Bulgari, *bestellten wir, obwohl unsere ersten Blicke der hübschen Wirtstochter galten, lautstark das Abendessen, da Schönheit allein nicht den quälenden Hunger zu stillen vermag. Kaum aufgetragen, war das Fleisch wie durch Hexerei schon wieder vom Tisch verschwunden. Die anderen Gerichte hielten sich auch nicht länger, und Pomona wurde trotz ihrer Freizügigkeit immer überfordert; der Wein, obgleich maßvoll ausgeschenkt, wirkte Wunder, er machte uns gelehrt und redselig. Die einen unterhielten sich über Kunst und Schönheit, die anderen, vom lieblichen Nektar noch mehr erhitzt, wähnten sich in den Wandelhallen Athens und auf dem Helikon, sie philosophierten wie Sokrates und sangen wie Anakreon.*

Da die Künstler – wenngleich große Wanderer – dennoch nicht jeden Tag den Weg zu ihren Lieblingsplätzen Bas-Bréau und Apremont machen wollten, suchten sie in Barbizon, einem damals armen, zur Gemeinde von Chailly gehörenden Flecken, Zuflucht.

Der Schneider Ganne erstand um 1830 einen in einem alten Bauernhof eingerichteten Lebensmittelladen und machte daraus, vielleicht auf Anregung seiner ersten Kunden, ein Wirtshaus. Zu diesen gehörte Caruelle d'Aligny, der mit Vorliebe Felsen zeichnete, wobei er genau auf ihre geologische Struktur einging. Er war in Rom Corot begegnet, der Ruinenlandschaften malte, und war tief beeindruckt davon.

Jadin, Brascassat, die Brüder Ledieu, Michallon, Corot, Louis Français und Paul Huet kamen zur Einweihung des bescheidenen Wirtshauses; sie alle lieferten einen mehr oder weniger großen Beitrag zur Dekoration dieser Herberge, die in der Geschichte der Malerei Berühmtheit erlangen sollte. Man hat ihr oft mangelnde Bequemlichkeit vorgeworfen, ohne zu bedenken, daß es damals auf dem Land üblich war, nur zu bezahlen, wenn man Licht im Zimmer wollte, und daß sich die Örtlichkeiten meist hinter einer Hecke am Ende des Gartens befanden. Das Wesentliche für diese jungen, mittellosen Maler – sie verkauften nichts, hatten folglich auch wenig zum Ausgeben – war, daß sie auf dem Lande erheblich billiger lebten als in Paris und daß man sich hier satt essen konnte. Einer der ersten, 1845 in der ›Revue des Beaux-Arts‹ erschienenen Artikel über Barbizon beschreibt die ›Auberge Ganne‹, deren Eingangsraum Laden, Schlafzimmer, Vestibül und Salon zugleich war.

Rechts befindet sich eine Theke mit Säcken und Tüten im bunten Durcheinander, die keinen Zweifel darüber aufkommen lassen, daß man bei der Familie Ganne nicht nur Unterkunft, Speise und Getränk findet, sonderen auch Zucker, Kaffee, Zimt und andere Kolonialwaren. Im Hintergrund steht das Ehebett, der Ort der Lüste, doch peinlich ist das nicht, da die Wirtsleute, die immer als letzte schlafen gehen, auch vor allen andern aufstehen. Auch im Hintergrund dreht sich tickend ein Braten-

wender mit fetten Gänsen und anderem Geflügel, dem nur Leute mit empfindlichem Magen nachsagen, es sei an Schwindsucht eingegangen, ein Anblick, der die Gabel des Feinschmeckers Savarin vor Vergnügen hätte erzittern lassen. Man kommt und geht, tätigt seine Einkäufe, wartet, lacht und plaudert in diesem Atrium, das jeden, der müde und hungrig ist, willkommen heißt.

Natürlich gab es nicht zu jeder Mahlzeit ›fette Gänse‹. Der Pensionspreis überstieg keine zwei Franken pro Tag, und Vater Ganne sättigte seine Gäste lieber mit Kohlsuppe.

Das ›Weiße Rößl‹ und der ›Goldene Löwe‹ in Chailly waren aber auch keineswegs einsam und verlassen. Barye wohnte mehrmals dort, bevor er sich in Barbizon ein Haus mietete, und Descamps war Stammgast, solange er noch nicht in der Stadt Fontainebleau wohnte. Und auch Corot, den man damals noch ›le petit père‹ nennen mochte, begab sich sowohl nach Chailly wie nach Barbizon und Marlotte und gewann überall durch sein leutseliges, heiteres Wesen Sympathien. In Chailly schrieb er diese für ihn so bezeichnenden Worte:

Ganz früh am Morgen gehe ich in den Wald und komme spät, ein wenig müde zurück. Ich suche das Wesen der schönen Eichen des Waldes zu ergründen ... Ich bin ausgelassen, gehe zu Hochzeiten und Dorffesten, tanze mit den Dryaden und Hamadryaden des Tales. Sie sind reizend: alle haben sie mich lieb ... Ich dringe ganz tief in den Wald ein. Wenn ich diese Schönen dort nicht antreffe, so finde ich doch jene Frische, frigus opacum der Alten, die meiner Stimmung sehr zugute kommt, da sie die mich verzehrende Glut lindert. Trotz allem habe ich immer noch kein Meisterwerk geschaffen, vielleicht kommt es noch.

Wiederholt wurde behauptet, er sei der erste Maler gewesen, der die Natur als solche geliebt und verstanden habe. Aber viele ältere Bilder italienischer, französischer und natürlich holländischer Maler sind ein Beweis dafür, daß sich ihre Schöpfer hauptsächlich mit der Natur beschäftigten und daß die Menschen, welche diese beleben, darin nur einen winzig kleinen Raum einnehmen. Ihre Notizbücher sind voll von Anmerkungen über die Natur. Millet berichtet, erst eine intensive Betrachtung des ›Ländlichen Konzerts‹ von Giorgione habe ihm die Augen für die Schönheiten der Landschaft geöffnet.

Die Romantik führte Maler und Dichter zur Entdeckung von Feld und Wald. Im Jahr 1824, zum Zeitpunkt also da sich französiche Maler in der Gegend von Fontainebleau niederließen, hatten bereits englische Landschaftsmaler – Constable, Fielding-Copley und viele andere wie der nach Frankreich übergesiedelte Bonington – ihre Bilder im ›Salon de Paris‹ ausgestellt.

Bereits im 18. Jahrhundert begeisterten sich einzelne Künstler für den Wald von Fontainebleau. Ludwig XVI. kehrte eines Abends verärgert von der Jagd zurück mit den Worten: »Ich bin nur Wildschweinen und Bruandet begegnet«. Bruandet, ein enger Freund des Pariser Landschaftsmalers Georges Michel, der ihn bewunderte und um Rat fragte, hatte gerade seine Staffelei im Walde aufgestellt. Er war ein lustiger, streitsüchtiger Trunkenbold, der, sobald er zu malen anfing, sanft wie ein Lamm wurde. Unter dem Direktorium bekam er Schwierigkeiten mit der Polizei, weil er aus Eifersucht eine Frau zum Fenster hinausgeworfen hatte, und tauchte eine Zeitlang in Fontainebleau unter.

Ein junger Hirte namens Lantarat aus dem in der Nähe von Milly gelegenen Oncy zeichnete bereits etwas früher, so gut er konnte, mit Kohle die Bäume und Felsen dieser Gegend, die er so sehr liebte. Als Hausbursche bei namhaften Malern dienend, erlernte er sein Handwerk; aus ihm wurde ein Schilderer bukolischer Sonnenuntergänge und Mondscheinszenen. Dem Alkohol auch sehr zugetan und mit außergewöhnlicher Faulheit begabt, hatte er einst seine Tiere in Chailly-en-Bière vielleicht eben an jenen Orten gehütet, denen Millet dann Unsterblichkeit verleihen wird. Menschen malte er nur ungern – vielleicht konnte er es nicht – und zog sich deswegen den Tadel der Kunstfreunde zu. Daraufhin überließ er es Joseph Vernet, das zu malen, was er selbst für nebensächlich hielt.

Ich habe bereits bei Besprechung der Renaissance erwähnt, daß die Bezeichnung ›Schule von Fontainebleau‹ irreführend ist. Tatsächlich hatte die Maler weniger eine geistige Verwandtschaft als der bloße Zufall zusammengeführt. Noch weniger können wir von einer ›Schule von Barbizon‹ sprechen. Alle diese Landschaftsmaler liebten zwar das sogenannte einfache Leben – oft notgedrungen – und hatten eine glühende, andächtige, fast religiöse Zuneigung zur Natur, aber sie wiesen doch erhebliche Unterschiede auf und keiner suchte den anderen zu beeinflussen. Wenn es dieses Phänomen ›Barbizon‹ gibt, was nicht bestritten werden kann, so trat es noch nicht auf, als sich diese jungen eben erwähnten Maler, beim Vater Ganne oder anderswo, während ihrer mehr oder weniger langen Sommeraufenthalte begegneten. Die Wirkung des Kreises begann erst im Jahre 1848, als sich der damals 36jährige Théodore Rousseau in Barbizon niederließ, wo er bis zu seinem Tode blieb.

Théodore Rousseau

Er war der größte und in gewisser Hinsicht revolutionärste Maler von Barbizon. Wollte man von einer ›Schule‹ sprechen, dann müßte man ihn als den Meister ansehen. Zu ihm strömten lange Zeit viele berühmte Männer in diesen kleinen Winkel der ›Ile-de-France‹, ohne daß er im geringsten danach gestrebt hätte. Als Rousseau den Wald von Fontainebleau zum ersten Mal sah, wurde er von solcher Begeisterung ergriffen, daß er sich entschloß, ihn nie wieder zu verlassen. Mitten im Winter mietete sich der damals 20jährige bei der Mutter Lemoine in Chailly ein. Zwölf Jahre später kaufte er sich ein Bauernhaus in Barbizon.

Sein heute leider so schmählich verkanntes Werk nimmt in der Geschichte der Landschaftsmalerei einen hervorragenden Platz ein. Er kümmerte sich herzlich wenig um die Meinung anderer, um Ruhm und Erfolg. Nur eines zählte für ihn: Aufrichtigkeit. Der Baum war sein Lieblingsmotiv, das ihn entzückte und das er ständig aufs neue entdeckte. Als er nicht mehr gehen konnte, fuhren ihn Freunde im Wagen nach Bas-Bréau, und bei jedem Baum, der ihm einst Modell gestanden hatte, geriet er erneut in Begeisterung. Wenn er eine Eiche malte, tat er dies mit ebensoviel Eifer und Genuß, wie Ingres, wenn er den menschlichen Körper zeichnete. Seine Arbeiten entstanden nicht im Atelier; Sonne leuchtet auf den Baumstämmen, Licht belebt die Zweige, und überall ist Luft, alles durchdringt die Luft, die ihm als die ›Gestalt der Unendlichkeit‹ erschien. Mit einer Genauigkeit, aus der seine Begeisterung spricht, verherrlichte er in seinen Bildern immer wieder das Licht des Himmels und das Geheimnis der Wälder, vom strahlenden Sommerhimmel bis hin zum dämmrigen Winterwald.

Ich hörte auch die Bäume sprechen, sagte er zu mir, ihre plötzlichen Bewegungen, die Verschiedenartigkeit ihrer Formen, ja sogar diese eigenartige Hinwendung zum Licht hatten mir mit einem Mal die Sprache des Waldes offenbart. Mit dieser ganzen Welt der lebenden und stummen Flora, deren Geheimnisse ich erriet, deren Gefühle ich entdeckte, wollte ich Zwiesprache halten und in der Sprache der Malerei ausdrücken, daß ich das Geheimnis ihrer Größe gefunden hatte.

Schweigen ist Gold! Wenn ich mich an meinem Aussichtspunkt Belle-Croix befand, wagte ich es nicht mich zu bewegen, denn nur die Stille enthüllte mir diese Offenbarungen. Dann begann die Familie der Wälder zu leben; in völliger Stille, einem Baumstumpf gleich, verharrte ich und beobachtete den Hirsch auf seinem Lager, wenn er sich putzte, die Feldratte, den Fischotter und den Salamander, diese wunderlichen Amphibien. Wer in der Stille lebt, wird zum Mittelpunkt der Welt; es hätte nicht viel gefehlt und ich hätte mich für die Sonne eines kleinen Universums gehalten, wenn ich beim Malen nicht ständig daran erinnert worden wäre, daß ich solche Schwierigkeiten hatte, mir einen armseligen Baum oder einen Busch Heidekraut vorzustellen. (Théodore Rousseau, Erinnerungen, aufgezeichnet von Sensier.)

Narcisse Diaz, dem Spanier aus Bordeaux, der damals zu Besuch in der ›Auberge Ganne‹ weilte, hatten es die Landschaftsbilder Rousseaus angetan. Von weitem sah er ihm im Wald zu, auch er vor der Staffelei stehend, aber er wagte es nicht, sich ihm zu nähern, so sehr war Rousseau in seine Arbeit vertieft. Wodurch erreichte Rousseau das Farbenspiel und die Ausdruckskraft, um welche er sich so verzweifelt mühte? Eines Tages faßte er sich ein Herz und sprach Rousseau an, und dieser enthüllte ihm bereitwillig sein Geheimnis. Der glänzende, wenn auch ein wenig oberflächliche Schüler errang übrigens die Erfolge, die dem so oft vom ›Salon‹ abgewiesenen Meister nicht beschieden gewesen waren.

Jean-François Millet

Charles Jacque gegenüber, der Schafherden und Stallszenen malte, hatte Diaz den besonderen Reiz von Barbizon gerühmt. Dieser wiederum berichtete seinem Freund Millet davon und gemeinsam beschlossen sie, dorthin zu ziehen. Bei strömendem Regen stiegen sie mit ihren Familien in Barbizon aus einer Postkutsche, dann folgten sie dem Pfad, der die Haltestelle mit dem Flecken verband; die Männer trugen die Kinder auf den Schultern und die Frauen schürzten ihre Röcke. Dieses erste Mißgeschick hinderte Millet keineswegs daran, sein heimatliches Cotentin für immer zu verlassen, um in Barbizon seine Zuflucht und sein Glück als Maler zu suchen. Tatsächlich verließ er dieses Land auch nie mehr; 1875 starb er dort. Brüderlich vereint mit seinem Freund Rousseau ruht er zwischen Bäumen und Felsen im Friedhof von Chailly-en-Bière.

Thomas Couture hatte Millet den Beinamen ›der Mann der Wälder‹ zugelegt, tatsächlich war er aber ein Mann der Felder. Während seine Kameraden zum Malen in den Wald gingen, schlug er den umgekehrten Weg ein, sein Interesse galt vor allem dem bäuerlichen Leben. In der Ebene von Chailly entstand sein berühmtes ›Angelus‹, das, von Amerikanern wie eine Handelsware ausgebeutet, allzu oft kopiert, auf Kalendern, Tellern und als Andenkenkitsch reproduziert wurde, was dem Ansehen, das Millet nach seinem Tode erlangte, ungeheuer geschadet hat.

Jean-François Millet, Sohn eines Bauern aus dem Cotentin (in der Normandie), ist der bedeutendste Maler des bäuerlichen Lebens. An harte Arbeit bereits in frühen Jahren gewöhnt, gehörte er selbst zu dieser benachteiligten Bevölkerungsschicht. Er blieb mit dem Boden verbunden, nicht aus Kleingeist und Besitzgier, nicht als symbolischer Verfechter des Bauerntums im Streit der Klassengegensätze, sondern weil er hier Menschen tagaus tagein die Arbeiten verrichten sah, die ihm von frühester Jugend an vertraut waren, und dies in einer Landschaft, die ihn stets aufs neue tief beeindruckte. Jene zugleich einfachen und so bedeutenden Arbeiten wie Aussaat, Pflügen, Ernte, Pfropfen waren ihm so geläufig, daß er darauf verzichten konnte, seine Bilder phantasievoll zu bereichern.

Die Holländer haben uns nichts Vergleichbares hinterlassen, ja nicht einmal die Brüder Le Nain. Ihre Dorfmusikanten, die Pfeifenraucher unter niederen Türen, die ausgelassenen Trinkgelage, die dick vermummten Bauern, die mit linkischen kräftigen Bewegungen auf dem Eise Schlittschuh laufen, Ostades kleine Knirpse an den Röcken von Klatschbasen, all diese heiteren Vergnügungen und leicht melancholischen Szenen sind, wenn auch meisterhaft gelungen, nicht mehr als kleine Geschichten zur Unterhaltung von Stadtbewohnern. Außer in der ›Dorfschmiede‹, die im Louvre hängt, arbeiten die Bauern bei Le Nain nicht. Erst das 19. Jahrhundert, dieses arbeitsame Jahrhundert, entdeckte sie bei ihren einfachen harten Arbeiten inmitten einer Landschaft, die sie gewissermaßen mitschufen und gestalteten: der Holzfäller im Wald, der Landmann auf dem Feld, die gebeugten Ährenleserinnen unter einem tief herabhängenden Himmel, wo sich der Staub der Erde mit dem Staub des Getreides vermischt, Männer und Frauen in der gleichen monotonen Farbe der Erde, die sie ernährt, bei ihren Häusern mit den langgezogenen strohgedeckten Dächern, die wie das Fell eines Tieres aussehen. Diese Harmonie des Menschen und seiner Umwelt, diese mit ihrer Arbeit so tief verbundenen Menschen, die aus der Erde gewachsen zu sein scheinen wie ein Baum oder ein Felsen, dieser durch ihre Arbeit neu gewonnene Boden, diese bäuerlichen Landschaften – das ist das Genie Millets. In dieser Welt, die er beobachtet und verstanden hat, übertrifft er ganz offensichtlich George Sand, ja sogar Balzac, dessen Bauern Handelsleute, ländliche Bürger oder Schurken waren, die den ländlichen Boden ausbeuteten.

... 1849 zog er sich mit Jacque nach Barbizon zurück, wo er rasch die Freundschaft Rousseaus gewann. Seit 1845 kam er, wenn wir von

der Zeit absehen, in der er an seinen ›Juden in Babylon‹, an ›Samson‹ und am ›Merkur‹ arbeitete, immer wieder auf Erlebnisse und Menschen aus seiner Kindheit zurück. Manchmal wandte er sich auch einem zeitbedingten Thema, dem sozialen Problem zu, dem er glücklicherweise mit Mißtrauen gegenübertrat. Das einfache Leben in Barbizon, wo die bedrängende Armut der Städte unbekannt war, und die Schönheit der Landschaft führten ihn zu inniger Vertrautheit mit den ländlichen Arbeiten und gaben ihm seinen inneren Frieden zurück. Er lebte wie die Bauern, er war einer von ihnen, der Herkunft und dem Wesen nach. Er malte seine Menschen unpathetisch, doch mit großer Zärtlichkeit, indem er sich ganz auf sein Gefühl verließ, mit einem prophetischen Blick, der ihm auf Grund seiner Herkunft, seiner Erlebnisse und seiner tiefen Verbundenheit mit den Menschen eigen war. Wenn er diese Menschen veredelte, dann, weil er sie in ihrer Größe sah. Zudem besaß er eine große Seele und Feingefühl. Er verstand sich wunderbar darauf, Kinder und Mütter darzustellen, gestaltete aber auch meisterhaft des Menschen Gefährten und Helfer bei der täglichen Arbeit, die Tiere, sowie Gegenstände zum Alltagsgebrauch, grob gearbeitete, abgenutzte Hacken, Spaten, Gartenmesser oder geflochtene Körbe, und schließlich war er der Maler der tiefen, sanften Erde, deren Furchen sich bis zum lichterfüllten Horizont hinziehen. Ja er kennt diese Erde, ihren kräftigen Duft, ihre tönerne Schwere, ihre leichten Staubwirbel, und sie erscheint ihm wie ein schlafendes, lebendes Wesen, dessen schöpferische Kräfte man ahnt. In der Darstellung dieser von Menschenhand geschaffenen Landschaft ist er unübertroffen; das beweisen nicht nur seine großen Gemälde wie der ›Frühling‹ im Louvre, sondern auch die kleinen in seinem Garten ausgeführten Studien, auf denen man Frauen Äpfel pflücken oder Wäsche aufhängen sieht, oder Bilder wie die ›Kirche von Gréville‹, die sich mit ihrem kleinen Turm, ihrer niedrigen, kurzen Mauer, ihrem engen Friedhof und ihrem ansteigenden Weglein von einem melancholischen, zartblauen Himmel abhebt, ein fernes Bild, Traumbild einer frühen Erinnerung. Der Mensch lebt hier nicht in einer furchterregenden, rätselhaften Natur, einsam, verlassen und von Katastrophen bedroht, nein, ihn umgibt eine ganz und gar mütterliche Erde, von der sich da und dort ein Strohdach abhebt, über welches die Schwalben ihre Kreise ziehen und die eben ein Pflug umbrach, der nun, auf einer Anhöhe stehengeblieben, beide Arme zum Himmel zu strecken scheint. Um den in Träume versunkenen Hirten, der in einen weiten Mantel gehüllt dasteht, um das strickende Hirtenmädchen steigt die Erde an wie ein Meer, und die großen Heuhaufen, deren Spitzen sich neigen, gleichen großen, runden und goldenen, von braunen Wogen bewegten Booten. (Henri Focillon, Die Malerei des 19. und 20. Jahrhunderts)

Als Sohn eines Bauern blieb Millet Bauer, weil dies seinem Wesen entsprach. Er war deshalb nicht weniger gebildet als seine vornehmsten Kollegen aus Paris, aber er fühlte sich nur auf dem Land wohl, das er sich zu eigen gemacht hatte. Wie hätte er unter Einsamkeit leiden können, wo ihm solche Freuden widerfuhren?

Man ist überrascht, daß Millet so wenig nach der Natur gemalt hat. Seine Beobachtungen sind von solcher Richtigkeit und seine Bilder besitzen eine solche Ausdruckskraft... Dies läßt sich nur mit seinem außerordentlich entwickelten visuellen Gedächtnis erklären; ein Blick genügte ihm, um später im Atelier seine Eindrücke wiederzugeben mit kräftigen Pinselstrichen, die alles mit Licht erfüllen und bereits van Gogh ahnen lassen. Wenn er auch am Beginn seines Aufenthaltes in Barbizon wie seine Freunde im Wald Motive suchte, so hat er doch nie verheimlicht, dabei so etwas wie Angst empfunden zu haben. Und immer wieder kommt er auf die Arbeiten seiner Jugendzeit zurück.

...Sehen Sie nur, wie schön der Wald ist! Manchmal begebe ich mich dorthin, wenn der Tag sich zu Ende neigt, und jedes Mal kehre ich völlig erschöpft zurück. Es herrscht dort eine erhabene, furchterregende Stille, die mir, wie ich bemerkt habe, richtige Angst einjagt. Ich weiß nicht, was sich diese elenden Bäume untereinander erzählen, sie sagen etwas, das wir einfach nicht verstehen, weil wir ihre Sprache nicht kennen. Nur glaube ich sagen zu können, daß sie keine Witze reißen.

Morgen, Sonntag, ist Festtag in Barbizon. Alle Herde, Öfen und Kamine, alle Tiegel und Kessel treten dann in Aktion, so daß man glau-

ben könnte, man bereite sich zu einer wichtigen Hochzeit. Jede Stange muß dann als Bratspieß herhalten, und alle Puter, Gänse, Hühner und Enten, die eben noch so wohlgenährt umherliefen, werden gebraten, gekocht usw., und Pasteten vom Durchmesser eines Kutschenrades zubereitet. Ganz Barbizon wird dann zu einer riesigen Küche, deren Düfte man schon aus der Ferne wahrnehmen kann.

Halten Sie mich über diese Auktion auf dem laufenden, sofern Sie immer noch glauben, daß man sich da beteiligen müsse. Wären Sie so freundlich, bei ihrem Vergolder eine Bestellung aufzugeben ... auf jeden Fall erst mal fünf Rahmen; achten Sie darauf, daß sie nicht zu schrecklich sind, sollte die Vergoldung nicht ganz einwandfrei sein, so ist mir das gleich. Mir kommt es vor allem auf die Form an. Schicken Sie mir noch einige Farben: dreimal gebrannte Siena, zwei Terra di Siena, drei Neapelgelb, ein Italie huilée, zwei Ockergelb, zwei gebrannte Umbra und ein Fläschchen Malöl; das wär's. Grüßen Sie Diaz. (Jean-François Millet, Brief an Sensier, 1849)

... Wie Sie aus den Titeln ersehen können, handelt es sich hier weder um nackte Frauen noch um mythologische Themen. Ich möchte andere Dinge malen und nicht zu etwas gezwungen sein.

Auch auf die Gefahr hin, für einen Sozialisten gehalten zu werden, möchte ich gestehen, daß es vor allem die menschliche Seite ist, die mich in der Kunst berührt. Wenn ich das, was ich wollte, tun, oder wenigstens versuchen könnte, dann würde ich nur die aus der Natur gewonnenen Eindrücke wiedergeben, seien es nun Landschaften oder Menschen. Mir begegnet nirgendwo die fröhliche Seite der Dinge, ich weiß nicht, wo sie zu finden ist, ich habe sie niemals gesehen. Für mich ist das Fröhlichste die Ruhe, die Stille, die man im Wald und auf den Feldern, mögen diese nun unberührt sein oder nicht, so köstlich genießen kann. Sie sehen, daß ich immer noch meinen Träumereien nachhänge, traurigen, aber angenehmen Träumereien.

PS.: Glauben Sie, daß ich mit einer Bestellung Glück haben könnte? (Jean-François Millet, Brief an Sensier, 1850)

... Kommt Rousseau nun endlich? Wenn nicht, werde ich hier den Winter allein verbringen. In gewisser Weise gefällt mir das, obwohl ich mich bestimmt manchmal einsam fühlen werde; wirklich lang-

weilen jedoch werde ich mich nicht, dazu liebe ich meine Räuberhöhle viel zu sehr. Und die ständigen Begegnungen mit der Natur werden mich ganz bestimmt davor bewahren. (Jean-François Millet, Brief an Sensier, 1851)

... Ich habe mit Rousseau zusammen Corot und Commairas besucht. Man hat uns den besten Empfang bereitet und der Tag verlief aufs Angenehmste. Wir haben bei de Knyff zu Mittag gegessen, wo wir, wie Diaz meint, wie Fürsten empfangen wurden. Was hier aufgetragen wurde, das übertraf selbst Alfred Feydeau. Für jeden Gang ein neues Gedeck, erlesene Weine usw. Ich muß gestehen, daß mich diese Art zu speisen eher peinlich berührte als entzückte; mehr als ein Mal habe ich zur Seite geschielt um zu sehen, wie sich die anderen verhielten, damit ich es ihnen ungefähr nachmachen konnte ...

Die Bilder von Corot sind schön, bringen jedoch nichts Neues. (Jean-François Millet, Brief an Sensier, 1865)

Diese Landmenschen waren keine Rohlinge, und aus ihrer Verbundenheit mit der Natur sollte man nicht schließen, daß sie ungebildet waren. Die meisten hatten ihre Ausbildung in den Museen erfahren. Rousseau etwa konnte, wenn er wollte, ein hochgeschätzter Plauderer sein. Napoleon III. lud ihn zu Empfängen in das Schloß Compiègne ein. Millet konnte Latein und hätte mit Poussin befreundet sein wollen; er hatte ein Gemälde des damals in Frankreich noch fast unbekannten Greco erstanden und betrachtete es unermüdlich. Sie hatten alle ganz bewußt dieses Leben in Holzschuhen gewählt.

Das Leben in Barbizon

Aber in Barbizon und Umgebung gab es noch viele andere Maler. Neben den bereits Erwähnten trafen sich am gleichen Tisch: der Tiermaler Troyon, Jules Dupré, Ferdinand Chaigneau und Daubigny, der sich später mit Jules Breton in Marlotte niederließ, Daumier, ein großer Freund von Diaz, Rousseau und Millet. Sie alle scheint eine bei Künstlern höchst seltene, ungewöhnlich herzliche Freundschaft verbunden zu haben (damals gab es ja auch noch keine Bilderhändler). Vater Ganne war ausgesprochen sympathisch, er gewährte gerne Kredit, oft auch auf unbegrenzte Zeit. Bei der Hochzeit seiner Tochter fungierten Corot und Rousseau als Trauzeugen. Und als Millet einen seiner Söhne taufen ließ, trugen sich Rousseau und Madame Daumier als Paten in das Kirchenbuch ein.

Die Anziehungskraft Barbizons wirkte sich sogar auf den bekannten, akademischen Gérome aus, der aber im Wald von Fontainebleau nur die Hintergründe für seine historischen Kompositionen entwarf. Auch Carolus Duran kam dorthin und porträtierte in Chailly den Wirt des ›Lion d'Or‹.

Als die staatliche Verwaltung eine Nutzbarmachung des Waldes von Fontainebleau anordnete, empörten sich seine Liebhaber. Man wagte es ihre Bäume zu fällen! Vor allem den zuständigen Beamten, der sich ausgerechnet Boys d'Hyver, Winterholz, nannte, machte man dafür verantwortlich. Besonders erbost war man über die Anpflanzung von Kiefern, welche die in der Nähe von Apremont gelegene ›geliebte Einöde‹ Ludwigs des Heiligen zerstörten. Eine beachtliche Anzahl junger Pflänzlinge wurde ausgerissen und abends bei Ganne, wohin man nach getaner Arbeit siegesbewußt zurückgekehrt war, den lodernden Flammen übergeben.

Die in den Kreis der Bauern aufgenommenen Maler rauchten mit ihnen die Pfeife unter der Tür, schmückten ihre Scheunen bei Hochzeiten und Kirchweih und ihre gemeinsam eingenommenen Mahlzeiten endeten jedesmal mit Plaudereien, Späßen und Wortspielen. Wenn man dann bei einbrechender Dunkelheit sich auf den Weg machte, veranstaltete man manchmal unter Geigenklängen einen Fackelzug nach Franchard. Das in Gemeinschaftsarbeit entstandene 25strophige Klagelied der ›Peint' à Ganne‹, der ›Maler Gannes‹, gibt sehr gut die Stimmung des Hauses wieder.

Ils ont des barbes de bisons Les peintres de Barbizon	Sie haben Bisonbärte die Maler von Barbizon
Deux rochers avec trois chênes, Trois chênes avec deux rochers,	Zwei Felsen mit drei Eichen, Drei Eichen mit zwei Felsen,

Des chênes tout bancroches, et	Ganz krumme Eichen, und
Des rochers qui font la chaîne	Felsen, die eine Kette bilden,
Quels jolis horizons ont	Welche hübschen Horizonte
Les peintres de Barbizon...	haben die Maler von Barbizon...

Taine, der sie an Ort und Stelle aufsuchte und vielleicht ein wenig beneidete, schrieb, daß »sich die Künstler wie Kinder ihre Zeit vertrieben«.

Diese für die französische Kunst so bedeutenden Maler sind zuweilen verkannt und verachtet worden, ein Vorgang, der sehr leicht zu erklären ist. Sie wurden von den Aufsehen erregenden Impressionisten völlig in den Schatten gestellt, welche vorwiegend helle Farbwerte einführten, das Licht gewissermaßen zum Schwingen brachten und ein wahres Farbenfest aus dem Bild machten. Barbizon verblaßte plötzlich vor dieser völlig neuen Art eine Landschaft zu sehen und zu verstehen, deren Zauber auch von allen späteren Malern nicht ausgelöscht werden kann.

Die Landschaftsmaler der ersten Hälfte des 19. Jahrhunderts erschienen als zu gewissenhaft, ein wenig farblos, ein bißchen naiv, sicherlich nicht unsympathisch, aber ihr Interesse galt mehr dem Thema als der Maltechnik, und da sie unabhängig waren, waren sie so wenig wie möglich doktrinär. Es ist schwer sie einordnen zu wollen, denn sie weisen erhebliche Unterschiede auf. Man hat sie oft als ›Romantiker‹ bezeichnet, dabei waren sie eher darum bemüht, die Wirklichkeit darzustellen, als sich in lyrischen Ergüssen zu ergehen. Kann man sie also Realisten nennen? Sicherlich haben sie jene, die sich mit diesem Titel schmückten, beeinflußt, doch die mystische Begeisterung, die von manchen – den Größten – ausging, läßt diese Bezeichnung nicht zu.

Haben sie Neues gebracht? Sicherlich, aber nur insoweit, als sich ihre Kunst als eine mehr oder weniger bewußte Weiterentwicklung der niederländischen und englischen Landschaftsmalerei versteht. Einige Bilder von Diaz erinnern mit ihrem prächtigen Farbenspiel an Ruysdael; und Rousseau und Daubigny ähneln in ihrer peinlichen Genauigkeit den Landschaftsmalern des 17. Jahrhunderts, das Licht spielt bei ihnen die gleiche Rolle wie bei Constable und Gainsborough.

Ein Kunsthistoriker hat sie als ›Kleinmeister‹ bezeichnet. Sie besitzen jedoch etwas Erhabenes und Kraftvolles, nichts ›Kleines‹ jedenfalls. Bezeichnen wir sie lieber als Maler einer Übergangszeit, denn es gibt keinen Bruch zwischen dem romantischen Individualismus mit seinen sentimentalen Träumereien und dem Realismus mit seinem Hohenpriester Courbet. Courbet stand übrigens mit Millet in Verbindung, auch er malte im Wald von Fontainebleau. Tatsache ist, daß seit den ersten Meistern von Barbizon, die ein so feines Gefühl für die sich je nach Tages- und Jahreszeit ändernden Farben besaßen, die Landschaft mit ganz anderen Augen gesehen wurde und eine bedeutendere Rolle zu spielen begann.

Die Ausstrahlung des Waldes von Fontainebleau nahm immer größere Ausmaße an, selbst aus dem Ausland strömten die Maler herbei. Natürlich waren sie nicht alle von dem gleichen Geist beseelt. So wohnte zum Beispiel Decamps in Fontainebleau, aber er malte den Wald wohl kaum um seiner selbst willen, sondern benutzte ihn als Rahmen für Jagdbilder. (Doch starb er in der Gegend, bei La Belle-Croix, an den Folgen eines Sturzes vom Pferd.) Barye ließ in seinen Darstellungen des Waldes Jaguare und Panther umherirren und Girardot bevölkerte die Einöde von Apremont mit Marokkanern im Burnus. Bereits vor 1870 hatte sich Barbizon stark verändert. So schreiben die Brüder Goncourt, die in der ›Auberge Ganne‹ abgestiegen waren, um Unterlagen zu sammeln:

Seit einigen Jahren haben sich Charakter und Aussehen der ländlichen Künstlerherbergen geändert. Diese werden nun nicht mehr ausschließlich von Malern heimgesucht, auch den Bürger, den halben Mann von Welt, den geldlosen Ferienhungrigen trifft man nun, und dann die Neugierigen, die einmal einen Vertreter jener eigenartigen Gattung ›Künstler‹ sehen möchten. Man will dem Künstler beim Essen zusehen, ihn an Ort und Stelle erleben, ihn und seine Gewohnheiten, seine nachlässig ungezwungene Kleidung, seine Aufgaben, kurz: man will etwas vom Leben dieser außerhalb der Gesellschaft stehenden amü-

santen Menschen mitbekommen, die von der Legende mit einer Aura von Zügellosigkeit, Fröhlichkeit und Sittenlosigkeit umgeben wurden. Nach und nach kamen auch junge Leute, aus gutem Hause oder völlig frei aufgewachsen, alle möglichen Eindringlinge, Professoren, Offiziere auf Urlaub, Touristen, ältliche Fräuleins und Passanten an die Tafel des Gasthofes.

Auch im Wirtshaus von Barbizon gab es dieses gemischte Publikum. An einen Tisch mit sieben bis acht jungen Leuten und zwei amerikanischen Touristen, die der bis in das Land der Urwälder gedrungene Ruf des Waldes von Fontainebleau hierhergeführt hatte, setzte sich ein ältliches Fräulein, das ein Eichhörnchen an der Leine hielt und das allgemein ›la demoiselle de Versailles‹ genannt wurde; dann der Lehrer eines Pariser Gymnasiums mit seiner Frau und seinen beiden Söhnen, die wie Bohnenstangen aussahen, ein schrulliger Greis, der sein Leben mit der Korrektur von Denecourts Karten verbrachte, und ein tauber junger Mann aus der großen Schule von Batignolles mit einem heimlichen Hang zur Malerei. (Edmond und Jules de Goncourt, Manette Salomon)

Trotz allem scheint die dörfliche Atmosphäre nur wenig von ihrem ländlichen Fluidum eingebüßt zu haben.

Nach dem Frühstück, trat er (Anatole) in gebückter Haltung durch die niedere Tür – bäuerlicher Geiz hatte da an Höhe gespart – in das ländliche Tabaksgeschäft des Ortes, wo er regelmäßig für fünf Sous seinen Tabak kaufte; dann hockte er auf dem bemalten Kamin aus schwarzem Holz der Ladeninhaberin gegenüber und betrachtete, während er seine Zigaretten rauchte, belustigt die Kunden, plauderte über Felder, Getreide, Marktberichte von Melun, schnappte so nebenbei die Neuigkeiten des Landes auf, und prägte sich die Einrichtung des weiß gekalkten Zimmers ein, die Theke, den Kalender, die Tafel mit den Tabakpreisen, die Waage, die beiden weiß-blau verzierten Töpfe mit der Aufschrift Tabak, die Gläser mit dem Kopf des Präsidenten der Republik, Louis-Napoléon, aus denen die Tonpfeifen herausragten, die stehengebliebene Standuhr aus Nußbaumholz mit ihrem unbeweglichen Ziffernblatt, das auf seinen kupfernen Beschlägen Jesus und die Samariterin zeigte. Und immer wieder betrachtete er mit dem gleichen

Genuß das bunte Bild im Hintergrund, das den Sarkophag des Kaisers Napoleon im Invalidendom darstellte, einen gelben Sarkophag mit grünen Girlanden und rosafarbenen Genien, der von vier Räucherpfannen beleuchtet wurde, ganz im Vordergrund eine Frau mit grün gepunktetem Hut, einer Boa um den Hals, einen hellblauen Schal mit orangen Fransen über dem zinnoberroten Kleid und an der Hand ein kleines Kind in eng anliegenden Hosen und Husarenstiefeln.

Von Zeit zu Zeit richtete er ein paar Worte an die Ladeninhaberin, und dann wandte die alte Frau mit dem Kopftuch ihren in die Schultern gesunkenen Kopf langsam zur Seite, mühsam und mißtrauisch wie eine Schildkröte, und fragte: »Wie bitte?«

Nach ein bis zwei Stunden, wenn er von dem Laden und seiner Besitzerin genug hatte, gabelte er sich einen Einheimischen oder einen Künstler auf und schleppte ihn zu einer kleinen Billardpartie in der Nähe des Gasthofs mit, wo die Hähne von draußen in den Saal flogen und ein kleiner Bauer in Filzpantoffeln den Kellner spielte. (Edmond und Jules de Goncourt, Manette Salomon)

Diese Stätten wurden zu einem Treffpunkt für die Generation, die den Impressionismus hervorbringen sollte.

Die Impressionisten

1863 begab sich Monet in Begleitung von Bazille nach Chailly. Sie verbrachten nur wenige Tage dort, was jedoch ausreichte, daß sie im folgenden Jahr für eine viel längere Zeit zurückkehrten. Sie überredeten Sisley und Renoir, zwei Mitschüler aus der ›École des Beaux-Arts‹, mitzukommen. Monet begegnete dem von ihm bewunderten Diaz, der ihm freundschaftliche Ratschläge erteilte, so wie er selbst von Rousseau beraten worden war. Dieser neu gebildete Kreis verbindet die ›Romantiker‹ mit den künftigen Meistern des Impressionismus, deren erste Arbeiten den Malern von Barbizon nahe stehen.

Ihr Streben jedoch geht in eine andere Richtung. Monet, der bereits die Autorität eines Anführers besaß, wollte nur von der Malerei im Freien etwas hören. Das Tageslicht soll seinen

Bildern Leben verleihen. Warum sich mit akademischen Reminiszenzen, Malstunden und all diesem Museumsballast beschweren? Frei sein für etwas Neues, das ist ihre Devise. Ihre Vorgänger hatten die Natur geliebt, aber nichts gewagt. Ohne den Mut, ihre Malerei völlig auf das Motiv auszurichten, hatten sie sich mit Notizen, Entwürfen und Erinnerungen begnügt. Warum sollte man sich einschließen und sich nicht an dem pulsenden Leben der sich im Licht ständig ändernden Natur ergötzen? Warum sollte man nicht Menschen so wie Bäume in einem durch die Zweige schimmernden Licht darstellen?

Damals unternahm Monet sein großes Abenteuer. Nach dem Skandal, den sein ›Frühstück im Freien‹ hervorgerufen hatte, stellte sich der vom ›Salon‹ zurückgewiesene Manet an die Spitze einer gegen den Akademismus gerichteten Bewegung. Monet jedoch wollte noch weiter gehen; er malte aus Trotz ein zweites ›Frühstück im Freien‹, genau das gleiche Motiv, die Personen in der gleichen Beleuchtung wie die Natur. Eine kleine, vermutlich in der Nähe von Chailly gelegene Waldeslichtung wurde zum Schauplatz für dieses beispiellose Unterfangen, dem sein Urheber selbst größte Bedeutung zumaß. *Ich denke nur noch an mein Bild*, sagte er zu Bazille, *und wenn ich wüßte*, *daß es mir mißlingen sollte*, *würde ich*, *glaube ich*, *verrückt*. Ist es ihm mißlungen? Courbet, der diesen revolutionär gesinnten 25jährigen unterstützte, übte Kritik, erteilte Ratschläge und riet zu Änderungen. Doch Monet, der sein ›Manifest‹ für vollendet hielt, für einen vollkommenen Ausdruck seiner Botschaft, war verärgert; er rollte das Bild auf, ließ es der Wand entlang am Boden seines Zimmers im ›Cheval Blanc‹ liegen, wo er es vergessen wollte. Als er es nach längerer Zeit wiederfand, war es an verschiedenen Stellen verschimmelt, weshalb er die seitlichen Ränder daraufhin einfach abschnitt.

Renoir und Sisley hatten sich ihrerseits in Marlotte niedergelassen, doch stattete man sich, auf beiden Seiten des Waldes, oft Besuch ab.

Zu den Malern gesellten sich nun auch Schriftsteller, die im Wald von Fontainebleau eine beruhigende, ihre Arbeiten fördernde Atmosphäre vorfanden. Einer der ersten und berühmtesten von ihnen war Stevenson. Hier entstanden mehrere seiner Romane und Essays (›Across the plains‹, ›The treasure of Franchard‹, ›Further Memories‹), die die Engländer mit den Dörfern des Waldes von Fontainebleau bekannt machten.

... Trotz seiner wirklich beachtlichen Ausdehnung ist der Wald von Fontainebleau nirgends langweilig. Ich kenne den westlichen Teil sehr genau, gut genug wenigstens, um sagen zu können, daß es hier keine zwei Meilen gibt, die nicht eigene Merkmale und einen eigenen Reiz besitzen. Le Long Rocher, le Bas-Bréau und la Reine Blanche könnten mehr als 100 km entfernt voneinander liegen; nichts ist ihnen gemein außer der Stille der Vögel. Letztere Dörfer grenzen aneinander, beide besitzen einen alten Baumbestand, der tausend politische Umschwünge überlebt hat. Doch bei dem einen Ort gedeihen die Eichen ungestört auf ebenem Gelände und beschatten eine weite Fläche, während Licht und Luft ihre Zweige durchfluten. Im Nachbardorf aber wachsen die Bäume nur beschwerlich, große weiße Felsblöcke liegen herum, der Fuß strauchelt, Ottern schlummern zusammengerollt, Moos wächst in den Felsspalten und hochaufragende Buchen breiten ihre Zweige aus, sich einer Kuppel gleich über diesem Chaos wölbend. Die breite weiße Straße nach Paris trennt die beiden Gebiete voneinander, sie ist für Paraden und Triumphzüge bestens geeignet. Doch die ruhmreichen Tage sind vorbei und so wärmt sie sich an der Sonne zwischen jungen Sträuchern, nur die Kalesche irgendeines Touristen rollt von Zeit zu Zeit rasselnd vorbei. Einige Schritte rechts vom Weg findet man eine Landschaft aus Sand, Birken und Felsen, einige Schritte links liegt das mit Wacholder und Heidekraut bewachsene Tal von Apremont und etwas weiter kann man unter Fichten spazieren gehen.

Man sollte nicht vergessen, daß man sich in diesem Teil des Waldes auf der Höhe befindet, von der aus einem die Ebene im Norden und im Westen wie ein ruhig daliegendes Meer erscheint, dessen Anblick von wechselnden Schatten stets verändert wird, bis schließlich, nach leuchtendrotem Sonnenuntergang, die Nacht hereinbricht, und mit ihr ein neuer Wald entsteht, voller Geräusche, Schimmer und Düfte. So weit man auch gehen mag, muß man immer damit rechnen, auf die große Straße oder irgendeine Wegkreuzung zu stoßen, auch begegnet man immer wieder dem Aquädukt, der sich wie ein Tausendfüßler durch die Büsche schlängelt. Dies ist keine Einöde, sondern ein Reservat.

... Die letzte Spur von einfachem Leben bildete jener harmlose Narr, der sich selbst als ›Einsiedler‹ bezeichnete. In einem großen Baum an der Straße hatte er sich wie der Schweizer Robinson eine Hütte gebaut, zu der er abends über den romantischen Weg einer Strickleiter hinaufkletterte. (Stevenson, Across the plains)

Stevenson hatte sich 1875 im ›Hôtel Siron‹ in Barbizon niedergelassen. Die Gäste des vornehmen ›Hôtel du Bas-Bréau‹, das sich heute an dessen Stelle erhebt, wären vielleicht überrascht, wenn sie eine Ahnung von den damals im Gasthof herrschenden Sitten hätten. Nicht daß es etwa besonders lose Sitten gewesen wären, sie entsprachen nur einer Art Ehrenkodex, der heute völlig aus der Mode gekommen ist. Um neun Uhr pflegten sich Herr und Frau Siron zu Bett zu begeben, dann bedienten sich ihre Kunden selbst und stiegen auch in den nach Stevensons Aussagen vorzüglichen Weinkeller hinab. Am Ende der Woche wurde dann aus dem Kopf eine ungefähre Rechnung über den Verbrauch aufgestellt und die Summe dem Stand und dem Vermögen eines jeden entsprechend und je nach dem, was der einzelne getrunken hatte, aufgeteilt. Wer kein Geld besaß, dem gewährte der Wirt Kredit. Den Stammgästen war vor allem daran gelegen, zur Familie gerechnet zu werden, und die Fremden, also alle, die nicht den ehrenvollen Beruf eines Schriftstellers oder Künstlers ausübten, mußten sich anpassen; dazu kam, daß alle Blicke, teils ironisch, teils wütend, auf sie gerichtet waren; manchmal hatten sie solche Schikanen auszustehen, daß sie es vorzogen zu gehen.

Der Ruf Barbizons breitete sich über die Landesgrenzen aus. Eine ganze Kolonie belgischer Maler entstand hier unter der Schirmherrschaft von Hippolyte Boulanger, dem Gründer

der Schule von Tervueren, in der gleichfalls die Rückkehr zur Natur gepredigt wurde, dazu gesellten sich Engländer, Amerikaner und Rumänen. Karl Bodmer, ein riesiger Schweizer, brachte mit seiner Stentorstimme Leben in die Soireen des ›Hôtel Siron‹.

Nach und nach verschwanden die Maler, Ziem war bestimmt der letzte von Ruf. 1853 kam er zum ersten Mal nach Barbizon; er kaufte sich dort ein Haus, in dem er bis zu seinem Tode im Jahre 1911 regelmäßig die Sommermonate verbrachte. In der Zwischenzeit hatte sich die Malerei erheblich verändert, für Wälder, Felsen und Schafherden dürfte man sich kaum mehr interessiert haben. Nach 1914 sind es Schriftsteller, die sich in das damals noch ruhige Dorf verlieben.

Colette hat mich mit Barbizon bekanntgemacht. Wir hatten uns mit einigen Freunden einen Fiaker gemietet und fuhren an einem Wintermorgen durch den nebeligen Wald, an herrlichen Bäumen vorbei, die sich wie die Säulen einer Kathedrale zu beiden Seiten der Straße erhoben. Im Trott eines ländlichen Pferdes, dem der Dampf aus den Nüstern strömte, gelangten wir in dieses hübsche Dorf, wo alle Kamine rauchten. Niemals werde ich die bläuliche Atmosphäre dieses Dezembermorgens und den scharfen, süßlichen Duft der Holzscheite vergessen, die in den dicht am Dorfeingang zusammengedrängten Bauernhäusern leise knisternd in den Kaminen schwelten. Zur Linken hob sich das Haus Millets mit seinen bemoosten Dachziegeln und dem großen, schlichten Atelierfenster von einem Hintergrund kahler Bäume ab. Die aus den verlassen daliegenden Feldern und den tiefen Wäldern emporsteigende Stille schien es völlig zu durchdringen.

Über dieses reizende Dorf ist viel geschrieben worden. Um 1830 berichtete ein Liedchen über die Maler, es sei der Ehrgeiz dieser Herren, ein Haus in Barbizon zu besitzen. Doch die Zeiten haben sich geändert. Heute gilt das Streben nicht mehr einem Haus … Ein Haus? Einige von uns besitzen eines. Bescheiden oder komfortabel, gastfreundlich oder ungastlich, die Künstler von heute wollen nirgendwo ansässig werden. Sie träumen eher von einem Bugatti-Sportwagen. In großer Angst vor dem Unbekannten, hin und her geworfen und verzweifelt bemüht um eine neue Ausdrucksform, suchen sie sich aufgeregt, ohne sich zu finden, kommen und gehen, so daß das alte Sprichwort, diesem neuen Zustand Rechnung tragend, fragt: Aber was finden sie an Barbizon?

Ja, was finden sie daran? Was finden wir alle an diesem friedlichen, vor Wind und Lärm geschützten Flecken, der so weit weg und zugleich so nah von Paris liegt?... Man fühlt sich 20 Jahre jung, freut sich des Lebens, stattet einander Besuche ab, wohnt in einer Hotelmansarde, macht einen Spaziergang mit einem Freund und tauscht mit ihm Eindrücke, Gedanken, Ideen aus, zitiert Verse, an die man sich nicht mehr zu erinnern glaubte, wärmt sich an einem Holzfeuer, besitzt keinen Regenschirm, genießt nachts den Mondschein und begegnet am Tage einem Maler in voller Ausrüstung, entdeckt an einer Wegesbiegung ein Reh, sieht einen unbekannten Vogel, blaue, grüne und rosafarbene Pilze, einen bizarren Felsen, einen am Vorabend gefällten Baum, mitunter ein Eichhörnchen, wilde Früchte, oder wohnt dann manchmal in einer Lichtung einer feierlichen Ratssitzung von Kaninchen bei. Im Winter, wenn sich die Zweige im Nordwind biegen, glaubt man den alten Äolus seine Backen aufblasen zu sehen, und wenn es am Abend schneit und der Schrei des Waldkäuzchens von allen Seiten widerhallt, ruht über allem etwas so Geheimnisvolles, daß sich die Silhouetten einer bleich schimmernden, leise zitternden Birke in düstere Gespenstergestalten verwandeln.

Ohne Geheimnis keine Dichtung. Und da wir alle Dichter waren, also sensibel und leichtgläubig, führte uns Barbizon zu uns selbst zurück. Rouveyre wohnt in Les Charmettes, André Billy kam zu Fuß von Bois-le-Roi durch den Wald. Damals besaß er sein entzückendes, als Erinnerung an Diderot La Chevrette genanntes Haus noch nicht und kampierte sonntags in einem Speicher. In den Abendstunden versammelten sich die Freunde um einen großen Kamin aus Ziegelsteinen, in welchem große Scheiter loderten. Junge, in Ravel verliebte Frauen spielten immer wieder seine Schallplatten auf einem Grammophon. Manchmal ließ Billy, als wollte er Apollinaire einen Platz unter uns sichern, die Stimme des Dichters auf dem Phonograph ertönen und Guillaume schien dann wirklich anwesend zu sein.

Dorgelès hatte für den Sommer ein Landhaus gegenüber dem Atelier Millets gemietet. Dort schrieb er ›Château des Brouillards‹. Unsere Häuser waren nur durch eine Straße voneinander getrennt, die um die

Mittagszeit täglich mit Autobussen verstopft war, aus denen sich Touristenströme ergossen. Damals gab es noch keine gefälschten Millets, doch wurde die Versuchung immer größer, den Wünschen der Touristen entgegenzukommen, die so gerne eine flüchtige Skizze oder irgendeinen Entwurf des Schöpfers des Angelus mitnehmen wollten. Durch Dorgelès kam Henri Matisse für mehrere Monate in die Gegend. Aus den drei oder vier Personen, die sich am Anfang jeden Abend im Wald trafen, wurde bald etwa ein Dutzend: Eva Demorès, die Buchhändlerin, Hue, Claude Chereau, die Brüder Perret, Pol Rab; manchmal gesellten sich noch Jacques Deval, Steve Passeur, Achard, der ›petit père‹ Warnod und Zyg Brunner zu den Stammgästen von Barbizon. Man trank seinen Aperitif an der Theke des ›Hôtel des Chermettes‹ und spielte dann Boule bei Marius Rozer, dem Bürgermeister, der die Kunst des Cocktailmixens meisterhaft beherrschte und alle aufs herzlichste willkommen hieß. (Francis Carco, Le Figaro)

Der Name André Billys ist mehr als jeder andere mit Barbizon verbunden. Er kam in seiner Jugend dorthin und hielt sich später lange in Les Charmettes auf; 1930 erbaute er mitten zwischen Bäumen sein Haus La Chevrette, das mit Büchern vollgestopft war. Hier hatte er die für sein arbeitsreiches, ganz der Literatur gewidmetes Leben nötige Ruhe gefunden.

Doch ist der Begriff ›Barbizon‹ oftmals ein hübsches, von den Landschaftsmalern einer gewissen Epoche etwas irreführend verwendetes Aushängeschild. In Wirklichkeit waren fast alle am Waldrand gelegenen Dörfer, die wir auf unseren Besuchen kennenlernen werden, von kleinen Künstler- und Schriftstellergruppen bewohnt, die zum glanzvollen Erfolg dieses künstlerischen und literarischen Unternehmens beitrugen. Ihren geistigen wie gesellschaftlichen Mittelpunkt bildeten durchaus die Pfade und Lichtungen des Waldes von Fontainebleau.

Der Künstlerkreis in Marlotte

Auch Marlotte kann zum Beispiel das Recht für sich in Anspruch nehmen, Mittelpunkt eines Künstlerkreises gewesen zu sein. Seit 1822 hielten sich der 25jährige Corot und sein gleichaltriger Freund Michallon dort auf; hier entstanden ihre ersten Landschaftsbilder (›La Gorge aux Loups‹, ›La Mare aux Fées‹). Caruelle d'Aligny, der Krösus unter den Malern, verbrachte seine Zeit teils in Barbizon, teils in Marlotte. In Marlotte baute er sich ein Haus, das später von Corot übernommen wurde. Daubigny und Jules Breton, Renoir und Sisley gehörten ebenfalls zu den Stammgästen des Dorfes. Der Tiermaler Olivier de Penne verbrachte da seine letzten Tage, und in der Zeit zwischen 1830 und 1857 tauchte auch häufig Alfred de Musset auf. Die ›Villa Murger‹ erlangte Berühmtheit. Der Autor von ›La vie de Bohème‹, im allgemeinen natürlich in Begleitung einer Grisette, gehörte zu den markantesten und gastfreundschaftlichsten Persönlichkeiten des Landes. Sein durch riesige Mengen von Kaffee und Alkohol stimulierter Enthusiasmus wirkte ansteckend: Romanschriftsteller, Musiker und Dichter strömten scharenweise herbei. Théodore de Banville und später François Coppée verbrachten ihre Ferien hier. In der ›Herberge der Mutter Anthony‹, deren Tochter Zola zur Gestalt der Nana inspiriert haben soll, entstand ›L'Assomoir‹ – ›Die Schnapsbude‹.

Diese literarische Tradition lebte weiter; Jules Renard schrieb hier seinen ›Rotfuchs‹, Paul und Victor Margueritte ihre Erfolgsromane. Auch der gestrenge Brunetière schätzte diesen Ort, genau wie Stuart Merrill, jener amerikanische Staatsbürger, der im Herzen ein französischer Symbolist war. Es arbeiteten hier auch Moréas, Paul Fort, François de Curel, Fernand Gregh und Paul Claudel; dabei ist diese Aufzählung keineswegs vollständig.

Ohne je die von Parisern heimgesuchten Sonntage Barbizons zu erleben, hat sich Marlotte doch seit der Zeit von Murger erheblich verändert.

Welch eigenartiges Land, liebe kleine Mutter! Mitten im Wald von Fontainebleau an die hundert richtige, strohgedeckte Bauernhäuser, in denen etwa hundert Bauern, Murger, drei unbekannte Farbenkleckser und mindestens elftausend Hunde leben. Wir kamen gestern um fünf Uhr an. Murger und Paul Dhormoys erwarteten uns auf der

Straße. Wir verließen den Klapperkasten, der uns eine Stunde lang durch den Wald geschaukelt hatte, und hielten unseren Einzug in das Dorf mitten durch ein Spalier räudiger Hunde, die rudelweise aus Gäßchen und Häusern herbeiströmten. Wenn ich ›Häuser‹ sagte, dann aus Höflichkeit. Die Pariser hatten sich bei dem Wagner versammelt. Er ist der wichtigste Mann am Ort. Er unterhält eine Kneipe, das ›Café Anglais‹ von Marlotte; dort habe ich das Elixir Lamartines entdeckt, eine Art Curaçao. Auf der Flasche klebt ein ganz im Stil des Lobsängers Elvirens gehaltenes Etikett, schon dafür lohnt sich die Ausgabe. Der große Mann schreibt da an den Erfinder dieses Gebräus, seine Entdeckung sei bewundernswert und es gebe keinen vergleichbaren Likör … usw., am Schluß unterzeichnet er mit einem voll ausgeschriebenen ›Lamartine‹. Ich sage Dir die volle Wahrheit! Der Punsch ›Grassot‹ und der Wermuth ›Lassagne‹ sind nicht mehr in Mode. Aber kehren wir zu dem Wagner mit dem poetischen Namen Anthony zurück. In seiner Kneipe – welch große Namen! – verkehrten der Maler Gomsey Sohn, Sainte-Marie, Lefèbvre, Daumier Sohn, der Architekt Chabouilly; Murger, Dhormoys, Busnach und ich vervollständigen die Gesellschaft, die, wie Du siehst, die berühmtesten Männer Frankreichs versammelte.

Das Land ist reizvoll, und wenn Ihr in einer dieser Hütten, die da vor mir liegen, wohntet, mitten zwischen den herrlichsten Bäumen der Welt, dann bliebe ich gerne noch einen guten Monat lang in einem Nest wie diesem hier. Aber da Ihr in Auteuil weilt und mich ein ›Moniteur‹ aus Algerien erwartet, reise ich Mittwoch früh ab, um mit Euch zu Abend zu speisen und Donnerstag dann wieder meinen Alltag als Bürokrat aufzunehmen. (Ludovic Halévy, Brief an seine Mutter, 1860)

Das Leben in der ›Auberge de la mère Anthony‹ spielte sich fast genauso ab wie in der ›Auberge Ganne‹, selbst die Preise waren die selben: 40 sous pro Tag. Renoir und Sisley schlugen dort ihr Quartier auf in Begleitung des Architekten Jules Le Cœur, der seinen Beruf aufgegeben hatte, um sich ganz der Malerei widmen zu können.

Le Cœur, Sisley und Renoir bildeten ein unzertrennliches Trio. Während die beiden ersteren im Wohlstand lebten, ging es Renoir ziemlich schlecht. Zusammen unternahmen sie weite Ausflüge in den Wald, nach Recloses, Milly, dem Schloß von Courances. All diese Orte werden im Werk Renoirs aus dieser Zeit wieder lebendig, so im ›Jeune homme se promenant dans la forêt de Fontainebleau‹ oder in ›L'auberge de la mère Anthony‹, das die Wirtin, ihre Gäste, ihre Tochter und ihren Pudel zeigt, oder auch später im Bild des Ehepaares Sisley. Und immer wieder begegnen wir Lise, der kleinen Schwester von Jules Le Cœurs Freundin, einer kleinen gut gewachsenen Brünetten mit frischer strahlender Haut, die im Werk Renoirs einen unauslöschlichen Eindruck hinterlassen hat.

Der Wald von Fontainebleau blieb für Sisley, wohin auch immer ihn seine Reisen führen mochten, die Zufluchtstätte. Als er 1899 in seinem Haus in Marlotte starb, hatte Cézanne schon mehrmals den Weg dorthin gefunden, als wollte er die Tradition fortführen.

Montigny-sur-Loing

Heute sind Montigny-sur-Loing und Marlotte miteinander verbunden. Auf einem Vorgebirge steht noch die aus dem 15. Jahrhundert stammende Kirche mit ihren zahlreichen Treppen. Die alten Häuser harmonisieren gut mit den neuen Gebäuden, die von sich nach der Natur und der ländlichen Ruhe sehnenden Parisern ohne unpassenden Aufwand errichtet wurden. Es ist keineswegs ein Vorort. Geheimnisvolle Gärten und blühende Terrassen oberhalb des Flusses künden von stillen Freuden. Hier hat das 19. Jahrhundert nichts verbrochen. Guy de Maupassant hat Montigny als Schauplatz seines Romans ›Unser Herz‹ gewählt, dessen Held André Mariolle es hier versucht, sich von seiner unglücklichen Liebe zu befreien.

Nach der Ankunft in der Stadt Fontainebleau, ging er (Mariolle) zu einem Notar, um sich zu erkundigen, ob es nicht irgendein Häuschen am Rande des Waldes zu mieten gäbe. Es wurden ihm mehrere genannt. Eins davon, das ihm nach der Photographie am meisten zusagte, war kurz zuvor von zwei jungen Leuten verlassen worden, einem Mann und einer Frau, die fast den ganzen Winter hindurch in dem Dorf Montigny-sur-Loing verbracht hatten.

Der Notar, ein sonst ernster Mann, lächelte. Er witterte wohl eine Liebesgeschichte und fragte:

»Sie sind allein?«

»Ganz allein.«

»Auch ohne Dienerschaft?«

»Auch ohne Dienerschaft. Die meine habe ich in Paris gelassen. Ich möchte mir Leute von hier nehmen. Ich komme hierher um in völliger Abgeschiedenheit zu arbeiten.«

»Oh, das können Sie zu dieser Jahreszeit haben.«

Einige Minuten später brachte ein offener Landauer Mariolle und seine Koffer nach Montigny.

Der Wald erwachte. Am Fuß der großen Bäume, deren Kronen sich mit einem leichten Anflug von Laub bedeckten, waren die Büsche schon dichter belaubt. Die voreiligen Birken schienen sich bereits für den Sommer gekleidet zu haben, während die riesigen Eichen nur erst an der Spitze ihrer Zweige leichte, zitternde grüne Flecke zeigten. Die Buchen, die ihre spitzen Knospen schneller öffnen, warfen ihr letztes welkes, vorjähriges Laub ab.

Längs der Landstraße war das Gras, das noch nicht vom undurchdringlichen Schatten der Wipfel überdeckt war, dicht, leuchtend, glänzend von neuem Saft, und jener Duft nach sprossenden Trieben, den Mariolle schon in der Avenue des Champs-Élysées verspürt hatte, umhüllte ihn jetzt gänzlich und tauchte ihn in ein ungeheures Bad von pflanzlichem, unter der ersten Sonne keimendem Leben ein. Er atmete in vollen Zügen wie ein aus dem Gefängnis Entlassener, und mit der Empfindung eines Mannes, dessen Bande kurz zuvor zerbrochen worden sind, legte er gemächlich seine Arme auf die beiden Seitenlehnen des Landauers und ließ seine Hände über die beiden Ränder hinabhängen.

Es ist gut, die weite, freie, reine Luft zu atmen; aber wie lange, wie lange würde er sie noch in sich trinken und immer wieder in sich trinken müssen, diese Luft, um von ihr so durchdrungen zu sein, daß er etwas weniger litt, bis endlich dieser frische Hauch durch seine Lungen über die brennende Wunde seines Herzens hinglitt und sie heilte!

Er kam durch Marlotte, wo ihn der Kutscher auf das Hotel Corot hinwies, das erst kürzlich eröffnet worden war und dessen Eigenart gerühmt wurde. Dann ging es auf einer Landstraße weiter, zwischen dem Wald links und einer großen Ebene rechts, mit vereinzelten Bäumen und Hügeln am Horizont. Darauf wurde in eine lange, weiße, blendende Dorfstraße zwischen zwei endlosen Reihen kleiner ziegelgedeckter Häuser eingebogen. Hier und dort ragte ein riesiger blühender Fliederbusch über eine Mauer.

Diese Straße zog sich durch ein enges Tal, das zu einem kleinen Wasserlauf hinabführte. Als Mariolle ihn gewahrte, geriet er in Entzücken. Es war ein winziger Fluß, der schnell, reißend und wirbelnd dahinschoß und an einem seiner Ufer den Fuß der Häuser und die Mauern der Gärten bespülte, während er auf dem anderen Wiesen tränkte, wo schlanke Bäumchen ihre zarten, gerade erst hervorgeschlüpften Blätter entfalteten.

Mariolle fand sogleich die bezeichnete Behausung und war davon sehr angetan. Es war ein altes Haus, das ein Maler neu hatte herrichten lassen; fünf Jahre hatte er es bewohnt, es dann aufgegeben und vermietet. Es stand ganz dicht am Wasser, vom Fluß nur durch einen hübschen Garten getrennt, den eine mit Linden bestandene Terrasse abschloß. Der Loing, der ein paar Fuß hoch über ein Wehr herabstürzte, lief in starken Wirbeln an der Terrasse entlang. Durch die Fenster der Vorderseite waren auf der anderen Seite die Wiesen zu erblicken.

...Er stand, stieg den felsigen Abhang hinab und wanderte mit großen Schritten weiter. Aber die Gedankenlast bedrückte ihn, als trage er sie auf dem Rücken.

Er ging immer schneller, und manchmal, wenn er die Sonne durch die Zweige tauchen sah oder ihn im Vorübergehen der harzige Hauch einer Tannengruppe streifte, empfand er ein kurzes Gefühl der Erleichterung, gleichsam eine Vorahnung des noch fernen Trostes.

Plötzlich blieb er stehen. – Ich gehe ja gar nicht mehr spazieren, sagte er sich. Ich fliehe ja. Er floh tatsächlich vor ihr, einerlei wohin; er floh, verfolgt vom Gram über diese zerbrochene Liebe.

Dann ging er mit ruhigen Schritten weiter. Der Wald nahm ein anderes Aussehen an, wurde belaubter und schattiger; Mariolle kam jetzt in den wärmer gelegenen Teil, in den prachtvollen Buchenbestand. Hier verspürte man nichts mehr vom Winter. Es war ein wunderbarer Frühling, der gerade erst in dieser Nacht geboren zu sein schien, so frisch und jung war er.

Mariolle drang in das Dickicht unter den riesigen Bäumen ein, die sich höher und höher emporreckten, und er ging lange Zeit vor sich hin, eine Stunde, zwei Stunden, zwischen den Zweigen, zwischen den unzählbaren Mengen kleiner, schimmernder Blätter, die glänzend und klebrig von Saft waren. Das ungeheure Gewölbe der Wipfel verdeckte den ganzen Himmel; es wurde getragen von langen Säulenreihen, geraden oder gebeugten, die mitunter weißlich, mitunter dunkel waren unter dem schwarzen Moos, das an der Rinde haftete. Sie stiegen unendlich hoch, einer hinter dem andern, überragten die jungen Büsche, die sich zu ihren Fußen drängten und einander beengten, und bedeckten sie mit dichtem Schatten, durch den indessen Katarakte von Sonnenstrahlen brachen. Der Feuerregen glitt und rieselte durch das ganze ausgebreitete Blätterdach, das nicht mehr wie ein Wald aussah, sondern wie ein glänzender Dampf von Grün, der von gelben Strahlen erleuchtet wurde.

Mariolle blieb stehen, durchwogt von einer unaussprechlichen Überraschung. Wo war er? In einem Meer, oder auf dem Grund eines Meeres, eines Meeres aus lauter Blättern und lauter Licht, eines Ozeans, der von grüner Helle vergoldet wurde? (Guy de Maupassant, Unser Herz)

Nemours

Folgen wir der alten Landstraße, auf der sich einst die Fuhrmänner nach Montargis zum Markt begaben. Es ist die heutige ›Route Nationale 7‹; ihr entlang fahren wir durch das Tal des Loing bis zum ›Bois de la Commanderie‹ an der Südspitze des Waldes. Hier erblicken wir Nemours, die Hauptstadt der Landschaft Gâtinais.

Was anderswo verstreut ist, schreibt Victor Hugo, *ist in Nemours vereinigt; eine Ansammlung von bescheidenen und friedlichen, alten und heiteren Dingen, keines davon ist langweilig... Nichts ist großartig, alles ist bezaubernd.*

Seit der Zeit Victor Hugos hat sich manches geändert. Verwundert stellt man fest, daß man vor das alte Schloß eine Fabrik gepflanzt hat; mancher wird auch bedauern, daß die schönen alten Häuser, besonders in der ›Rue du Prieuré‹, von den Neubauten völlig zurückgedrängt werden. Was würde Victor Hugo, der als einer der ersten Schriftsteller diese moderne Form des Vandalismus heftig angegriffen hat, wohl dazu sagen?

Und was meint Balzac dazu? Hören wir den Anfang von ›Ursule Mirouet‹:

Fährt man, von Paris kommend, in Nemours ein, so überquert man den Kanal des Loing, dessen Ufer für diese hübsche kleine Stadt zugleich ländliche Schutzwälle und malerische Spazierwege bilden. Seit 1830 sind leider diesseits der Brücke mehrere Häuser errichtet worden. Sollte diese Art Vorstadt anwachsen, so würde dadurch die Physiognomie der Stadt Einbuße an ihrer anmutigen Eigenart erleiden.

Offensichtlich hat sich ›diese Art Vorstadt‹ unaufhörlich ausgebreitet. Als Entschädigung hat die Stadtverwaltung der dem Loing-Kanal entlangführenden Allee den Namen Balzacs gegeben. Der große Romancier hatte doch die Stadt so schön beschrieben!

Wem ist nicht, wenn er Frankreich durchreist, wo das Auge ob der Einförmigkeit der Ebenen so rasch ermüdet, das bezaubernde Erlebnis zuteilgeworden, von der Höhe eines Hügels aus, beim Hinabfahren oder an einer Biegung anstelle der erwarteten dürren Landschaft ein frisches, von einem Fluß bewässertes Tal und eine kleine Stadt zu erblicken, die geborgen unter einer Felswand liegt wie ein Bienenkorb in der Höhlung einer alten Weide? Wenn man dann das ›Hüh!‹ des Postillons vernimmt, der neben seinen Pferden einherschreitet, schüttelt man den Schlaf ab und bewundert wie einen Traum im Traum eine schöne Landschaft, die für den Reisenden zu dem wird, was für den Leser ein bemerkenswerter Abschnitt in einem Buch ist: zu einem glänzenden Gedanken der Natur. Das erlebt man, wenn man, von Burgund kommend, unversehens Nemours erblickt. Dann sieht man es in einem

Rund nackter grauer, weißer, schwarzer Felsen von bizarrer Form liegen, wie sie sich in großer Zahl im Wald von Fontainebleau finden; darauf ragen vereinzelte Bäume, zeichnen sich klar vom Himmel ab und leihen dieser Art zerbröckelnden Mauerwerks ein Gepräge des Wildwuchses. Dort endet der lange, bewaldete Hügelrücken, der sich längs der Landstraße von Nemours bis Bouron hinzieht. Auf dem Grund dieser ungestalten Arena breitet sich ein Wiesengelände, durch das der Loing fließt und Wasserflächen mit Kaskaden bildet. Diese köstliche Landschaft, an der die Landstraße nach Montargis entlang läuft, ähnelt einer Operndekoration, so überlegt muten ihre Effekte an. (Balzac, Ursule Mirouet)

Trotz allem ist diese kleine Stadt nicht stärker verhäßlicht worden als viele andere. Der spitze Kirchturm von Saint-Jean-Baptiste überragt die hohen strahlenden Kapellen des Landes und bildet mit dem dicken, viereckigen Bergfried des Schlosses der Herzöge von Nemours einen Kontrast. Diesen Bergfried verbindet ein Galerientrakt mit einem imposanten, von vier Türmchen flankierten Gebäude. Nachdem man einen Gewölbegang durchquert und eine kleine Steinbrücke passiert hat, gelangt man durch ein mit Skulpturen versehenes Portal in den Hof, der von einfachen Häusern umgeben ist.

Das Schloß beherbergt heute ein kleines Heimatmuseum, eine Art Rumpelkammer: nebst seinen historischen und prähistorischen Funden und den verschiedensten folkloristischen Gegenständen gibt es da auch flämische Wandteppiche sowie Bilder und Skulpturen von Lokalmeistern zu sehen.

Saint-Pierre-les-Nemours ist heute mit der Stadt verbunden. Unterhalb eines mit alten Bäumen bestandenen kleinen Platzes erhebt sich eine, wie die meisten Gotteshäuser der Gegend, schlichte und doch reizvolle Kirche aus dem 12. und 15. Jahrhundert. Bei Rochers Gréau ist ein Park angelegt worden, der in den Wald übergeht. Das von Sandsteinbergen (Chaintreauville, Beauregard) umgebene Nemours hat nichts von seiner ursprünglichen Gestalt, die Balzac so entzückte, eingebüßt.

Wenn man auf der Straße von Milly kommt, sollte man sich unbedingt Larchant ansehen. Dahinter dehnt sich der Wald ins Unendliche aus. Diese alte feste Stadt, die zum Kapitel von Notre-Dame gehörte, haben Unwetter verwüstet. Der hohe Kirchturm streckt sich empor wie eines jener Skelette, denen die Bildhauer des 16.Jahrhunderts soviel Leben und innere Ausstrahlung verliehen. Bedeutung und Ruhm verdankt die Stadt dem heiligen Mathurin, einem zum Christentum übergetretenen Römer, der dort begraben liegt. Zu seinem Grab strömten die Pilger und veranlaßten so das Kapitel von Notre-Dame, eine dieses Heiligen würdige Kirche zu errichten. 1153 wurde bereits mit dem Bau des Chors begonnen, der obere Teil der Türme wurde erst im 15.Jahrhundert vollendet. Im folgenden Jahrhundert haben die Türme durch Unwetter so stark gelitten, daß man aus Sicherheitsgründen zum Abtragen der Spitzen gezwungen wurde. Einige Jahre später brach die eine Seite des Turmes zusammen und zerstörte die Gewölbe des Kirchenschiffs. Nichts als eine Ruine ist übrig geblieben, aber eine eigenartig ausdrucksvolle Ruine. Das verstümmelte Westwerk ist heute noch imposant, und auch die verwitterten Statuen des Portals haben nichts von ihrer Ausstrahlung verloren. Das restaurierte Querschiff, der Chor und die Marienkapelle an der Nordseite mit ihrem schönen Steinaltar sind für den Gottesdienst geöffnet. In dem Hauptaltar ruht der Schrein des heiligen Mathurin, von dem mehrere Bildnisse in der Kirche zu sehen sind.

In Larchant häuften sich die Katastrophen. 1775 verwüstete ein Brand die Stadt und verschonte nur wenige mittelalterliche Häuser.

Aus dem nahen Gebirge ragt die Dame Jouanne, der beliebteste Kletterfelsen des Waldes von Fontainebleau, empor. Etwas nördlich davon, am Rande des Waldes, liegt in ein Felsplateau eingebettet das Dorf Recloses, das Paul Fort in seinen ›Ballades françaises‹ besungen hat. Eine kleine aus dem

11. Jahrhundert stammende Kirche steht da inmitten der Kastanienbäume des Dorfplatzes; die in der Nähe des Eingangs sichtbaren Fragmente eines Altarbildes weisen Szenen von köstlicher Naivität auf.

Grez-sur-Loing

Von der Straße aus, die von Recloses nach Villers-lès-Grez führt, hat man einen herrlichen Blick über die rosafarbenen Dächer dieses entzückenden Dorfes. Die Kirche ist schön, aber so schlecht erhalten, daß sie weitgehend restauriert werden müßte. Bei der Kirche von Grez-sur-Loing ist das sehr gut gelungen. Unter dem Westwerk gelangt man durch ein romanisches Portal in die Kirche. Das Schiff geht in ein Querschiff von edlen Ausmaßen über; der Kragstein ist mit karikaturhaften und grinsenden Figuren versehen. Den ›Ganne‹-Turm, ein Wehrturm aus dem 12. Jahrhundert, bewohnte in ihren letzten Lebensjahren Louise von Savoyen, die dort 1531 starb.

Stevenson verbrachte einige Tage im ›Hôtel Chevillon‹, das noch heute ein Wallfahrtsort für amerikanische Touristen ist.

Grez liegt außerhalb des Waldes, am Ufer des Flusses. Es ist stolz auf eine Mühle, eine alte Kirche, ein Schloß und eine Brücke mit mehreren Bögen. Diese Brücke ist ein nationales Gut, sie schmückt Hunderte von Ausstellungen; ich sah sie im ›Salon‹, ich sah sie in der Akademie, ich sah sie auf der letzten französischen Ausstellung … unerschöpfliche Brücke! Und sollten Sie morgen nach Grez kommen, so werden sie eine andere Generation antreffen, die unter Sonnenschirmen im Garten der Familie Chevillon kampiert und immer noch darauf besteht, die selbe Brücke zu malen.

Moret

Einen ganz anderen Anblick bietet uns die Landschaft im östlichen Teil des Waldes, zur Seine hin. Weniger felsig und gequält, ist sie von ganz besonderer Lieblichkeit.

Kurz vor dem Zusammenfluß von Loing und Seine liegt das reizende Moret, eine uralte Festungsstadt, deren Tore, die ›Porte de Samois‹ und die ›Porte de Bourgogne‹, berühmt sind. Diese bildeten einen Teil der nicht mehr vorhandenen Stadtmauern und verleihen Moret ein edles Aussehen. Aus Verteidigungsgründen war der Eingang zur Stadt sehr schmal, so daß der Autoverkehr erheblich behindert wurde. Man forderte zunächst den Abbruch der Tore, hat dann aber doch, dank der gemeinsamen Bemühungen der ›Beaux-Arts‹ und der Stadtverwaltung, mit dem Bau einer Umgehungsstraße eine vernünftigere Lösung gefunden. So konnte die kleine Stadt friedlich weiter gedeihen.

Von der Burg, einer ehemaligen Residenz der Könige von Frankreich, ist nur noch der heute auf einem Privatgelände stehende, massive Wehrturm erhalten. Die zum Teil aus dem 13. Jahrhundert stammende Notre-Dame-Kirche (Chor und drei Joche) ist von edlen Ausmaßen. Nur der linke Teil des Chors ist von einem Triforium durchzogen, rechts stützt allein die kahle Wand den Glockenturm

Die im Zentrum des Städtchens liegenden Häuser verleihen dem Ort mit ihren Erkern und Holzbalken einen so charakteristischen Anblick, daß man nicht gezögert hat, ihnen billige Nachahmungen zuzufügen. Das ›Haus Franz I.‹ hat eine eigenartige Geschichte. Erstens war es niemals im Besitz Franz' I., sondern wurde 1527 von einem sehr vermögenden Bürger namens Chabrouillé erbaut. Eine reich verzierte, sehr italienisch anmutende Galerie verband einst zwei Gebäudeteile, (sie war aber keineswegs ein Werk von Jean Goujon, wie lange Zeit behauptet wurde, sie stammte von einem oder mehreren anonymen Bildhauern). Zu Beginn des 19. Jahrhunderts wurde das stark verfallene und seines Innendekors beraubte Haus von einem Küfer gekauft, der dort seine Werkstatt einrichtete. Die Fassaden der Galerie und der Rückseite wurden damals abgetragen, um einem Gebäude aufgesetzt zu werden, das ein Kavallerieoberst und seine Geliebte, die berühmte Schauspielerin Mars, am ›Cours-la-Reine‹ in Paris errichten ließen. Die

Transaktion mißlang übrigens, und sie mußten jenes Haus verkaufen, bevor sie es überhaupt bewohnen konnten. 1959 wurden die Fassaden auf Veranlassung der ›Monuments Historiques‹ nach Moret zurückgebracht, wo sie zwar nicht am Ort, den sie ursprünglich zierten, aber hinter dem Amtshaus wieder angebracht wurden. Die feinen Arkaden sind offen, wie dies ursprünglich der Fall war. Es handelt sich kaum mehr um ein Haus, sondern um eine Fassade, die ihrer Wohnräume beraubt wurde, doch bildet sie ein herrliches Beispiel damaliger Steinmetzarbeit, ein Museumsstück, ein Theaterdekor, der sich hier jedoch etwas fremd und verloren ausnimmt.

Moret war die große Liebe von Sisley. Nie komme ich in die Gegend des Loing, ohne an jene in den letzten Lebensjahren gemalten Landschaftsbilder zu denken, in welchen dieser Fluß im flimmernden Licht so vieles widerspiegelt: Wasserpflanzen, große Bäume, Häuser, Mühlen, einen Kahn oder eine kaum wahrnehmbare menschliche Silhouette. Wie alle Impressionisten stellte er seine Staffelei überall in der Pariser Ge gend auf, um 1885 an der unteren Seine, dem Loing und seinem Kanal. Er wohnte in Veneux, Saint-Mammès, Nachbardörfern von Moret, wo er sich zehn Jahre später in der ›Rue du Château‹ ein Haus kaufte. In Moret ist er auch gestorben und unter einem Sandsteinfelsen begraben worden.

By, Romery und Avon

By liegt am Waldesrand. Rosa Bonheur hatte dort ein ›Schloß‹ erstanden. Die auf die Darstellung von Rindern spezialisierte Künstlerin erlangte um die Jahrhundertwende glänzende Erfolge in den bürgerlichen Salons. Als einziger Maler wurde sie von der Stadt Fontainebleau mit einem Denkmal geehrt: auf einem mit ihrem Porträt in Medaillonform versehenen Sockel erhebt sich ein Stier.

Die unübertrefflichen Chasselastrauben verhalfen Romery zu Ruhm. 1730 begann man den Anbau mit Setzlingen aus dem Weinberg des Königs. Heute klettern die Weinreben auf zahlreichen Mauerreihen, die alle zum Süden hin orientiert sind.

Avon, während vieler Jahre Pfarrgemeinde von Fontainebleau, ist heute nur noch eine Vorstadt. Ein schöner Spaziergang führt durch den Schloßpark dem Kanal entlang zu diesem alten Dorf, das heute Neubauten und riesige Kasernen verunzieren. Seine Kirche bildet immer noch eine ergreifende Erinnerung an vergangene Zeiten. Obwohl hier bis 1663 der königliche Gottesdienst zelebriert wurde, ist ihre Anlage die einer Landkirche. Das Schiff aus dem 11., der Glockenturm aus dem 13. und der Chor aus dem 16. Jahrhundert bilden ein harmonisches Ganzes, in welches sich das Portal und die hölzerne Vorhalle mit ihrem gebogenen Dach sehr wohl einfügen. Die Inschriften der an den Mauern angebrachten Grabplatten lassen sich noch entziffern: einfache Leute, so ein Gärtner oder der Koch Philipps des Schönen, ruhen da neben einem so bedeutenden Mann wie Monaldeschi.

Katherine Mansfield liegt seit 1923 im Friedhof von Avon begraben. Die an Lungentuberkulose Leidende ist am 9. Januar 1923 in der Priorei von Avon gestorben, wo Gurdjieff sein ›Institut für die physische, geistige und moralische Entwicklung des Menschen‹ leitete. »Sie trat«, schreibt ihr Mann John Middleton Murry, »in eine Art von klösterlichem Ruheheim in Fontainebleau ein. Das Ziel dieser Vereinigung bestand darin, wenigstens verstand sie es so, ihren Mitgliedern zu einer geistigen Regeneration zu verhelfen... Sie hatte ihr Leben verloren um es zu retten.«

Valvins

Valvins diente Fontainebleau lange Zeit als Hafen, sowohl zur Beförderung von Personen wie von Handelswaren. Über Valvins trafen die für das Schloß bestimmten Schieferplatten, die antiken Kunstwerke aus Italien und die schwangeren Königinnen ein, die das Geschaukel auf den Straßen fürchteten.

Bis zur Erfindung der Eisenbahn lebten vor allem Fuhrleute und Schiffer in dieser Ortschaft.

Mallarmés Einsiedelei befand sich dort; er hatte in einem Bauernhaus das erste Stockwerk gemietet, das aus einem großen Raum und einem Arbeitszimmer bestand, von außen erreichte man das im Stil jener Zeit eingerichtete Refugium über eine Steintreppe. *Einige Bilder von Jouy an den weißgekalkten Wänden, bequeme alte Sessel, Bücher, Freunde, einige Kakemonos und eine museumsverdächtige Pendeluhr aus Sachsen verliehen diesem ländlichen Asyl etwas Aristokratisches, Würdevolles... (Henri Roujon).* Mallarmé verfügte zudem über einen Gemüse- und einen Obstgarten, auch ein Brunnen war vorhanden. Er liebte körperliche Arbeit, die für ihn eine Erholung von seiner geistigen Tätigkeit darstellte; so konnte man ihn beobachten, wie er seine Gartenstühle strich oder sein Boot lackierte. Wenn Freunde aus Paris oder aus der Umgebung zu Besuch weilten, dann unternahm er mit ihnen weite Spaziergänge durch den Wald und führte endlose Gespräche. Zu seinen Freunden zählten unter anderem Léon Dierx, Manet, Odilon Redon, Vuillard, Stuart Merrill, Nadar, die mit ihm benachbarten Brüder Margueritte, Henri de Régnier, Marcel Schwob, André Gide und schließlich sein jugendlicher Verehrer Paul Valéry. Die Verfechter der unbedingten Sauberkeit im Walde können sich auf einen berühmten Vorgänger berufen. So berichtet Henri Mondor, daß man Mallarmé einen oder zwei Tage lang im Wald sehen konnte, wo er, ausgerüstet mit einem Stock, an dessen Ende ein Nagel befestigt war, verstreute Papierstückchen aufhob, die er dann in einen Korb warf. Als man sich über so viel Eifer verwunderte, meinte er: »Morgen kommen Régnier und einige Freunde zu Besuch, ich bin dabei aufzuräumen.«

1897 verließ er Paris mit dem Gedanken, sich endgültig in Valvins niederzulassen; im September jedoch erlitt er einen Erstickungsanfall, der ihn plötzlich hinwegraffte.

Besser als jeder andere hat Senancour den sehr poetischen Eindruck beschrieben, den Valvins macht.

Vor Tagesanbruch machte ich mich gestern auf den Weg; noch schien der Mond, und trotz der Morgenröte erblickte man Schatten. Das kleine Tal von Changy lag noch im Dunkel der Nacht; ich war bereits auf den Anhöhen von Avon. Ich stieg nach Basses-Loges hinab und kam in Valvins an, als die hinter Samoreau aufgehende Sonne die Felsen von Samois färbte.

Valvins ist kein Dorf und besitzt keine Äcker. Das Wirtshaus liegt vereinsamt am Fuße des Hügels, an einem kleinen niedrigen Ufer, zwischen dem Fluß und den Wäldern. Man sollte die Unannehmlichkeiten, die ein so unbequemes Gefährt wie die Postkutsche mit sich bringt, ruhig in Kauf nehmen, und dann zu Wasser in Valvins oder Thomery eintreffen, wenn das Ufer noch dunkel ist und die Hirsche im Walde röhren; oder vielleicht bei Sonnenaufgang, wenn alles noch ruht und der Ruf des Fährmanns, der die Rehe aufscheucht, unter den hohen Pappeln ertönt und von den mit Heidekraut bewachsenen Hügeln widerhallt, aus denen mit den ersten Sonnenstrahlen der Morgendunst aufsteigt.

Es bedeutet viel, wenn man auf einem flachen Land solche Eindrücke gewinnt, die wenigstens zu gewissen Zeiten sehr interessant sein können. Die geringste Veränderung jedoch vermag alles zu zerstören; vertreibt man etwa die wilden Tiere aus den benachbarten Wäldern oder schlägt man die Bäume auf den Hügeln, so bleibt von Valvins nichts mehr übrig. So wie es heute aussieht, verspüre ich kein Verlangen, dort Station zu machen: bei Tag ist es ein ganz gewöhnlicher Ort, zudem kann man in dem Gasthaus nicht wohnen.

Valvins verlassend zog ich weiter nördlich und kam an einem Sandsteinhaufen vorbei, dessen Lage auf der nackten, einförmigen sommerlichen Sonnenuntergängen zugewandten Erde inmitten des Waldes ein Gefühl von Verlassenheit vermittelt...

Dann wandte ich mich gegen Westen und suchte den Brunnen von Mont-Chauvet. Mit dem Sandstein, der diese ganze Gegend bedeckt, hat man einen Schutzwall gebaut, um die Quelle vor Sonne und herabstürzendem Geröll zu schützen. Aus dem gleichen Stein besteht die runde Bank, auf der man sein Essen einnimmt, zu welchem man Wasser aus der Quelle schöpft. Manchmal begegnet man da Jägern, Spaziergängern oder Arbeitern, manchmal aber auch einer traurigen Gesell-

schaft von Pariser Lakaien und Händlern aus dem Saint-Martin-Viertel oder der ›Rue Saint-Jacques‹, Leuten, die sich in eine Stadt, wohin der König seine ›Reisen macht‹, zurückgezogen haben. Hierhin zieht sie einmal das Wasser, das so willkommen ist, wenn man unter Nachbarn eine kalte Pastete essen möchte, und dann auch eine gewisse natürliche Sandsteinhöhle auf halbem Wege, die sie verehren und ›Beichtstuhl‹ nennen.

Ich meinerseits stieg in das kleine, abseits liegende Tal hinab, in dem sich das Quellwasser verliert, ohne zum Bach zu werden. (Senancour, Obermann)

Samois-sur-Seine

Ein wenig stromabwärts von Valvins erstreckt sich am Ufer der Seine Samois, ein weiterer literarischer Treffpunkt. Paul Margueritte pflegte dort den Sommer zu verbringen, und Élémir Bourges verließ 1886 Paris, um sich hier mit seiner Frau in einem Haus niederzulassen, das den Namen ›Das alte Pfarrhaus‹ trägt und dessen Mauern Zeitgenossen der schönen gotischen Kirche zu sein scheinen.

Von Zeit zu Zeit erheben sich Stimmen, die jene brandmarken, die diesem Dichter mit seiner reichen, gewaltigen Sprache nicht den gebührenden Platz einräumen.

Wie vergänglich ist aller Ruhm! Die Stücke von Henri Bataille, die die Abende in Paris zu einem Erlebnis machten, werden nicht mehr aufgeführt. Ich möchte in keiner Weise diesen Autor mit Élémir Bourges vergleichen, ich erwähne ihn nur, weil er ein Stammgast in Bois-le-Roi war... Und schon seit etlichen Jahren haben die Bücher von Anatole France ihren Platz in den vornehmen Bibliotheken verloren. Anatole France wohnte in Brolles, dort entstand ›Die Schuld des Professors Bonnard‹. Er, der ganz linksrepublikanisch gesinnt war, schrieb ein ganz erstaunliches Vorwort zu einem ›Guide au Palais de Fontainebleau‹, ein Zeugnis dafür, wie sehr er das alte Frankreich bewunderte.

Ich wünschte, daß alle Franzosen eine Wallfahrt nach Fontainebleau machten. Dort würdem sie das alte Frankreich, das dieses Wunder geschaffen hat, achten, bewundern und lieben lernen. Wir glauben nur zu gerne, daß Frankreich erst seit der Revolution besteht. Welch abscheulicher und unheilvoller Irrtum! Aus dem alten Frankreich ist das neue hervorgegangen. Man müßte es lieben, und sei es auch nur deswegen. Es gibt kein Heil für uns außer in der Aussöhnung von altem und neuem Geist. Es hat den Anschein, in Fontainebleau könnte diese Aussöhnung wie durch einen Gnadenakt besser als an irgendeinem anderen Ort glücken.

Milly-la-Forêt

In Milly-la-Forêt beenden wir unseren Besuch dieser im Wald von Fontainebleau gelegenen Dörfer. Wir befinden uns im äußersten Westen des Massivs, das von den ›Trois-Pigeons‹ überragt wird. Wenn auch die Wälder rings um die kleine Stadt ziemlich weit von dem Staatsforst entfernt sind, so gehören sie doch von Natur aus zu ihm.

Die Felsen erinnern noch an prähistorische Siedlungen; hier begann die Geschichte Frankreichs; hier empfing Dagobert die Krone.

Die Kirche, deren niedere Bauten aus dem 12. Jahrhundert stammen, besitzt einen schönen Glockenturm, in den das Wappen der Graville eingelassen ist. Die Hallen aus Kastanienholz auf dem Marktplatz werden um so mehr geschätzt, als Gebäude dieser Art mehr und mehr aus den kleinen Städten verschwinden. Jene von Milly dienten besonders dem Handel von Heilpflanzen, die hier gezüchtet wurden.

Diese Heilkräuter, ›Simples‹ – ›die Einfachen‹ genannt, haben Jean Cocteau bei der Ausstattung der am Rand der Gegend liegenden Saint-Blaise-Kapelle inspiriert, einer Ausstattung, die er eben ›einfach‹, ja trocken gestaltete, von der aber ein Zauber ausgeht.

Mich plagt, wie alle Vagabunden, der Trieb nach dem eigenen Dach über dem Kopf. Ich suche eines auf dem Land. Finde ich's, so will mir's der Besitzer nicht verkaufen, weil ihm angesichts meines Überschwanges die Augen aufgehen, oder er verlangt mir zuviel dafür ab.

In Paris treibe ich nichts Passendes auf. Die Wohnungen, die man mir anbietet, schrecken mich ab. Ich möchte, daß sie mir zurufen: »Ich habe dich erwartet.«

Gewohnt, mich aufs Unverhoffte zu verlassen, wurzle ich in meinem Schlupfwinkel ein.

»Ich verspüre eine gewisse Schwierigkeit, zu sein.« Das gab der hundertjährige Fontenelle zur Antwort, als er im Sterben lag und der Arzt ihn fragte: »Was spüren Sie, Herr Fontenelle?« Nur war eben seine Schwierigkeit die der letzten Stunde. Die meine datiert von eh und je.

Anmerkung:

Nach der Drucklegung dieser Seiten habe ich das Haus erstanden, das mich erwartete. In ihm sehe ich die Druckfahnen durch. Fern den Klingeln und Schellen des Palais Royal ist es meine Zuflucht. Es führt mir die prachtvolle absurde Hartnäckigkeit des pflanzlichen Daseins beispielhaft vor Augen. Dort bringe ich Ordnung in meine Erinnerungen an frühere Landaufenthalte, als ich so von Paris träumte wie ich später in Paris darauf sann, die Flucht zu ergreifen. Die Flut der Wassergräben und die Sonne bemalen meine Zimmerwände mit ihrer gleitenden gleisnerischen Marmorierung. Und überall jubelt der Frühling. – Milly, März 1947 (Jean Cocteau, Die Schwierigkeit zu sein).

Seit 1963 ruht ›Jean l'Enchanteur‹ (Jean der Zauberer) im Friedhof von Milly.

Arbonne, Oncy, le Vaudoué und Achères liegen am Rande dieses sich ins Unendliche ausdehnenden Waldes, wie an den Küsten eines Meeres.

Die Ränder des Waldes von Fontainebleau sind noch zerklüfteter als die bretonische Küste. Sie bilden Kaps, Halbinseln, kleine Inseln und Golfe, in deren Schutz Dörfer erbaut wurden; hier, ebenso wie in den mehr im Innern des Waldes gelegenen Dörfern, scheint sich der Geist dieses unvergleichlichen Waldes erhalten zu haben, der, so lange von Geheimnissen, Legenden und Abenteuern umwittert, mehr als irgendeine andere Gegend Frankreichs ein auserwählter Ort der Inspiration war für jene, die mit der Feder oder dem Pinsel in der Hand ihren Träumereien nachhingen.

Anhang

Praktische Hinweise

(ohne Gewähr)

VERSAILLES

Anfahrt: 20 km westsüdwestlich von Paris an der N 10 Paris (Ausfahrt: Porte de Saint Cloud) – Chartres bzw. (3 km weiter) der N 185 Paris (Ausfahrt: Porte Maillot) – Versailles gelegen. Schnellste Verbindung jedoch über die Autoroute de l'Ouest (A 13, Ausfahrt in Paris: Porte de Saint Cloud). Bei km 8,5 Abzweigung auf die N 184 nach Versailles (5,5 km, von Paris Mitte insgesamt 25 km). Vor dem Schloß auf der Place d'Armes großer Parkplatz. Anfahrt direkt zu den Trianons: bei der Porte Saint Antoine in Versailles von der N 184 rechts ab in die Allée des Matelots und (wieder rechts) die Allée des Deux Trianons.
Bahnverbindung von Gare Saint-Lazare, Gare des Invalides oder Gare Montparnasse aus.
Ausflugs- und Besichtigungsfahrten werden auch von den Pariser Reisebüros laufend durchgeführt.

Öffnungszeiten: SCHLOSS täglich von 10 bis 17 Uhr, im Sommerhalbjahr (1.4. bis 30.9.) bis 17.30 Uhr, am 1. Mai jedoch geschlossen. – MUSÉE DE L'HISTOIRE DE FRANCE täglich außer dienstags und feiertags von 14 bis 17 Uhr, im Sommerhalbjahr bis 17.30 Uhr. – Für die Eintrittszeiten zu den übrigen Räumen, die dem freien Rundgang nicht offenstehen, siehe unter ›Führungen‹. – PARK täglich von Sonnenaufgang bis -untergang frei zugänglich.

Eintritt: 3 F, sonn- und feiertags 1,50 F. Die Eintrittskarte gilt zugleich auch für den Besuch des Musée de l'Histoire de France.

Ermäßigungen: Studenten gegen gültigen Studienausweis die Hälfte; donnerstags, sonn- und feiertags freier Eintritt. An den genannten Tagen haben auch Kinder unter 16 Jahren und deren erwachsene Begleitperson freien Eintritt, darüber hinaus täglich die Gruppen von Schülern unter 16 Jahren samt einer Lehrperson pro zehn Schüler.

Führungen: GRANDS APPARTEMENTS UND SPIEGELGALERIE (GALERIE DES GLACES) an den Wochentagen des Winterhalbjahres (1.10. bis 31.3.) 16.15 Uhr (sonst individueller Rundgang möglich).

Ausschließlich im Rahmen einer Führung zugänglich sind dagegen:

CABINETS INTÉRIEURS (PETITS APPARTEMENTS DU ROI ET DE LA

REINE) wochentags 10.30, 15 und 15.45 Uhr, sonn- und feiertags 10.30 Uhr. – CABINETS INTÉRIEURS DU ROI (ALLEIN) sonn- und feiertags auch 14.30, 15, 15.30, 16 und 16.30 Uhr. – APPARTEMENTS DE MESDAMES DE POMPADOUR ET DU BARRY täglich 14.45 Uhr, sonn- und feiertags auch 15.15 Uhr.

Teilnahmegebühr jeweils 4,50 F (inklusive Schloßeintritt), Studenten und Schüler 3,50 F.

OPER werktags 11.30, 14.30, 15.30, 16.30 und 17 Uhr (Dienstag nachmittags jedoch geschlossen), sonn- und feiertags 11.30, 14.15, 14.45, 15.15, 15.45, 16.15, 16.45 Uhr.

Dienstags 14, 15 und 16 Uhr wissenschaftliche Führungen durch die Direction de l'Architecture. Teilnahmegebühr (einschließlich Schloßeintritt) 5,50 F, Schüler und Studenten mit freiem Schloßeintritt 2,50 F.

Wissenschaftliche Führungen zu einem bestimmten Themenkreis können durch die königlichen Appartements, im Musée de l'Histoire de France und im Park veranstaltet werden, ebenso Sonder- und Einzelführungen auch in Deutsch und anderen Fremdsprachen auf vorherige Anmeldung bei der Conservation du Musée, Service des Visites-Conférences, F 78 Versailles, Postfach 320, Ruf 950.58.32.

Darüber hinaus werden jeweils im Mai und Juni wissenschaftliche Führungen zu einem bestimmten Themenkreis (Marie Antoinette in Versailles, Frauen in Versailles, Die Gärten, Empire, Directoire und Consulat u.ä.) durchgeführt. Es empfiehlt sich hierbei rechtzeitige Information durch die entsprechenden Veranstaltungskalender.

Dauer der Rundgänge und Führungen: SCHLOSSKAPELLE, GRANDS APPARTEMENTS UND SPIEGELGALERIE etwa 1 1/2 bis 2 Stunden, MUSÉE DE L'HISTOIRE DE FRANCE etwa 1 bis 1 1/2 Stunden, CABINETS INTÉRIEURS 1/2 Stunde, APPARTEMENTS DE MESDAMES DE POMPADOUR ET DU BARRY 1/2 Stunde, OPER 1/2 Stunde, PARK in den dem Schlosse zunächst gelegenen Teilen 1 1/2 bis 3 Stunden.

Veranstaltungen: SCHLOSSKAPELLE Gottesdienste mit Vokalkapelle für Touristen sonn- und feiertags 11.15 Uhr. An den Sonntagen der Wasserspiele und an hohen Festtagen erklingt die historische Orgel von Clicquot. Eintritt frei. WASSERSPIELE (GRANDES EAUX) im Park an etwa zehn verschiedenen Sonntagen des Sommerhalbjahres von Mai bis September jeweils von 16.30 bis 17.30 Uhr, Eintritt 1 F. Während dieser Zeit sind auch die Basketts des Parks (Salle de Bal, Colonnade, Dômes, Bains d'Apollon), die sonst nur bei wissenschaftlichen Führungen gezeigt werden, frei zugänglich. NACHTFESTSPIELE (FÊTES DE NUIT) am Bassin de Neptune an etwa vier jährlich wechselnden Tagen des Sommerhalbjahres. Beginn

20.45 Uhr, Eintritt von 6 bis 25 F. Vormerkung und Kartenverkauf ein Monat im voraus beim Syndicat d'Initiative, F 78 Versailles, 7 Rue des Réservoirs, Ruf 956.36.22.

Fotografieren erlaubt, Verwendung eines Stativs gegen eine Taxe von 5 F.

Besonderheiten: Personen mit spitzen Schuhabsätzen sowie in Shorts haben keinen Zutritt zu den Innenräumen des Schlosses.

Snack Bar, Teeraum, Wechselstube, Kleines Postamt im Schloß, Öffentliches Telefon in der Cour de la Chapelle.

Einige Alleen des Parkes stehen dem Autoverkehr offen und ermöglichen dadurch die direkte Anfahrt zum Großen Kanal (über die Allée des Matelots oder die Allée des Ha Ha) sowie zu den Trianons (über die Allée de Bailly, Avenue de Trianon, Avenue du Petit Trianon und Allée des Deux Trianons).

Auf dem Großen Kanal ist die Möglichkeit zu Kahnfahrten gegeben, Bootsverleih am Ostarm des Kanals.

TRIANONS

Anfahrt: Mit dem Auto von der Place d'Armes (vor dem Schloß) über die Rue des Réservoirs und (links) den Boulevard de la Reine in die Avenue de Trianon bis zum Eingang nach Grand Trianon an der Grille Impériale de Grand Trianon sowie weiter die Allée des Deux Trianons bis direkt zum Petit Trianon. Der Fußweg vom Schloß durch den Park (Parterre d'Eau – Parterre de Latone – Tapis vert – Bassin d'Apollon – Petite Venise) erstreckt sich über etwa 1,7 km und erfordert 20 Minuten.

Öffnungszeiten: GRAND TRIANON täglich außer dienstags und 1. Mai von 14 bis 16.30 Uhr, im Sommerhalbjahr (1.4. bis 31.10.) bis 17.30 Uhr. – PETIT TRIANON UND WAGENMUSEUM (MUSÉE DES VOITURES) täglich außer dienstags und 1. Mai von 14 bis 17 Uhr, im Sommerhalbjahr bis 18 Uhr. – THÉÂTRE DE LA REINE Besichtigung nur nach vorheriger Anmeldung bei der Conservation du Musée de Versailles, Service des Visites-Conférences, F 78 Versailles, Postfach 320. – PARK des Grand und Petit Trianon täglich von Sonnenaufgang bis -untergang frei zugänglich.

Eintritt: GRAND TRIANON 3 F, PETIT TRIANON UND WAGENMUSEUM 2 F, sonn- und feiertags 1 F.

Führungen: GRAND TRIANON im Sommerhalbjahr (1.4. bis 30.9.) laufend täglich zwischen 10 und 12 Uhr, im Winterhalbjahr donnerstags, samstags und sonntags zwischen 10 und 12 Uhr.

Dauer der Rundgänge und Führungen: GRAND TRIANON 1 Stunde, PETIT TRIANON 1/2 Stunde, WAGENMUSEUM 1/2 Stunde, PARK DES GRAND TRIANON (Bassin du Fer à Cheval, Buffet d'Eau,

Bassin des Quatre Nymphes, Pont de Réunion) UND DES PETIT TRIANON (Jardin und Pavillon Français, Théâtre de la Reine, Rocher, Hameau, Temple de l'Amour) zusammen etwa 1 Stunde.

Fotografieren erlaubt, Stativbenützung 5 F.

Restaurant und Teesalon LA FLOTTILLE beim Grand Trianon.

FONTAINEBLEAU

Anfahrt: 64 km südsüdöstlich von Paris Mitte an der N 5 Paris (Ausfahrt: Porte de Charenton) – Dijon bzw. der N 7 Paris (Ausfahrt: Porte d'Italie) – Nevers gelegen. Erreichbar auch über die Autoroute du Sud (A 6) Paris – Nemours (Einfahrt vom Pariser Ring zwischen Porte d'Orléans und Porte d'Italie) und die bei der Ausfahrt Saint Germain (km 44) abzweigende N 7 E nach Fontainebleau (15 km).

Bahnverbindung ab Gare de Lyon; vom Bahnhof Fontainebleau zum Schloß 2 km.

Eigene Ausflugs- und Besichtigungsfahrten werden auch von den Pariser Reisebüros veranstaltet.

Öffnungszeiten: Schloß täglich außer Mittwoch von 10 bis 12 Uhr von 13.15 bis 16 Uhr (im Winter) bzw. bis 17 Uhr (im Sommerhalbjahr von 1.4. bis 30.9.).

Park (Jardin de Diane, Jardin anglais, Parterre und Parc) täglich von Sonnenaufgang bis -untergang frei zugänglich.

Eintritt: ›CIRCUIT RENAISSANCE‹ (Renaissance-Rundgang, ohne Führer), GRANDS APPARTEMENTS UND APPARTEMENT DU PAPE: werktags 3 F, sonn- und feiertags 1,50 F; PETITS APPARTEMENTS (sonn- und feiertags geschlossen): 2 F; MUSÉE CHINOIS: Eintritt frei; THÉÂTRE NAPOLÉON III: nur im Sommer bei verfügbarem Aufsichtspersonal mit der für die Grands Appartements gültigen Eintrittskarte zu besichtigen.

Ermäßigungen: Kinder in Begleitung Erwachsener unter 15 Jahren sonntags frei, unter 7 Jahren täglich frei. Studenten gegen Studienausweis jeweils die Hälfte der oben verzeichneten Gebühren. Gruppen von Schülern frei, von Erwachsenen nach vorherigem Antrag bei der ›Direction des Musées de France‹, Palais du Louvre, Paris 1er, Ruf GUT 59-40, ermäßigt

Dauer der Rundgänge: GRANDS APPARTEMENTS, CIRCUIT RENAISSANCE UND APPARTEMENT DU PAPE: eine Stunde; PETITS APPARTEMENTS: eine halbe Stunde. Ein Rundgang durch den PARK erfordert etwa dreiviertel bis eine volle Stunde.

Führungen beginnen jeweils im Vestibül unter der Hufeisentreppe. Mit Ausnahme des Renaissance-Rundganges (Circuit Renaissance), der individuell unternommen werden kann und für den

Audioguides in französischer und englischer Sprache gegen eine Gebühr von 3 F (Einzelperson) bzw. 5 F (Paare) zur Verfügung stehen, ist die Besichtigung des Schlosses nur in Begleitung von Führern möglich.

Wissenschaftliche Führungen unter Leitung eines Kunsthistorikers der Musées Nationaux an Samstagen und Sonntagen des Sommerhalbjahres (Ostern bis Allerheiligen):

›CIRCUIT NAPOLÉONIEN (PETITS APPARTEMENTS DE L'EMPEREUR ET DE L'IMPÉRATRICE: 11 Uhr und 16 Uhr. – APPARTEMENTS DES CHASSES UND GALERIE DES CERFS: 14.30 Uhr. Teilnahmegebühr außer der üblichen Eintrittskarte: 3 F.

Weitere wissenschaftliche Führungen können auf vorherige Anmeldung beim ›Service Éducatif des Musées Nationaux‹, Direction des Musées de France, Palais du Louvre (Pavillon Mollien), Paris 1er, Ruf GUT 59-40, durchgeführt werden. (Änderungen vorbehalten.)

Fotografieren erlaubt, Blitzen jedoch untersagt. Verwendung eines Stativs gegen eine Gebühr von 5 F möglich.

Verzeichnis und Nachweis der Abbildungen

Farbtafeln

Abbildungen auf Tafeln

VERSAILLES

6 Das Jagdschloß Ludwigs XIII. im Jahre 1668 vor Beginn der großen Umbauten durch Le Vau. Gemälde von Pierre Patel im Musée de Versailles. *Foto: Giraudon, Paris*

7 Die Gartenseite mit den neuen Seitenflügeln und der geschlossenen Hauptfront von Jules Hardouin-Mansart, 1689. Federzeichnung von Israël Silvestre im Cabinet des Estampes, Louvre, Paris. *Foto: René-Jacques*

8 Die Stadtseite mit den beiden Höfen, ›Cour de Marbre‹ und ›Cour Royale‹, 1682. Kupferstich von Israëel Silvestre im Cabinet des Estampes, Louvre, Paris. *Foto: René-Jacques*

9 Blick vom Großen Kanal über das Gartenparterre zum Schloß. Kupferstich von Pierre Aveline im Cabinet des Estampes, Louvre, Paris. *Foto: René-Jacques*

10 Blick vom Vorhof auf die Schloßkapelle in Versailles. Kupferstich von Jean Rigaud im Cabinet des Estampes, Louvre, Paris. *Foto: René-Jacques*

11 Escalier de la Reine. *Foto: Jacques Verroust, Neuilly-sur-Seine*

12 Die Spiegelgalerie. *Foto: Galliphot/Laurent – Bavaria*

13 Grand Trianon. *Foto: roebild, Frankfurt am Main*

14 Der Große Salon im Grand Trianon. *Foto: Emmanuel Boudot-Lamotte – Bavaria*

15 Der Musiksalon im Petit Trianon. *Foto: E.Boudot-Lamotte – Bavaria*

16 Im Gartenparterre von Versailles: Vase de la Guerre von Antoine Coysevox. *Foto: Jeiter, Hadamar*

17 Die drei großen Fontänen. Kupferstich von A. Herisset nach D. Girard, 1714, aus: ›Les Plans, Profils et Élévations des Ville et Château de Versailles‹, Paris (1714-16). *Foto: Archiv Prestel-Verlag*

18 Grand Trianon. Kupferstich eines unbekannten Meisters. *Foto: Archiv Prestel-Verlag*

19 Blick aus den Laubengängen des ›Jardin Français‹ auf den ›Pavillon Français‹ und das ›Petit Trianon‹, 1782. Kupferstich von François Denis Née nach Louis Nicolas Chevalier de Lespinasse im Cabinet des Estampes, Louvre, Paris. *Foto: René-Jacques*

20 Der ›Temple de l'Amour‹ während eines Nachtfestes im Park des Petit Trianon. *Foto: Archives Photographiques, Paris*

FONTAINEBLEAU

21 König Franz I. Ausschnitt aus einem Bildteppich, der das Fresko ›Franz I. zeigt seinem Gefolge den Granatapfel, Symbol der Einheit‹ von Rosso in der Galerie Franz' I. wiedergibt. Gobelin aus der Manufaktur von Fontainebleau; Kunsthistorisches Museum, Wien. *Foto: Kunsthistorisches Museum, Wien*

22 Schloß Fontainebleau, Luftansicht. *Foto: Aéro-Photo, Paris*

23 Die ›Cour du Cheval-Blanc‹ (Cour des Adieux) mit der Hufeisentreppe. *Foto: Jacques Verroust, Neuilly-sur-Seine*

24 Dekorationsentwurf von Rosso zu einer Stuckumrahmung. Louvre, Cabinet des Dessins. *Foto: Giraudon, Paris*

25 Ausschnitt aus dem Fresko ›Fest des Bacchus‹ von Primaticcio und Niccolò dell'Abbate in der ›Salle de Bal‹. *Foto: Archives Photographiques, Paris*

26 ›Venus züchtigt Amor‹, Fresko von Rosso in der Galerie Franz' I. *Foto: Esparcieux, Fontainebleau*

27 ›Danae‹, Fresko von Rosso in der Galerie Franz' I. *Foto: Giraudon, Paris*

28 Die ›Porte Dauphine‹ oder ›Porte du Baptistère‹, Zeichnung von Charles Percier in der Bibliothek des Institut de France. *Foto: Josse-Lalance*

29 Die ›Cour des Offices‹, Kupferstich von François d'Orbay. *Foto: Archives Photographiques*

30 Die ›Porte Dorée‹, Radierung von Eduard Obermayer nach Rodolphe Pfnor 1863 aus: ›Monographie du Palais de Fontainebleau‹, Band 1 von 3, Paris 1863. *Vorlage: Zentralinstitut für Kunstgeschichte, München*

31 Die ›Galerie de Diane‹. *Foto: Jacques Verroust, Neuilly-sur-Seine*

32 ›Escalier du Roi‹ – Königstreppe. *Foto: Jacques Verroust, Neuilly-sur-Seine*

33 Türe im Appartement der Anna von Österreich. *Foto: Jacques Verroust, Neuilly-sur-Seine*

34 Hoheitsadler Napoleons vom Baldachin des Thronsaales, um 1805. *Foto: Marburg*

35 Schlafgemach Napoleons. *Foto: Jacques Verroust, Neuilly-sur-Seine*

36 Claude Monet: ›Route du Bas-Bréau‹, 1865, Paris, Louvre. *Foto: Giraudon, Paris*

37 Camille Corot: ›Le bassin des Cygnes‹. *Foto: Giraudon, Paris*

Grundrisse und Pläne

VERSAILLES

Raumfolge im Obergeschoß Seite 60-61
Raumfolge im Erdgeschoß Seite 120-121
Grand Trianon Seite 184-185
Petit Trianon Seite 191
Gesamtanlage von Schloß und Park: Ausfalttafel nach Seite 208

FONTAINEBLEAU

Raumfolge im Erdgeschoß Seite 252-253
Raumfolge im Obergeschoß Seite 292-293
Gesamtanlage von Schloß und Park: Ausfalttafel am Ende des Bandes

Register

Zahlen in [eckigen Klammern]
verweisen auf abgegangene Anlagen, Räume und Objekte.
Seiten mit ausführlicher behandelten Stichworten
sind in *Kursivdruck* gegeben.

Zur Wiedergabe von Zitaten französischer Autoren wurden in einzelnen Fällen deutsche Ausgaben herangezogen, so

Honoré de Balzac: *Ursule Mirouët. Szenen aus dem Provinzleben.* Übertragen von Professor Dr. Ernst Sander. (Aus der Gesamtausgabe der *Menschlichen Komödie.*) München, Wilhelm-Goldmann-Verlag, 1966 (Seite 357-358)
Derek Clifford: *Geschichte der Gartenkunst.* Übersetzt von Hubert Klemke. München, Prestel-Verlag, 1966 (Seite 324-325)
Jean Cocteau: *Die Schwierigkeit zu sein.* Übertragen von Friedrich Hagen. Wien–München, Verlag Kurt Desch, 1958 (Seite 368)
Gustave Flaubert: *Die Erziehung des Herzens.* Der Roman eines jungen Mannes. Übertragen von Emil Alphons Rheinhardt. München, Paul List Verlag, 1956 (Seite 257-259)
Pierre Gaxotte: *Ludwig XIV. Frankreichs Aufstieg in Europa.* Übersetzt von Hanns Jobst. München, Nymphenburger Verlagshandlung, 1951 (Seite 151-152)
Guy de Maupassant: *Unser Herz.* Übersetzt von W. Widmer, bearbeitet und herausgegeben von Professor Dr. Ernst Sander. (Band 10 der Gesamtausgabe der Novellen und Romane.) München, Wilhelm-Goldmann-Verlag, 1964 (Seite 353-356)
Jean-Jacques Rousseau: *Bekenntnisse.* Nach der Übertragung von Levin Schücking. Neubearbeitet und herausgegeben von Konrad Wolter und Hans Bretschneider. Leipzig, 1916 (Seite 296-300)
Madame de Sévigné: *Briefe.* Gernsbach, 1964 (Seite 142-143)

Für die freundliche Erteilung der Abdruckerlaubnis sei den genannten Verlagen bestens gedankt.